BESCHÄFTIGUNG FÜR ALLE

Elisabeth Kaiser, Marcus Schober (Hg.)

Verlag des Österreichischen
Gewerkschaftsbundes GmbH
Johann-Böhm-Platz 1, 1020 Wien
T 01/662 32 96-0 | F 01/662 32 96-39793
office@oegbverlag.at | www.oegbverlag.at

Umschlagbild: © puhhha / Adobe Stock
Fotoredaktion: Bernd Herger, BSc

Medieninhaber: Verlag des Österreichischen Gewerkschaftsbundes GmbH
© 2023 Verlag des Österreichischen Gewerkschaftsbundes GmbH
Hersteller: Verlag des Österreichischen Gewerkschaftsbundes GmbH
Verlags- und Herstellungsort: Wien
Druck: Martini Druck- und VerlagsgmbH, Wien
ISBN: 978-3-99046-653-7

INHALT

VORWORTE

Man sagt, das einzig Stabile ist die Veränderung.

Gesellschaftliche Strukturen wandeln sich, der Arbeitsmarkt wie auch Arbeit als berufliche Tätigkeit zur Sicherung des Lebensunterhalts verändern sich. Die Digitalisierung hat nochmals Schwung in den sich wandelnden Arbeitsmarkt gebracht und pandemiebedingt an Schnelligkeit dazugewonnen. Neue Modelle der Arbeit sind heute nicht nur denkbar, sondern auch lebbar. Das Homeoffice hat beispielsweise durch die gesundheitliche Bedrohung durch COVID-19 Einzug in die Haushalte gehalten und ist vielfach geblieben – teilweise zum Vorteil für Arbeitnehmer*innen, aber nicht nur, denn Neuerungen werden oftmals von ungeklärten arbeitsrechtlichen Fragen und Herausforderungen begleitet.

Neben neuen möglichen Problemstellungen gibt es zusätzlich Altbekanntes wie Ungleichheiten auf dem Arbeitsmarkt, die vielfach Frauen betreffen, da diese nach wie vor für gleiche Arbeit weniger Einkommen erzielen als ihre männlichen Kollegen. Hinzu kommen Care-Tätigkeiten, die vorwiegend in weiblicher Hand liegen, sowie nicht ausreichende Kinderbetreuungseinrichtungen. Beides schafft für Frauen Benachteiligungen auf dem Arbeitsmarkt – mit negativen Folgen bis hin zur Pension und möglicher Altersarmut. Aber wo finden sich echte Antworten, die über Lippenbekenntnisse hinausgehen? Wie kann eine familienfreundliche Politik aussehen, und welche Modelle braucht es auf dem Arbeitsmarkt, sodass eine Vereinbarkeit von Beruf und Familie gegeben ist?

Lässt sich die Gesellschaft auf einen Prozess ein und erlaubt sich, Arbeit neu zu denken? Und zwar in einer Weise neu zu denken, in der Arbeit als Prozess der bewussten schöpferischen Auseinandersetzung des Menschen mit der Tätigkeit an sich gesehen und auch der Wert der Arbeit für die Gesellschaft anerkannt wird. Welche Rolle nimmt hierbei der Sozialstaat ein? Obwohl die Sehnsucht nach Recht, Gerechtigkeit, Gleichheit und Autonomie auf dem Arbeitsmarkt

besteht, ist Erwerbsarbeit ein Balanceakt zwischen Freiwilligkeit und Fremdbestimmung, welche im Prekariat die schlimmsten Formen der Ausbeutung
angenommen hat. Die im Dunkeln sieht man nicht, und doch führt kein Weg daran vorbei, dass entgrenzter Arbeit Grenzen gesetzt werden müssen, um – im
besten Fall – zu einer Arbeitskultur auf Augenhöhe zu kommen. Der vorliegen-
de Band *BESCHÄFTIGUNG FÜR ALLE. Die Zukunft der Arbeit* lädt zum gedanklichen
Austausch ein, wie unsere Arbeitswelt von morgen aussehen kann. Politiker*innen sowie Expertinnen*Experten beleuchten verschiedene arbeitsmarktpolitische Themengebiete, stellen Fragen, bieten Antwortmöglichkeiten und regen
zum Weiterdenken an.

Wir wünschen Ihnen viel Vergnügen bei der Lektüre des vorliegenden Bandes
der *Wiener Perspektiven*.

Mag. Marcus Schober
Direktor der Wiener Bildungsakademie

Mag.ᵃ Elisabeth Kaiser, MA
Stv. Direktorin der Wiener Bildungsakademie

Beschäftigung für alle. Die Zukunft der Arbeit

© Stadt Wien/PID, Fotograf Königshofer

Es ist dringend an der Zeit, Arbeit neu zu denken. Wir müssen Arbeitsmodelle den heutigen gesellschaftlichen Erfordernissen anpassen. Angesichts der Herausforderungen durch Arbeitskräftemangel, Energiekrise und Teuerung wird es Zeit, gerechte Löhne zu zahlen und neue Jobs zu schaffen, die Arbeit und Leben vereinbar machen.

Besonderer Handlungsbedarf besteht in Sachen Einkommensungleichheit zwischen Frauen und Männern. In Wien ist der Lohnunterschied mit 12 Prozent österreichweit am geringsten. Die Forderung nach mehr Einkommensgerechtigkeit bleibt aber zentral und wichtig.

Das wichtigste Mittel ist unsere Wiener Frauenpolitik: Die Einführung des beitragsfreien Kindergartenjahres, der Ausbau der kostenfreien, verschränkten Ganztagsschule, das Wohnticket für Alleinerziehende oder zuletzt die Aufstockung der finanziellen Mittel des Wiener Arbeitnehmer*innen Förderungsfonds (waff) sind nur einige wichtige Maßnahmen. Dass sie wirken, zeigen die Entwicklungen beim Gender-Pay-Gap und dem Gender-Pension-Gap, wo sich in Wien die Schere kontinuierlich schließt.

Unsere Wiener Arbeitsmarktpolitik leistet insgesamt einen gewichtigen Beitrag dazu, dass die Menschen Beschäftigung haben. Bestes Beispiel ist der waff: 113 Millionen Euro sind alleine 2022 in Beratung und Förderung von rund 39.000 Wiener*innen sowie von über 1.100 Unternehmen geflossen. Außerdem haben wir mit der Joboffensive Plus älteren Arbeitslosen neue Beschäftigungschancen gegeben. Und wir haben ein eigenes Lehrlingspaket geschnürt, damit noch mehr junge Menschen eine hochwertige Lehrausbildung bekommen.

Wir kümmern uns gleichzeitig aber auch um die Arbeitswelt von morgen. So machen wir Wien zur Digitalisierungshauptstadt, unterstützen Start-ups und fördern die Entwicklung innovativer Technologien. Davon werden alle Wiener*innen gleichermaßen profitieren, sei es durch mehr berufliche Chancen oder durch einen einfacheren Alltag. Ähnlich kräftige Impulse sind auch von den massiven Investitionen in die Energiewende und für ein klimaneutrales Wien zu erwarten.

Generell müssen wir jetzt darauf achten, dass die Zahl der prekären Arbeitsverhältnisse nicht steigt und wir die Menschen weiterhin in Beschäftigung halten. Wir müssen weiterhin Angebote schaffen, um jenen zu helfen, die sich weiterqualifizieren oder beruflich umorientieren wollen. Unsere Stadt ist auf einem guten Kurs in Richtung Beschäftigung für alle – davon bin ich überzeugt!

Dr. Michael Ludwig
Bürgermeister und Landeshauptmann von Wien

Stadtrat Peter Hanke im Gespräch.

ARBEIT IM WANDEL
Der Wiener Arbeitsmarkt

Peter Hanke

Faire, perspektivenreiche Arbeit ist ein zentraler Baustein einer modernen, sozial gerechten Gesellschaft. Arbeit ist mehr als die bloße Absicherung unserer Bedürfnisse, sie ist eine Chance zur individuellen Lebensgestaltung, zur Teilhabe an Fortschritt und Wohlstand, zur persönlichen Weiterentwicklung und Erfüllung – das gilt insbesondere in Wien. Unsere wachsende Stadt und unser dynamischer Wirtschaftsstandort brauchen die Fähigkeiten, die Kreativität und die Leistung der Wiener*innen. Dennoch beobachten wir teils kontroverse Entwicklungen in unterschiedlichen Branchen und heftige Reaktionen auf den schwierigen Zustand der Weltwirtschaft: von einem Wachstum an prekären Beschäftigungsverhältnissen über neue Freiheiten im Büroalltag bis hin zu immer weiter steigenden Arbeitszeiten und noch mehr Flexibilität bei Arbeitsort und -zeiten; von Unternehmen, die händeringend nach Arbeitskräften suchen bis hin zu Langzeitarbeitslosigkeit; vom Verschwinden alter Berufsbilder und dem gewaltigen Wachstum in Zukunftsbranchen wie Gesundheits- und Bildungsberufen ebenso wie zu Digitalisierung und Nachhaltigkeit. Als Ressortverantwortlicher für Finanzen, Arbeit, Wirtschaft, Internationales und Wiener Stadtwerke im Wiener Rathaus, habe ich von Anfang an versucht, Arbeit und Wirtschaft, Betriebs- und Volkswirtschaft, öffentliche und private Unternehmen gemeinsam zu denken. Wien ist die lebenswerteste Stadt der Welt und soll es auch in Zukunft sein – das heißt auch, Fragen über die Arbeitsrealitäten ehrlich und konsequent zu beantworten. Wien tut das in der gelebten Tradition des Miteinanders und unter Einsatz der gebündelten Kraft unserer Stadt: als Arbeitgeberin und Lehrstelle, als Unternehmerin der Daseinsvorsorge, als Investorin in unsere wachsende Metropolregion und als Förderin von Arbeit und Wirtschaft. Die Geschichte des Roten Wien war geprägt vom Kampf gegen Arbeitslosigkeit und für ein würdiges, selbstbestimmtes Leben, und das ist auch heute unser Auftrag. Selbst wenn Klimawandel, Digitalisierung und Globalisierung uns immer wieder vor neue Herausforderungen stellen, werden wir diesen auch in Zukunft mit Innovationsgeist und Zusammenhalt begegnen.

1. 2023 – es gibt viel zu tun

Nach drei Jahren Pandemie und einem Jahr Krieg in Europa erleben wir eine durchwachsene wirtschaftliche Situation. Die Kostenexplosion im Energiebereich und die damit einhergehende enorme Teuerung haben alle Lebensbereiche erreicht und das Aufgabenfeld der Wiener Landesregierung vollkommen neu organisiert. Die Wirtschaftsprognosen für 2023 zeigen sogar in Richtung „Stagflation" – eine hohe Inflation mit geringem bis gar keinem Wirtschaftswachstum. Das heißt höhere Belastungen für Arbeitnehmer*innen und Betriebe, während höhere Zinsen Investitionen dämpfen.[1] Gleichzeitig sehen wir aber auch positive Signale: Der Wiener Arbeitsmarkt hat 2022 mit 911.792 unselbstständig Beschäftigten einen Rekordwert erreicht, der selbst die Hochkonjunkturphase vor 2019 übertrifft. Konkret wurden im vergangenen Jahr 433.252 Arbeitsverhältnisse beendet und 487.619 neu abgeschlossen – ein Plus von 54.367. Hinzu kommt, dass der Wechsel von einem Job in den nächsten häufiger nahtlos passiert, also ohne zwischenzeitliche Arbeitslosigkeit. Dennoch sind rund 133.000 Menschen in unserer Stadt arbeitslos, auch wenn

innerhalb der Gruppe der Arbeitslosen 2022 einige gute Entwicklungen verzeichnet werden konnten. Im Vergleich zum Vorjahr ist die Zahl der Langzeitbeschäftigungslosen um 22,6 Prozent gesunken, mit einem ähnlichen Wert bei den über 50-Jährigen. Insgesamt steht der Wiener Arbeitsmarkt Anfang 2023 also besser da als zum Höhepunkt der Hochkonjunktur 2019.

Es gibt Gruppen, insbesondere im Bereich der Langzeitarbeitslosigkeit, die besonders gefährdet sind, kein Angebot auf dem Arbeitsmarkt zu finden: Menschen über 50, junge Menschen und all jene ohne Ausbildungs- oder Bildungsabschluss. Als Stadt Wien haben wir in den letzten Jahren eine Reihe an Werkzeugen entwickelt, um jeder dieser Gruppen den Weg zum Job oder zu höherer Qualifikation zu erleichtern, und auch die Ressourcen geschaffen, um auf der individuellen Ebene bestmöglich zu beraten. Die positiven Entwicklungen auf dem Arbeitsmarkt vor der Pandemie, aber auch im Jahr 2022 zeigen, dass wir den richtigen Weg eingeschlagen haben.

Neben der Arbeitslosigkeit ist die zweite große Herausforderung der Fachkräftemangel. Laut aktuellen Umfragen verzeichnet jeder zweite Betrieb in

Österreich Umsatzeinbußen aufgrund von Personalnot im Unternehmen. Am heftigsten ist das Problem in Niederösterreich und Oberösterreich, am besten ist die Situation in Wien und Salzburg.[2] Die Gründe dafür sind mannigfaltig, doch die Nichtübereinstimmung zwischen offenen Stellen und Suchenden ist in den letzten Jahren größer geworden. Das hat oftmals geografische Gründe – also beispielsweise offene Stellen im Westen Österreichs, aber wenige Menschen, die für einen Job dorthin ziehen wollen. Dieses Problem betrifft Wien als lebenswerteste Stadt der Welt jedoch weniger. Schwerwiegender, auch für unsere Stadt, ist die Nichtübereinstimmung der Qualifikationen. Das heißt, die Ausbildung, die Erfahrung und die Fähigkeiten, die von Unternehmen benötigt werden, und jene der arbeitssuchenden Menschen passen nicht zusammen. Diese Diskrepanz zu lösen ist eine der wichtigsten Aufgaben für Arbeits- und Wirtschaftsexpertinnen*experten und erfordert die richtigen Instrumente und Strategien. Ich halte diesen Aspekt der Arbeitsmarktpolitik für essenziell und möchte auch in diesem Beitrag darauf besonders eingehen – auch aus dem Verständnis heraus, was es für einen Menschen bedeutet, etwas Neues zu erlernen und zu meistern und durch diese Fähigkeiten auch neue Aufgaben, Sicherheit und Wohlstand zu finden. Gerade im Bereich der „Mangelberufe" stecken Tausende Chance für Menschen aller Altersgruppen – und ungenütztes Potenzial für den Wirtschaftsstandort Wien. Neben der Frage der Qualifikation erzeugt auch die demografische Entwicklung Druck auf dem Arbeitsmarkt. Die Österreichische Nationalbank geht davon aus, dass wir bereits dieses Jahr ein Absinken des inländischen Arbeitsangebotes zu erwarten haben – also eine Reduktion der Menschen im erwerbsfähigen Alter, die unselbstständig arbeiten, arbeitslos oder in Schulungen sind. Die schrittweise Pensionierung der „Babyboomer*innen"-Generation wird diese Entwicklung verstärken, womit eine kleiner werdende Erwerbsbevölkerung einer größeren Gruppe von Menschen in Pension gegenüberstünde. Gebremst wird dieses Problem bereits seit Langem durch Migration einerseits und eine Erhöhung der Erwerbsquote andererseits. Ersteres bedarf der Unterstützung im Bereich der sprachlichen Fähigkeiten und bei der Anerkennung von Qualifikationen im Ausland. Eine Erhöhung der Erwerbsquote ist durch die attraktive und verlässliche Gestaltung der Arbeitsverhältnisse möglich. Davon abgesehen braucht es eine starke, leistbare, soziale Infrastruktur – insbesondere im Bereich der Kinderbetreuung und der Pflege. Kurz: Es braucht die moderne Stadt.

2. Der Wiener Weg – Arbeitsmarktpolitik in einer Millionenstadt

Wien bietet für die Begegnung dieser Herausforderungen die besten Voraussetzungen. Als lebenswerteste Stadt der Welt können wir im Wettbewerb um Talente brillieren. Eine leistbare Infrastruktur, verlässliche Daseinsvorsorge und

ein starkes Bildungs- und Gesundheitssystem sind das Fundament, auf dem wir unseren Arbeits- und Wirtschaftsstandort weiter ausbauen können.

Die Wiener Arbeitsmarktpolitik ist nicht nur bestrebt, Menschen in Beschäftigung zu bringen, sondern die ideale Umwelt für hohe Arbeits- und Lebensqualität zu bauen – mit einem klaren Blick auf das Wachstum und die Weiterentwicklung der Stadt. Mit bald zwei Millionen Einwohner*innen braucht das wachsende Wien mehr gut ausgebildete Mitarbeiter*innen in Pflege und Gesundheit sowie im Bildungsbereich. Als moderne und nachhaltige Stadt werden wir in Zukunft noch mehr Fachkräfte im Bereich Digitalisierung benötigen, genauso wie in den „Green Jobs", also Berufen, die im Bereich der Nutzung von nachhaltigen Technologien und des Umweltschutzes liegen. Grundlage für unsere Arbeit sind die Programme und Zielvorgaben der Wiener Strategien, insbesondere der **Smart Klima City Rahmenstrategie**[3] – des Wiener Masterplans für die Weiterentwicklung von Stadt und Verwaltung unter dem Kernziel der höchsten Lebensqualität für alle Wiener*innen bei größtmöglicher Ressourcenschonung durch soziale und technische Innovation. Für unsere Wirtschaftspolitik heißt das: Wirtschaftliche Prosperität ist nicht automatisch mit erhöhtem Energie- und Ressourcenverbrauch oder Umweltbelastungen verbunden, sondern steht im Einklang mit sozialen und ökologischen Grundsätzen. Konkret haben wir Leitlinien entwickelt, wie wir die Materialeffizienz steigern können, Aspekte der Kreislaufwirtschaft erforschen und anwenden können und die Wirtschaftsförderungen der Stadt Wien mit dem Fokus auf Nachhaltigkeit und sozialen Ausgleich ausrichten.

Mit meinem Amtsantritt 2018 habe ich einen Nachdenkprozess innerhalb der Stadt Wien gestartet, um auf diese wichtigen Fragen nicht nur klare, langfristige Antworten zu haben, sondern damit verbunden auch **einen resilienten Prozess und klare strategische Leitlinien.** Aus diesem Nachdenkprozess, bei dem nicht nur die Profis der Stadt Wien, sondern auch nationale und internationale Expertinnen*Experten aus Gewerkschaft, Wirtschaft, Wissenschaft und Forschung dabei waren, ist die **Wirtschafts- & Innovationsstrategie WIEN 2030**[4] entstanden. Die Strategie setzt ganz auf die Stärken unserer Stadt und versucht, diese weiterzuentwickeln. Dabei wurden **sechs Stärkefelder** definiert:

* smarte Lösungen für den städtischen Lebensraum des 21. Jahrhunderts
* Gesundheitsmetropole Wien
* Wiener Digitalisierung
* smarte Produktion in der Großstadt
* Stadt der internationalen Begegnung
* Kultur- und Kreativmetropole Wien

Neben dem konstanten Austausch innerhalb unseres Expertinnen*Expertengremiums – des Vienna Economic Council – wurden innerhalb unserer Stärkefelder 100 Leitprojekte entwickelt. Es handelt sich hierbei um konkrete und messbare Projekte, die weitreichende Impulse am Standort setzen sollen. Diese beiden Ansätze sind breit und langfristig angelegt, werden immer wieder auf ihre Zweckmäßigkeit überprüft und adaptiert und fungieren damit als Kompass für alle Einheiten der Stadt Wien. Besonders stolz bin ich darauf, wie konkret unsere Pläne sind und wie es uns gelingt, ein Klima der Kooperation herzustellen, in dem Vertreter*innen aus allen Lebens- und Wirtschaftsbereichen gemeinsam Ziele setzen und verfolgen können. Der soziale Frieden und die aktive, gestaltende Politik im Zusammenspiel mit allen Akteur*innen der Stadt sind vielleicht sogar das wichtigste Stärkefeld Wiens.

Für die Arbeitsmarktpolitik von enormer Bedeutung ist eine Wiener Eigenheit: der **Wiener Arbeitnehmer*innen Förderungsfonds (waff)**.[5] Als einziges Bundesland verfügt Wien damit über eine Organisation und Instrumente für aktive Arbeitsmarktpolitik und für die Förderung der beruflichen Entwicklungschancen von Wiener*innen. Der Präsident des waff ist unser Bürgermeister

Dr. Michael Ludwig, und als sein erster Vizepräsident darf ich gemeinsam mit ihm und einer vielfältigen Gruppe von Repräsentant*innen aus Politik und Sozialpartnerschaft im Kuratorium des waff Maßnahmen für den Wiener Arbeitsmarkt entwickeln.

Im Zentrum der Arbeit des waff stehen drei strategische Handlungsfelder, die in enger Abstimmung mit den Einheiten der Stadt Wien, aber auch dem Arbeitsmarktservice (AMS), den Gewerkschaften und Kammern sowie der Bundesregierung Leistungen für die kommunale Arbeitsmarktpolitik erbringen.

2.1 Förderung beruflicher Entwicklungschancen

Dieses Leistungsfeld stellt Menschen, die ihre persönlichen Berufschancen weiterentwickeln möchten, in den Fokus der Arbeit. Mit dem **waff-Beratungszentrum für Beruf und Weiterbildung**[6] wurde ein Angebot geschaffen, das die individuellen Berufschancen jeder Wienerin und jedes Wieners bestmöglich unterstützen soll – unabhängig von den individuellen Gründen. Neben der kostenlosen Beratung darüber, welche Fähigkeiten und Berufsprofile in Zukunft besonders gebraucht werden, gibt es zwei Werkzeuge der finanziellen Unterstützung bei der Weiterentwicklung: einmal die direkte Förderung von Aus- und Weiterbildungsprogrammen bei anerkannten Bildungsträgereinrichtungen in Form des „Chancen-Schecks". Im Hinblick auf den Problembereich Erwerbsquote gibt es mit „FRECH – Frauen Ergreifen Chancen"[7] sowie „Karenz und Wiedereinstig"[8] auch umfassende Angebote für Frauen. Ebenso gibt es mit dem Angebot „Muttersprachliche Berufserstinformation" auch Informationen für Neuzuwanderer*Neuzuwanderinnen und Unterstützung bei der Anerkennung von mitgebrachten Bildungsabschlüssen. Bei den meisten unserer Programme wird ein Großteil der Kurskosten übernommen, und im Falle eines erfolgreichen Abschlusses werden diese sogar zu 100 Prozent gedeckt. Der zweite Bereich sind sogenannte **Outplacementstiftungen** zur beruflichen Wiedereingliederung arbeitslos gewordener Wiener*innen.

2.2 Fachkräftesicherung

Die wachsende Stadt und der dynamische Wirtschaftsstandort Wien benötigen qualifizierte Mitarbeiter*innen in den Zukunftsbranchen- und -berufen. Wie viele Menschen brauchen wir, um eine qualitativ hochwertige Gesundheitsversorgung für eine alternde Gesellschaft zu garantieren? Welche Fähigkeiten und Erfahrungen mit welchen Technologien sind notwendig, um eine nachhaltige Versorgung mit Wärme und Energie sicherzustellen? Während die „Förderung beruflicher Entwicklungschancen" den Fokus auf die individuelle Verbesserung legt, analysieren wir im Bereich der Fachkräftesicherung den Arbeitsmarkt von heute und morgen – und fördern auf Basis des Bedarfs unserer Stadt und der Wirtschaft. Mit einem **neuen Fachkräftezentrum** möchten wir die Diskrepanz zwischen Bedarf und Ist-Stand, zwischen aktuellen Fähigkeiten und zukünftigen Chancen bestmöglich schließen. Laut einer strategischen Analyse bieten dabei besonders die Bereiche Pflege, Dekarbonisierung, Digitalisierung sowie Pädagogik großes Potenzial für Umsteiger*innen.

Eine der erfolgreichsten Maßnahmen der Fachkräftesicherung ist unser Programm **„Jobs PLUS Ausbildung"**[9] in Kooperation mit dem AMS Wien. Der waff sucht für Unternehmen, die ihren Fachkräftebedarf nicht aus dem Wiener Arbeitsmarkt decken können, arbeitslose Personen, die zwar noch nicht über die geforderte Qualifikation verfügen, aber das Potenzial für die Qualifizierung und die Beschäftigung mitbringen. Es werden Branchen bearbeitet, die für die Daseinsvorsorge der Wiener*innen einen besonderen Stellenwert haben, wie etwa Gesundheit und Pflege, Kindergartenpädagogik, aber auch die Bereiche Mobilität und Energieversorgung. Grundsätzlich können alle Wiener Unternehmen, die bereit sind, auch finanziell mitzuwirken, an „Jobs PLUS Ausbildung" teilnehmen. Mit dem Wiener Ausbildungsgeld erhalten Teilnehmer*innen ein zusätzliches Stipendium für Qualifikationskurse und Ausbildungsprogramme, die länger als ein Jahr dauern, beispielsweise Diplomkrankenpflege. Insbesondere im Bereich der Fachkräftesicherung müssen Wirtschaft und Arbeit gemeinsam gedacht werden – das bedarf einer engen Abstimmung zwischen den Sozialpartnern, Unternehmen, Bildungseinrichtungen und der Stadt Wien.

Der zweite große Bereich der Fachkräftesicherung ist auf die Jungen fokussiert, insbesondere in Form der **Weiterentwicklung der überbetrieblichen Lehre**, und versucht, das Defizit an betrieblichen Lehrstellen auszugleichen. Der Mangel an Betrieben und Unternehmen, die junge Fachkräfte ausbilden, stellt eine grundlegende Herausforderung für die Zukunft des österreichischen Erfolgsmodells des dualen Ausbildungswesens dar und benötigt rasche Antworten von Politik und Wirtschaft. Während die Stadt Wien bereit ist, in Lehrstellen zu investieren – und das auch in ihren eigenen Einheiten und Unternehmen in großem Ausmaß tut –, müssen auch private Unternehmen einen Beitrag leisten, um einen Fachkräftemangel in Zukunft zu verhindern.

Der dritte Programmbereich der Fachkräftesicherung fördert seit 2022 **berufsbegleitende Hochschulabschlüsse für Frauen** in den Studienrichtungen Digitalisierung, Naturwissenschaft und Technik. So soll ein zu starker Einkommensverlust kompensiert werden, falls Frauen für das Nachholen ihres Abschlusses in MINT-Fächern ihre Arbeitszeit reduzieren.

2.3 Arbeitsmarktintegration ausgrenzungsgefährdeter Personen

Pandemie, Teuerung und Krieg haben traditionell die gesellschaftlichen Gruppen, die von Erwerbslosigkeit besonders betroffen sind, vor zusätzliche Herausforderungen gestellt. Neben der individuellen Unterstützung bei der Weiterqualifizierung und der Fachkräftesicherung haben wir als Stadt bereits vor der Pandemie versucht, neue Werkzeuge zu entwickeln, um diese Gruppen besser anzusprechen und effektiver in den Arbeitsmarkt zu integrieren. Ein gelungenes Beispiel dafür ist die **Joboffensive 50plus**[10], eine Weiterentwicklung der Eingliederungsbeihilfe des AMS. Wiener Unternehmen und NGOs erhalten für neue Dienstverhältnisse mit arbeitslosen Personen über 50 für die ersten acht Monate der Anstellung einen Zuschuss zu den Lohn- und Lohnnebenkosten. Erfahrene Arbeiternehmer*innen haben so bessere Chancen, wieder ins Erwerbsleben einzusteigen, und Unternehmen bekommen zusätzliche erfahrene Arbeitskräfte für die Anfangsphase zu günstigen Konditionen – eine Win-win-Situation für alle und ein äußerst hilfreiches Werkzeug im Kampf gegen Langzeitarbeitslosigkeit.

Eine weitere Zielgruppe unserer Arbeitsmarktintegration sind Mädchen und junge Frauen mit Migrationshintergrund. In Kooperation mit dem **Verein Sprungbrett** haben wir mit dem Projekt **BASIS**[11] eine Beratungseinheit speziell für jene Menschen geschaffen, die kaum Anknüpfungspunkte zu Ausbildungseinrichtungen oder dem Arbeitsmarkt haben.

3. Arbeit findet Stadt

Wien hat viel vor! Ich bin davon überzeugt, dass wir die Herausforderungen unserer Zeit bestehen können und gemeinsam eine klimagerechte, soziale und bunte Stadt weiterentwickeln werden. Vor allem glaube ich an unsere Stadt. In fünf Jahren in der Politik und mit den Erfahrungen von Pandemie, Krieg und Wirtschaftskrisen habe ich hautnah miterlebt, zu welchen Leistungen die Bevölkerung fähig ist – ebenso wie unsere Stadtverwaltung. Bei ihnen möchte ich mich abschließend bedanken. Die Themen, mit denen wir uns tagtäglich auseinandersetzen, nehmen stetig an Dramatik und Komplexität zu, aber unsere Mitarbeiter*innen, unser Magistrat und unsere Unternehmen beweisen immer wieder aufs Neue, mit welchem Leistungseinsatz und Innovationsgeist wir arbeiten können. Diese Fähigkeiten und diese Energie widmen wir auch dem Wiener Arbeitsmarkt und der Chance auf Beschäftigung für alle.

ENDNOTEN

[1] *Ederer, Stefan (2022): Weltweiter Konjunkturabschwung erfasst Österreich. WIFO Presseaussendung v. 15. 12. 2022; https://www.wifo.ac.at/jart/prj3/wifo/resources/person_dokument/person_dokument.jart?publikationsid= 70413&mime_type=application/pdf#:~:text=An%20den%20Terminm%C3%A4rk%2D%20ten%20wird,sich%20 erzeit%20in%20einer%20Schw%C3%A4chephase (abgerufen am 22. 1. 2023).*

[2] *Mauracher, Sarah (2022): Fachkräftemangel in Österreich erreicht Höchststand. Ernest & Young, Presseaussendung v. 1. 2. 2022; https://www.ey.com/de_at/news/2022/01/ey-at-mittelstandsbarometer-2022-fachkraeftemangel (ab- gerufen am 12. 2. 2023).*

[3] *Vgl. https://www.wien.gv.at/spezial/smartklimacitystrategie/ (abgerufen am 2. 3. 2023).*

[4] *Vgl. https://www.wien.gv.at/spezial/wien2030/ (abgerufen am 2. 3. 2023).*

[5] *Siehe https://www.waff.at/ (abgerufen am 2. 3. 2023).*

[6] *Siehe https://www.waff.at/beruf-weiterbildung/beratung-2/ (abgerufen am 2. 3. 2023).*

[7] *Siehe https://www.waff.at/beruf-weiterbildung/frauen-und-beruf/ (abgerufen am 2. 3. 2023).*

[8] *Siehe https://www.waff.at/beruf-weiterbildung/karenz-und-wiedereinstieg/ (abgerufen am 2. 3. 2023).*

[9] *Siehe https://www.waff.at/jobs-ausbildung/jobs-mit-ausbildung/ (abgerufen am 2. 3. 2023).*

[10] *Siehe https://www.waff.at/joboffensive50plus/ (abgerufen am 2. 3. 2023).*

[11] *Siehe https://sprungbrett.or.at/basis/ (abgerufen am 2. 3. 2023).*

© Kenishirotie, via Envato

ZUKUNFT DER ARBEIT

Die Transformation der Arbeit – Umbruch und Aufbruch

Josef Taucher und Daniela Mantarliewa

Unsere Arbeitswelt hat sich gewandelt. Die Corona-Pandemie hat unseren Lebens- und Arbeitsalltag innerhalb kürzester Zeit auf den Kopf gestellt. Während die einen Corona als Fortschritt, Chance oder unternehmerische Gelegenheit nutzen konnten, verloren Millionen Menschen weltweit ihre Jobs. Das Ergebnis: Reichtum und Wohlstand auf der einen Seite, systematische Armut und prekäre Lebensverhältnisse auf der anderen Seite.

Corona, Klimakrise, Krieg und Energiekrise: Wir leben in einer Zeit multipler Krisen, die uns vor noch nie dagewesene Herausforderungen stellen. Darüber hinaus nehmen die fortschreitende Digitalisierung, der technische Wandel, die zunehmende Globalisierung, die Bevölkerungsentwicklung und die Internationalisierung der Arbeitskräfte immer mehr Einfluss auf die Entwicklung von Arbeit und Beruf. Gleichzeitig bemerken wir eine fortschreitende Individualisierung und einen schleichenden Verlust von Gemeinsinn und Solidarität in einer neoliberalen Wirtschaftsordnung.

Die Nachfrage nach Flexibilität hat sich dramatisch verändert. Schlagwörter wie „Work-Life-Balance", „Homeoffice" oder „Arbeitszeitflexibilisierung" prägen die moderne Arbeitswelt. Darüber hinaus herrschen nach wie vor enorme Lohnunterschiede auf dem Arbeitsmarkt. Menschen, die arbeiten, sollen fair entlohnt werden. Und: Männer und Frauen sollen für die gleiche Arbeit gleich gut bezahlt werden. Wenn wir also von einer Transformation der Arbeit sprechen, müssen wir den Begriff „Arbeit" neu denken. Es braucht gerechte Löhne ebenso wie neue, nachhaltige und damit krisenresiliente Jobs, die Arbeit und Leben möglichst vereinbar machen. Das klingt nach einem unheimlichen Spagat, der aber durchaus gelingen kann, sofern man die richtigen Impulse setzt und die dafür notwendigen Rahmenbedingungen schafft.

Wie wichtig und dringend die Transformation der Arbeit ist, zeigt auch der „Equal Pay Day"[1], der 2022 auf den 30. Oktober fiel.

Dieser Tag vergleicht die Einkommen von ganzjährig beschäftigten Frauen und Männern. Am 30. Oktober 2022 hatten Männer bereits jenes Einkommen erreicht, wofür Frauen bis zum Jahresende noch arbeiten mussten. Das heißt, dass Frauen 2022 im Vergleich zu Männern 63 Tage unbezahlt arbeiteten. Die Gehaltsschere zwischen Männern und Frauen schließt sich nur langsam: Im Jahr 2020 fiel der österreichweite „Equal Pay Day" auf den 22. Oktober, 2021 auf den 25. Oktober. Die „Verbesserung" zum Vorjahr beträgt also immerhin fünf Tage. Seit 2010 ist der „Equal Pay Day" von 29. September auf 30. Oktober, also beinahe viereinhalb Wochen, nach hinten gerückt. Im EU-Vergleich zählt Österreich mit einem Wert von 24,9 Prozent im sogenannten „Gender-Pay-Gap"[2] zu den negativen Spitzenreitern. Der EU-Durchschnitt liegt bei 13 Prozent. Anhand dieses Beispiels zeigt sich, dass wir Arbeit dringend neu denken müssen. Es braucht Maßnahmen, damit der Spagat zwischen der Schaffung neuer nachhaltiger Jobs, fairer Entlohnung, Innovation, Work-Life-Integration, Fachkräftebindung usw. tatsächlich gelingt.

Vor diesem Hintergrund hat der SPÖ-Klub im Wiener Rathaus zwei Studien in Auftrag gegeben, die sich mit dem Thema Arbeit auseinandersetzen. Im Folgenden werden die Studien sowie deren Ergebnisse präsentiert und daraus resultierende Handlungsempfehlungen abgeleitet.

1. Trends der Arbeitswelt auf dem österreichischen Arbeitsmarkt – Zusammenfassung der Analyse der SORA-Kurzexpertise

Die SORA-Studie bzw. „Kurzexpertise" konzentriert sich auf die Situation und Sichtweisen von Beschäftigten und nimmt eine klassenanalytische Perspektive ein. Dahinter steht die These, dass sich Veränderungen auf dem Arbeitsmarkt nicht auf alle Beschäftigten gleichermaßen auswirken. Für manche sind diese mit Vorteilen, für andere jedoch mit Nachteilen bzw. Rückschritten verbunden. Während in der Vergangenheit vor allem soziodemografische Merkmale im Vordergrund solcher Studien standen (etwa das Aufzeigen geschlechts-, alters- oder herkunftsspezifischer Unterschiede), beschäftigt sich diese SORA-Studie mit sozialen Klassen.

Unsere Arbeitswelt befindet sich in einem stetigen Wandel, nicht erst seit der Corona-Pandemie. Die Veränderung unserer Arbeitswelt ist aus Sicht der Studienautor*innen folgenden zentralen Tendenzen geschuldet, die sich seit mehreren Jahren in Österreich ankündigen, aufgrund multipler Krisen, denen wir ausgesetzt sind, intensivieren und schließlich den Arbeitsmarkt und die Arbeitsweisen in Zukunft prägen werden:

a) der demografischen Entwicklung
b) der externen Flexibilisierung der Arbeitsverhältnisse
c) der internen Flexibilisierung von Arbeitszeit und Arbeitsort
d) der Subjektivierung von Arbeit und Arbeitslosigkeit

Im Folgenden werden die einzelnen Tendenzen beschrieben und diskutiert:

1.1 Demografische Entwicklung

Die demografische Entwicklung wird in den nächsten Jahrzehnten zu Verschiebungen in der Beschäftigungsstruktur führen. Insgesamt weist der Trend dabei in Richtung eines älteren und schrumpfenden Arbeitskräfteangebots. Das stellt Unternehmen und Institutionen vor zahlreiche Herausforderungen, darunter die aktive Gestaltung von alters- und altersgerechten Arbeitsplätzen oder das Finden qualifizierter Fach- und Arbeitskräfte. Aufgrund der Internationalisierung des Arbeitsmarktes und des damit verbundenen Zuzugs aus dem Ausland wird es künftig auch Maßnahmen brauchen, die ein integratives betriebliches Miteinander in den Fokus rücken, um Diskriminierungen und Ungleichbehandlungen am Arbeitsplatz entgegenzuwirken und Diversität und Vielfalt im Unternehmen zu fördern.

Die am stärksten wachsende Gruppe auf dem Arbeitsmarkt sind ältere Arbeitnehmer*innen. Sie werden in Zukunft rund 20 Prozent der Beschäftigten ausmachen. Konkret bedeutet das, dass bereits 2030 eine von fünf Erwerbspersonen über 55 Jahre alt sein wird. Die demografische Prognose zeigt auch, dass die Zahl der Jüngeren, die auf den Arbeitsmarkt wechseln, weiter stagnieren wird. Gleichzeitig nimmt die Zahl derer zu, die aus der geburtenstarken „Babyboomer*innen-Generation" den Arbeitsmarkt in Richtung Pension verlassen werden. Dies hat mehrere Folgen: Zum einen wird die zunehmende Alterung der Beschäftigten zu einem Anstieg der Arbeitsunfähigkeitstage führen. Ältere Beschäftigte werden zwar nicht häufiger krank, sind aber im Schnitt zwei bis dreimal länger im Krankenstand als jüngere Beschäftigte. Durch die Pensionierung breiter Teile der Erwerbsbevölkerung wird der Fachkräftemangel beschleunigt. Das Ergebnis: Schon heute sind manche Wirtschaftsbereiche ohne Arbeitsmigration kaum aufrechtzuerhalten.

Im Jahr 2021 lebten in Österreich circa 1,8 Millionen Menschen, die im Ausland geboren wurden. Dies entspricht einem Fünftel der Bevölkerung. Die Statistik Austria geht davon aus, dass sich der Anteil der im Ausland geborenen Personen sukzessive erhöhen und im Jahr 2050 ein Viertel der Bevölkerung ausmachen wird.[3] Die zunehmende Diversität spiegelt sich auch auf dem Arbeitsmarkt wider.

Während österreichische Beschäftigte häufiger sekundäre Bildungsabschlüsse absolvieren, liegt der Anteil der Ausländer*innen sowohl im niedrigsten (maximal Pflichtschulabschluss) als auch im höchsten Bildungsniveau (akademischer Abschluss) im direkten Vergleich höher.

Die Studie zeigt außerdem, dass ausländische Staatsbürger*innen vor allem im Gastgewerbe, im produzierenden Bereich, in wirtschaftlichen und persönlichen Dienstleistungen, im Handel und im Bauwesen überrepräsentiert sind. Im öffentlichen Sektor sind sie jedoch stark unterrepräsentiert.

Handlungsableitung

Zuwanderung kann als Chance genutzt werden, um die Bevölkerung zu verjüngen. Das hat positive Effekte auf den Arbeitsmarkt und kann das Pensionssystem stabilisieren. Umso wichtiger ist es, diese Bevölkerungsgruppen in den Arbeitsmarkt zu integrieren und einen adäquaten Zugang zu Ausbildungen und Qualifikationen zu ermöglichen. Gleichzeitig braucht es Chancengleichheit im Schulsystem und auf dem Arbeitsmarkt. Darüber hinaus empfiehlt es sich, das Arbeitskräftepotenzial von Frauen mit Migrationshintergrund stärker auszuschöpfen – sie sind bis jetzt unterdurchschnittlich auf dem Arbeitsmarkt vertreten.

1.1.1 Sicht der Beschäftigten

Die SORA-Studie macht deutlich, dass sich unter Produktionsarbeiter*innen sowie Dienstleistungsarbeiter*innen die stärksten Belastungen (körperlich und psychosozial) zeigen. Arbeitsdruck, ungünstige Arbeitszeitregelungen, Isolation, hohe körperliche Belastung u. v. m. sorgen in diesen beiden Erwerbsklassen dafür, dass Produktions- und Dienstleistungsarbeiter*innen mit hoher Wahrscheinlichkeit (78 Prozent der Produktionsarbeiter*innen und 62 Prozent der Dienstleistungsarbeiter*innen) den Beruf nicht bis zur Pension ausüben können. Auffällig ist, dass vor allem Frauen in einfachen Dienstleistungsberufen aufgrund der starken Arbeitsbelastung nicht mehr bis zum gesetzlichen Pensionsantrittsalter in ihrem Beruf verbleiben können.

Was würde den Beschäftigten helfen, um den Job bis zur Pension ausüben zu können? Vier von zehn Produktions- und Dienstleistungsarbeiter*innen würden eine Verringerung der Arbeitszeit bzw. ein besseres Einkommen als sinnvoll und hilfreich erachten. Ein Drittel begrüßt gesundheitsfördernde Maßnahmen. In höheren Erwerbsklassen spielen vor allem die Verringerung von Stressfaktoren und psychischen Belastungen eine große Rolle.

Die Studie zeigt deutlich, dass Zugewanderte der ersten Generation am häufigsten als Produktions- und Dienstleistungsarbeiter*innen beschäftigt sind. Je nach Qualifikationsniveau arbeiten sie entsprechend in qualifizierten oder einfachen – ungelernten – Tätigkeiten. Gleichzeitig fühlt sich ein Viertel der Beschäftigten mit ausländischer Staatsbürgerschaft im Job überqualifiziert, unter österreichischen Arbeitnehmer*innen trifft dies nur auf 15 Prozent zu. Die niedrigen Zufriedenheitswerte beim Führungsstil, den Beziehungen zu Kolleginnen*Kollegen wie auch bei der innerbetrieblichen Mitbestimmung lassen darauf schließen, dass beim Thema Integration enormer Aufholbedarf herrscht. Das zeigt sich vor allem an den Diskriminierungsverfahren von ausländischen Staatsbürger*innen in der Arbeit. 15 Prozent der erwerbstätigen Zuwanderinnen*Zuwanderer haben ihren Job aus nicht nachvollziehbaren Gründen verloren. 24 Prozent haben eine Arbeitsstelle aufgrund persönlicher Merkmale nicht bekommen.

Handlungsableitung

Eine Verringerung der Arbeitszeit bzw. ein besseres Einkommen, die Reduktion von Stressfaktoren sowie gesundheitsfördernde Maßnahmen sind sinnvolle Schritte, um Arbeitnehmer*innen bis zur Pension zu halten. Mitbestimmung und Integration fördern die Zufriedenheit am Arbeitsplatz.

1.1.2 Arbeitsmarktpolitische Herausforderungen

Der demografische Wandel lässt sich nicht aufhalten, aber er kann politisch gestaltet werden. Die zunehmende Alterung der Erwerbsbevölkerung[4] erfordert eine Transformation der Arbeitsbedingungen. Das betrifft vor allem jene Berufe, in denen körperliche und/oder psychosoziale Belastungen sehr hoch sind. In diesem Bereich ist eine soziale Spaltung zu beobachten: Je höher die Qualifikation und die betriebliche Position, desto wahrscheinlicher sind gesundheitsfördernde Arbeitsbedingungen, Gestaltungsmöglichkeiten, Anerkennung usw.

Handlungsableitung

Das Interesse aller Beteiligten am Arbeitsmarkt, das heißt Arbeitgeber*innen, Arbeitnehmer*innen, Unternehmen und Gesellschaft, sollte also darin bestehen, Arbeit so zu gestalten, dass Arbeitnehmer*innen möglichst lange – bis zum Pensionsantrittsalter – im Beruf bleiben. Realistische Leistungsanforderungen, das Führungsverhalten und angemessene Personalkapazitäten, vor allem im Dienstleistungsbereich sowie in Gesundheits- und Sozialberufen, sind Ansatzpunkte für eine positive Transformation der Arbeitswelt. In besonders belasteten Berufen und Branchen, wie z. B. in der Pflege, stellt eine Arbeitszeitverkürzung bei vollem Lohn- und Personalausgleich eine sinnvolle Maßnahme dar, um die Arbeitnehmer*innen länger im Erwerbsleben zu halten. Allgemein sollte dem Arbeits- und Gesundheitsschutz höhere Priorität eingeräumt werden. Erschreckend: Ein Fünftel aller ausländischen Staatsbürger*innen gibt an, dass es in ihrem Betrieb „normal" sei, dass das Arbeitsrecht nicht eingehalten werde. Vor diesem Hintergrund braucht es mehr und strengere Kontrollen bei der Einhaltung der Lohn- und Arbeitsbedingungen. Die Gesundheit der Beschäftigten ist auch ein arbeitsmarktpolitisches Thema. Deshalb sollte das betriebliche Gesundheitsmanagement gefördert werden.

1.2 Flexibilisierung von Arbeitsverhältnissen

Die Liberalisierung der Märkte, die Privatisierung staatlicher Unternehmen, die Internationalisierung sowie veränderte Migrationsbewegungen haben einen Wandel der Arbeitswelt bewirkt. Sie haben zu einem Umbruch in den wirtschaftlichen Rahmenbedingungen, dem Beschäftigungssystem, aber vor allem auch der sozialen Absicherung geführt. Im Zuge der Deregulierungen kam es zu einem Anstieg von atypischen Beschäftigungsverhältnissen, wie z. B. Teilzeit, geringfügiger Beschäftigung, befristeten Dienstverhältnissen, freien Dienstverträgen sowie Beschäftigung über Leih- und Zeitarbeitsfirmen. So ist seit 2015 rund die Hälfte der unselbstständig beschäftigten Frauen in einem Teilzeitjob, aber nur jeder zehnte Mann. Obwohl Teilzeitbeschäftigung durchaus positive Aspekte hat, wie zum Beispiel geringere Arbeitszeit und damit eine bessere Vereinbarkeit von Beruf und Privatleben, gehen auch zahlreiche Probleme mit Teilzeit einher, wie etwa schlechtere Aufstiegschancen, geringere finanzielle Absicherung (in Beschäftigung und Arbeitslosigkeit) und oftmals fehlende soziale Absicherung in der Pension.

Seit Ende der 1990er-Jahre ist auch die Anzahl der Leih- bzw. Zeitarbeiter*innen[5] gestiegen. Gleichzeitig haben sich auch Formen der „neuen Selbstständigkeit" und freie Dienstverträge in den 2000er-Jahren verbreitet.

Wie unsicher die Arbeitsplätze mit atypischen Beschäftigungsformen sind, hat die Corona-Pandemie deutlich sichtbar gemacht. Vor allem geringfügig Beschäftigte und Menschen in befristeten Beschäftigungsverhältnissen wurden während der Pandemie gekündigt oder nicht mehr verlängert. Auch Leiharbeitskräfte haben im Vergleich zu Stammpersonal häufiger ihre Arbeit verloren.

Vor allem in Zeiten wirtschaftlicher Krisen können Unternehmen Erwerbstätige in atypischen Beschäftigungsverhältnissen leichter kündigen und ihren Personalstand entsprechend schneller anpassen. Besonders deutlich wurde das in Branchen wie der Gastronomie und Hotellerie sowie in Tourismus- und Kultureinrichtungen. Sie waren besonders stark von den Auswirkungen der Schließungen bzw. Teilschließungen betroffen. Wegen der meist kurzen Beschäftigungsdauer von befristeten, geringfügigen oder in Leiharbeit Beschäftigten besteht im Fall einer Kündigung oft kein oder nur ein kurzer Anspruch auf Arbeitslosengeld. Das bedeutet zugleich, dass atypische Beschäftigungsverhältnisse prekäre Lebensumstände fördern. Fakt ist, dass 2020 in Österreich rund 1.529.000 Menschen lebten, die von Armut oder Ausgrenzung nach Definition der Europa-2020-Strategie betroffen waren, rund eine Million davon war im erwerbsfähigen Alter zwischen 18 und 64.

1.2.1 Sicht der Beschäftigten

Das Normalbeschäftigungsverhältnis ist nur mehr in drei von sechs Erwerbsklassen der „Normalfall". Das sind technische Berufe (höhere technische Berufe wie auch Produktionsarbeiter*innen) sowie höhere Berufe im Bereich der Verwaltung. In den Produktionsberufen sind befristete Beschäftigungsverhältnisse immer mehr verbreitet, in Managementberufen ist Teilzeit etwas weiter verbreitet. In einfachen Büroberufen hingegen befindet sich ein Drittel der Beschäftigten in einem Teilzeitarbeitsverhältnis. Vor allem unter Dienstleistungsarbeiter*innen sind 9 Prozent in geringer Teilzeit (weniger als 12 Stunden pro Woche), 41 Prozent in mittlerer bis höherer Teilzeit (12 bis 35 Stunden) und

10 Prozent in einem befristeten Beschäftigungsverhältnis oder als Leiharbeiter*innen beschäftigt.

Die SORA-Studie macht deutlich, dass vor allem Frauen im Alter zwischen 30 und 45 Jahren häufiger in Teilzeitbeschäftigung sind. Einer der Hauptgründe dafür ist die Betreuung von Kindern oder pflegebedürftigen Angehörigen. Zwar würden Dienstleistungsarbeiter*innen am häufigsten gerne Vollzeit arbeiten, finden aber keine Vollzeitstelle und sind deshalb gezwungen, weniger Stunden zu arbeiten.

Für viele atypisch Beschäftigte gestaltet sich auch das Auskommen mit ihrem Lohn bzw. Gehalt schwierig. 37 Prozent der Dienstleistungsarbeiter*innen sowie die Hälfte der Produktionsmitarbeiter*innen kommen gut mit ihrem Einkommen aus. Jeder*jede zehnte Dienstleistungsarbeiter*in gibt hingegen an, mit dem Einkommen nicht auszukommen. Am schwierigsten ist es für Arbeiter*innen mittleren Alters im Dienstleistungsbereich bzw. für ältere Produktionsarbeiter*innen. Hier geben 33 bzw. 39 Prozent an, mit dem Verdienst gut über die Runden zu kommen. Männer kommen mit ihren Einkommen leichter aus als Frauen.

Wenig optimistisch ist die finanzielle Situation für die Pension. Nur knapp ein Viertel der Dienstleistungsarbeiter*innen und rund ein Drittel der Produktionsarbeiter*innen schätzen die zukünftige finanzielle Situation in ihrer Pension als gut ein. Erschreckend ist, dass nur jeweils 18 Prozent der Dienstleistungsarbeiter*innen im mittleren und höheren Alter angeben, dass sie künftig mit ihrer Pension gut über die Runden kommen werden. Ein Viertel aller Dienstleitungsarbeiter*innen gibt bereits jetzt an, dass sie nicht von der Pension werden leben können.

Produktions- und Dienstleistungsarbeiter*innen waren in der Vergangenheit wesentlich häufiger von Arbeitslosigkeit betroffen. Rund die Hälfte war bisher mindestens einmal arbeitslos. Auch 41 Prozent der einfachen Bürokräfte geben an, mindestens einmal arbeitslos gewesen zu sein. Die größte Unsicherheit herrscht aktuell bei Produktionsmitarbeiter*innen höheren bzw. mittleren Alters: 23 Prozent bzw. 20 Prozent schätzen ihren Arbeitsplatz als unsicher ein.

1.2.2 Arbeitsmarktpolitische Herausforderungen

Die Politik kann das Ausmaß und die Verbreitung atypischer Beschäftigungsverhältnisse nur begrenzt steuern. Beispiele wären höhere Sozialversicherungsabgaben, eine strengere Auslegung des Arbeitnehmer*innenbegriffs bei freien Dienstverträgen oder eine stärkere Regulierung von Befristungen und Leiharbeit. Die Erfahrungen aus der Vergangenheit zeigen jedoch, dass vor allem nach wirtschaftlichen Krisen die Zahl der atypischen Arbeitsverhältnisse steigt. Wie zuvor beschrieben, besteht ein starker Zusammenhang zwischen atypischer Beschäftigung und Prekarisierung. Hier kann Politik durchaus gegensteuern.

Handlungsableitung

Vor allem jüngere ausländische Staatsbürger*innen, insbesondere Frauen und Alleinerzieher*innen, sind am stärksten von Arbeitslosigkeit und dem Armutsrisiko betroffen. Eine Maßnahme zur Transformation der Arbeit sind Kollektivverträge zur Verbesserung der Arbeits- und Einkommensbedingungen atypisch Beschäftigter. In den letzten Jahren haben sich viele Initiativen entwickelt, die spezifisch auf die Probleme und Bedürfnisse atypisch Beschäftigter ausgerichtet sind, etwa Initiativen für Leiharbeiter*innen, Plattformmitarbeiter*innen usw.

Das deutsche Modell der „Familienarbeitszeit", bei dem Mütter wie auch Väter ihre Normalarbeitszeit in den ersten vier Jahren des Kindes auf circa 30 Wochenstunden reduzieren, könnte die nach wie vor starke Normierung von männlicher Vollzeitarbeit und weiblicher Teilzeit aufbrechen.

Um die Einkommensschere zwischen Frauen und Männern zu schließen, sollten überlange Arbeitszeiten verkürzt und sollte nicht existenzsichernde Teilzeit stattdessen auf 30 Stunden angehoben werden. Dafür braucht es aber eine flächendeckende Betreuungsinfrastruktur für Kinder und pflegebedürftige Personen im Haushalt. Ein zweiter wesentlicher Ansatzpunkt betrifft die gänzliche Neubewertung von vor allem von Frauen verrichteten Tätigkeiten. Die Corona-Pandemie hat gezeigt, dass es überdurchschnittlich häufig Frauen (viele davon mit Migrationshintergrund) sind, die in den systemrelevanten Berufen tätig sind. Eine finanzielle Neubewertung beruflicher Tätigkeiten mit gesellschaftlicher Systemrelevanz wäre eine gewonnene Erkenntnis aus der Pandemie.

1.3 Interne Flexibilisierung der Arbeit

Im Zuge der Digitalisierung und technischer Entwicklungen haben sich in den letzten Jahren immer mehr Möglichkeiten zu flexibleren Arbeitszeiten und Arbeitsorten entwickelt. Die Vorteile flexibler Arbeitszeitgestaltungen sind bessere Vereinbarkeit von Berufs- und Privatleben und individuell gestaltbare Arbeitsalltage. Die Flexibilisierung der Arbeit birgt gleichzeitig aber auch die Gefahr, ständig verfüg- und abrufbar zu sein bzw. sich nicht oder nur schwer von

der Arbeit abgrenzen zu können. Das wiederum kann negative Auswirkungen auf das Berufs- und Privatleben haben.

Zwar gab es bereits vor der Corona-Pandemie in einigen Unternehmen die Möglichkeit für Homeoffice, allerdings war das zumeist einigen wenigen Mitarbeiter*innen in höheren oder leitenden Positionen vorbehalten. Mit dem ersten Lockdown im Zuge der Corona-Pandemie im März 2020 änderte sich das schlagartig. Die Erfahrung mit Homeoffice ist die wohl größte und weitreichendste Veränderung in der Arbeitswelt im Zuge der Pandemie.

Bis zu 40 Prozent der Beschäftigten nutzten im ersten Jahr der Pandemie die Möglichkeit für Homeoffice. In den folgenden Lockdowns reduzierte sich der Anteil. Für die Zukunft wird vor allem interessant sein, wie Homeoffice gestaltet wird, ob es Mischmodelle geben wird und wer diese nutzen kann.

Die Vorteile von Homeoffice-Regelungen sind der Wegfall überlanger Arbeitswege, die dadurch gewonnene Zeit, bessere Vereinbarkeit von Beruf und

Familie (sofern die Kinderbetreuung sichergestellt ist), die Möglichkeit, die Arbeitszeit individuell über den Tag verteilen zu können u. v. m. Nachteile sind der fehlende persönliche Kontakt mit Kolleginnen*Kollegen, der eingeschränkte informelle Austausch, das fehlende Teamgefühl, soziale Isolation und die zunehmende Verwischung der Grenze zwischen Arbeit und Privatleben.

1.3.1 Sicht der Beschäftigten

Der Großteil der Beschäftigten ist mit den Arbeitszeitregelungen zufrieden – dies trifft jedoch nicht gleich stark für alle Erwerbsklassen zu. Die niedrigsten Zufriedenheitswerte sind in den geringer qualifizierten Jobs in der Produktion und im Dienstleistungssektor zu finden. Rund 30 Prozent der Produktions- und Dienstleistungsarbeiter*innen sind mit ihrer Arbeitszeitregelung unzufrieden. Zwar haben in beiden Gruppen die meisten Beschäftigten fixe Arbeitszeiten, aber es sind auch Schicht- und/oder Turnusdienste sowie Arbeit auf Abruf stärker verbreitet. 27 Prozent der Produktionsarbeiter*innen verrichten ihre Tätigkeit in Schicht- bzw. Turnusdiensten, gewünscht ist dieses Modell jedoch nur von 16 Prozent. 16 Prozent der Arbeiter*innen wünschen sich Gleitzeit, was aber nur für 7 Prozent möglich ist. 22 Prozent der Dienstleistungsarbeiter*innen verrichten ihre Tätigkeit zu unregelmäßigen Arbeitszeiten oder auf Abruf, wobei das nur 8 Prozent wünschen. 47 Prozent der Bürokräfte haben fixe Arbeitszeiten, obwohl nur 38 Prozent dafür sind – die meisten wünschen sich Gleitzeitregelungen. Das heißt, dass Bürokräfte für flexiblere Arbeitszeitregelungen sind.

Im Zusammenhang mit der Gestaltung der Arbeitszeit steht auch die Vereinbarkeit von Beruf und Familie: Für Produktionsarbeiter*innen (nur 77 Prozent Zufriedenheit) und Dienstleistungsarbeiter*innen (nur 76 Prozent) ist diese am wenigsten gegeben. Für Produktionsarbeiter*innen jüngeren und mittleren Alters ist die Vereinbarkeit am schwierigsten. Ähnlich ergeht es Dienstleistungsarbeiter*innen. Im fortgeschrittenen Erwerbsalter steigt die Vereinbarkeit wieder – das trifft sowohl auf Produktionsarbeiter*innen als auch auf Dienstleistungsarbeiter*innen zu.

Die SORA-Studie zeigt, dass ein Großteil der Beschäftigten flexible Arbeitszeitmodelle präferiert.

Wie sieht es aber mit der Möglichkeit zum ortsflexiblen, dislozierten Arbeiten aus? Der geringste Digitalisierungsgrad besteht bei Produktionsarbeiter*innen sowie Dienstleistungsarbeiter*innen. Einen starken Digitalisierungsschub haben während der Pandemie damit nur die administrativen Berufe erfahren. Bei Bürokräften haben sich die Homeoffice-Anteile von 16 Prozent auf 46 Prozent fast verdreifacht. Fazit: Homeoffice steht nicht allen offen. Vor allem Produktions- und Dienstleistungsarbeiter*innen haben kaum die Möglichkeit für Home-office. 75 Prozent sagen, dass die Ausübung von zu Hause nicht möglich ist. Bei einem Drittel verfügt das Unternehmen nicht über die notwendige Infrastruktur, einem Viertel fehlt zu Hause der Platz, um die Arbeit sinnvoll auszurichten.

1.3.2 Arbeitsmarktpolitische Herausforderungen

Die Flexibilisierung der Arbeit wird abseits der Pandemie weiter voranschrei-ten. Homeoffice bedarf jedoch klarer Regelungen. Die bisherigen Erfahrungen haben gezeigt, dass Homeoffice zu einer Ausweitung der Arbeitszeit führt. Be-schäftigte im Homeoffice tendieren dazu, insgesamt mehr Stunden und gehäuft zu Randzeiten, das heißt frühmorgens, spätabends und am Wochenende zu arbeiten.

Handlungsableitung

Unternehmen sollten Anreize setzen, überlange Arbeitszeiten und Mehr-arbeit zu vermeiden. Zudem müssen auch im Homeoffice Arbeits- und Ruhezeiten gelten. Hier wird den Gewerkschaften und Betriebsräten auch in Zukunft eine zentrale Rolle zukommen.

Gleichzeitig wird ersichtlich, dass auch in Zukunft viele Beschäftigte, ins-besondere jene in Dienstleistungs- und Produktionsberufen, nicht von den Vorteilen, die das Arbeiten von zu Hause bietet, profitieren können. Dazu zählen Menschen in Schicht- und Turnusdiensten, Beschäftige in interper-sonellen Berufen, wie z. B. in der Pflege, in körpernahen Dienstleistungen, im Lehrbereich usw.

Hier braucht es Lösungen, wie Beschäftigte an Arbeitsplätzen, die weder örtlich noch zeitlich flexibel gestaltet werden können, eine Kompensation für ihre Benachteiligung erhalten.

1.4 Subjektivierung von Arbeit

Die bislang vorgestellten Trends führen zu einer zunehmenden Subjektivierung der Arbeit. Flexible Arbeitszeiten, Homeoffice und atypische Beschäftigungs-verhältnisse treten immer mehr an die Stelle von „Normalarbeitsverhältnissen", Standardisierung und Regulierung. Die räumliche und zeitliche Trennung von Beruf und Privatleben, fixe Anfangs- und Endzeiten sowie Arbeitsorte lösen sich in manchen Segmenten des Arbeitsmarktes immer mehr auf und führen zur Entgrenzung der Arbeit. Ein Zuwachs an Autonomie, selbstbestimmtes Arbeiten, aber auch eine stärkere Individualisierung der ökonomischen Risiken prägen die neue Arbeitswelt. Diese Entgrenzung hat letztlich zur Folge, dass immer mehr Bereiche des menschlichen Lebens an Marktprinzipien ausgerichtet werden.

Subjektivierung geht bis in die konkreten Arbeitsaufgaben und Arbeitsprozesse hinein: Unternehmen haben in den letzten Jahrzehnten erkannt, dass die persönlichen Potenziale der Arbeitnehmer*innen, wie Produktivität, Leistungswille, Empathie, intrinsische Motivation, Kreativität usw., wertvolle Ressourcen sind und folglich in die Arbeitsorganisation miteinbezogen werden sollten. Beschäftigte erhalten dadurch mitunter ein höheres Maß an Mitsprachemöglichkeiten und erachten ihre Arbeit als sinnvoll. Allerdings erfordert diese Entgrenzung auch ein höheres Maß an Selbstorganisation und Selbstregulation und führt nicht selten zu Ermüdungs- und Überlastungserscheinungen sowie gesundheitlichen Einschränkungen. Ein klassisches Beispiel dafür sind die sogenannten Creative Industries, also Berufe in der Grafik, Werbung oder im Designbereich. Dass diese Form der Subjektivierung aber nicht nur junge Akademiker*innen trifft, zeigt der Pflegebereich: Steigender Arbeitsdruck und Vereinbarkeitsprobleme mit der eigenen Sorgearbeit müssen von den Pflegekräften nach wie vor individuell gelöst werden, während ein Großteil des Pflegesystems auf die hohe intrinsische Motivation der Pflegekräfte setzt, die den Personalmangel in Form von Mehr- und Überstunden abfedern.

Die sich rasch wandelnde Arbeitswelt erfordert von den Beschäftigten ein hohes Maß an Selbstorganisation und Autonomie. Lebensbegleitendes Lernen hat heute mehr Bedeutung denn je. Der Arbeitsmarkt erwartet, dass Arbeitnehmer*innen über Kompetenzen und Kenntnisse auf aktuellem Stand verfügen.

Besonders Niedrigqualifizierte und atypisch Beschäftige haben seltener die Möglichkeit, an betrieblichen Weiterbildungen teilzunehmen. Frauen und Menschen mit Migrationshintergrund sind auch hier stärker betroffen. Es ist davon auszugehen, dass der technische, wirtschaftliche und gesellschaftliche Wandel dazu führen wird, dass sich manche Berufe weitgehend verändern oder gänzlich verschwinden werden. Für Beschäftigte bedeutet das, dass sie sich selbst nachqualifizieren bzw. umschulen müssen.

Handlungsableitung

Die Politik ist angehalten, geeignete Rahmenbedingungen zu schaffen, um diese Menschen mit entsprechenden Programmen zu fördern und zu unterstützen.

1.4.1 Sicht der Beschäftigten

Die Ergebnisse der SORA-Studie zeigen, dass wechselnde Aufgaben und Arbeitsanforderungen in den akademischen Erwerbsklassen deutlich stärker ausgeprägt sind. Das betrifft vor allem technische Expertinnen*Experten: Zwei Drittel der Befragten geben an, dass Aufgaben und Arbeitsanforderungen in ihrem Job häufig wechseln, ein Fünftel fühlt sich stark belastet.

Mehr als ein Fünftel der Produktions- sowie Dienstleistungsarbeiter*innen teilt die Einschätzung, dass sie die Anforderungen im Job mit ihrer Ausbildung in fünf Jahren nur mehr mittelmäßig bis schlecht bewältigen werden. Das betrifft vor allem Personen im fortgeschrittenen Erwerbsalter. Rund ein Drittel der Produktionskräfte und 25 Prozent bzw. 29 Prozent der Dienstleistungskräfte über 45 melden Qualifizierungsbedarf an. Der Zugang zu Weiterbildungen ist in diesen beiden Erwerbsklassen erschwert.

Gefragt wurde auch nach der Zufriedenheit mit den eigenen Gestaltungs- und Mitbestimmungsmöglichkeiten. Je drei Viertel der technischen sowie soziokulturellen Expertinnen*Experten gaben an, mit den Gestaltungsmöglichkeiten zufrieden zu sein. 60 Prozent zeigten sich mit den Möglichkeiten zur Mitbestimmung zufrieden. Im Gegensatz dazu sind jeweils weniger als zwei Drittel der Produktions- und Dienstleitungsarbeiter*innen mit den Optionen zur Mitgestaltung und nur rund 55 Prozent mit den Chancen zur Mitbestimmung im Unternehmen zufrieden.

1.4.2 Arbeitsmarktpolitische Herausforderungen

Die zunehmende Subjektivierung der Arbeit zeigt Vorteile und Chancen auf der einen Seite, Nachteile und Gefahren für Beschäftigte auf der anderen Seite. Für die einen bedeutet Subjektivierung ein Mehr an Mitbestimmungs- und Gestaltungsmöglichkeiten, Autonomie, Flexibilität, Entfaltung, Kreativität, Selbstständigkeit und eine bessere Abstimmung von Beruf und Privatleben. Für andere ergeben sich daraus jedoch Nachteile und Gefahren. Die Destandardisierung und Flexibilisierung führen bei einigen zu einem steigenden Leistungsdruck und einer zunehmenden Belastung. Die gestiegene Vereinbarkeit von Beruf und Privatleben birgt auch die Gefahr einer zu starken Entgrenzung von Arbeit und Privatleben. Fazit: Die Subjektivierung der Arbeit ist als ambivalent zu beurteilen. Die Partizipationsmöglichkeiten sind für besser Qualifizierte wesentlich stärker gegeben als für gering qualifizierte Arbeitskräfte. Lebenslange Weiterqualifizierung ist eine Voraussetzung für kontinuierliche Erwerbstätigkeit – insbesondere vor dem Hintergrund einer digitalen Transformationsgesellschaft, die sich ankündigt.

2. Umfrage zur Arbeitswelt 2022 – Kurzfassung und Analyse der Ergebnisse der Triple-M-Studie

Um die Veränderungen der Arbeits- und Berufswelt klarer hervorzuheben, hat der SPÖ-Rathausklub eine weitere Studie in Auftrag gegeben. Das Markt- und Meinungsforschungsinstitut Triple M Matzka hat dazu im Februar 2022 Personen im erwerbsfähigen Alter zwischen 15 und 64 Jahren, die ausschließlich in Wien erwerbstätig sind, zu ihrer Arbeitssituation befragt. Die Befragung fand in Form von Online-Interviews statt, dabei wurden 1.200 Interviews anhand sogenannter Bilendi-Panels geführt. Im Folgenden werden die Fragen sowie deren Ergebnisse erläutert.

2.1 Zufriedenheit am Arbeitsplatz

Auf die Frage, wie zufrieden die Befragten mit ihrem Arbeitsplatz sind, antwortete ein Drittel mit „sehr zufrieden", ein weiteres Drittel (32 Prozent) mit „eher zufrieden". Interessant ist, dass sich kaum Unterschiede zwischen Männern und Frauen zeigten. Auffallend ist, dass mit zunehmendem Alter die Zufriedenheit am Arbeitsplatz sinkt. 60 Prozent der unter 30-Jährigen gaben an, „voll und ganz" oder „eher zufrieden" zu sein. Bei den über 30-Jährigen waren es 49 Prozent. Befragte, die vollzeitbeschäftigt sind, zeigten sich im Vergleich zu Teilzeiterwerbstätigen tendenziell zufriedener und würden ihre Arbeit Freund*innen und Bekannten empfehlen bzw. sich wieder für diese Tätigkeit entscheiden.

Jene 67 Prozent, die nicht „voll und ganz" zufrieden mit ihrer Arbeit sind, begründeten dies mit einer zu geringen Bezahlung (17 Prozent). 12 Prozent klagten über die Führung bzw. das Management, jede*r Zehnte über Stress in der Arbeit. Besonders Frauen gaben an, „zu viel Arbeit", „Personalprobleme" und „mangelnde Zukunftsperspektiven" zu haben. Auch die Corona-Pandemie wurde als wesentlicher Grund angeführt.

2.2 Gehalt und Bezahlung

Hinsichtlich der Bezahlung zeigte sich jede*r Zweite zufrieden. Auch hier konnten keine Unterschiede zwischen den Geschlechtern ausgemacht werden. 16 Prozent gaben an, mit der Bezahlung „überhaupt nicht" zufrieden zu sein. Interessant: 15 Prozent gaben an, ihr*e Arbeitgeber*in gehe nicht fair und transparent mit Gehaltsthemen um.

2.3 Work-Life-Balance

Eine*r von vier Befragten gab an, dass nicht ausreichend auf die Work-Life-Balance der Mitarbeiter*innen geachtet werde. Befragte unter 30 fühlten sich ausreichend durch den*die Arbeitgeber*in unterstützt, könnten aber ihre Arbeit dennoch signifikant schlechter mit familiären Verpflichtungen vereinbaren. Insgesamt 61 Prozent gaben an, Arbeit und Familie gut unter einen Hut zu bekommen. Auffallend: Personen mit niedrigerem Bildungsniveau gaben an, dass der*die Vorgesetzte weniger auf die Vereinbarkeit von Beruf und Familie achte.

2.4 Belastungen und Motivatoren am Arbeitsplatz

Eine*r von vier Befragten gab an, dass sowohl die Arbeit als auch fremde und eigene Erwartungen zu viel werden. 25 Prozent gaben an, Angst davor zu haben, das Arbeitspensum nicht mehr schaffen zu können. 25 Prozent sagten, dass ihnen die Arbeit nicht ausreichend Zeit ließe. Ein weiteres Viertel habe Angst davor, sich beruflich nicht weiterentwickeln zu können.

35 Prozent der Befragten gaben an, dass sie die Freiheit, ihre Arbeit selbst einteilen zu können, positiv stimme. 30 Prozent fanden es besonders wichtig, ihre Fähigkeiten zeigen zu können. Jeweils 28 Prozent gaben an, dass sowohl die Anerkennung von Vorgesetzten wie auch Geld positiv motivieren.

55 Prozent der Befragten gaben an, sich in der Arbeit weiterentwickeln zu können. 26 Prozent könnten dies „weniger", 10 Prozent „gar nicht". Unter den befragten Frauen waren es sogar 41 Prozent, die angaben, sich „weniger" bis „gar nicht" weiterentwickeln zu können. Unter den Männern waren es nur 33 Prozent.

Männer (60 Prozent) und Jüngere (61 Prozent der unter 30-Jährigen) würden ihre beruflichen Ziele eher erreichen oder haben zumindest Hoffnung, diese erreichen zu können. Hinsichtlich des Bildungsniveaus zeigten sich keine signifikanten Unterschiede.

2.5 Beruf und Ausbildung

42 Prozent der Befragten fühlten sich im Beruf „voll und ganz" ihren Fähigkeiten entsprechend eingesetzt. Weitere 43 Prozent gaben an, „eher" ihren Fähigkeiten entsprechend eingesetzt zu sein. Signifikant: Je besser der Job zu den Fähigkeiten passt, desto höher die Zufriedenheit.

Eine knappe Mehrheit der Befragten gab an, ihren Job als „Traumjob" zu bezeichnen, Männer eher als Frauen, Pendler*innen eher als Nichtpendler*innen.

8 Prozent der Befragten gaben an, gerne im Kunst- und Kulturbereich arbeiten zu wollen, unabhängig vom Geschlecht oder Alter. Für knapp 7 Prozent (10 Prozent der Teilnehmer*innen mit Matura) definiert sich der Begriff „Traumjob" über die (Führungs-)Position. Sozialberufe kommen vermehrt für Frauen dem Traumjob nahe (8 Prozent im Vergleich zu 2 Prozent der befragten Männer). Männer zeigten höheres Interesse an Technik- bzw. IT-Berufen (6 Prozent im Vergleich zu 1 Prozent der Frauen).

Die Befragung zeigte, dass vor allem ältere Menschen deutlich stärker an der Meinung festhalten, dass der berufliche Erfolg von einer guten Ausbildung abhängt. 67 Prozent der über 50-Jährigen stimmten dieser Meinung „voll und ganz" oder „eher" zu. Im Vergleich dazu waren es bei den unter 30-Jährigen nur 55 Prozent. 20 Prozent der jüngeren Befragten sprachen sich klar gegen diese Hypothese aus. Auch bei dieser Frage zeigten sich hinsichtlich des Bildungsniveaus keine Unterschiede.

2.6 Weiterbildung und Weiterentwicklung

Weiterbildung und Weiterentwicklung gehen Hand in Hand. Ohne regelmäßige Weiterbildung kann man beruflich nicht weiterkommen. Dieser Meinung stimmten 65 Prozent der Befragten „voll und ganz" bzw. „eher" zu. Männer und Personen über 50 lagen leicht über dem Durchschnitt.

2.7 Arbeitszeiten

Zwei Drittel bzw. 67 Prozent der Befragten waren sich (relativ) sicher, dass sie, sofern der*die Arbeitgeber*in damit einverstanden sei, mehr Stunden leisten könnten. 46 Prozent wollten jedoch von sich aus nicht mehr Stunden arbeiten. Das trifft auf Männer und Frauen zu. „Andere Verpflichtungen", wie Kinderbetreuung und Pflege, machten es 37 Prozent der Frauen „eher" bzw. „sicher nicht" möglich, mehr Stunden zu arbeiten. Unter den männlichen Befragten waren es 23 Prozent. In Bezug auf die Gesundheit waren es insgesamt 32 Prozent, die angaben, „sicher nicht" mehr Arbeitsstunden leisten zu können.

2.8 Veränderung der Arbeitswelt seit der Corona-Pandemie

Rund 40 Prozent der Befragten sahen keine bzw. kaum eine Veränderung der Arbeitswelt durch Corona.

24 Prozent gaben an, dass sich die Arbeitswelt verbessert habe, 37 Prozent sagten hingegen, dass sich ihre Arbeitswelt während der Pandemie verschlechtert habe. Speziell ältere Personen (42 Prozent) sowie Befragte ohne Matura (40 Prozent im Vergleich zu 35 Prozent mit Matura) zeigten sich pessimistischer.

Jene 24 Prozent, die angaben, eine Verbesserung der Arbeitswelt seit Corona zu sehen, begründeten dies mit der Möglichkeit, im Homeoffice arbeiten zu können (49 Prozent). Als weitere Gründe für eine Verbesserung wurden ein neuer Job (9 Prozent), neu erlangte Flexibilität (9 Prozent) und mehr Zeit (6 Prozent) genannt. Dem gegenüber gaben 21 Prozent der Befragten eine Verschlechterung der Arbeitswelt während der Pandemie an. Die Befragten begründeten dies mit einer zunehmenden Arbeitsbelastung. Einschränkungen durch Lockdowns führten bei 15 Prozent zu einer spürbaren Verschlechterung. 14 Prozent beklagten Umsatzeinbußen und Rückgänge bei den Aufträgen. Besonders betroffen sind Selbstständige (26 Prozent) und (Fach-)Arbeiter*innen (19 Prozent).

2.9 Situation berufstätiger Frauen in Österreich

Jede*r Fünfte beschrieb die Situation berufstätiger Frauen in Österreich als (sehr) schlecht. Nur 9 Prozent der Befragten bewerteten die Situation berufstätiger Frauen in Österreich als sehr gut und 26 Prozent als gut. 45 Prozent antworteten ausweichend mit „teils, teils".

19 Prozent aller Befragten bewerteten die Situation von Frauen im Beruf als (sehr) schlecht. Unter den männlichen Befragten waren es 16 Prozent, unter den befragten Frauen 23 Prozent. Jüngere bewerteten die Rolle der arbeitenden Frauen erheblich besser.

Auf die Frage, ob sich die Situation berufstätiger Frauen durch Corona verändert habe, gaben 43 Prozent der Befragten an, sie habe sich etwas bzw. sehr zum Schlechteren verändert. Insgesamt 10 Prozent waren der Meinung, die Situation berufstätiger Frauen habe sich durch Corona stark bzw. etwas zum Besseren verändert. Unter den Männern waren es 13 Prozent, unter den Frauen 5 Prozent, die dieser Meinung zustimmten.

27 Prozent der Befragten unter 30 gaben an, die Situation habe sich sehr zum Schlechten verändert. Bei den 30- bis 49-Jährigen waren es 45 Prozent, in der Altersgruppe 50 plus waren es 51 Prozent.

2.10 Maßnahmen zur Verbesserung der Situation berufstätiger Frauen in Österreich

Maßnahmen, die die Situation berufstätiger Frauen in Österreich insgesamt verbessern könnten, seien nach Angabe der Befragten:

- bessere Bezahlung von Jobs in sogenannten Niedriglohnbranchen (42 Prozent)
- Ausbau von Kinderbetreuungseinrichtungen an Nachmittagen und in den Ferien (37 Prozent)
- Entlohnung der sogenannten unbezahlten Arbeit im Haushalt, darunter Kinderbetreuung und Pflege (26 Prozent); hier zeigt sich eine große Diskrepanz zwischen den Geschlechtern: 32 Prozent der befragten Frauen stimmten dem zu, bei den Männern waren es nur 20 Prozent.
- mehr Frauen in Führungspositionen und Verstärkung von Quotenregelungen (18 Prozent); auch hier zeigen sich große Unterschiede zwischen Männern und Frauen: 24 Prozent der Frauen stimmen dieser Maßnahme zu, bei den Männern sind es nur 13 Prozent.

3. Conclusio

Wien ist eine schnell wachsende Stadt. Diese Tatsache stellt die Stadt und damit auch die politischen Mitgestalter*innen vor Herausforderungen. Das betrifft Arbeit, Wohnen, Bildung, die Gesundheitsversorgung, den öffentlichen Verkehr und die gesamte Infrastruktur. Wachstum und Entwicklung sind gleichzeitig große Komplimente an die Stadt. Sie zeigen, dass immer mehr Menschen ihren Lebensmittelpunkt nach Wien verlagern, dass sie sich wohlfühlen und gerne hier leben. Um den hohen Lebensstandard, den Wien bietet, auch künftigen Generationen zu ermöglichen, muss sich die Stadt permanent auf aktuelle Entwicklungen und die damit verbundenen Herausforderungen unserer Zeit vorbereiten. Doch welche Maßnahmen kann die Stadt bzw. die Politik setzen, um mit den Entwicklungen Schritt zu halten? Welche Möglichkeiten gibt es, das „Immunsystem" einer Stadt – insbesondere wenn sie von äußeren, unvorhersehbaren, nicht kontrollierbaren Einflüssen, wie beispielsweise der Corona-Pandemie, angegriffen wird – zu stärken und zu schützen? Wie können absehbare Entwicklungen, wie etwa der Klimawandel, bewältigt werden?

Mit diesen und vielen weiteren Fragen hat sich der SPÖ-Klub im Rahmen der Klubklausur im März 2022 auseinandergesetzt. Um entsprechende Schlüsse ziehen und Handlungen ableiten zu können, wurden im Vorfeld zur Klubklausur die beiden Studien, die eingangs im Detail diskutiert wurden, beauftragt und in weiterer Folge deren Ergebnisse analysiert. Zudem wurden die einzelnen Geschäftsgruppen bzw. Ressorts der Stadt Wien durchleuchtet und jene Projekte und Maßnahmen vor den Vorhang geholt, die maßgeblich die Zukunft der Stadt beeinflussen und gestalten.

Wien ist eine lebendige, wachsende Stadt. In Wien wird diese Entwicklung sehr genau begleitet, indem z. B. dafür gesorgt wird, dass die Infrastruktur laufend mitwächst und damit eine hohe Lebensqualität gewährleistet wird. In den vergangenen Jahren hat Wien Hamburg, Warschau, Budapest und Bukarest gemessen an den Einwohner*innen überholt und zählt damit zur sechstgrößten Stadt in der Europäischen Union. Verglichen mit anderen europäischen Städten und deren Einwohner*innenzahl liegen nur London, Berlin, Madrid, Rom und Paris vor Wien. Wien ist eine Metropole im Herzen Europas, mit einer entsprechenden Dynamik – sowohl beim Bevölkerungswachstum als auch bei der internationalen Wahrnehmung. Dass Wien auch international stark präsent ist, machen zahlreiche Städterankings deutlich: Wien ist nicht nur die lebenswerteste, sondern auch eine der innovativsten Städte der Welt.

3.1 Smart City – der Wiener Weg

Mit der „Smart Klima City Strategie Wien" hat die Stadt Wien einen Nachhaltigkeitsfahrplan entwickelt, der den einzelnen Geschäftsgruppen bzw. Ressorts den Weg in eine lebenswerte Zukunft vorgibt. Das übergeordnete Ziel: Wien muss bis 2040 klimaneutral sein. Der Klimawandel stellt uns alle vor immer größere Herausforderungen. Die Klimakrise verlangt ambitionierte Lösungen und die Fähigkeit, sich anzupassen. Die Auswirkungen des Klimawandels, die immer deutlicher zu spüren sind, machen eine permanente Überprüfung und Nachschärfung von Klimazielen und Maßnahmen erforderlich. Bereits 2014 setzte der Wiener Gemeinderat erstmals mit der „Smart City Wien Rahmenstrategie" einen Meilenstein, um die Ursachen und Auswirkungen des Klimawandels zu bekämpfen. 2020 wurde das Ziel der Klimaneutralität bis 2040 im Regierungsübereinkommen festgehalten. Für Wien ist dies Auftrag und Verpflichtung zugleich. Denn Wien bekennt sich damit nicht nur zu den eigenen Klimazielen, sondern auch zu den globalen und europäischen.

Die „Smart Klima City Strategie Wien" bildet gleichzeitig die Dachstrategie für den Wiener Klimafahrplan, der alle Maßnahmen, die Wien auf dem Weg zur Klimamusterstadt setzt, veranschaulicht. Der Klimafahrplan ist so gesehen die wichtigste Handlungsanleitung für die städtischen Abteilungen, Verwaltungsgruppen, Ressorts, Projekte u. v. m. zur Erreichung der Klimaziele.

Die Folgen des globalen Klimawandels werden schon jetzt immer deutlicher spürbar. Damit wird die Klimakrise zunehmend auch zur sozialen und ökonomischen Krise. Städte müssen daher in die Lage versetzt werden, im Sinne des Gemeinwohls die notwendigen Investitionen in eine ökologische und gerechte Stadt zu tätigen – eine enorme Herausforderung, die Wien nicht im Alleingang bewältigen kann. Dennoch kann die Stadt zukunftsfähige Lösungen entwickeln, die lokal wirken und global beispielgebend sein können. Die Mission der Smart City Wien lautet daher: hohe Lebensqualität für alle bei größtmöglicher Ressourcenschonung durch umfassende soziale und technische Investitionen.

Dass Wien Jahr für Jahr zur lebenswertesten Stadt der Welt gekürt wird, ist kein Zufall, sondern das Verdienst jahrzehntelanger konsequenter Arbeit und vorausschauender Planung. Die ausgezeichnete Infrastruktur, das zuverlässige und gut ausgebaute öffentliche Verkehrsnetz, die hervorragende Wasserversorgung, die vielfältigen Kultur-, Bildungs- und Freizeitangebote, die öffentlichen Grün- und Erholungsräume, die gute Gesundheitsversorgung, der hochwertige und leistbare Wohnraum, der Zugang zum Arbeitsmarkt, eine gute soziale Absicherung, Möglichkeiten der Teilhabe und Partizipation: Das sind nur einige von vielen Faktoren, die zur hohen Lebensqualität der Stadt beitragen. Gleichzeitig bilden sie die Daseinsvorsorge der Stadt und damit die Zukunftsvorsorge für die Bewohner*innen. Sie sind so gesehen das Rückgrat der Stadt, das vor allem in Krisenzeiten Halt und Sicherheit bietet. Auf diesen Pfeilern baut die Stadt auf und setzt im selben Atemzug in einer unglaublich hohen Taktzahl neue Standards und Akzente.

3.2 Wien gibt Kraft – Projekte der Zukunft

Der Ausbau des Wiener U-Bahn-Netzes, im Konkreten die Weiterführung des Linienkreuzes U2 und U5, ist eines der größten Klimaschutzprojekte der Stadt. Gleichzeitig ist es ein wichtiger Hebel, um die Mobilitätswende zu schaffen. Die hohe technische Komplexität rund um den U-Bahn-Bau im dicht bebauten Stadtgebiet macht den Ausbau aufgrund der langfristigen Positiveffekte zum Klimaschutz-Jahrhundertprojekt. Damit wird die Leistungsfähigkeit des öffentlichen Verkehrs in Wien nachhaltig gesichert. Mehr als 300 Millionen zusätzliche Öffi-Nutzer*innen und insgesamt 1,3 Milliarden Fahrgäste pro Jahr können dadurch die öffentlichen Verkehrsmittel in Wien nutzen. Das spart bis zu 75.000 Tonnen CO_2 pro Jahr und entspricht etwa der Umweltleistung eines Waldes mit sechs Millionen 30-jährigen Bäumen auf einer Fläche der gesamten Donaustadt oder der Bezirke eins bis elf zusammengerechnet. Insgesamt investieren Stadt und Bund in den kommenden Jahren rund sechs Milliarden Euro in den U-Bahn-Ausbau und damit in die Transformation der Mobilität. Die positiven Auswirkungen auf den Wirtschaftsstandort Wien liegen klar auf der Hand: Durch den Ausbau und die Investitionen werden Tausende Arbeitsplätze gesichert bzw. neu geschaffen. Diese „Green Jobs" sind nachhaltige Arbeitsplätze mit Zukunft!

Einen weiteren Meilenstein stellt die Photovoltaik-Offensive der Stadt dar. Im Mai 2021 hat die Stadt den Startschuss für die größte Photovoltaik-Offensive in der Geschichte Wiens gegeben. Die Offensive verfolgt ambitionierte Ziele: Bis 2030 soll 16-mal so viel Strom aus Sonnenenergie gewonnen werden wie 2020. Damit soll die Gesamtleistung der Photovoltaik-Anlagen in Wien von derzeit 50 auf 800 Megawatt Peak steigen. Dafür braucht es jährlich neue Photovoltaik-Flächen in der Größenordnung von 90 bis 100 Fußballfeldern. Der Ausbau soll „städtetauglich" erfolgen, das heißt vor allem auf bestehenden ungenutzten Flächen wie Hausdächern und Fassaden, auf Betrieben und Schulen, Deponien und Kraftwerksflächen sowie bereits versiegelten Freiflächen wie Parkplätzen und anderen Verkehrsflächen. Den Vorrang haben dabei öffentlich nicht zugängliche und nutzbare Bereiche.

Ein Schwerpunkt liegt auf innovativen Lösungen wie der kombinierten Nutzung von Photovoltaik mit Dachbegrünungen, als Verschattungselemente oder Überdachung von Terrassen und Parkplätzen. Von Gemeinschafts-Photovoltaik-Anlagen bis zur Nachrüstung von Lärmschutzwänden, Bus- und U-Bahn-Stationen sind kreative neue Zugänge gefragt. Fast zwei Drittel der Dachflächen in Wien eignen sich für die Gewinnung von Sonnenenergie. Dazu kommen noch die bisher wenig genutzten Fassaden der Gebäude. Um private Hauseigentümer*innen, Bauträger*innen und Betriebe beim Erschließen dieser Potenziale noch besser zu unterstützen, weitet die Stadt ihr Beratungs- und Förderangebot aus. Zudem werden die Fördermittel deutlich aufgestockt und neue Förderschwerpunkte gesetzt, z. B. für innovative Lösungen wie Photovoltaik-Gründächer, Photovoltaik-Verschattungsanlagen und stationäre Stromspeicher. Mit dem Kompetenzzentrum Erneuerbare Energie hat die Stadt Wien eine Servicestelle eingerichtet, die sowohl Privatpersonen als auch Betriebe rund um das Thema erneuerbare Energien berät und informiert. Die positiven Auswirkungen auf den Wiener Arbeits- und Wirtschaftsstandort sind enorm: Der Ausbau der erneuerbaren Energien in Wien bringt die Stadt noch schneller an ihr Ziel, bis 2040 klimaneutral zu werden. Die Transformation des Energiebereichs schafft nachhaltige, krisenresiliente Jobs der Zukunft. Schätzungen zufolge bringt der Ausbau der erneuerbaren Energien 100.000 zusätzliche Arbeitsplätze, mit denen in den nächsten zehn Jahren gerechnet werden kann. Zudem könnte sich bei einem jährlichen Investitionsvolumen von 4,5 Milliarden Euro das Bruttoinlandsprodukt pro Jahr durchschnittlich um 9,8 Milliarden Euro erhöhen. Zu diesem Ergebnis kommt eine aktuelle Studie des Energieinstituts an der Johannes Kepler Universität Linz. Untersucht wurden dabei die Effekte des Erneuerbaren-Ausbaus auf die Volkswirtschaft und die Beschäftigung.[6]

Der Wärmesektor ist für etwa die Hälfte des Endenergieverbrauchs verantwortlich. Deshalb spielt die Transformation im Wärmebereich eine wesentliche Rolle. Bis heute heizen 40 Prozent der Haushalte in Wien mit fossilen Energieträgern. Österreich hat sich das Ziel gesetzt, bis 2040 aus Öl und Gas auszusteigen. Auch hier geht die Stadt Wien mit gutem Beispiel voran und hat im Rahmen des Wiener Klimafahrplans konkrete Maßnahmen und Schritte festgeschrieben, die städtische Wärme- und Kälteversorgung bis 2040 auf erneuerbare Energiequellen umzustellen. Um die Fernwärme klimaneutral zu machen, setzt Wien neben der Müllverbrennung vor allem auf Geothermie und Großwärmepumpen. Seit März 2019 versorgt die größte Großwärmepumpe Mitteleuropas am Standort Wien-Simmering 25.000 Haushalte mit CO_2-neutraler Fernwärme. Die Pumpe nutzt die Abwärme von Kraftwerksanlagen und sorgt dafür, dass so 40.000 Tonnen CO_2 eingespart werden können. Das ist nicht nur ein wichtiger Schritt in Richtung Dekarbonisierung, sondern schafft nachhaltige „Green Jobs".

Im Februar 2022 startete der Bau einer weiteren Großwärmepumpe – sie wird die leistungsstärkste Pumpe Europas sein. Die hochmoderne Anlage wird am Gelände der ebswien Kläranlage in Simmering errichtet und ist ein weiterer Baustein zur Erreichung der Klimaziele. Die 55 Megawatt starke Großwärmepumpe wird ab Mitte 2023 bis zu 56.000 Haushalte mit klimaneutraler, umweltfreundlicher Wärme versorgen. Der Vollausbau erfolgt bis 2027 mit einer Leistung von 110 Megawatt. Damit können 112.000 Wiener Haushalte mit grüner Wärme versorgt werden. Das Besondere: Die Anlage wird zur Gänze aus regionalen Energiequellen betrieben und ist damit zu 100 Prozent klimaneutral. Zwei Drittel der benötigten Energie kommen aus der Abwärme des gereinigten Abwassers der Kläranlage, das letzte Drittel wird mit Ökostrom direkt aus dem benachbarten Donaukraftwerk Freudenau gedeckt.

Wien wird das Fernwärmesystem massiv ausbauen und durch Solarenergie, biogene Brennstoffe und den Einsatz von Großwärmepumpen optimieren. Bis 2030 wird Geothermie im Umfang von 120 Megawatt thermisch ausgebaut. Dies entspricht einem Wärmebedarf von umgerechnet 125.000 Wiener Haushalten – ein großer Schritt für das Klima und die Menschen in dieser Stadt.

Die genannten Beispiele zeigen, dass Klimapolitik ein wichtiger Konjunkturmotor ist. Alle Maßnahmen und Projekte, die hier dargestellt und präsentiert wurden, sind wichtige Hebel zur Bekämpfung des Klimawandels. Vor allem aber schaffen sie nachhaltige, krisensichere Arbeitsplätze, die es in einer wachsenden, lebendigen und prosperierenden Stadt braucht. Die Transformation der Arbeit geht damit Hand in Hand mit den Investitionen, die die Stadt Wien setzt.

AUSGEWÄHLTE QUELLEN UND LITERATURHINWEISE

- *Kompetenzzentrum Erneuerbare Energie; https://erneuerbare-energie.urbaninnovation.at/.*
- *Schönherr, Daniel/Glaser, Harald/Ogris, Günther (2022): SORA-Kurzexpertise: Trends der Arbeitswelt am österreichischen Arbeitsmarkt.*
- *Smart City Wien; https://www.wien.gv.at/stadtentwicklung/strategien/smart-city.html.*
- *Stadt Wien (Hg.) (2022): Smart Klima City Strategie Wien: Der Weg zur Klimamusterstadt; https://www.wien.gv.at/spezial/smartklimacitystrategie/.*
- *Triple M Matzka Markt- und Meinungsforschung (2022): Umfrage zum Arbeitsmarkt 2022 für den SPÖ-Rathausklub.*
- *Wiener Sonnenstrom Offensive; https://sonnenstrom.wien.gv.at/.*

ENDNOTEN

[1] *Internationaler Aktionstag für Entgeltgleichheit zwischen Frauen und Männern.*

[2] *Differenz zwischen den durchschnittlichen Bruttostundenverdiensten von Frauen und Männern.*

[3] *Statistik Austria, Bevölkerungsprognose 2021.*

[4] *Die Erwerbsbevölkerung setzt sich aus den Erwerbstätigen und den sofort verfügbaren Erwerbslosen zusammen.*

[5] *Befristete und geringfügig Beschäftigte sowie überlassene Arbeitskräfte.*

[6] *Energieinstitut an der Johannes Kepler Universität Linz (Hg.) (2020): Wirtschaftswachstum und Beschäftigung durch Investitionen in Erneuerbare Energien. Linz.*

ARBEIT IM SINNE DER ARBEITNEHMER*INNEN

Wie die Arbeitswelt von morgen aussehen muss

Wolfgang Katzian und Korinna Schumann

Ein Blick in die Geschichte zeigt: Der Motor für Verbesserungen in der Arbeitswelt waren und sind Arbeiter*innenbewegungen und Gewerkschaften. Bevor
sich die Arbeitnehmer*innen zusammenschlossen und organisierten, arbeite-

ten die Erwachsenen bis zu 16 Stunden in Fabriken, Kinderarbeit war notwendig, um das Überleben zu sichern. Unterstützung im Falle von Arbeitslosigkeit und Krankheit gab es nicht. Arbeiter*innen bettelten vor Fabriken um Jobs und hatten kaum Möglichkeiten, sich gegen das Herabsetzen eines bereits zu niedrigen Lohns oder gegen Schikanen zu wehren. Was sich nach Dystopie und längst vergangenen Tagen anhört, ist etwas, das unsere Urgroßeltern und Großeltern noch miterlebten. Die Arbeitslosenversicherung gibt es beispielsweise seit rund 100 Jahren, vorher waren Menschen, die ihre Arbeit verloren hatten, auf die meist unzureichende Armenversorgung der Heimatgemeinde angewiesen. Die erste systematische Arbeitslosenunterstützung gab es in den Gewerkschaftsorganisationen, die diese für ihre Mitglieder aufstellten. Dass Solidarität unter den Arbeitnehmer*innen der Schlüssel für Verbesserungen ist, war für Gewerkschaften und Gewerkschaftsmitglieder klar, daher sind Kollektivverträge auch die wichtigste Errungenschaft der Gewerkschaftsbewegungen. Nicht der*die einzelne Arbeitnehmer*in, sondern die Interessenvertretung verhandelt, um so für Betriebe oder ganze Branchen einheitliche und bessere Einkommen und Arbeitsbedingungen zu erreichen. Österreich ist mit einer Kollektivvertragsabdeckung von 98 Prozent auch absolutes Spitzenfeld in Europa. Doch der Weg dorthin war weit. 1896 wurde in Österreich erstmals ein umfassender Kollektivvertrag für die Buchdrucker abgeschlossen, danach dauerte es noch über 20 Jahre, bis die erste gesetzliche Grundlage geschaffen wurde. Heute verhandeln die Gewerkschaften in Österreich über 450 Kollektivverträge jährlich.

Die voranschreitende Industrialisierung, der sich ausbreitende Kapitalismus und der Imperialismus im 19. und 20. Jahrhundert prägten und veränderten die Rahmenbedingungen der Arbeiter*innen grundlegend. Das unsagbare Elend der Arbeiter*innenklasse nicht länger erduldend, kämpfte die Arbeiter*innen- und Gewerkschaftsbewegung für Absicherungen und Rahmenbedingungen, die heute für uns selbstverständlich scheinen. Hyperglobalisierung, Digitalisierung, Privatisierungen, neoliberale Ideologie, demografische Veränderung und die Klimakrise prägten das Ende des 20. Jahrhunderts ebenso wie das aktuelle Jahrhundert. Hinzu kommen multiple Krisen, die entweder kurz nacheinander oder gleichzeitig auftreten. Die Wirtschafts- und Finanzmarktkrise, die Klimakrise, die Pandemie, die Energiekrise und Kriege: All das hat Einfluss auf die Arbeit und die Arbeitswelt in Österreich. Es ist daher wichtig, diese Veränderungen der Arbeitswelt aktiv zu gestalten, den Arbeitnehmer*innenschutz sicherzustellen und die Rahmenbedingungen im Sinne der Arbeiter*innen und Angestellten weiterzuentwickeln.

1. Digitalisierung

Die Zukunft der Arbeit hat schon längst begonnen. Homeoffice, virtuelle Teams, aber auch Videokonferenzen sind längst alltägliche Wirklichkeit für Hunderttausende Arbeitnehmer*innen in Österreich. Die Veränderungen sind noch lange nicht abgeschlossen, die Digitalisierung wird sich in den kommenden Jahren noch verstärken. Immer mehr Jobs, vor allem Routinetätigkeiten werden automatisiert und verschwinden, aber auch viele neue Aufgaben und Jobs entstehen – nicht immer zum Vorteil der Menschen.

Arbeitstempo, Arbeitsverdichtung und Arbeitsintensität aufgrund stetig schnellerer Taktung der Abläufe werden mit der Digitalisierung weiter steigen, wodurch Leerläufe im betrieblichen Ablauf weitgehend eliminiert werden. Die Digitalisierung des Arbeitsplatzes oder einzelner Arbeitsschritte ermöglicht darüber hinaus oft eine lückenlose Überwachung und Dokumentation sämtlicher Tätigkeiten im Anwendungsbereich, wie z. B. durch umfassende Ortung von Menschen, aber auch durch die Überwachung von Arbeitsmitteln. Das erzeugt zunehmenden Stress und Arbeitsdruck. Immer wieder werden Fälle bekannt, wo Unternehmen rechtswidrig ihre Arbeitnehmer*innen überwachen – so beispielsweise Ende letzten Jahres, als ein gehobenes Wiener Restaurant seine Arbeitnehmer*innen umfassend videoüberwachte und hochsensible biometrische Daten der Arbeitnehmer*innen sammelte. Daraufhin gab es ein arbeitsgerichtliches Verfahren und eine Beschwerde bei der Datenschutzbehörde, die den Arbeitnehmer*innen Recht gab und feststellte, dass die Kontrolle der Mitarbeiter*innen mittels umfassender Videoüberwachung in der Küche und anderen Arbeitsbereichen unzulässig sei.

Betriebsrätinnen*Betriebsräten kommt beim Abschluss von Datenschutzvereinbarungen eine wichtige Rolle zu. Es gilt, dass das Maß für die Gestaltung des Arbeitsplatzes und für den Aufgabenzuschnitt immer die Fähigkeiten, Voraussetzungen und Bedürfnisse der Menschen sind und nicht allein die technische Machbarkeit von Systemen. Deshalb ist die Einbeziehung der Betroffenen bei der Einführung von neuen technischen Anwendungen enorm wichtig. Es soll keine Digitalisierung von oben geben, bei der männliche Techniker z. B. Anwendersoftware für weibliche Pflegekräfte entwickeln, die ihnen dann als arbeitsunterstützend vorgesetzt wird. Oft binden Unternehmen in digitale Veränderungsprozesse nur Führungskräfte, IT-Abteilungen und Externe ein. Doch diese Lösungen gehen dann oft an der Arbeitsrealität der Betroffenen vorbei. Betriebsrätinnen*Betriebsräte haben bei der Einführung von neuen Technologien jedenfalls ein Recht auf Mitbestimmung nach dem Arbeitsverfassungsgesetz.

1.1 Plattformarbeit und Gig-Economy

Plattformarbeit, Gig-Economy und Prekariat sind Begriffe, die oft gemeinsam mit Digitalisierung fallen. Gig-Work ist angelehnt an Musiker*innen, die pro Gig bzw. Auftrag bezahlt werden. Ähnlich zum System der Plattformarbeit: Eine

Plattform vermittelt meist kleinere Aufträge an unabhängige Selbstständige, Freiberufler*innen oder freie Dienstnehmer*innen. Das sind zum Beispiel Transportdienstleistungen, Essenzustellungen, Nachhilfeunterricht übers Internet, Grafikdesign oder Reinigungstätigkeiten. Gig-Worker*innen erhalten die Arbeitsaufträge über die Plattformen, kommen aber je nach Setting auch direkt in Kontakt mit den Auftraggeber*innen bzw. eben den Kundinnen*Kunden. Da Gig-Worker*innen meist nur für eine Plattform und zu deren Bedingungen arbeiten, ist die Abhängigkeit groß. Durch die Arbeitsorganisation über Plattformen werden die bisher gültigen Regelungen und Normen der Arbeitswelt insbesondere durch international agierende Unternehmen infrage gestellt. Während die Plattformen große Flexibilität versprechen, geht es ihnen oft nur darum, auf neuem Weg Kosten und Risiken auf die Arbeitnehmer*innen umzuwälzen. Auch Österreich ist keine Insel der Seligen. Bereits jeder fünfte Job in der EU ist ein Internetjob. Dass immer mehr Arbeit über Online-Plattformen abgewickelt wird, wirkt sich negativ auf die Einkommen und auf die soziale Sicherheit vor allem junger Menschen aus. Nur eine*r von hundert kann von einem Job bei einer Plattform leben.

Ein Problem ist, dass der Internetarbeitsmarkt Ein-Personen-Unternehmen (EPUs) fördert: Leistungen werden frei angeboten und gekauft. Mit geregelten Beschäftigungsverhältnissen und fixen Löhnen hat das nur in Ausnahmefällen zu tun. Die oftmals prekären Arbeits- und Lebensbedingungen von Plattformarbeiter*innen wie Essenslieferant*innen sind oft darauf zurückzuführen, dass viele Plattformbetreiber*innen sich nicht als Arbeitgeber*innen verstehen und die Position vertreten, Selbstständige wären für sie tätig. Da die Arbeitnehmer*innen aber oft nur einen*eine Auftraggeber*in haben und somit von diesem*dieser vollkommen abhängig sind, spricht man von Scheinselbstständigkeit. Sie arbeiten immer für denselben*dieselbe Dienstgeber*in, aber ohne angestellt zu sein. Wenn etwas schiefläuft, tragen sie das volle Risiko. Als Gewerkschaft akzeptieren wir es nicht, dass die Digitalisierung dazu genutzt wird, arbeits- und sozialrechtliche Standards durch Scheinselbstständigkeit zu umgehen. Besonders wichtig ist deshalb die Einordnung dieser neuen Arbeitsverhältnisse, etwa ob es sich tatsächlich um selbstständige Tätigkeiten handelt. Das kann weitreichende Folgen für die Rechte der Arbeitnehmer*innen, ihre kollektiven Möglichkeiten der Selbstorganisation sowie ihre soziale Absicherung haben. Das zeigt sich beispielsweise rund um die Debatte des Kollektivvertrags für Fahrradbotinnen*boten. Die Sozialpartner*innen hatten sich 2019 auf den weltweit ersten Kollektivvertrag für Fahrradzusteller*innen geeinigt, der neben einem Basislohn auch einen Anspruch auf Urlaubs- und Weihnachtsgeld beinhaltet. Ein Kollektivvertrag gilt grundsätzlich aber nur für Zusteller*innen, die beim Unternehmen tatsächlich angestellt sind – nicht für freie Dienstnehmer*innen. Bei mjam sind rund 95 Prozent der Fahrradbotinnen*boten als freie Dienstnehmer*innen beschäftigt und können somit weder in den KV eingebunden noch vom Betriebsrat vertreten werden. Der Chef der Bestellplattform, Arthur Schreiber, meinte 2021 auf das Problem angesprochen, dass eine Anstellung aller Fahrradbotinnen*boten der Tod der Branche sei. Bei konkurrierenden Unternehmen haben die Beschäftigten jedoch ein Anstellungsverhältnis nach dem Kollektivvertrag für Fahrradzusteller*innen, und diese Unternehmen gehen daran definitiv nicht zugrunde.

Ein anderes Problem im Zusammenhang mit Digitalisierung ergab sich 2019 bei Lieferando, als das Unternehmen behauptete, keinen Betrieb in Österreich zu haben. Hintergrund war der Versuch, dort einen Betriebsrat zu gründen. Das Argument des Unternehmens war, dass es sich bei der Niederlassung in Wien um eine unselbstständige Zweigniederlassung handle, denn das Herzstück des Unternehmens sei die Software, mit der man über die Website oder die App bestellen könne. Das Programm wird von der IT-Abteilung in Deutschland aus betreut und von dort aus gewartet. Die Server stehen in Irland. Da es in Österreich keine lokale IT-Infrastruktur gebe, existiere auch kein Betrieb in Wien und somit kein Recht auf einen Betriebsrat.

Das sind nur zwei Beispiele, wie verschiedene Unternehmen versuchen, mittels Digitalisierung arbeits- und sozialrechtliche Standards zu umgehen. Es gibt davon unzählige weitere. Wir müssen deshalb den Missbrauch und die Unterwanderung der Rechte der Arbeitnehmer*innen in der Zukunft verhindern und klare Regeln und Gesetze auch in der digitalen Arbeitswelt schaffen.

1.2 Was sich ändern muss

Europaweit haben inzwischen Dutzende Gerichtsurteilen im Sinne der Arbeitnehmer*innen bzw. Gewerkschaften gezeigten, dass ortsgebundene Plattformarbeit wie Lieferdienste in Richtung eines Arbeitsverhältnisses geht. Damit scheint sich die Frage zu klären, ob es sich tatsächlich um eine neue Form der Arbeit handelt oder sich eben nur die Mittel verändert haben.

Momentan ist es in Österreich die Aufgabe der Arbeitenden, ihren Arbeitnehmer*innen-Status nachzuweisen, und nicht die Aufgabe der Arbeitgeber*innen, nachzuweisen, dass es sich um kein Beschäftigten-Verhältnis handelt. Insbesondere in der Plattformwirtschaft ist das für Arbeitende sehr schwierig, da die Betroffenen keinen Einblick in die tatsächliche Arbeitsorganisation haben. Es wurde schon in der Vergangenheit vorgeschlagen – ähnlich einer Lösung in Kalifornien –, eine gesetzliche Vermutung für ein Arbeitsverhältnis zur Plattform aufzustellen. Es läge dann an der Plattform, zu beweisen, dass kein Arbeitsverhältnis vorliegt oder dass jemand anderes Vertragspartner*in ist. Das würde es Betroffenen massiv erleichtern, ihren Arbeitnehmer*innen-

Status einzuklagen und es auch weniger attraktiv erscheinen lassen, Personen in die Scheinselbstständigkeit zu drängen. Der ÖGB fordert daher schon seit geraumer Zeit eine Beweislastumkehr. Das würde bedeuten, dass alle Personen, die Tätigkeiten für Uber, Lieferando, mjam oder ähnliche Unternehmen erledigen, automatisch Angestellte sind. Treffen die Fakten eines Arbeitsverhältnisses nicht zu, müssen die Unternehmen das selbst beweisen. Dadurch kann und soll Scheinselbstständigkeit wirksam bekämpft und eingedämmt werden.

Darüber hinaus verlangt der ÖGB, dass für freie Dienstnehmer*innen alle Bestimmungen des Arbeitsrechts, des Kollektivvertrags und der Betriebsvereinbarungen gelten! Sie dürfen nicht mehr schlechter entlohnt werden, als es vergleichbare Kollektivverträge für klassische Arbeitsverhältnisse festsetzen. Als es Anfang 2020 zu einer großen Razzia im Amazon-Verteillager bei Wien kam, gab es Dutzende Strafen – aber nicht für den Online-Riesen, sondern für seine Subunternehmen. Der ÖGB fordert deswegen eine Auftraggeber*innenhaftung, um Konzerne im Kampf gegen Lohndumping in die Pflicht nehmen zu können. Das Verteilzentrum lohnt sich für Amazon nur deswegen, weil mit der Verteilung und Zustellung fast ausschließlich Subfirmen beschäftigt sind: Ein-Personen-Unternehmen, die oft wiederum Mitarbeiter*innen beschäftigen, die oft das Vielfache der Stunden arbeiten, für die sie angemeldet sind, und dafür einen sehr geringen Lohn erhalten. Mit einer Auftraggeber*innenhaftung, wie es sie für die Bauwirtschaft bereits gibt, wäre es möglich, dass das Generalunternehmen beziehungsweise der*die Auftraggeber*in bei der Erbringung von Leistungen für das Entgelt und für die Abgaben aus Arbeitsverhältnissen von Subunternehmen haftet.

Um Verbesserungen für Plattformbeschäftigte, im Speziellen für Essenslieferant*innen zu erhalten, sind wir mit dem RidersCollective einen neuen Weg in Österreich gegangen. Das RidersCollective ist eine Initiative, die zwischen Lieferkurier*innen und Arbeiter*innengewerkschaften arbeitet und versucht, die Fahrer*innen über ihre Rechte zu informieren und Solidarität zwischen ihnen aufzubauen, unabhängig davon, für welches Lieferunternehmen sie arbeiten und welchen Arbeitsvertrag sie haben. Ziel ist es, als Gewerkschaft sichtbar und greifbar zu sein für eine Gruppe von Arbeitnehmer*innen, die oftmals noch keinen Kontakt zu Gewerkschaften hatten, und über ihre kollektiven Möglichkeiten und rechtlichen Rahmenbedingungen zu informieren. Das RidersCollective dient als Anlaufstelle und Sprachrohr für Botinnen*Boten gegenüber der Gewerkschaft und der breiten Öffentlichkeit, soll aber auch Aufklärungsarbeit leisten – im digitalen Raum, bei Konsument*innen sowie mit Basisarbeit und durch Unterstützung der Betriebsrätinnen*Betriebsräte. Durch eine breite Vernetzung kann ein inklusiver Überblick über die Arbeitssituation der Botinnen*Boten in Österreich gegeben und über Rechte, Möglichkeiten und Hindernisse aufgeklärt werden.

Digitalisierung ist eines der großen Themen unserer Zeit. Es birgt große Chancen in Bezug auf mehr Teilnahmemöglichkeiten, neue Diskussionsformen und die Verbesserung von Arbeitsbedingungen. Es besteht aber auch die Gefahr der Entfremdung, der Dauerüberwachung und der Verschiebung von Machtstrukturen. Die Befürchtung, die Digitalisierung würde zu massiven Arbeitsplatzverlusten führen, erwies sich als unbegründet. In manchen Branchen wird es zu einem großen Rückgang von Beschäftigung kommen, andere Bereiche und Tätigkeitsfelder werden jedoch wachsen. Deshalb wird es zu einer Verschiebung bei Branchengrößen, -bedeutung und -potenzial kommen. Kurz gesagt: Wir stehen inmitten einer großen Transformation. Wenn von Problemen der Digitalisierung gesprochen wird, geht es oft nicht um Probleme mit der Digitalisierung selbst. Es geht meist um die Rahmenbedingungen, also darum, wie mit dem technologischen Fortschritt umgegangen wird. Die Frage ist also: Wird Digitalisierung als Ausrede genommen, um Gewinnmaximierung durch Entlassung von Mitarbeiter*innen zu betreiben, und werden neue Arbeits- und Konzernstrukturen geschaffen, um betriebliche Mitbestimmung zu unterbinden? Oder wird durch die Digitalisierung Menschen eine Stimme gegeben, die in den vorherigen Strukturen keine Stimme hatten, werden Wissen, Information und Beratung für eine immer größer werdende Gruppe bereitgestellt, und werden soziales Wachstum, eine gute Work-Life-Balance und verbesserte Arbeitsbedingungen vorangetrieben? Digitalisierung bietet die Chance, dass das Arbeitsleben, die Demokratie und die Gemeinschaft gestaltet und zum Besseren gewendet werden können. Unser Anspruch als Gewerkschaft ist es dabei, dass Technologie immer im Dienst des Menschen stehen muss und nicht umgekehrt. Es geht also darum, nicht vor der Veränderung zurückzuschrecken, sondern sie aktiv zu betreiben, um die Lebensbedingungen aller zu verbessen. Als Gewerkschaft kämpfen wir dafür, dass die Vorteile der Digitalisierung nicht einer kleinen, privilegierten Gruppe zugutekommen, sondern dass am Ende der Transformation ein gutes Leben für alle steht.

2. Just Transition

Die Auswirkungen der weltweiten Klimakrise werden immer spürbarer. Wir sind die erste Generation, die die drastischen Auswirkungen der Klimakrise am eigenen Leib erfährt, und gleichzeitig die letzte, die noch etwas dagegen unternehmen kann. Wir als Gewerkschaft sehen die dringende Notwendigkeit zu handeln! Die Abkehr von fossilen Brennstoffen, die sogenannte Dekarbonisierung, wird das wirtschaftliche Gefüge und damit verbunden die Arbeits- und Lebenssituation der Arbeitnehmer*innen in Österreich massiv verändern. Wird dieser Prozess nicht flankierend begleitet, werden die Gewinne und Vorteile sowie die Kosten ungleich verteilt, und es wird auf dem Arbeitsmarkt zu massiven Verwerfungen kommen. Als Österreichischer Gewerkschaftsbund möchten wir diese anstehende Entwicklung nach dem Motto „Change by Design, not by Desaster" als aktiven Prozess unter Einbeziehung aller Betroffenen einfordern. Als Gewerkschaft ist es für uns essenziell, dass der Übergang in eine klimaneutrale Wirtschaft sozial gerecht erfolgt. Erforderlich ist ein Zusammenspiel unterschiedlicher Politikbereiche wie Industrie-, Technologie-, Arbeitsmarkt-, Beschäftigungs-, Sozial- und Bildungspolitik. Vor allem müssen immer auch Verteilungsfragen mitberücksichtigt werden.

Die Klimakrise ist demnach nicht nur eine ökologische Frage, sondern auch eine Klassenfrage, zudem betrifft sie aber auch die Geschlechter ungleich. Frauen verursachen im Durchschnitt weniger CO_2, sind aber stärker von den Auswirkungen betroffen. Klimapolitische Maßnahmen müssen daher auch immer die Lebenssituationen und Interessen von Menschen aller Geschlechter bei allen Entscheidungen auf allen gesellschaftlichen Ebenen berücksichtigen. Es wäre ein Fehler, wenn der Transformationsprozess alte Geschlechterstrukturen erneut einzementiert. Wir müssen dafür in die Offensive gehen und Konzepte und Lösungen erarbeiten, die in eine positive Zukunft gerichtet sind. Die Aufgabe der Gewerkschaft ist es dabei, dass jene Schritte, die notwendig sind, von den richtigen gewerkschaftspolitischen Maßnahmen begleitet werden. Dabei ist es nicht unsere Aufgabe, die bessere Klima- und Energiepolitik zu planen, sondern dafür Sorge zu tragen, dass diese im Sinne der Beschäftigten stattfindet. Unsere Vorschläge haben wir im 50 Seiten starken ÖGB-Positionspapier *Klimapolitik aus ArbeitnehmerInnen-Perspektive* detailliert vorgestellt. Als Gewerkschaftsbewegung werden wir nicht müde, uns dafür stark zu machen, dass die soziale Dimension insbesondere auf der betrieblichen Ebene bei jeder geplanten Maßnahme mitgedacht wird. Das ist auch erforderlich, um die Akzeptanz für notwendige Veränderungen nicht aufs Spiel zu setzen. Für diesen Prozess hat sich vor einigen Jahren der Begriff „Just Transition", also „gerechter Übergang", etabliert.

2.1 Wir brauchen gute Jobs, um den Wandeln zu schaffen

Aufgrund des engen Zusammenhangs zwischen Arbeit, gesellschaftlicher Organisation und Klimaauswirkungen ist es wenig überraschend, dass Arbeitsmarktpolitik ein wichtiger Hebel ist, um die Auswirkungen der Klimakrise nicht nur abzufedern, sondern Klimapolitik aktiv mitzugestalten. Für die Herstellung von Schuhen benötigt man Kautschuk, für Elektrogräte braucht es Kupfer, der Häuserbau nimmt Unmengen an Sand und anderen Materialien in Anspruch, und die meisten Produktionsprozesse beruhen auf der Nutzung fossiler Energien als Inputfaktor. Gleichzeitig führen produktive Tätigkeiten fast immer zu schädlichen Nebenprodukten und Verschmutzung, sei es durch Abfall oder Emissionen.

Für die Industriestaaten wie Österreich bedeutet die Erreichung der Klimaziele daher eine vollständige Abkehr von fossilen Brennstoffen (Dekarbonisierung) sowie ein Ende der grenzenlosen Ausbeutung der Ressourcen unseres Planeten – eine Mammutaufgabe, die einen Kraftakt erfordert. Effektives und unmittelbares Handeln ist gefordert, das nicht nur Symptombehandlung betreibt, sondern an den Ursachen ansetzt. Je mehr wir heute zögern, umso größer muss die Anpassung sein, die wir morgen erbringen müssen, mit gleichzeitig steigender Ungewissheit über die Folgen der Klimakrise durch Rückkoppelungs- und Kaskadeneffekte oder Überschreiten von Kipppunkten. Der Prozess muss strategisch geplant und von den Gewerkschaften mitgestaltet werden, damit die Arbeitnehmer*innen nicht auf der Strecke bleiben und neue Chancen in der Arbeitswelt in ihrem Sinne mitgestaltet werden.

Viele Bereiche wie beispielsweise der Energiesektor befinden sich in einer grundlegenden Transformation. Hierfür braucht es Fachkräfte – die Energiewende braucht Fachkräfte. In manchen Branchen herrscht bereits akuter Mangel. Die Menschen müssen rasch ausgebildet werden und während ihrer Tätigkeit für umfassende und zukunftsweisende Berufsbilder qualifiziert werden.

Arbeitsmarkpolitische Lösungen für die von der Veränderung Betroffenen sind beispielsweise Qualifizierungsprogramme für Arbeitnehmer*innen. Zentral für den ÖGB ist, dass die Qualität der Arbeitsplätze, die durch den geförderten Ausbau erneuerbarer Energie entstehen, an den branchenüblichen arbeits- und sozialrechtlichen Standards gemessen werden. Es ist unsere Aufgabe, dafür zu sorgen, dass grüne Jobs auch gute Jobs sind.

Eine faire, verursachungsgerechte Kostenverteilung der Finanzierung der Dekarbonisierung des Energiesystems ist aber Grundvoraussetzung für deren gesellschaftliche Akzeptanz. Die Dekarbonisierung darf nicht zu Deindustrialisierung führen, allerdings brauchen wir auch einen selbstbewussten und strategischen Wandel hin zu einem zukunftsfähigen und nachhaltigen Industriestandort, weg vom Gängelband der großen Konzerne und ihrer Willkür. Deswegen ist es wesentlich, dass frühzeitig wirtschaftspolitisch agiert wird, damit wir als Republik Österreich und auch auf europäischer Ebene weiterhin in strategisch wichtige Wertschöpfungsketten eingebunden sind und die Potenziale des grünen Strukturwandels nicht verpassen. Übernimmt die Regierung keine aktive Rolle, bleibt sie auf die Abfederung negativer Konzernentscheidungen beschränkt, während sämtliche Kosten willkürlicher Unternehmensentscheidungen auf die öffentliche Hand abgewälzt werden. Dazu gehört auch, dass (Industrie-)Unternehmen, die mit staatlichen Subventionen unterstützt werden, sich zur Standort- und Beschäftigungssicherung, zur Ausbildung von Jugendlichen und zur Mitbestimmung der Beschäftigten im gesamten Prozess verpflichten müssen.

2.2 Den Arbeitsmarkt klimafit gestalten

Mit der Umstellung unserer Produktion und unseres Konsums von fossilen auf erneuerbare Energie ergibt sich zwangsläufig ein Veränderungsdruck auf die Arbeitsmärkte, die Unternehmen und vor allem auch die Beschäftigten. Der Wandel erzeugt dabei einerseits Jobverluste, bietet aber andererseits auch enorme Chancen für qualitativ hochwertige Beschäftigung in einer nachhaltigen Wirtschaft. Österreich hat im grünen Strukturwandel eine gute Ausgangsbasis: einen stabilen Sozial- und Wohlfahrtsstaat, innovative Unternehmen mit hoch qualifizierten und hochproduktiven Arbeitnehmer*innen und eine moderne und gut ausgebaute Infrastruktur. In der Gestaltung eines sozial gerechten Übergangs muss es darum gehen, die Chancen des Strukturwandels für Wertschöpfung und Beschäftigung auf Basis der guten Ausgangslage des österreichischen Wirtschaftsstandorts auszuschöpfen und zu nutzen. Gleichzeitig müssen jedoch die Beschäftigten, die negativ vom Strukturwandel betroffen sein werden, soziale Absicherung und eine echte neue Chance bekommen.

Der Aus- und Weiterbildung bzw. auch dem Erwerb neuer Qualifikationen in den Betrieben während einer aufrechten Beschäftigung wird in den kommenden Jahren eine zentrale Rolle zukommen. Wir wissen, dass sich die Anforderungen auf dem Arbeitsmarkt verändern werden, und wir wissen, dass der Staat aktiv Jobs schaffen muss. Für jene Arbeitnehmer*innen, die von Veränderungsprozessen negativ betroffen sind, muss es eine staatliche Garantie in Hinblick auf ihre Weiterbeschäftigung geben. Das bedeutet für uns, dass jedem*jeder betroffenen Arbeitnehmer*in zumindest ein gleichwertiger Job garantiert wird, insbesondere in Hinblick auf Qualifikation, Arbeitsbedingungen und Bezahlung. Um Beschäftigung zu erhalten, gibt es verschiedene Möglichkeiten, beispielsweise betriebliche Umstrukturierungen hin zu einer zukunftsfitten Produktion, aktive Unterstützung zur Umsattelung in einen anderen Job und die Schaffung qualitativ hochwertiger neuer Arbeitsplätze. Diese Jobgarantie soll verschiedene arbeitsmarktpolitische bzw. Qualifizierungsinstrumente bündeln und das Prinzip, dass niemand zurückgelassen wird, verwirklichen.

Klimapolitik und der damit verbundene grüne Strukturwandel können bei richtiger Umsetzung enorme Potenziale für (regionale) Beschäftigung und Wertschöpfung beinhalten. Durch die strukturelle Veränderung werden nicht nur herkömmliche Jobs in „überholten" Branchen wegfallen, es wird in anderen Bereichen neue Möglichkeiten und steigenden Arbeitskräftebedarf geben, wie z. B. im Sektor der erneuerbaren Energien, der Wärme- und Kälteerzeugung, der thermischen Sanierung, der Energieeffizienz, der Netzinfrastruktur sowie der Elektromobilität, der Kreislaufwirtschaft und im Ausbau des öffentlichen Verkehrs. Diese Chancen gilt es im Sinne qualitativ hochwertiger Jobs entsprechend zu nutzen.

Es gibt derzeit noch keine Konzepte, wie eine Überleitung von schrumpfenden Branchen in neue Branchen funktionieren kann, ohne Gefahr zu laufen, z. B. auf die hohen arbeitsrechtlichen Standards der Industrie verzichten zu müssen (beispielsweise wäre der Wechsel in die Montage von Solaranlagen zwangsläufig mit einem Kollektivvertragswechsel und damit empfindlichen Einkommenseinbußen verbunden – das verstehen wir nicht unter fairer Transformation!). Es gilt also zum einen, die Arbeitnehmer*innen mittels der oben skizzierten arbeitsmarktpolitischen Maßnahmen bestmöglich zu unterstützen. Zum anderen ist dabei jedoch die Qualität der Arbeitsplätze, insbesondere in Hinblick auf Qualifikation, Arbeitsbedingungen und Entgelt, aufrechtzuerhalten. Dabei ist auch zu berücksichtigen, dass es durch Verschiebungen in andere Branchen und Wirtschaftsfelder nicht zu Eingriffen in gewerkschaftliche Kernbereiche kommt, wie etwa Organisationsgrad in Betrieben, Betriebsräte und Kollektivvertragsgeltung.

2.3 Die Arbeitsbedingungen an die aktuellen Herausforderungen anpassen

Der Klimawandel verändert aber nicht nur ganze Branchen und Industrien, zerstört und schafft Jobs, sondern hat auch gravierende Auswirkungen auf (weiterhin) bestehende Jobs. Bei steigenden Temperaturen im Sommer und Rekordhitzephasen beispielsweise sind Arbeitnehmer*innen mit der Hitze am Arbeitsplatz direkt von der Klimakrise betroffen. Entsprechend braucht es gegensteuernde Maßnahmen am Arbeitsplatz, sowohl in Arbeitsräumen als auch beim Arbeiten im Freien. Im Bereich des Arbeitnehmer*innenschutzes fordert der ÖGB beispielsweise, dass die Arbeitgeber*innen ab einer Raumtemperatur von über 25 Grad verpflichtet werden müssen, geeignete Maßnahmen zur Hitzereduktion zu setzen. Für ungeschütztes Arbeiten im Freien braucht es unter anderem bei Temperaturen über 32 Grad aus Gesundheitsschutzgründen ein verpflichtendes Einstellen der Arbeit und Maßnahmen gegen die langfristigen Folgen von UV-Strahlung. Das beinhaltet auch die Aktualisierung und Erweiterung der Liste der Berufskrankheiten, beispielsweise um weißen Hautkrebs.

Ein Beispiel dafür, wie Veränderungen im Rahmen des Klimawandels und der Digitalisierung aus Arbeiter*innensicht mitgestaltet werden können, zeigt die „Hitze.App". Bisher ist es so, dass Arbeitgeber*innen ihren Mitarbeiter*innen ab 32,5 Grad im Baubereich freigeben können. Ob und wann der Grenzwert erreicht ist, richtet sich nach den Messwerten der Zentralanstalt für Meteorologie und Geodynamik (ZAMG). Bisher hatten dazu nur Arbeitgeber*innen Zugang, was große Unsicherheit und Diskussionen unter den Beschäftigten verursachte. Mithilfe des Digitalisierungsfonds der AK hat die Gewerkschaft Bau-Holz eine „Hitze.App" entwickelt. Über das Handy wird nun eine Echtzeit-Schnittstelle zu der nächstgelegenen Messstelle der ZAMG hergestellt. Sobald die 32,5 Grad offiziell erreicht sind, wird ein Warnsignal auf die App übermittelt. Damit wissen alle Beschäftigten, ob die Möglichkeit auf Hitzefrei besteht, und es ist gewährleistet, dass auch die gesetzlichen Anspruchsvoraussetzungen für Schlechtwetterentschädigungen erfüllt sind. Das heißt, den Arbeitnehmer*innen steht eine Entgeltfortzahlung von 60 Prozent zu. Die Kosten werden den Arbeitgeber*innen vollständig von der BUAK refundiert. In den Wintermonaten stellt sich die App von einer „Hitze.App" auf eine „Kälte. App" um und informiert die Bauarbeiter*innen, sobald minus 10 Grad erreicht werden. Die technischen Voraussetzungen für ein Reagieren auf Hitzetage wurden geschaffen, aber nicht alle Firmen nutzen diese Regelung. Es braucht daher einen Rechtsanspruch auf Hitzefrei, besonders im Hinblick darauf, dass der letzte Sommer trotz der Hitzerekorde wohl der kälteste Sommer der Zukunft gewesen ist.

Zusammenfassend wollen wir als Gewerkschaft nicht bloße Verwalterin einer Krise oder auch einer ökologischen Transformation sein, sondern wir sehen die absolute Notwendigkeit, dass dieser Prozess gemeinsam demokratisch gestaltet wird, von der europäischen Ebene bis zur betrieblichen und kommunalen Ebene. Seite an Seite mit der Gewerkschaft ist es möglich: ein gutes Leben für alle.

3. Der Arbeitsmarkt muss weiblich werden

Die Erwerbstätigkeit von Frauen ist in den letzten Jahren zwar kontinuierlich von 65,7 Prozent (2010) auf 68,3 Prozent (2020) gestiegen, dennoch sind sie auf dem Arbeitsmarkt strukturell benachteiligt. Fast die Hälfte der erwerbstätigen Frauen arbeitet Teilzeit – meist aufgrund traditioneller Rollenklischees, Kinderbetreuungspflichten oder der Pflege von Angehörigen. Die Erwerbsquote der Männer ist im gleichen Zeitraum von 76,0 Prozent auf 76,5 Prozent gestiegen. Der Anteil der erwerbstätigen Männer ist also weniger stark gestiegen als jener der Frauen, befindet sich aber auf einem deutlichen höheren Niveau. Bei der Teilzeitquote ist der Unterschied noch viel gravierender. Im Jahr 2020 waren

72,8 Prozent der Frauen mit Kindern unter 15 Jahren in Teilzeit erwerbstätig, von den Vätern mit Kindern im gleichen Alter waren es nur 6,9 Prozent. Der große Teilzeitanteil bei Frauen ist die Folge einer größeren Erwerbsbeteiligung von Frauen mit Kindern in Kombination mit der ungleichen Verteilung von unbezahlter (Care-)Arbeit zwischen den Geschlechtern. Die letzte Zeitverwendungsstudie aus dem Jahr 2008/2009 hat gezeigt, dass Frauen damals täglich im Schnitt 3 Stunden und 42 Minuten für Hausarbeit aufbrachten, Männer hingegen leisteten im Schnitt 1 Stunde und 58 Minuten Hausarbeit. Das ist ein Unterschied von 1 Stunde und 44 Minuten täglich. Rechnet man alle unbezahlten Tätigkeiten zusammen (Kochen, Waschen, Bügeln, Kinderbetreuungen, Reparaturen, Pflege etc.), übersteigt der Anteil der unbezahlten Leistungen den der Erwerbsarbeit. Zwei Drittel der unbezahlten Arbeit erledigten Frauen. Bezahlte Erwerbsarbeit hingegen wurde zu 61 Prozent von Männern übernommen. In Summe arbeiteten Frauen somit deutlich länger als Männer, verdienten dabei aber weniger. Ob und in welche Richtung es Veränderungen bei der Aufteilung von unbezahlter und bezahlter Arbeit gibt, wird die neue Zeitverwendungsstudie zeigen, deren Ergebnisse noch dieses Jahr vorliegen sollten.

3.1 Gleicher Lohn für gleiche Arbeit

Die unterschiedliche Aufteilung der unbezahlten Arbeit hat verschiedene Ursachen und eine Vielzahl von negativen Auswirkungen auf Frauen. Gerade mit der Geburt des (ersten) Kindes verändert sich die Aufteilung zwischen Erwerbsarbeit und unbezahlter Arbeit. Männer unterbrechen ihre Erwerbstätigkeit in der Regel nur kurz oder gar nicht, während Frauen in 85 Prozent der Partnerschaften alleine das Kinderbetreuungsgeld beziehen. An die Karenz anschließend ist in Österreich vor allem das Eineinhalb-Verdiener-Modell verbreitet, bei dem vorwiegend die Männer eine Vollzeitbeschäftigung und die Frauen eine Teilzeitbeschäftigung ausüben. Will man es anders machen, ist das oft nur mit sehr viel Mühe, sozialen Rechtfertigungsmarathons und finanziellen Einbußen realisierbar, nicht zuletzt aufgrund des großen Einkommensunterschieds zwischen Frauen und Männern.

Frauen haben in Österreich 2022 im Schnitt rund 17,1 Prozent weniger verdient, da scheint es für viele Paare einfacher, dass die Frauen die Betreuungsarbeit der Kinder hauptsächlich übernehmen – ein Teufelskreis, denn dadurch leiden die Karriere und das Einkommen vieler Frauen dauerhaft. Selbst Jahre nach der Geburt kann man in den Daten den Einkommens- und Karriereknick sehen. Auswirkungen hat dies auch später auf die Pensionen. 2022 erhielten Frauen um 41 Prozent weniger Pension als Männer. Es ist also kein Wunder, dass 67 Prozent der von Altersarmut betroffenen Personen Frauen sind. Der Gender-Pay-Gap beschreibt den Unterschied zwischen dem durchschnittlichen

Brutto-Stundenlohn von Männern und Frauen. In Österreich betrug er im letzten Jahr 17,1 Prozent. Österreich ist damit seit Jahren Schlusslicht im EU-Raum. 2020 machte dieser Unterschied in Österreich 18,9 Prozent aus, während der EU-Schnitt bei 13 Prozent lag. Im Jahreseinkommen macht dies einen Unterschied von 9.420 Euro weniger für Frauen.

Gleicher Lohn für gleiche Arbeit fordern Frauen seit Jahrzehnten. Die Forderung sollte also eigentlich längst der Vergangenheit angehören und nicht in einen Sammelband über die Zukunft der Arbeit stehen, und dennoch müssen wir uns damit auseinandersetzen, wie wir dieses Ziel bald erreichen, und entsprechende Maßnahmen setzen. Es reicht nicht, nur Einkommensberichte zu erstellen, vielmehr müssen konkrete Schritte zur Beseitigung der Lohnschere abgeleitet werden wie beispielsweise ein Frauenförderplan und vollständige innerbetriebliche Lohntransparenz, um Benachteiligungen sichtbar zu machen.

3.2 Arbeit ist nur möglich bei entsprechender Kinderbetreuung

Der Einkommensunterschied zwischen Frauen und Männer variiert in Österreich stark. Während der Gender-Pay-Gap in Wien rund 12 Prozent beträgt, liegt er in Tirol bei 20,5 Prozent und in Vorarlberg bei 24,7 Prozent. Ein Grund hierfür ist die sehr uneinheitliche und im ländlichen Raum eingeschränkte institutionelle Betreuungsmöglichkeit von Kindern. 2019 waren beispielsweise Kindergärten in Wien durchschnittlich 4,6 Tage geschlossen, in Tirol hingegen waren es durchschnittlich 37,8 Tage – das übersteigt den Jahresurlaub von Berufstätigen bei Weitem. Auch die Öffnungszeiten weichen stark voneinander ab. Während in Wien 2021 gut 30 Prozent der Kindertagesheime ab 6 Uhr offen haben, ist es in Tirol nur eines der 896 Kindertagesheime, und in Niederösterreich sind es 14 von 1.592.

Ein Faktor für die unterschiedliche Positionierung von Frauen und Männern auf dem Arbeitsmarkt ist, dass Frauen einen erheblichen Teil der Kinderbetreuung (und Pflege) übernehmen und dass, wenn sie ihre Arbeitszeit ausweiten wollen, sie keine angemessene Betreuung für ihre Kinder in ausreichendem Maße finden. Es braucht daher einen Rechtsanspruch auf Leistungen der Kinderbetreuung ab dem ersten Geburtstag des Kindes, aber auch entsprechende Angebote in der Langzeitpflege. Diese Leistungen müssen flächendeckend verfügbar, leistbar und auf die Bedürfnisse und Bedarfe der unterstützten Menschen abgestimmt sein. Kontinuität muss sichergestellt und ein angemessener Umfang gewährleistet werden, damit Frauen ausreichend Zeit haben, um einer Erwerbstätigkeit nachgehen zu können.

3.3 Das Familienarbeitszeit-Modell

Ein gerechteres Arbeitsumfeld kann aber nicht geschaffen werden, wenn der Fokus nur darauf liegt, wie Frauen eine Vereinbarkeit von Familie und Arbeit ermöglicht wird. Familien müssen als Einheit betrachtet werden, wo alle Beteiligten Teil der Lösung sind. Der ÖGB und die AK haben deshalb ein Familienarbeitszeit-Modell erarbeitet, das zu einer gerechten Verteilung von Arbeit führt. Unterm Strich bedeutet es mehr Zeit für die Väter und mehr Geld für die Mütter. Ziel ist es, dass beide Elternteile ungefähr gleich viel Zeit für die Kinderbetreuung und für die Erwerbsarbeit zur Verfügung haben.

Das Modell sieht Folgendes vor: Wenn beide Elternteile nach der Karenz ihre Arbeitszeit auf 28 bis 32 Wochenstunden reduzieren bzw. erhöhen und dies für mindestens vier Monate, dann soll jeder Elternteil pro Monat 250 Euro steuerfrei bis maximal zum vierten Geburtstag des Kindes erhalten. Das neue Modell lässt sich mit der Elternteilzeit, wie sie jetzt schon viele Mütter und einige Väter in Anspruch nehmen, kombinieren, ist aber nicht damit zu verwechseln, sondern wäre ein ergänzendes Angebot. Das Modell könnte wie die Kinder- bzw. Familienbeihilfe über den Familienlastenausgleichsfonds (FLAF) finanziert werden. Die Sozialversicherungsbeiträge wären wie bei der Altersteilzeit von der Normalarbeitszeit zu berechnen und würden dem*der Dienstgeber*in vom AMS teilweise ersetzt werden.

3.4 Frauen als Technikerinnen, als Aufsichtsrätinnen und als Bürgermeisterinnen

Ein Teil des oben beschriebenen Gender-Pay-Gaps lässt sich durch die hohe Teilzeitquote bei Frauen „erklären". Ein Teil des Lohnunterschieds rührt daher, dass Frauen – wie beschrieben – den größten Teil der unbezahlten Arbeit leisten, also Kinderbetreuung, Pflege der (Schwieger-)Eltern, Hausarbeit etc., während Männer mehr Erwerbsarbeit übernehmen. Ein Teil des Gender-Pay-Gaps rührt also daher, dass Frauen in Teilzeit erwerbstätig sind und einen Großteil ihrer Arbeit nicht bezahlt bekommen. Ein anderer Grund für den großen Gender-Pay-Gap ist, dass in Berufen, in denen vermehrt Frauen arbeiten, ein geringerer Lohn bezahlt wird als in Berufen, in denen überwiegend Männer arbeiten. Eine Friseurin verdient beispielsweise ausgelernt im ersten Berufsjahr im Schnitt rund 22.000 Euro brutto im Jahr und 25.000 Euro ab dem sechsten Berufsjahr, eine Krankenpflegerin 29.000 Euro im ersten Berufsjahr nach abgeschlossener Ausbildung. Ein ausgebildeter Mechatroniker kann mit einem Einstiegsgehalt von bis zu 32.000 Euro im Jahr rechnen, und bei der voestalpine als Werkstofftechniker sind es rund 38.000 Euro.

V. l. n. r.: Korinna Schumann, ÖGB-Frauenvorsitzende, und Esther Lynch, stv. Generalsekretärin der ETUC.

Gründe für das unterschiedliche Gehalt in frauendominierten und männerdominierten Branchen gibt es viele: Einerseits sind die sogenannten Frauenberufe oft soziale Berufe, bei denen argumentiert wird, dass deren Ausübung aufgrund intrinsischer Motivation stattfinden soll und nicht des Geldes wegen. Und ehrlicherweise zahlt man Frauen auch oft einfach weniger als ihren männlichen Kollegen. Mag sein, dass viele unbewusst meinen, dass Frauen nicht die Ernährerinnen ihrer Familien seien, ihre Arbeit schlicht für weniger wert halten oder es einfach machen, weil sie es können. Tatsache ist jedoch, dass rund 10 Prozent des Lohnunterschieds der Frauen weder darauf zurückzuführen sind, dass Frauen aufgrund der hohen Belastung durch Care-Arbeit oder mangelnder Kinderbetreuungseinrichtungen oft in Teilzeit erwerbstätig sind, noch darauf, dass sie überwiegend in sozialen Berufen tätig sind oder dass sie weniger Chef-Positionen innehaben. Rund 10 Prozent des Gehaltsunterschieds können durch nichts erklärt werden, weshalb nur noch Diskriminierung von Frauen als Erklärung überbleibt. Dass Diskriminierung überhaupt möglich ist, liegt auch an der fehlender Lohntransparenz. Ein Instrument, das Licht ins Dunkel bringen soll, ist der Einkommensbericht. Betriebe mit über 150 Beschäftigten müssen diesen alle zwei Jahre erstellen. Das war ein guter erster Schritt, aber nach nunmehr elf Jahren zeigt sich, dass es damit bei Weitem nicht getan ist. Bei der derzeitigen Regelung gibt es zu viele Ausnahmen: Kleinere Betriebe, Länder und Gemeinden müssen etwa keinen Einkommensbericht vorlegen. Es gibt auch keinerlei Verbindlichkeiten, was mit den Erkenntnissen aus dem Einkommensbericht passieren soll, keinerlei Vorschriften, wie vorgegangen werden soll, wenn hier Einkommensunterschieden auffallen. Angebracht wäre hier eine Ergänzung um einen verpflichtenden Maßnahmenplan, wenn strukturelle und finanzielle Unterschiede im Unternehmen festgestellt werden. Abseits von allen Regeln wären wir als Arbeitnehmer*innen aber auch gut beraten, uns offen über unser Einkommen auszutauschen. Es stärkt uns, wenn wir über Geld reden und gemeinsam gegen Lohnungleichheit vorgehen.

Es braucht mehr Frauen in technischen Berufen und in Führungspositionen, in Aufsichtsräten, in Vorständen, in Ministerien, als Bürgermeisterinnen, als Gewerkschaftspräsidentinnen und als Bundeskanzlerinnen. Der Anteil der Frauen an der Gesamtbevölkerung ist rund 50 Prozent. Der Frauenanteil in Aufsichtsräten betrug 2017 hingegen nur 16,1 Prozent. In börsennotierten Unternehmen ist der Anteil innerhalb weniger Jahre auf 35,1 Prozent angestiegen. In nicht börsennotierten Unternehmen ist er hingegen nur auf 18 Prozent angestiegen. Der große Unterschied liegt darin, dass für börsennotierte Unternehmen das 2017 beschlossene Gleichstellungsgesetz gilt, das eine gesetzliche Frauenquote von 30 Prozent vorschreibt. Im Nationalrat haben wir in der aktuellen Legislaturperiode so viele Frauen wie noch nie, nämlich 39 Prozent; im Bundesrat sind es mit 36,7 Prozent etwas weniger, also in beiden Fällen nur ein gutes Drittel. Bei den Bürgermeister*innen sind es deutlich weniger, gerade mal 10 Prozent aller Bürgermeister*innen in Österreich sind Frauen. Dennoch ist das für Österreich ein Rekordwert. Eine Kanzlerin gab es bisher in Österreich nur eine: in der Übergangsregierung. Auf dem letzten Wahlzettel zur Bundespräsidentschaft stand trotz der Rekordlänge keine einzige Frau drauf.

Der Arbeitsmarkt muss weiblich werden. Wir schulden es den Frauen, mit aller Kraft für gleichen Lohn und gleiche Chancen zu kämpfen. Wir brauchen Frauenquoten, um Vorbilder für die nächsten Generationen zu schaffen und Frauen in die Positionen zu bekommen, wo sie die Macht haben, Dinge zu verändern. Wir müssen die Rahmenbedingungen ändern, indem wir Einkommenstransparenz in den Unternehmen, Kinderbetreuung, Kinderbildung und Pflegeangebote schaffen, und wir müssen moderne Arbeitszeitstandards etablieren. All das, damit es nicht mehr der einfachere Weg ist, Frauen die unbezahlte Arbeit umzuhängen.

4. Nicht leben, um zu arbeiten

Im Jahr 2016/2017 erhob eine Studie die Zahl derer, die Burnout-gefährdet oder von Burnout betroffen sind. Das erschreckende Ergebnis: Etwa 8 Prozent der Erwerbsbevölkerung in Österreich gelten als von Burnout betroffen – das ist ca. jede*r 12. Beschäftigte. Noch beunruhigender ist, dass rund 19 Prozent der Arbeitnehmer*innen sich zu dem Zeitpunkt in einem Frühstadium von Burnout befanden. Burnout ist keine Folge einer einmaligen starken oder extremen Belastung, sondern zeigt sich als aufbauende Reaktion auf längere Zeit andauernde oder sich immer wiederholende Belastungssituationen. Dabei spricht man von einem einschleichenden Prozess. Dazu passt, dass 2021 in Österreich 190 Millionen Überstunden geleistet wurden. Dazu kommt, dass dabei jede fünfte Überstunde unbezahlt war.

Die Zahl der Beschäftigten steigt in Österreich seit Jahrzehnten. Es werden Millionen an Überstunden geleistet, und gleichzeitig werden wir auch immer produktiver. Moderne Produktionsmaschinen nehmen Menschen schwere und gefährliche Arbeiten ab, die sie schneller und effizienter erledigen können. Ein E-Mail ist deutlich schneller am Zielort als ein Brief oder ein Paket mit Akten. Für die Produktion einer bestimmten Menge von Gütern oder Dienstleistungen wird dadurch im Schnitt deutlich weniger Arbeitszeit benötigt. In Zahlen bedeutet das, dass die Produktivität (geleistete Wertschöpfung pro Arbeitsstunde) sich in Österreich seit 1950 versiebenfacht hat. Das schafft mehr Wohlstand. Die Frage ist aber: Wer profitiert von diesem Wohlstandswachstum? Ein Teil der erhöhten Produktivität wurde in Form von höheren Löhnen der Beschäftigten abgegolten, aber die durchschnittliche Arbeitszeit ist in den letzten Jahrzehnten nicht gesunken – trotz der gestiegenen Produktivität.

4.1 Arbeitszeitverkürzung

Zwischen 1950 und 1975 wurde die Arbeitszeit noch schrittweise verkürzt, seitdem steigt die durchschnittliche Arbeitszeit jedoch wieder. Die Beschäftigten in Österreich sehnen sich aber danach, weniger zu arbeiten. Noch nie haben so viele arbeitende Menschen gesagt, dass sie sich mehr Freizeit und weniger Zeit im Job wünschen, nämlich jede*r zweite Beschäftigte in Österreich. Der Arbeitsklima-Index der Arbeiterkammer kommt regelmäßig zu ähnlichen Ergebnissen: Wer mehr als 30 Stunden die Woche arbeitet, möchte seine Zeit im Job um durchschnittlich drei Stunden reduzieren. Wer weniger als 30 Stunden arbeitet, möchte eher aufstocken. Im Gegensatz dazu ist die letzte gesetzliche Arbeitszeitverkürzung aber schon 47 Jahre her.

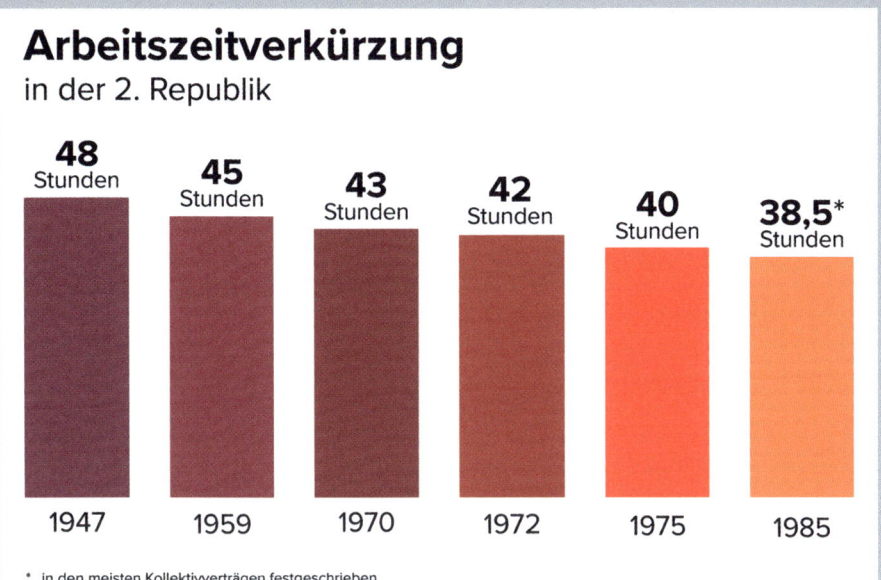

Arbeitszeitverkürzung
in der 2. Republik

48 Stunden	**45** Stunden	**43** Stunden	**42** Stunden	**40** Stunden	**38,5*** Stunden
1947	1959	1970	1972	1975	1985

* in den meisten Kollektivverträgen festgeschrieben

© ÖGB

Umsetzungen von Arbeitszeitverkürzungen dauerten schon immer lange. Am 1. Mai 1890 forderten rund 100.000 Demonstrant*innen in Wien die Einführung des 8-Stunden-Tages. Erst 29 Jahre später beschloss der Nationalrat das Achtstundentagsgesetz und die 48-Stunden-Woche. Beim dritten ÖGB-Kongress im Jahr 1955 beschlossen die Delegierten unter anderem die schrittweise Verkürzung der Wochenarbeitszeit von 48 auf 40 Stunden – natürlich bei vollem Lohnausgleich. Es gelang in einigen Kollektivverträgen, die Wochenarbeitszeit von 48 auf 45 Stunden zu verkürzen – auch wenn es dazu den einen oder anderen Streik brauchte. Die Wirtschaft fürchtete wieder einmal den „Ruin der österreichischen Industrie und den Verlust der internationalen Konkurrenzfähigkeit". Keinen Streik, aber viel Sitzfleisch brauchte es, bis im Dezember 1958 der Generalkollektivvertrag zur Arbeitszeitverkürzung von 48 auf 45 Stunden – bei vollem Lohnausgleich – zwischen ÖGB und Bundeswirtschaftskammer unterzeichnet wurde. Ab 1. Februar 1959 arbeiteten 1,6 Millionen Menschen weniger und erhielten teilweise sogar noch zusätzliche Lohnerhöhungen. Im Mai 1969 startete die SPÖ ein Volksbegehren zur Einführung der 40-Stunden-Woche, und fast 890.000 Menschen unterschrieben es. Im September einigten sich die Sozialpartner auf eine etappenweise Verkürzung der Arbeitszeit bis 1975. Am 31. Dezember 1969 verabschiedete der Nationalrat das Arbeitszeitgesetz.

Seitdem gab es keine gesetzliche Arbeitszeitverkürzung, die Gewerkschaften haben aber in einigen Kollektivverträgen kürzere Arbeitszeiten, meist 38,5 Wochenstunden, aber in einigen auch 36 verhandelt. Es gibt viele Gründe, warum in Zukunft die Normalarbeitszeit nicht 40 Stunden, sondern 30 Wochenstunden betragen muss. Einerseits ist wie bereits gesagt die Produktivität enorm gestiegen, weshalb es nicht mehr notwendig ist, so lange wie vor 80 Jahren zu arbeiten. Andererseits sind kürzere Arbeitszeiten gesünder und machen uns zufriedener. Lange Arbeitszeiten sind hingegen ungesund. Sowohl das lange Sitzen in Büros als auch die Abnutzung durch monotone Arbeitsabläufe führen bei vielen Arbeitnehmer*innen zu dauerhaften Schäden. Die deutsche Bundesanstalt für Arbeitsschutz und Arbeitsmedizin beobachtete bei Arbeitszeiten über 35 Stunden pro Woche einen „deutlichen Anstieg des Grundrisikos für gesundheitliche Beeinträchtigungen". Schon im Jahr 2005 kam eine Langzeitstudie unter 11.000 US-Amerikaner*innen zum gleichen Schluss: Stress und Müdigkeit durch lange Arbeitszeiten erhöhen das Risiko zu erkranken oder zu verunfallen. Diesen Beschwerden und Risiken kann man mit einer Arbeitszeitverkürzung vorbeugen. Außerdem bedeutet mehr Freizeit auch mehr Zeit für Erholung und mehr Zeit für ausgleichende körperliche Betätigungen. Darüber hinaus führt eine kürzere Arbeitswoche zu weniger Stress und somit zu einem niedrigeren Blutdruck. Beschäftige erkranken dadurch seltener, und Burnouts können vermieden werden. Neben dem individuellen Vorteil entstehen dadurch auch weniger Kosten für die Allgemeinheit, weil das Gesundheitssystem weniger belastet wird. Zusätzlich bringt eine Arbeitszeitverkürzung mehr Zeit für Familie und Freund*innen, ein Aspekt, der für die Beschäftigten immer wichtiger wird und für die jüngere Generation unverzichtbar geworden ist. Auch für das Klima ist eine 4-Tage-Woche gut: 85 Prozent der Pendler*innen in Österreich sind mit dem Auto unterwegs, bei vier statt fünf Fahrten zur Arbeit würden in Österreich jährlich rund 250.000 Tonnen CO_2 weniger produziert werden. Arbeitsbedingte Zeitknappheit fördert zudem den Konsum von zeitsparenden Produkten und Dienstleistungen, wie beispielsweise Tiefkühl- und Fertigessen, wenn nach und während der Arbeit keine Zeit und Energie mehr zum Kochen vorhanden ist, und diese schneiden in der Umweltbilanz schlechter ab als selbst zubereitetes Essen. Auch für Unternehmen entstehen dadurch viele Vorteile, denn Untersuchungen zeigen, dass kürzere Arbeitswochen zu mehr Engagement und größerer Zufriedenheit der Belegschaft führen. Das Argument, dass die Unternehmen es sich nicht leisten können, die Arbeitszeit zu reduzieren und in Insolvenz gehen würden, wurde in vielen durchgeführten Beispielen von Arbeitszeitverkürzung widerlegt. So reduzierte beispielsweise eine Onlinemarketingfirma im Mühlviertel 2018 die Arbeitszeit von 40 auf 30 Wochenstunden bei vollem Lohnausgleich. Das Ergebnis nach vier Jahren ist: zehnmal so viele Bewerbungen, Verdoppelung der Mitarbeiter*innenanzahl, Steigerung der Produktivität ohne Arbeitsverdichtung, zufriedenere Beschäftigte und mehr Umsatz als vorher. Auch ein steirischer Installationsbetrieb reduzierte die Arbeitszeit erfolgreich auf 35 Wochenstunden, ebenso ein Osttiroler Naturkosmetiker.

Mehr Erfahrungen mit der 4-Tage-Woche gibt es bereits in anderen Ländern. Einer der größten bisherigen Versuche fand letztes Jahr in Großbritannien statt: Mehr als 3.000 Arbeitnehmer*innen in rund 70 britischen Unternehmen und Organisationen nahmen an dem sechsmonatigen Experiment teil. Die Arbeitnehmer*innen bekamen weiterhin 100 Prozent ihres Gehalts, arbeiteten aber nur noch 80 Prozent der bisher vorgegebenen Zeit. Grundlage dieses Versuchs war die Annahme, dass weniger Arbeitszeit aufgrund der erhöhten Freizeit zu mehr Produktivität führt. Wissenschaftlich wurde der Feldversuch von den Universitäten Cambridge, Oxford und Boston College begleitet. Die Organisator*innen der Studie lieferten im Herbst letzten Jahres eine erste Bilanz: Ein Großteil der Befragten bevorzugt das neue Modell, auch weil keine nachtteiligen Auswirkungen auf die Produktivität festgestellt werden konnten. Einige der teilnehmenden Beschäftigten haben die zusätzliche Freizeit für neue Hobbys genutzt, andere den zusätzlichen freien Tag für Hausarbeit. Das ermöglichte es den Personen, das Wochenende freier und mit der Familie zu gestalten. Für die Unternehmen auf der anderen Seite war die Umsetzung in den ersten paar Wochen eine Herausforderung, der Ablauf sei chaotisch gewesen, so der erste Zwischenbericht, das habe sich aber eingependelt. Anschließend animierte die kürzere Arbeitszeit die Betriebe dazu, Arbeitsabläufe zu optimieren, überflüssige Aufgaben und Meetings abzubauen und weniger Zeit im Unternehmen abzusitzen, wenn die Luft sowieso schon raus ist. Während Großbritannien gerade erst den Versuch beendet hat, arbeiten in Island nach einem Pilotprojekt 2021 bereits 86 Prozent der Beschäftigten weniger als Vollzeit.

Die Verkürzung der Arbeitszeit bei vollem Einkommensausgleich ist die Zukunft. Gerade junge Arbeitnehmer*innen fordern seit Jahren eine gute Work-Life-Balance. Aus vielen Studien und Beispielen aus der Arbeitswelt wissen wir, dass verkürzte Wochenarbeitszeiten eine deutliche Entlastung für Individuen, Familien und die Gesellschaft insgesamt bringen. Einige Gutverdiener*innen reduzieren die Arbeit bereits auf eigene Kosten – ein Konzept, das für viele nicht aufgeht, weil sie trotz Vollzeitjob nicht davon leben können.

4.2 Working Poor

300.000 Beschäftigte sind in Österreich armutsgefährdet – obwohl sie arbeiten. Es gibt immer mehr erwerbstätige Menschen, deren Einkommen keinen Lebensstandard über der Armutsgefährdungsschwelle ermöglicht, dabei sollte Arbeit eigentlich ein Schutz vor Armut sein. 45 Prozent der Arbeitnehmer*innen in Österreich verdienen so wenig, dass sie kaum von ihrem Einkommen leben können, 9 Prozent gar nicht. Man spricht von Erwerbsarmut oder Working Poor, wenn eine Person trotz Erwerbstätigkeit arm oder von Armut betroffen ist. Besonders betroffen sind prekär Beschäftigte und Alleinerziehende. Um irgendwie über die Runden zu kommen, haben viele Betroffene zwei oder drei Jobs. Die Hälfte der Working Poor arbeitet jedoch Vollzeit.

Einige Jobs und Branchen fallen besonders im Zusammenhang mit Erwerbsarmut auf: die Gastronomie, der Handel und das Gesundheits- und Sozialwesen. Neben einer niedrigen Bezahlung verstärkt eine unregelmäßige Beschäftigung wie in der Gastronomie die Erwerbsarmut. Ohne Sozialleistungen wäre der Anteil derer, die trotz Arbeit nicht davon leben können, noch höher.

Das Ziel des ÖGB ist ein gutes Leben für alle. Dazu gehören auch Löhne und Gehälter, von denen die Menschen leben können – nicht nur überleben, sondern gut leben. Der ÖGB und die Gewerkschaften haben deshalb 2019 die Forderung aufgestellt, dass in Österreich jede vollzeitarbeitende Person zumindest 1.700 Euro brutto verdienen muss. Wir konnten dies inzwischen in fast allen Bereichen umsetzen, weniger als 5 Prozent der Beschäftigten liegen noch unter diesem Wert. Durch die aktuelle Inflation werden wir in kürzester Zeit auch bei den übrigen Kollektivverträgen dieses Ziel erreichen. Wir haben daher nach unserer Betriebsrätekonferenz am 7. September 2022 unsere Mindestlohnforderung angepasst und fordern nun mindesten 2.000 Euro brutto (ohne Zulagen) in jedem Kollektivvertrag in der untersten Stufe. Das entspricht netto 1.526 Euro. Je nach Lebenssituation (Single, Partnerschaft, Kinder, alleinerziehend etc.) und Wohnort ist dies immer noch herausfordernd. Momentan verdienen dennoch rund 20 Prozent aller Arbeitnehmer*innen weniger als 2.000 Euro brutto, das ist jede fünfte arbeitende Person. Erreichen wir unser Ziel, erreichen wir also eine Verbesserung für 20 Prozent aller Arbeitnehmer*innen. Aber auch die Superreichen müssen endlich etwas dazu beitragen, Armut in einem der reichsten Länder der Welt mit aller Macht zu bekämpfen. Wir wollen ein gutes Leben für alle, nicht nur für manche.

5. Arbeitsmarkt für alle

Die Forderung eines guten Lebens für alle endet nicht an den nationalen Grenzen. Wir brauchen die europäische und die internationale Ebene, um in Zukunft die Rechte aller und der österreichischen Arbeitenden zu sichern. Die Arbeitnehmer*innen in Europa brauchen daher einen starken Gewerkschaftsbund, der ihre Interessen wirkungsvoll vertritt. 1973, also vor genau 50 Jahren haben sich deshalb die Gewerkschaften in Europa zusammengeschlossen, um mit ihrer Stimme auf die Politik in Europa einwirken zu können, und den Europäischen Gewerkschaftsbund gegründet. Der ÖGB ist von Anfang an dabei. Heute

V. l. n. r.: Nicolas Schmit, EU-Kommissar für Beschäftigung und soziale Rechte, und Wolfgang Katzian, ÖGB-Präsident.

spricht der Europäische Gewerkschaftsbund (EGB) mit einer einzigen Stimme für 93 nationale Gewerkschaftsbünde in 41 Ländern sowie zehn europäische Gewerkschaftsverbände und hat dadurch ein stärkeres Mitspracherecht bei Entscheidungsfindungen in der EU. Ziel des EGB ist es, dass das soziale Europa in der europäischen Politik Vorrang erhält. Europa braucht eine starke soziale Dimension, nicht nur eine wirtschaftliche. Der EGB kämpft deshalb für Lohnerhöhungen für Arbeitnehmer*innen, die vollständige Umsetzung der europäischen Säule sozialer Rechte, hochwertige Arbeitsplätze für alle, ein hohes Maß an sozialem Schutz, Gleichstellung der Geschlechter und gerechte Entlohnung, gute Gesundheit und Sicherheit am Arbeitsplatz, Freizügigkeit für europäische Arbeitnehmer*innen und ein Ende des Sozialdumpings, hochwertige öffentliche Dienstleistungen, die für alle zugänglich sind, einen europäischen Rahmen zur Anhebung des Standards der nationalen Sozialgesetzgebung, Maßnahmen zur Bekämpfung des Klimawandels bei gleichzeitiger Förderung eines gerechten Übergangs für die Arbeitnehmer*innen und Förderung dieser europäischen sozialen Werte in anderen Teilen der Welt.

Durch das unermüdliche Engagement der Gewerkschaften in ganz Europa haben wir unzählige wichtige Erfolge für Arbeitnehmer*innen erzielt. Beispielsweise konnte der EGB durch langwieriges Lobbying erreichen, dass in der europäischen Säule sozialer Rechte 2017 der Anspruch formuliert wurde, dass es Mindestlöhne geben soll, die über das bloße Existenzminimum hinausgehen und Arbeitnehmer*innen und ihren Familien eine Teilhabe am sozialen und kulturellen Leben ermöglichen. Bei der Erarbeitung der Whistleblowing-Norm war der EGB von Anfang an bei der Entwicklung der Standards beteiligt. Insgesamt wurden fast alle EGB-Forderungen bei der Whistleblowing-Norm aufgenommen. Insbesondere die Position von Arbeitnehmer*innen wurde gestärkt, nun sind Arbeitende, die Missstände melden, geschützt und können nicht auf schwarze Listen gesetzt werden. Darüber hinaus wurde das Hinzuziehung von Arbeitnehmer*innenvertretungen wie z. B. Gewerkschaften gewährleistet. Sowohl die Hinweisgebenden als auch die Gewerkschaftsvertreter*innen sind dadurch abgesichert. Bei vielen weiteren Gesetzesentwürfen auf europäischer und internationaler Ebene wie beispielsweise beim Pariser Abkommen hat der Europäische Gewerkschaftsbund im Sinne der Arbeitnehmer*innen lobbyiert, der EGB bestand beispielsweise darauf, dass das Just-Transition-Konzept Teil des Abkommens wird. Auch bei der Gründung neuer Institutionen wie der Europäischen Arbeitsbehörde (kurz ELA) hat der EGB dafür gesorgt, dass die Interessen der arbeitenden Menschen berücksichtig werden. Der Europäische Gewerkschaftsbund hat aber nicht nur Gesetze im Entstehungsprozess positiv im Sinne der Arbeitnehmer*innen beeinflusst, er hat auch verhindert, dass Gesetze, die bereits die Rechte der Arbeitnehmer*innen schützen, neu verhandelt werden, um diese abzuschwächen, wie beispielsweise bei der Working Time Directive.

Da auch die Wirtschaft global agiert, ist es wichtig, dass auch die Gewerkschaften auf europäischer und internationaler Ebene zusammenarbeiten. Der Handel und die Produktion eines einzigen Produktes sind oft auf die verschiedensten Teile der Welt verteilt. Die Produktionsstätten innerhalb dieser weltweiten Lieferketten befinden sich meistens im Globalen Süden. Immer wieder werden dort Arbeitnehmer*innenrechte verletzt: das Recht auf einen angemessenen Lohn, sichere Arbeitsbedingungen, das Recht, eine Gewerkschaft zu gründen, Kollektivvertragsverhandlungen zu führen oder zu streiken. 160 Millionen Kinder weltweit sind Opfer von Kinderarbeit, 79 Millionen von ihnen müssen unter äußerst gefährlichen Bedingungen Kinderarbeit leisten. Viele erinnern sich vielleicht noch an die über 1.100 Toten und über 2.000 Verletzten, die der Einsturz der Textilfabrik von Rana Plaza in Bangladesch im Jahr 2013 forderte. Die Opfer waren Näher*innen, die unter menschenunwürdigen Bedingungen T-Shirts für namhafte europäische Unternehmen produzierten. Die Textilkonzerne haben sich gleich nach der Katastrophe aus der Verantwortung gestohlen. Erst nach einem internationalen Aufschrei wurden unzureichende Entschädigungen an die Opfer geleistet. Die internationale Lage hat sich jedoch nicht gebessert: Immer wieder kommt es zu verheerenden tödlichen Unfällen am Arbeitsplatz. 80.000 Tonnen in der EU verbotene Pestizide wurden 2018 von europäischen Unternehmen exportiert. Sie sind in Europa verboten, weil sie die Gesundheit der Arbeiter*innen gefährden und die Umwelt zerstören. Dennoch werden sie von europäischen Firmen ins Ausland verkauft und in Ländern des Globalen Südens etwa für die Palmölproduktion eingesetzt – zumeist ohne angemessenen Arbeitsschutz.

Aber auch in Europa werden beispielsweise Ernte- und Bauarbeiter*innen regelmäßig ausgebeutet. Firmen nehmen häufig die Ausbeutung von Menschen und die Zerstörung der Umwelt in Kauf, um so viel Profit wie möglich zu machen. Verantwortung wird abgeschoben – damit muss Schluss sein! Die Verantwortung darf nicht an der Landesgrenze enden. Nach jahrzehntelangen Forderungen von ÖGB und den internationalen Gewerkschaftsbünden kommt in Europa Bewegung in die Sache. Die EU-Kommission legte 2022 ein EU-Lieferkettengesetz vor, dass endlich den notwendigen Paradigmenwechsel von freiwilligen Selbstverpflichtungen der Unternehmen zum gesetzlich verpflichtenden Schutz von Menschen-, Arbeits- und Gewerkschaftsrechten sowie der Umwelt einleitete. Die Idee hinter dem neuen Gesetz ist es, globalisierte Produktionsprozesse nicht auf Kosten der Umwelt oder der Menschenrechte zuzulassen. Kinderarbeit, Raubbau an der Natur oder Ausbeutung von Menschen sollen im Zuge des Warenflusses verhindert werden. Der Gesetzesvorschlag umfasst aber nur einen Bruchteil der Unternehmen, und die Einbindung der Gewerkschaften und von Betriebsräten ist nicht ausreichend sichergestellt. Noch verhandeln die verschiedenen europäischen Institutionen über die genauen Details, und die Gewerkschaften werden weiterhin im Sinne der Arbeitnehmer*innen lobbyieren.

Die Zukunft der Arbeit könnte so aussehen, dass die Ausbeutung von Menschen im Globalen Süden voranschreitet, die Umwelt im Namen des Wirtschaftswachstums und des Wohlstands zerstört wird, die Arbeitszeiten unter dem Deckmantel der Arbeitszeitflexibilisierung ausgeweitet werden, der Sozialstaat unter dem Vorwand zu hoher Lohnnebenkosten abgebaut und die psychische Belastung durch ständige Erreichbarkeit und Kontrolle enorm wird. Die Zukunft der Arbeit kann aber auch so aussehen, dass Frauen, Migrant*innen, Menschen mit Behinderung und queere Personen nicht mehr diskriminiert werden, die schwere körperliche Belastung aufgrund von neuer Technologie sinkt, wir kürzere Arbeitszeiten und eine bessere Work-Life-Balance haben und einen gerechten Lohn für unsere Arbeit erhalten. Als Gewerkschaft werden wir weiter dafür mit aller Kraft auf nationaler und internationaler Ebene kämpfen. Ein gutes Leben für alle ist möglich – wenn wir dafür einstehen.

DURCH BILDUNG ZU ARBEIT UND GERECHTIGKEIT

Ein Rückblick auf die Geschichte der Arbeiter*innen-bildung

Ernst Woller

Für mich als Vorsitzenden des Wiener Bildungsausschusses der SPÖ und Ersten Landtagspräsidenten von Wien ist Bildung seit jeher eines der wichtigsten Anliegen.

Der Landtag ist das Parlament des Landes Wien und somit die Vertretung der Wiener*innen. Hier werden die Landesgesetze und damit die Grundlagen der erfolgreichen Politik Wiens beschlossen. Und hier wird lebendig diskutiert, um wichtige Themen für die Bürger*innen voranzutreiben. Diese können diese Diskussionen und Abstimmungen live mitverfolgen oder nachlesen und dadurch unvoreingenommen und transparent politische Bildung erfahren – ein wichtiges Fundament für die Gestaltung demokratischer Prozesse.

Die Geschichte lehrt uns anhand vieler Beispiele, dass Bildung seit jeher das wichtigste Mittel ist, um die Gesellschaft und ihre Menschen zu stärken.

Und das Prinzip „lebensbegleitendes Lernen" ist heute – in Zeiten zunehmender Herausforderungen im Arbeitsbereich – vielleicht wichtiger als je zuvor. Eine sinnerfüllte Beschäftigung nimmt auch in Erzählungen über Selbstoptimierung und Sinnsuche einen zentralen Stellenwert ein.

Gerade die Geschichte der österreichischen Sozialdemokratie ist untrennbar mit dem Begriff der Bildung, mit der Entwicklung von Volksbildung, verbunden. Es war der Bildungsgedanke, der vor mehr als 155 Jahren am Beginn der sozialdemokratischen Bewegung stand. Zu jener Zeit, als das Recht auf Versammlungen noch nicht gegeben war, bedeutete der Weg über die Bildung auch die einzige Möglichkeit für Arbeiter*innen, sich politisch zu organisieren.

Werfen wir einen Blick auf die Geschichte der Bildung von Arbeiter*innen.

1. Erstmals Bildung für alle in den Arbeiterbildungsvereinen

Mit dem Entstehen der ersten Arbeiterbildungsvereine 1876 und weiterer Nachfolgeorganisationen konstituierte sich die österreichische Arbeiter*innenklasse von Beginn an als Bildungsbewegung. In diesen Vereinen wurden nicht nur parteipolitische Themen vermittelt, sie dienten auch der Allgemeinbildung der Arbeiter*innenschaft, der diese bis dahin verwehrt gewesen war. Durch diese Allgemeinbildung wurde den Arbeiter*innen vieles auch erst bewusst, die lebensunwürdigen Umstände, unter denen sie ihre Arbeit verrichteten, die teils erbärmlichen Wohnverhältnisse, aber auch die Stärke und Macht, die im solidarischen Zusammenschluss zu Gewerkschaften und Parteien lag.

„Arbeiter! Werft einen Blick auf Euere Lage, werft einen Blick in Euere Kreise, in Euere Familie! Erkennet, dass wir nur durch ein gemeinsames Vorgehen gründliche Verbesserungen in unserer Lage hervorrufen können [...]."[1] So lautete der historische Aufruf zur Gründung des Arbeiterbildungsvereins.

Vertrauensmänner des Arbeiterbildungsvereins Gumpendorf.

Der heute vielerorts gern verwendete Slogan „Gemeinsam sind wir stark" war wahrscheinlich nie mehr wieder in unserer Geschichte von so großer Bedeutung wie zu jener Zeit. Den arbeitenden Menschen wurde bewusst, dass nur die Anhebung ihres Bildungsstandes ihren politischen Aufstieg ermöglichen würde. Damals wurde auch der Grundstein für das demokratische Vereins- und Versammlungsrecht gelegt, auf das wir heute zu Recht stolz sind. Viele Ideen und Visionen, die schlussendlich zum Erfolg des Roten Wien[2] geführt haben, wurden bereits im 19. Jahrhundert in diesen Vereinen und später in neu gegründeten Parteistrukturen und Gewerkschaften diskutiert, entwickelt und schlussendlich politisch umgesetzt.

Zur Gründungsversammlung des „Ersten Wiener Arbeiterbildungsvereins" am 8. Dezember 1867 wurde in das Gasthaus „Zum Blauen Bock" in Gumpendorf geladen. Die Versammlung musste verschoben werden, da der Saal mit seinem Fassungsvermögen von 1.000 Personen zu klein war. Das erste Vereinslokal öffnete am nächsten Tag in der Mariahilfer Straße, bei der Gründungsversammlung in Schwenders Kolosseum am 15. Dezember nahmen 3.000 Personen teil.

In den Statuten wurden folgende Vereinsziele festgelegt:

„Zweck des ‚Arbeiterbildungsvereines in Wien' ist die stete Wahrung und Förderung der geistigen und materiellen Interessen des Arbeiterstandes. Der Verein sucht diesen Zweck zu erreichen durch volksthumliche, wissenschaftliche Vorträge, Unterricht, Gründung einer Bibliothek, Drucklegung und Verkauf von Reden und Vorträgen, freie Besprechung; dann durch Pflege des Gesanges, geselliger Unterhaltungen und Turnen; ferner Gründung einer Abtheilung für Arbeitszuweisung einer allgemeinen Kranken- und Invaliden-Unterstützungs-Kasse; endlich Unterstützung seiner Mitglieder in besonderen Fällen."[3]

Viele folgten dem Beispiel. Bis 1870 ist die Gründung von 237 Arbeitervereinen in Österreich-Ungarn dokumentiert. Ziel all dieser Vereine war neben der Bildung und Politisierung der Mitglieder auch deren soziale Absicherung durch Kranken- und Invaliditätskassen. Und bei allen Veranstaltungen wurde für den Kampf für das allgemeine und gleiche Wahlrecht, für das freie Vereins- und Versammlungsrecht und die Pressefreiheit mobilisiert. Auch heute noch, mehr als 155 Jahre später, gehören Bildung für alle und soziale Gerechtigkeit zu den Kernelementen sozialdemokratischer Politik.

Von Beginn an ging es darum, die bürgerliche und die proletarische Bildung einander anzunähern, um allen Menschen ein gleich(berechtigt)es Bildungsniveau zu ermöglichen.

Wenngleich auf den meisten Fotos aus dieser Zeit nur Männer zu sehen sind, gab es doch seit 1890 auch einen eigenen Arbeiterinnen-Bildungsverein, der bald seine eigene Zeitschrift, die *Arbeiterinnen-Zeitung* (später *Die Frau*) herausgab.

Eine besondere Einrichtung der Arbeiter*innenbildung war die Arbeiterhochschule, an der von 1926 bis 1930 auch bedeutende Wissenschafter*innen unterrichteten. Zu den bekanntesten Schüler*innen der Arbeiterhochschule zählten u. a. Franz Jonas, Karl Maisel und Rosa Jochmann.

2. Erziehung zu kritischen Staatsbürger*innen

Otto Glöckel setzte als Unterrichtsminister von 1919 bis 1920 und dann als Präsident des Stadtschulrats die von Sigmund Freud und Alfred Adler inspirierte Schulreform um. Kinder sollten – ohne Drill – nicht mehr zu Untertanen, sondern zu denkenden, kritischen Staatsbürger*innen erzogen werden. Er wollte allen jungen Menschen die Chance geben, eine gute Bildung zu erhalten, weshalb er sich z. B. für kostenloses Schulessen und die Einheitsschule – heute

Absolvent*innen der Arbeiterhochschule.

nennen wir sie Gesamtschule – einsetzte. „Aufstieg durch Bildung", so lautete auch sein Credo. Dazu wurden die Schulen gut dotiert, und fortschrittliche Pädagoginnen*Pädagogen aus ganz Europa pilgerten nach Wien, um sich die Schulen anzuschauen.

3. Bildung durch Kultur und Sport

1894 entstand mit dem Verein Jugendlicher Arbeiter auch eine stark kulturell orientierte Jugendbewegung, ein Vorläufer u. a. der Roten Falken und der Sozialistischen Jugend.

Der 1895 erfolgten Gründung der Naturfreunde folgten zahlreiche Arbeiterturnvereine, die vor allem in Schwimm-, Kraftsport- und Fußballsektionen organisiert waren. Es gab Arbeitersänger und Arbeitermusiker, ein eigenes Arbeiter-Mandolinen-Orchester, einen Arbeiter-Schachbund, ja sogar einen Arbeiter-Trachtenverein.

Kursteilnehmer*innen an der VHS Ottakring.

4. Von Volksbildungsvereinen zu Volkshochschulen, von Arbeiterbüchereien zu Städtischen Büchereien

Mit der Gründung des Wiener Volksbildungsvereins in Margareten 1887 rief Eduard Leisching die Volksbildungsarbeit in Wien ins Leben. Im Sinne der Volks- hochschulen (diese Bezeichnung war damals noch behördlich verboten) wurden ab 1895 „Volkstümliche Universitätsvorträge" gehalten, 1897 wurde die Urania gegründet (seit 1910 am heutigen Standort), und ab 1901 konnte man Veran- staltungen im Volksheim Ottakring besuchen.

Der Verein „Volkshochschule Wien Volksheim", der bis dahin in einem Keller- lokal am Urban-Loritz-Platz 1 untergebracht war, übersiedelte am 5. November 1905 in das neu errichtete Gebäude der heutigen Volkshochschule am Ludo- Hartmann-Platz 7 in Ottakring. Damit war das erste Volkshochschulgebäude in Österreich etabliert.

Wissenschaftliche Erkenntnisse wurden erstmals für breite Bevölkerungsschichten zugänglich gemacht. Viele später berühmt gewordene Wissenschafter, wie etwa Ludwig Boltzmann, Otto Wagner, Arthur Schnitzler, Sigmund Freud, Hans Kelsen oder Erwin Schrödinger, unterrichteten an der „Universität der kleinen Leute".

In den Jahren 1909 bis 1911 errichtete der Wiener Volksbildungsverein, der Vorläufer des heutigen „polycollege", sein Domizil in der Stöbergasse. Er verfügte über die modernste technische Ausstattung und besaß sogar eine eigene kleine Sternwarte.

Im Jahr 1930 gab es an den Wiener Volkshochschulen 600 Abendkurse, die von bildungshungrigen Arbeiter*innen und Angestellten geradezu gestürmt wurden.

Bis 1914 entwickelte der Wiener Volksbildungsverein ein Büchereisystem mit 27 Zweigstellen, die jährlich zwei Millionen (!) Entlehnungen verzeichneten. Die Entwicklung dieser Arbeiterbüchereien – ein unglaublicher Erfolg auf dem Weg zu einem egalitären Bildungssystem – erreichte während der Ersten Republik ihren Höhepunkt. Sie waren vor allem in Lokalen in den neu errichteten Gemeindebauten untergebracht und architektonisch anspruchsvoll gestaltet. Es gab sogar eigene Arbeiterkinderbüchereien. Auch heute noch nehmen die Büchereien Wien einen hohen Stellenwert im außerschulischen Bildungsbereich von Kindern ein. Die Bibliothekar*innen in jenen Arbeiterbüchereien arbeiteten allesamt ehrenamtlich. Zu ihren berühmtesten Vertreterinnen zählte Marie Jahoda, die in der Bücherei im Karl-Marx-Hof tätig war.

Auch in der Praterstraße 25, dem heutigen Bildungszentrum der Wiener Bildungsakademie, war eine Arbeiterbücherei untergebracht.

Mit dem Verbot aller der Sozialdemokratie nahestehenden Organisationen im Februar 1934, spätestens aber mit der Machtübernahme der Nationalsozialisten, wurden die vielen Erfolgsgeschichten vom Aufstieg der Arbeiter*innenklasse durch Bildung und Kultur brutal unterbrochen.

Die Büchereien wurden monatelang gesperrt, und ein großer Teil der Bücher wurde eingezogen, darunter jene von Sigmund Freud, Arthur Schnitzler oder Stefan Zweig, und durch Heimatliteratur ersetzt. 1938 nahmen die „Säuberungen" durch die Nazis ihren Lauf.

Vieles wurde zerstört, aber nach Kriegsende wieder aufgebaut. Jene Schranken aber, die großen Teilen der Bevölkerung den Zugang zu Wissen, Bildung und Kultur verwehrt hatten, waren für immer gefallen.

Arbeiterbücherei Sandleiten.

Nach Kriegsende wurden die Arbeiterbüchereien als Städtische Büchereien neu aufgebaut. Damals wie heute sind sie Orte des Lernens, der Begegnung und der Kommunikation. Sie bieten allen Interessierten einen leichten Zugang zu Information, Bildung, Kultur und Unterhaltung. In einem Netzwerk von 39 Zweigstellen stehen über 1,5 Millionen Medien zur Verfügung – gedruckt und digital, offline und online, als Audio, Video und Multimedia.

Die Volkshochschulen wurden als Bezirksvolkshochschulen wieder eingerichtet.

Seit 1949 fungiert der Verband Wiener Volksbildung als Dachverband von mittlerweile 18 Volkshochschulen, die dezentral in allen 23 Wiener Gemeinde-bezirken an über 150 Veranstaltungsorten tätig sind. Allein in Wien belegen jährlich etwa 150.000 kreativ- und bildungshungrige Menschen die thematisch breit gefächerten Kurse und Vorlesungen. Insgesamt 70 Sprachen werden dort unterrichtet, zudem können Schulabschlüsse nachgeholt werden.

Die Wiener Volkshochschulen sind die größte Erwachsenenbildungseinrichtung im deutschsprachigen Raum. Mit ihrem Bildungsangebot unterstützen sie Menschen dabei, ihre Situation aus eigener Kraft zu verbessern.

Überlebt haben auch das politische Erbe und damit auch der Bildungsgehalt der Arbeiter*innenbewegung, die gleich nach dem Ende des Zweiten Weltkriegs erfolgreich weitergeführt wurden. Eine neue Bildungsorganisation wurde errichtet, 1947 die Wiener Parteischule von Karl Czernetz und Stella Klein-Löw neu gegründet, und es wurden zahlreiche neue Ausbildungsmethoden entwickelt.

In der Zweiten Republik war es allen voran der sozialdemokratische Bundeskanzler Bruno Kreisky, der eine umfassende Reform im Bildungsbereich umsetzte. Die Abschaffung von Barrieren für einen freien Bildungszugang und die Demokratisierung von Schulen und Universitäten standen dabei im Mittelpunkt. 1970 bestellte Kreisky Hertha Firnberg zur ersten SPÖ-Ministerin und übergab ihr das neu geschaffene Wissenschaftsministerium. Dieses sollte sie 13 Jahre lang leiten, die Öffnung der Universitäten war dabei eines ihrer zentralen Ziele. Der Besuch einer Hochschule sollte weder durch die finanzielle Situation des Elternhauses noch durch das Geschlecht verhindert werden. In ihre Amtszeit fielen Freifahrten, zusätzliche Heimplätze für Studierende sowie die Einrichtung der Studienberechtigungsprüfung, durch die auch ein Studium ohne Matura möglich wurde.

Heute stellen diese Errungenschaften für einen demokratischen Bildungszugang für viele eine Selbstverständlichkeit dar, wobei es jedoch neue Herausforderungen zu bewältigen gilt. Die rasanten Veränderungen in der Arbeitswelt durch die Digitalisierung, aber auch die durch den Klimawandel erforderlichen Umstellungen stellen die Menschen vor große Aufgaben, dürfen aber auch als Chance verstanden werden. Die Bedeutung von Bildung ist über die Jahrhunderte hinweg in diesem Sinne unverändert geblieben.

Mehr denn je gilt heute der Grundsatz: In jeder Lebenslage und in jedem Lebensalter soll Lernen möglich gemacht und unterstützt werden. Dafür setzt sich die Sozialdemokratie mit aller Kraft ein, denn: Wir lassen niemanden zurück!

ENDNOTEN

[1] Österreichischer Gewerkschaftsbund (Hg.) (2017): Bildung & Gerechtigkeit: 150 Jahre ArbeiterInnenbildungsbewegung in Österreich. ÖGB-Verlag, Wien.
[2] Vgl. www.dasrotewien.at.
[3] Österreichischer Gewerkschaftsbund (Hg.) (2017): Bildung & Gerechtigkeit: 150 Jahre ArbeiterInnenbildungsbewegung in Österreich. ÖGB-Verlag, Wien.

INSTITUTIONALISIERTE SOLIDARITÄT

Geschichte, Gegenwart und Zukunft der österreichischen Gewerkschaften

Barbara Teiber

1. Erste Organisationsversuche

Den klassischen Arbeiter oder die klassische Arbeiterin gab es nicht immer schon. Erst als sich die Feudalgesellschaft aus Lehensherren und Bauern langsam der gemeinsamen Produktion von Waren und der Erbringung von Dienstleistungen zuwandte, war jene Klasse geboren, die wir heute als Arbeitnehmer*innen titulieren würden. So alt wie das Verkaufen der eigenen Arbeitskraft ist auch der Wille zur gemeinschaftlichen Organisation. In Böhmen organisierten Bergarbeiter bereits im Jahr 1299 gemeinsame Unterstützungskassen. In Österreich vereinigten sich 1411 Handwerksgesellen zu Bruderschaften, um ein Gegengewicht zu den arbeitgeberdominierten Zünften zu bilden (vgl. Pellar 2008, 13). Diese Bruderschaften betrieben Gesellenherbergen für die wandernden Arbeiter, wo Arbeitsbedingungen verhandelt wurden und sogar bereits Geld für Streiks gesammelt wurde.

Tatsächlich allerdings beschränkte sich die Tätigkeit der Bruderschaften auf simple Akte der Solidarität, denn die Kommunikation untereinander war mangels Erreichbarkeit schwierig, und der Zusammenhalt zwischen städtischen Gesellen und jenen auf dem Land, die in das Familienleben ihrer Meister eingebunden waren, war gering.

Die Organisation der Bergleute in Form der sogenannten Knappschaften konnte dagegen bereits erste Erfolge erzielen. Sie kämpften in den Bauernkriegen 1525 und 1526 aufseiten der Bauern für Religionsfreiheit und mehr Gerechtigkeit und konnten Verbesserungen ihrer Arbeitsbedingungen durchsetzen, wie etwa ein Kündigungsverbot vor Weihnachten, Ostern und Pfingsten. Auch bei der Festlegung der Lohnhöhe wurden sie einbezogen.

Als die kapitalistische Wirtschaftsweise immer mehr das bisherige Zünfte-System zum Einsturz brachte, verloren auch die Bruderschaften zunehmend an Bedeutung. Bis auf einzelne Aufstände, die sofort niedergeschlagen, und Streiks, die aufgelöst wurden, fand keine größere Organisierung der Arbeitnehmer*innen statt (vgl. Autengruber 2010, 7–10). Kleinteilig organisiert, wie sie waren, konnten die Gesellen, die schon bald als Knechte bezeichnet wurden, keine maßgeblichen Verbesserungen ihrer Situation erreichen. Im Gegenteil: Durch die kapitalistische Produktionsweise und das Aufkommen von Manufakturen verloren die Arbeiter und auch die neu aufkommenden Arbeiterinnen alle Rechte. Die österreichische Kaiserdiktatur verhängte ein Koalitionsverbot, und auf das Gründen einer Gewerkschaft stand die Todesstrafe (vgl. Pellar 2008, 15 f.).

Bewegt durch die große Not kam es am 13. März 1848 zur Revolution in Österreich, bei der sich in den Wiener Vororten auch die Arbeiter*innen erhoben. Allgemeine Wahlen, allerdings nur für Männer, wurden durchgesetzt, doch auch die neoabsolutistische Regierung verbot Arbeitervereine und Gewerkschaften. Erst mit dem neuen Staatsgrundgesetz von 1867 wurde die Versammlungs- und

Vereinsfreiheit eingeführt. So entstanden vor allem Bildungsvereine für Arbeitnehmer*innen. Mit der Aufhebung des Koalitionsverbots im Jahr 1870 wurden erste Gewerkschaftsvereine gegründet. Zuerst entstanden sozialdemokratische Gewerkschaften, schließlich auch christliche und deutschnationale. Obwohl die Organisation der Beschäftigten und sogar Streikdrohungen nun legal waren, waren Gewerkschafter*innen nach wie vor von Verfolgung betroffen. Dennoch machte sich die Solidarität der Arbeitnehmer*innen bezahlt: Ende des 19. Jahrhunderts wurden erste Sozialgesetze durchgesetzt. Zentral war etwa die Unfall- und Krankenversicherung, die für die meisten Beschäftigten eingeführt wurde (vgl. Wirth/Lichtenberger 2020, 17–21).

Am 1. Mai 1890 fand der erste Maiaufmarsch der Gewerkschaften statt, der Acht-Stunden-Tag war erklärtes Ziel. In den darauffolgenden Jahren konnten die ersten Kollektivverträge abgeschlossen werden, beginnend mit dem Kollektivvertrag der Buchdrucker im Jahr 1896. Wiewohl der Erste Weltkrieg erst keine gewerkschaftlichen Errungenschaften zuließ, konnte 1917 eine erste Angleichung von Frauen- an Männerlöhne durchgesetzt werden. Die Arbeitnehmer*innen waren nun in Gewerkschaften organisiert und hatten gelernt, dass Solidarität das Leben aller und damit das Leben jedes*jeder Einzelnen verbessern konnte.

2. Sozialpolitische Errungenschaften der Zwischenkriegszeit und Verfolgung von Gewerkschafter*innen im Zweiten Weltkrieg

1919 zogen erstmals Frauen ins Parlament ein, darunter zwei Gewerkschafterinnen, Anna Boschek und Maria Tusch. Ferdinand Hanusch war als Sozialminister der erste Gewerkschafter in Regierungsverantwortung. Unter seiner Ägide wurde eine Vielzahl an Gewerkschaftsforderungen umgesetzt: Das Betriebsrätegesetz wurde ebenso beschlossen wie das Arbeiterkammergesetz. Die Nachtarbeit von Frauen und Jugendlichen wurde verboten, der Acht-Stunden-Tag eingeführt, das Urlaubsgesetz beschlossen, Arbeitszeiten wurden geregelt, der Ladenschluss und die Sonntagsruhe im Handel fixiert und Kollektivverträge gesetzlich abgesichert. Außerdem wurde die Arbeitslosenversicherung eingeführt (vgl. Wirth/Lichtenberger 2020, 44 f.). Die politische Betätigung von Gewerkschaften, die über die direkte Vertretung von Arbeitnehmer*innen im Betrieb hinausging, trug Früchte. Die Gewerkschaften hatten festgestellt – und dieser Grundsatz ist noch heute DNA der österreichischen Gewerkschaftsbewegung –, dass für eine nachhaltige Verbesserung der Arbeits- und Lebensbedingungen der Beschäftigten eine Einflussnahme auf politische Vorgänge und die Gesetzgebung zentral ist.

Neben diesen Errungenschaften brachte die Zeit zwischen den Kriegen auch großes Leid: Arbeitnehmer*innen litten vor allem unter den Folgen der Sanierung des Bundeshaushalts, die von der rechten Bundesregierung ab 1920 forciert wurde (vgl. Pellar 2008, 31). Terror gegen Arbeitnehmer*innen und deren Vertretungen kam erschwerend hinzu. Einen Tiefpunkt der Justizgeschichte stellt das Schattendorfer Urteil[1] mit anschließenden Protesten dar, bei denen der Justizpalast in Brand gesteckt wurde. Obwohl politisch erfolglos, zeigte der folgende Generalstreik beeindruckend die Organisationsstärke der freien Gewerkschaften auf. Gleichzeitig wurde selbst in der damals am Kipppunkt stehenden Demokratie der Einfluss der Gewerkschaften in der Selbstverwaltung der Sozialversicherung ausgebaut – ein großer Erfolg für die Beschäftigten, der fast hundert Jahre lang nachwirken sollte.

1933 wurde Österreich schließlich vollständig zur Diktatur, der Austrofaschismus hatte gegen die demokratischen Kräfte gesiegt. Zensur, Verbote und Auflösungen waren nun die Folgen für die Organisationen der Arbeitnehmer*innen. Anstelle freier Gewerkschaften trat eine staatlich eingerichtete Gewerkschaft. Erstere gaben sich jedoch nicht geschlagen: Im Untergrund wurde illegal der „Bund der Freien Gewerkschaften" geschmiedet. Mit der Eingliederung Österreichs in Hitlers Nazi-Deutschland wurde auch die staatliche Gewerkschaft abgeschafft und gemeinsam mit Arbeitgeberverbänden in die „Deutsche Arbeitsfront" übergeführt. Viele Gewerkschafter*innen leisteten Widerstand gegen den Nationalsozialismus und bezahlten dafür mit ihrem Leben. Während der Nazi-Diktatur und des Zweiten Weltkriegs waren unter den Widerstandskämpfer*innen viele Gewerkschafter*innen. Als 1943 in Moskau die „Deklaration über Österreich" zwischen den Alliierten beschlossen wurde, wurde auf die antifaschistischen Kräfte im Land Bezug genommen. Nicht zuletzt verdankt Österreich seine Eigenständigkeit und Behandlung durch die Alliierten nach dem Krieg jenen tapferen Arbeitnehmer*innen, die in den Betrieben die Produktion von Waffen sabotierten oder den Transport von Kriegsmaterial erschwerten (vgl. Pellar 2008, 39 ff.).

3. (Wieder-)Aufbau der Gesellschaftsordnung und Entwicklung zur heutigen Gewerkschaftsstruktur

Während in Wien noch gekämpft wurde, begannen Gewerkschafter*innen am 13. April 1945 bereits, sich wieder zu organisieren. Zwei Tage später wurde bereits bei einer Konferenz aller gewerkschaftlich-politischen Richtungen die Gründung eines überparteilichen einheitlichen Gewerkschaftsbundes beschlossen – des ÖGB. Am 30. April wurde die Gründung durch die Sowjets genehmigt, erster Präsident war Johann Böhm. Es wurden 16 Gewerkschaften unter dem Dach des ÖGB versammelt, die für unterschiedliche Berufsgruppen zuständig waren – der Beginn der heutigen Gewerkschaftsstruktur. Im Laufe der Jahre fanden diverse Fusionen statt, sodass heute sieben Gewerkschaften im ÖGB tätig sind.

Sofort wurde auf Druck des ÖGB die Arbeiterkammer in Selbstverwaltung wiedererrichtet. 1947 wurden auch die Gesetze für Betriebsrät*innen und Kollektivverträge auf neue Beine gestellt, und die Sozialversicherung wurde ausgebaut. Außerdem setzten sich die Gewerkschafter*innen für die Verstaatlichung wichtiger Unternehmen ein, die ansonsten an die Alliierten gegangen wären. Bald genossen die Gewerkschaften auch bei den Alliierten hohes Ansehen als Faktor der Stabilität in einem noch unsicheren Österreich (vgl. Pellar 2008, 46 ff.).

Ab Anfang der 1950er-Jahren versammelten sich Mitglieder gleicher Weltanschauung in Fraktionen. Auch diese Struktur wird nach wie vor gelebt. Weltanschauliche Differenzen klärt man zwischen den Fraktionen gewerkschaftsintern, um als vereinte Kraft für die Arbeitnehmer*innen auftreten zu können. Dies war eine der Lektionen aus den harten Auseinandersetzungen der Zwischenkriegszeit und ein Beitrag zum sozialen Frieden im Land.

Gewerkschaften brachten sich weiterhin auch bei der Gesetzgebung ein und konnten eine Vielzahl an Verbesserungen erreichen, die noch heute Grundlage unseres Wohlstands und unseres Sozialstaats sind: Das Allgemeine Sozialversicherungsgesetz wurde geschaffen, das Mutterschutzgesetz ausgeweitet. Ein Gesetz zur Sicherung von Arbeitsplätzen konnte erreicht werden. Im Laufe der Zweiten Republik ging ein Großteil der Sozialgesetzgebung auf gewerkschaftliche Initiativen oder Minister*innen zurück. Die Organisation der Arbeitnehmer*innen, die Ausdrucksform ihrer Solidarität und ihres Zusammenhalts im ureigenen Interesse, hatte sich institutionalisiert.

4. Die Sozialpartnerschaft

Hauptaufgabe der Gewerkschaften und Kernstück ihrer Arbeit sind die Verhandlungen von Arbeitsbedingungen und Entlohnung. Letzteres, die Verhandlung von Löhnen und Gehältern, hatte in der Ersten Republik zu harten Auseinandersetzungen geführt. Daraus hatte man gelernt: Ab 1947 schlossen Gewerkschaft, Arbeiterkammer, Wirtschaftskammer, Landwirtschaftskammer und Industriellenvereinigung fünf Preis- und Lohnabkommen, wozu eine Wirtschaftskommission gegründet wurde. Ziel waren die Bekämpfung der Inflation und die Sicherstellung von Kaufkraft. Auch hier kam es durchaus zu Konflikten, wie etwa dem Oktoberstreik 1950 im Zuge des vierten Abkommens – erklärtes

Ziel aller Beteiligten war jedoch eine Lösung am Verhandlungstisch. So wurden auch Gesetzesvorhaben vorab durch die Vertreter*innen von Arbeitnehmer*innen und Arbeitgeber*innen begutachtet. All dies waren Schritte auf dem Weg zum Modell der Sozialpartnerschaft, zur Aushandlung sozialpolitischer und arbeitsrechtlicher Regelungen zwischen Arbeitgeber*innen und Arbeitnehmer*innen, einem Modell, das sich bis heute bewährt und international Beachtung findet.

Bei der Sozialpartnerschaft handelt es sich nicht etwa um ein gesetzlich geregeltes Konstrukt, das mit Parlamentsbeschluss aufgehoben werden könnte (vgl. Tálos 2008, 56). Vielmehr beruht sie auf dem gegenseitigen Verständnis, konstruktiver und effizienter Probleme lösen zu können, wenn auf Augenhöhe verhandelt wird. Dies als Grundvoraussetzung im Hinterkopf behaltend, ist die Sozialpartnerschaft für Gewerkschaften immer nur Mittel zum Zweck, allerdings nicht der Zweck selbst. Vom GPA-Vorsitzenden und Sozialminister Alfred Dallinger stammt folgendes Zitat, das noch heute als Maxime für die gewerkschaftliche Betrachtung der Sozialpartnerschaft gelten kann: „Die Sozialpartnerschaft darf [...] für die Gewerkschaften niemals zur Ideologie werden, sondern sie muß immer wieder im konkreten Einzelfall kritisch auf ihre Tauglichkeit zur Problemlösung geprüft werden. Je härter die Verteilungskämpfe werden, desto deutlicher zeichnen sich auch die natürlichen Grenzen einer solchen Kompromißpolitik ab" (Der Privatangestellte 1984, Nr. 5, 3).

Verteilungskämpfe erleben wir auch jetzt, ob es nun um die Abfederung der hohen Inflation geht oder um den Erhalt der Kaufkraft durch Kollektivvertragsverhandlungen. Letztere sind naturgemäß mit Konfliktpotenzial ausgestattet. So kam es in den vergangenen Jahren im Zuge von Kollektivvertragsverhandlungen immer wieder zu gewerkschaftlichen Kampfmaßnahmen wie Warnstreiks, etwa in der Metallindustrie und der Sozialwirtschaft. Insgesamt kommt es in Österreich aber im internationalen Vergleich nur sehr selten zu Streiks. Diese Seltenheit macht den Streik als viel zitiertes letztes Mittel in kollektivvertraglichen Auseinandersetzungen so stark. Diese nach wie vor erhaltene Kampfkraft der Gewerkschaften ist einer der Gründe, warum Österreich mit einer Kollektivvertrags-Abdeckungsrate von etwa 98 Prozent an der Weltspitze steht.

5. Die Rolle der Gewerkschaften in der Zukunft – Herausforderungen für die Arbeitnehmer*innenbewegung

Die Gewerkschaften in Österreich haben eine bewegte und stolze Vergangenheit. Sie haben die Arbeits- und Sozialgesetzgebung geprägt wie sonst niemand. Die Sozialpartnerschaft macht Österreich zum stabilen und begehrten

Gewerkschaftliches Kampfmittel: Beschäftigte im Sozialbereich streiken für die 35-Stunden-Woche (2020).

Wirtschaftsstandort: Hier findet sich eine Kombination aus gut ausgebildetem Personal (auch die Weiterentwicklung der Lehrausbildung ist sozialpartner-schaftlich organisiert) und stabilen Verhältnissen in Hinblick auf Arbeitskämpfe. Gewerkschaftliche Lohnpolitik berücksichtigt gleichermaßen die wirtschaftliche Lage der Branchen und die Bedürfnisse der Beschäftigten. In der jüngsten Ver-gangenheit konnten die Gewerkschaften etwa in der Corona-Krise beweisen, dass sie sichere Partnerinnen in schwierigen Zeiten sind. Gemeinsam mit den Sozialpartnern wurden mehr als eine Million Jobs durch die Kurzarbeit gerettet, ein Modell, das die Sozialpartner in wenigen Tagen nach Krisenbeginn be-schlussfähig der Regierung präsentieren konnten. Auch wurden Gehälter und Löhne erhöht, womit die Kaufkraft sichergestellt wurde. Die Gewerkschaften waren auch mit politisch schwierigen Rahmenbedingungen konfrontiert: Eine neoliberal-rechte Bundesregierung führte 12-Stunden-Tag und 60-Stunden-Ar-beitswoche wieder ein. Den Gewerkschaften ist es gelungen, die Auswirkungen dieses Gesetzes auf kollektivvertraglicher und betrieblicher Ebene so abzu-federn, dass kaum eine Verschlechterung bei den Arbeitnehmer*innen ankam.

Zum gegenwärtigen Zeitpunkt sind die Vertretungen der Arbeitnehmer*innen mit den höchsten Inflationsraten seit Jahrzehnten konfrontiert. Der russische Angriffskrieg gegen die Ukraine hat in ganz Europa, besonders aber im von russischem Gas abhängigen Österreich zu einer Preiskrise bei der Energie geführt. Die Gewerkschaften haben sich sofort daran beteiligt, Lösungsvorschläge auf den Tisch zu legen und Expertise zur Verfügung zu stellen, um die Preise zu senken und damit die Inflation zu dämpfen. Gleichzeitig ist es in den Kollektivvertragsverhandlungen bisher gelungen, Abschlüsse teils deutlich über der rollierenden Inflation der letzten zwölf Monate zu erreichen und so die Kaufkraft nachhaltig zu sichern.

Dieses Kapitel soll allerdings nicht lediglich den Status quo und die Herausforderungen der täglichen Arbeit darlegen, sondern vielmehr Wege skizzieren, die es einzuschlagen gilt.

Drei große Themen liegen vor den Gewerkschaften: die soziale Ungleichheit, die ökologische Transformation und die Wahrung der Demokratie.

Die soziale Ungleichheit ist jene Frage, die die Gewerkschaften seit der Gründung ihrer Vorläufer im Mittelalter beschäftigt. Während fast alle Menschen in Österreich von der enormen Teuerung betroffen sind, spüren die etwa 180.000 Millionär*innen kaum etwas von der Krise. Die ärmere Hälfte der Bevölkerung besitzt etwa 2,8 Prozent des Vermögens, das reichste Prozent besitzt etwa 40 Prozent des Vermögens (vgl. Heck/Kapeller/Wildauer 2020). Bei einer repräsentativen Befragung noch vor der Teuerungskrise gaben 76 Prozent an, dass ihnen die zunehmende Schere zwischen Arm und Reich Sorgen bereitet. Es ist davon auszugehen, dass sich dieser Wert noch weiter erhöht hat. Ein funktionierender Sozialstaat, gesellschaftliche Solidarität, der Wunsch zur Leistungserbringung: All das hängt davon ab, dass Menschen sich darauf verlassen können, dass ihnen gerecht begegnet wird. Wenn allerdings Jugendliche bereits jede Hoffnung verloren haben, sich eines Tages etwas aufbauen zu können, eventuell eine Wohnung kaufen oder ein Haus bauen zu können, dann wirkt sich das auch katastrophal auf die Leistungsbereitschaft und die Bereitschaft zu gesellschaftlichem Engagement aus. Wenn über soziale Medien und diverse Plattformen Superreiche beobachtet werden können, wie sie Kurzstrecken per Luxus-Flieger zurücklegen und auf Yachten eine Party nach der anderen feiern, während sich viele die Miete oder das Heizen nicht mehr leisten können, dann bringt das unseren gesellschaftlichen Zusammenhalt ins Ungleichgewicht.

Die Aufgabe der Gewerkschaften ist es daher, neben dem Verhandeln guter Löhne und Gehälter im Rahmen der Kollektivvertragspolitik politisch darauf hinzuwirken, dass die Schere zwischen Arm und Reich kleiner wird. Die Rede ist von Millionärssteuern und Erbschaftsteuern. Nicht nur, dass sie durch ihre

umverteilende Wirkung hohe Investitionen in die soziale und ökologische Infrastruktur ermöglichen – eine Millionärssteuer nach dem GPA-Modell brächte
fünf Milliarden Euro jährlich –, sie machen unser Land auch ein Stück gerechter.
Denn wer arbeiten geht, zahlt Lohnsteuer, aber wer völlig leistungsfrei Millionen oder gar Milliarden erbt, zahlt momentan nichts. Hier muss Abhilfe geschaffen werden. Als Gewerkschaften dürfen und werden wir also nicht müde
werden, die soziale Ungleichheit zu bekämpfen.

Die ökologische Transformation und damit der Kampf gegen den Klimawandel
sind das drängendste Problem unserer Zeit. Das volle Ausmaß der enormen
Schäden, die ein Ansteigen der Erdtemperatur um nur wenige Grade mit sich
bringt, ist erst dann vollumfänglich sichtbar, wenn eine solche Entwicklung
bereits unumkehrbar ist. Wir sind also als Gesellschaft gerade jetzt gefordert,
dem entgegenzuwirken. Hier wird es die Aufgabe der Gewerkschaften sein, als
Klammer zu wirken, die die unterschiedlichen Interessen zu einem Ausgleich
finden lässt. Die ökologische Wende wird nur dann funktionieren, wenn die
Arbeitnehmer*innen mit an Bord sind. Nur wenn sichergestellt ist, dass nicht
einseitige Reformen auf dem Rücken der Beschäftigten beschlossen werden,
während Millionär*innen weiterhin in Privatjets und auf Yachten herumdüsen,
ist eine gesamtgesellschaftliche Kraftanstrengung, im Sinne der Solidarität,
aber auch im Sinne des eigennützigen Vermeidens einer Klimakatastrophe,
möglich. Wenn Menschen das Gefühl haben, ihr individuelles Verhalten könne
ohnehin nichts ändern, weil die wahren Klimasünder wie große Konzerne mit
ihren Lieferketten keine Adaptierungen vornehmen müssen, dann werden sie
sich gegen Maßnahmen, die sie in ihrem Konsumverhalten einschränken, wehren. Die Funktion dieser Klammer auszuüben und die Notwendigkeit des Klima-
schutzes dabei konsequent mitzudenken, ist eine Herausforderung, auf die sich
auch die Gewerkschaftsbewegung nur langsam einstellt. Das muss schneller
gehen, denn wir haben nur wenig Zeit.

Das dritte Zukunftsthema für Gewerkschaften ist die Wahrung der Demokratie.
Und auch hier drängt die Zeit. Mit Vermögen geht auch politische Partizipation
einher. Daher stellt ökonomische Ungleichverteilung auf Sicht ein Problem
für unsere Demokratie als solche dar. Wer auf der Einkommenstreppe weiter
unten steht, hat weniger Vertrauen in unsere Demokratie. Im unteren Einkom-
mensdrittel glauben nur 43 Prozent, dass das politische System in Österreich
gut funktioniert. Im obersten Drittel sind es 78 Prozent. Im unteren Drittel
der Einkommen lag die Wahlbeteiligung bei der letzten Nationalratswahl bei
59 Prozent, im oberen bei 83 Prozent. Warum ist das so? Wer weniger Geld hat,
glaubt, dass das politische System in Österreich nicht gut funktioniert, weil
es für ihn*sie tatsächlich nicht gut funktioniert. Wenn dauerhaft der Eindruck
entsteht, dass die Politik eines Landes jene im Stich lässt, die arbeiten gehen,
und jene unterstützt, die bereits mit der Aussicht auf ein großes Erbe geboren

Demonstration der Gewerkschaften gegen den 12-Stunden-Tag und die 60-Stunden-Arbeitswoche (2018).

sind, dann hat das einen direkten Einfluss auf das Vertrauen in die Demokratie. Knapp jede vierte Person in Österreich stimmt der Aussage zu: „Man sollte einen starken Führer haben, der sich nicht um ein Parlament und Wahlen kümmern muss."

Eine Gesellschaft ist dann glücklicher, resilienter und stärker, wenn weniger Ungleichheit herrscht und sich alle als ihr gleichberechtigter Teil fühlen können. Diese offene, liberale Gesellschaft hilft nicht nur der breiten Masse der Bevölkerung, sondern selbstverständlich auch den oberen 10 Prozent, die von sozialem Frieden enorm profitieren.

Ein solcher Zustand lässt sich nur eben nicht herbeireden. Auch Sozialprojekte und Spenden, die natürlich im Einzelfall immer sehr wichtig sind, bauen keine gleichberechtigte Gesellschaft. Dazu braucht es nämlich größere Rahmenbedingungen, die von der Politik vorgegeben werden müssen – gemeinsame Regeln, die von allen eingehalten werden, und Werte, hinter die wir uns alle stellen und die wir alle leben können.

Wohlstandsverluste bis in die Mittelschicht treffen eine Demokratie ganz besonders. Und das macht die Wahrung der Demokratie zu einer gewerkschaftlichen Herausforderung. Denn wenn nicht die Gewerkschaften dafür sorgen, dass die Kaufkraft gewahrt bleibt und die Arbeitnehmer*innen sich darauf verlassen können, von ihrer Arbeit leben zu können, wer tut es dann?

Ein Eckpfeiler der Demokratie ist auch die betriebliche Mitbestimmung, die dringend gestärkt werden muss. Deutschland macht vor, wie Betriebsratsgründungen unterstützt und Hürden abgebaut werden können.

Auch die Pressefreiheit als elementares Gut der Demokratie muss immer geschützt und gegen Angriffe verteidigt werden. Das bedingt eine Unabhängigkeit der Redaktionen von den Reichen und Mächtigen, damit eine kritische Berichterstattung möglich ist.

Gewerkschaften haben in ihrer stolzen Geschichte bereits viel erreicht. Auch künftig werden sie die wichtigste Stütze der Arbeitnehmer*innen sein.

LITERATUR

• *Autengruber, Peter (2010): Geschichte der österreichischen Gewerkschaftsbewegung von den Anfängen bis 1945. Wien.*
• *Heck, Ines/Kapeller, Jakob/Wildauer, Rafael (2020): Vermögenskonzentration in Österreich: Ein Update auf Basis des HFCS 2017. Greenwich Papers in Political Economy 30683. University of Greenwich, Greenwich Political Economy Research Centre.*
• *Pellar, Brigitte (2008): Eine andere Geschichte Österreichs. Gewerkschaft, soziale Verantwortung und menschliche Politik. Wien.*
• *Tálos, Emmerich (2008): Sozialpartnerschaft. Ein zentraler politischer Gestaltungsfaktor in der Zweiten Republik. Innsbruck.*
• *Wirth, Maria/Lichtenberger, Sabine (2020): Eine Gewerkschaft in Bewegung. Die Geschichte der GPA. Wien.*

ENDNOTEN

[1] *Am 30. Jänner 1927 wurden im burgenländischen Schattendorf zwei Sozialdemokraten von österreichischen Faschisten ermordet und fünf weitere verletzt. Der anschließende Freispruch der Täter durch ein Geschworenengericht ging als „Schattendorfer Urteil" in die Geschichte ein.*

NEOLIBERALE ARBEITS-MARKTMYTHEN

Das Marktdogma blockiert gesamtwirtschaftliches Denken

Friederike Spiecker

Die Ballung von Krisen – die Corona-Pandemie, der Ukraine-Krieg und die sich beschleunigende Klimaerwärmung – stellt die Wirtschaftspolitik vor enorme Herausforderungen. Die traditionellen, meist neoliberalen Konzepte, an denen sich die deutsche und großenteils auch die europäische Wirtschaftspolitik seit Jahrzehnten orientiert haben, können zur Bewältigung der negativen Entwicklungen offenbar nichts beitragen: Viele der bislang ergriffenen staatlichen Maßnahmen zur Krisenbekämpfung widersprechen den Grundsätzen der Mainstream-Ökonomik.

Welche Denkfiguren beherrschen die Vorstellung des*der Durchschnittswählers*wählerin über wirtschaftliche Zusammenhänge, sodass sich die Wirtschaftspolitik jahrzehntelang nach ihnen richten konnte oder sogar musste? Was ist an ihnen falsch? Was muss an ihre Stelle treten, damit die Wirtschaftspolitik die Probleme besser löst, die exogene und endogene Schocks für die Gesamtwirtschaft und damit die gesamte Gesellschaft mit sich bringen?

1. Muss und kann der Staat helfen?

1.1 Die neoliberale Idee vom Nachtwächterstaat und ihre Folgen

Der Neoliberalismus beginnt bei der Vorstellung, der Staat solle sich auf den Schutz des Privateigentums, eine wettbewerbsfördernde Ordnungspolitik, die Aufrechterhaltung von innerer und äußerer Sicherheit und eine schmal zu haltende Sozialpolitik konzentrieren und ansonsten nicht steuernd in wirtschaftliche Prozesse eingreifen.[1] Die Marktwirtschaft sei ein weitgehend stabiles System, das umso besser funktioniere und auch exogene Schocks umso besser absorbiere, je flexibler und wettbewerblicher Märkte organisiert seien. Greife der Staat im Fall von Krisen ein, handle er wenig zielgenau und zeitlich verzögert, sodass sich die Lage kurzfristig nur wenig verbessere und sich die Wirtschaftsbedingungen z. B. in Gestalt gestiegener Staatsschulden und verzögerten Strukturwandels in der Regel langfristig verschlechterten.

So sehr dieses Credo in „guten" Zeiten seine Anhänger*innen haben mag, so wenig scheint es im Krisenfall den politisch Verantwortlichen als Leitidee zu dienen. Der These vom sich selbst stabilisierenden Wirtschaftssystem wird nicht vertraut, wenn Schocks auftreten. Die Politik greift lieber ein, um Schockfolgen abzufedern und das konjunkturelle Ruder herumzuwerfen.

Das ist grundsätzlich richtig. Denn die privaten Wirtschaftsakteur*innen verhalten sich einzelwirtschaftlich rational und damit im Krisenfall parallel abwartend und vorsichtig. Diese Parallelität sorgt dafür, dass die Wirtschaft, wäre sie sich selbst überlassen, in eine Abwärtsspirale ohne Haltepunkt geriete oder sich erst so spät wieder finge, dass die zwischenzeitlich entstandenen Schäden gesellschaftspolitisch untragbar wären. Auf dieses Risiko will sich eine Regierung in der Regel nicht einlassen und reagiert deshalb, wenn auch möglicherweise verspätet und gebremst durch das neoliberale Credo. Durch Letzteres hat die Wirtschaftspolitik aber wenig Übung im Steuern, sodass sie sich im Krisenfall entsprechend schwertut – was wiederum Wasser auf die Mühlen der Kritiker*innen staatlicher Eingriffe ist.

1.2 Ist das Ganze die Summe seiner Teile?

Die gesamtwirtschaftliche Entwicklung ergibt sich aus dem Verhalten aller einzelnen Wirtschaftsakteur*innen. Daher scheint es naheliegend, aus dem Verständnis mikroökonomischer Verhaltensweisen, und zwar vor allem der Optimierungskalküle von Unternehmen, abzuleiten, welche ordnungspoliti-schen Rahmenbedingungen für die Gesamtwirtschaft förderlich sind. Sind sie in diesem Sinne richtig gesetzt, so die neoliberale Auffassung, habe der Staat seine wirtschaftspolitischen Aufgaben erfüllt und nehme im Wesentlichen nur mit der Bereitstellung öffentlicher Güter etwa im Bereich Infrastruktur oder Bildung an der Wirtschaft teil.

Doch das Ganze ist *mehr* als die Summe seiner Teile, weil es auf die Interaktion der wirtschaftlich Handelnden ankommt. Daher kann das gesamtwirtschaft-liche Ergebnis aus der simplen Übertragung einzelwirtschaftlicher Verhaltens-weisen auf die gesamte Volkswirtschaft nicht gut erklärt und vor allem nicht gut vorhergesehen werden. Wer nicht weiß, wie die Gesamtwirtschaft in „guten" Zeiten tatsächlich funktioniert, weil er sich definitionsgemäß nicht um sie zu kümmern braucht, der kann auch bei plötzlich auftretenden exogenen Schocks schlecht einschätzen, wohin sich das gesamte System bewegt und welche staat-lichen Maßnahmen daher zur Schockabfederung sinnvoll wären.

Zudem haben neoliberale Empfehlungen, auch bekannt unter dem Stichwort „Angebotspolitik" (vgl. Lambsdorff 1982)[2], die Wirtschaftspolitik jahrzehntelang beeinflusst und die Fähigkeit der Gesellschaft reduziert, Krisen zu bewältigen. Die Ausgangssituation beim Auftreten von Schocks ist daher von vornherein ungünstiger, als sie es wäre, hätte schon zuvor mehr gesamtwirtschaftliche Vernunft geherrscht.

Das wichtigste Beispiel hierzulande ist der Ausbau des Niedriglohnsektors in den 2000er-Jahren und die weit darüber hinausgehende Zunahme der Schiefe der Einkommens- und Vermögensverteilung. So betrug der Bruttomonatslohn der obersten 10 Prozent der Lohnbezieher*innen 1995 ungefähr das Vier-fache von jenem der untersten 10 Prozent. Bis 2012 nahm diese Relation auf das Elffache zu und stagnierte bis 2018 ungefähr auf diesem Wert. Erst in den folgenden beiden Jahren sank die Ungleichheit auf das gut Siebenfache (vgl. Grabka 2022, 334). Das einkommensschwächste Zehntel der Bevölkerung erreichte im Jahr 1991 einen Anteil am Gesamteinkommen von 4,2 Prozent; im Jahr 2016 betrug er nur noch 3,2 Prozent. Zudem sank das verfügbare Realeinkommen in dieser Bevölkerungsgruppe, was teilweise auch auf Zuwanderung zurückzuführen ist. Im gleichen Zeitraum stieg der Anteil des einkommensstärksten Zehntels der Bevölkerung von 20,5 auf 23,3 Prozent bei einer Realeinkommenszunahme um 35 Prozent.[3]

Die neoliberale Vorstellung, die Konsolidierung des Staatshaushaltes, Lohnzurückhaltung und die Verringerung der Gewinnsteuern erhöhten die private Investitionsdynamik und kämen über eine gestärkte internationale Wettbewerbsfähigkeit dem ganzen Land und so auch den Niedrigeinkommensbezieher*innen zugute, hat sich als falsch erwiesen. Das Trickle-down-Versprechen der Angebotspolitik ist nicht in Erfüllung gegangen. Heute muss konstatiert werden, dass die ökonomischen Bedingungen in unserer Gesellschaft bereits in Vorkrisenzeiten für viele Menschen so „auf Kante" genäht waren, dass ein Fünftel der Bevölkerung mit einem Nettoäquivalenzeinkommen von unter 16.300 Euro im Jahr 2020 (vgl. Statistisches Bundesamt 2022) die aktuellen Preisschübe bei Energie und Lebensmitteln ohne staatliche Eingriffe kaum verkraften könnte.

1.3 Spare in der Zeit, dann hast du in der Not?

Viele Fachleute unterstützen die These, der deutsche Staat könne heute deshalb große finanzielle Unterstützungspakete schnüren, weil er in „guten" Zeiten sparsam agiert habe (vgl. Sachverständigenrat 2022, Z 164, sowie 2021, 89). Als Nachweis einer hohen Reputation des Staates auf den Finanzmärkten gilt, dass die Zinssätze auf deutsche Staatsanleihen niedriger sind als diejenigen anderer europäischer Staaten und diese Wertpapiere Bestnoten vonseiten privater Ratingagenturen ausgestellt bekommen.

Die Argumentation des „Spare in der Zeit, dann hast du in der Not", die hier anklingt, gehört vom Kopf auf die Füße gestellt. Wäre in den letzten 30 Jahren eine gesamtwirtschaftlich rationale Wirtschaftspolitik betrieben worden, wären die Staatsschulden nicht durch öffentliche Sparsamkeit begleitet vom Verfall der öffentlichen Infrastruktur, sondern durch eine wesentlich dynamischere Entwicklung der Gesamtwirtschaft mindestens ebenso stark zurückgegangen, und zwar unter Aufrechterhaltung und Ausbau der öffentlichen Infrastruktur. Obendrein wäre der Anteil der Bevölkerung, der auf staatliche Unterstützung angewiesen ist, heute nicht so hoch.

Die Finanzmärkte samt den Ratingagenturen nicht nur als Richter für die Solidität der Wirtschaftspolitik zu akzeptieren, sondern regelrecht als Kronzeugen anzuführen, sollten sich spätestens seit den Erfahrungen aus der Finanzkrise 2008/2009 weder Wirtschaftswissenschaftler*innen noch Politiker*innen mehr trauen. Doch das Gegenteil ist der Fall.[4]

2. Die Marktbrille – Hindernis Nr. 1 für gesamtwirtschaftliche Analysen

Der größte Fehler, der bei der Analyse einer Marktwirtschaft regelmäßig (übrigens nicht nur von neoliberaler Seite) begangen wird, ist, sie aus dem Blickwinkel des „Marktes" zu betrachten. Es scheint naheliegend, eine marktwirtschaftlich organisierte Volkswirtschaft entlang des Ordnungsprinzips zu untersuchen, auf dem sie in weiten Bereichen der Privatwirtschaft aufgebaut ist. Die Kenntnis der Funktionsweise von Märkten ist hilfreich, um einzelne Branchen zu verstehen. Bleibt es aber bei diesem Analyseinstrument und wird es gar auf die gesamte Volkswirtschaft angewendet, gibt es keine stichhaltige gesamtwirtschaftliche Analyse und damit auch keine rationale Basis für eine systematisch erfolgreiche Wirtschaftspolitik.

2.1 Das einfache Marktmodell

Die Idee des einfachen Marktmodells beruht einerseits auf der Überlegung, dass die Nachfrage nach einem Gut umso höher ist, je geringer sein Preis ist (vgl. Abbildung 1). Denn jeder*jede potenzielle Käufer*in richtet sich nach seiner*ihrer persönlichen Budgetrestriktion (seinem*ihrem Einkommen). Zur Nutzenmaximierung orientiert man seine Ausgaben an den Preisrelationen, die zwischen verschiedenen Gütern herrschen. Das führt dazu, dass die Nachfrage nach einem Gut in der Regel steigt, wenn sein Preis sinkt.

Andererseits gilt für das Angebot umgekehrt: Je höher der erzielbare Preis ist, desto mehr wird von diesem Gut angeboten. Die betriebswirtschaftliche Überlegung dahinter ist, dass nur die am effizientesten produzierenden Unternehmen ihre Kosten bei einem niedrigen Preis decken können. Bei einem höheren Preis treten auch Unternehmen mit weniger günstigen Produktionskosten auf dem Markt auf, und das Angebot steigt.

Wird mehr nachgefragt als angeboten, erhöhen die Anbieter*innen den Preis. Das lockt mehr Anbieter*innen in den Markt und drängt die Nachfrage zurück. Wird mehr angeboten als nachgefragt, senken die Anbieter*innen den Preis, um ihr Angebot loszuwerden. Das reduziert das gesamte Angebot, weil weniger effizient produzierende Unternehmen aus dem Markt ausscheiden. Es erhöht die Nachfrage, da bei geringerem Preis mehr Leute bereit sind, das Gut zu

Abbildung 1

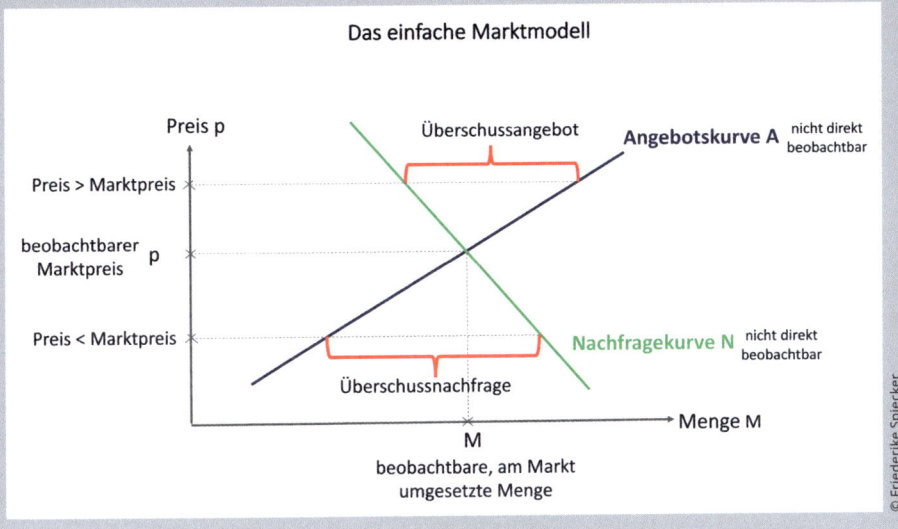

Das einfache Marktmodell

kaufen. Bei dem Preis, bei dem die angebotene Menge der nachgefragten entspricht, herrscht Marktgleichgewicht: Der Markt ist geräumt.

Diese vereinfachenden Überlegungen gelten nur, solange die in den beiden Kurven unterstellten Verhaltensweisen von Nachfrager*innen und Anbieter*innen unabhängig voneinander sind. So darf etwa die Nachfrage der Kundinnen*Kunden nicht sinken, wenn Anbieter*innen aus dem Markt wegen Preissenkungen ausscheiden. Sie könnten immerhin die Arbeitgeber*innen von Kundinnen*Kunden sein, die dann ein geringeres Einkommen hätten und ihren Konsum insgesamt und darunter auch den des betrachteten Guts einschränkten. Wäre das so, verschöbe sich die Nachfragekurve bei Preisänderungen, und der Mechanismus, der für ein Marktgleichgewicht sorgen soll, existierte nicht.

Ist hingegen die Unabhängigkeit von Angebot und Nachfrage gegeben, ändert die Verhaltensanpassung der einzelnen Marktteilnehmer*innen nichts an den Rahmenbedingungen, die das Verhalten auf der anderen Marktseite bestimmt. Diese Bedingung, die sogenannte Ceteris-paribus-Klausel („Im Übrigen bleibt alles gleich"-Annahme), muss erfüllt sein, damit der Preisanpassungsmechanismus wie beschrieben funktioniert.

2.2 Die Verletzung der Ceteris-paribus-Klausel

Die Übertragung des einfachen Marktmodells auf gesamtwirtschaftliche Zusammenhänge bedeutet, dass man aggregierte Daten als Kennziffern gesamtwirtschaftlicher „Märkte" auffasst. So interpretiert man etwa die Zahl der Beschäftigten und ihren Durchschnittslohn als Nachfrage- und Preisgrößen eines gesamtwirtschaftlichen „Arbeitsmarktes". Herrscht Arbeitslosigkeit, wird diese als Überschussangebot gedeutet, das auf dem „Arbeitsmarkt" nicht nachgefragt werde, weil sein Preis zu hoch sei.

Automatisch wird auf die Aussagelogik des einfachen Marktmodells zurückgegriffen, obwohl auf gesamtwirtschaftlicher Ebene die zentrale Bedingung für seine Gültigkeit, die Unabhängigkeit von Angebot und Nachfrage, *nie* gegeben ist. Der Durchschnittslohn bestimmt nämlich nicht nur die Kostensituation des Unternehmenssektors und auf diesem einen Weg die gesamtwirtschaftliche Arbeitsnachfrage, sondern über die Arbeitseinkommen und den Konsum der privaten Haushalte auch die Absatzsituation auf dem gesamtwirtschaftlichen Gütermarkt und damit auf diesem zweiten Weg die gesamtwirtschaftliche Arbeitsnachfrage. Das bedeutet: Ändert sich der gesamtwirtschaftliche Durchschnittslohn, ändert sich gleichzeitig auch die Arbeitsnachfrage, aber nicht, wie im einzelwirtschaftlichen Marktmodell unterstellt, *entlang* der angenommenen Kurve.

Vielmehr verschiebt sich die unterstellte Kurve selbst (vgl. Abbildung 2). Denn die Arbeitsnachfrage fällt bei einer Lohnsenkung wegen rückläufiger Güternachfrage möglicherweise, obwohl sich die Kostensituation der Unternehmen auf den ersten Blick verbessert hat und sie deshalb gemäß dem Marktschema mehr Arbeitskräfte nachfragen müssten. Die entgegengesetzte Reaktion widerspräche also dem im ursprünglichen Modell angenommenen fallenden Verlauf der Nachfragekurve. Daher muss der neu „am Markt" realisierte Datenpunkt auf einer anderen Nachfragekurve liegen.

Bei einer Lohnsteigerung wiederum könnte die Arbeitsnachfrage trotz zunächst verschlechtert erscheinender Kostensituation der Unternehmen zunehmen, wenn zugleich die gesamte Güternachfrage steigt und es sich daher für den Unternehmenssektor lohnt, mehr zu produzieren. Das widerspräche erneut dem fallenden Verlauf der ursprünglichen Nachfragekurve, sodass der nun erreichte Datenpunkt wiederum auf einer anderen Nachfragekurve liegen muss.

Es kann keine stabilen Zusammenhänge zwischen Preis und gehandelter Menge auf einem gesamtwirtschaftlichen „Markt" geben, weil dort die Unabhängigkeit von Angebot und Nachfrage als zwingende Voraussetzung für den Preismechanismus niemals gegeben ist. Was aber besagen solche (fiktiv unter-

Abbildung 2

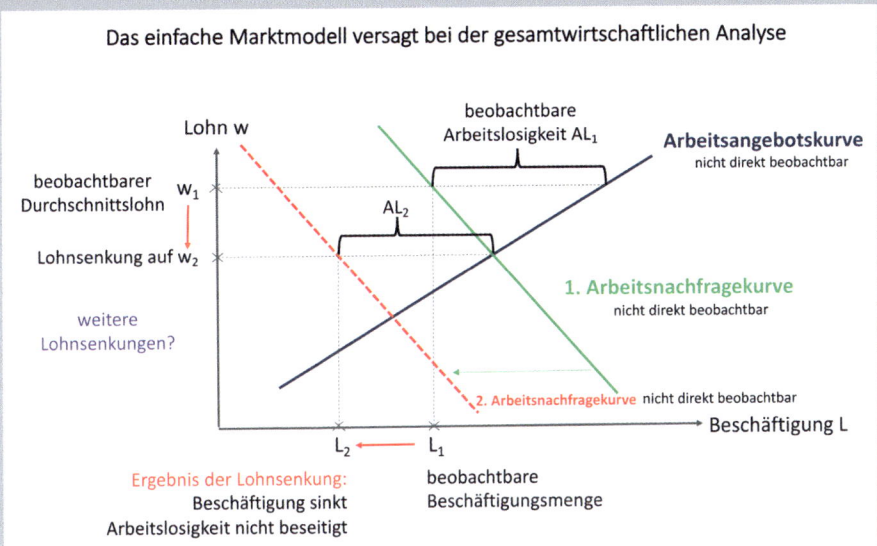

Das einfache Marktmodell versagt bei der gesamtwirtschaftlichen Analyse

stellten) Kurven noch, wenn sie nicht stabil hinsichtlich der Variablen sind, deren Zusammenhang sie angeblich demonstrieren sollen – hier also der negative Nexus zwischen Lohn und Arbeitsnachfrage? Welche logisch widerspruchsfreien Erkenntnisse kann der Analyserahmen „Markt" auf gesamtwirtschaftlicher Ebene dann bringen? Die Antwort ist einfach: keine.

Dieses Problem wird auch nicht durch ein Totalmodell der Gesamtwirtschaft behoben, in dem alle gesamtwirtschaftlichen „Märkte" gleichzeitig betrachtet werden: neben dem „Arbeitsmarkt" auch der „Gütermarkt", der „Kapitalmarkt" und – je nach ökonomischer Schule – auch der für Geld. Auch diese anderen „Märkte" funktionieren nicht wie im Lehrbuch unterstellt, und folglich ist die gesamte Konstruktion hinfällig.

Es ist daher müßig, die aggregierten Daten als Realisationen gesamtwirtschaftlicher Marktgleichgewichte oder Anpassungsprozesse an gleichgewichtige Lösungen zu interpretieren und daraus Schlussfolgerungen über die Angemessenheit der Höhe der jeweils herrschenden Durchschnittspreise wie etwa des Durchschnittslohns zu ziehen. Das Fazit lautet auch hier: Mit diesem Analyseinstrument lässt sich eine Gesamtwirtschaft nicht logisch widerspruchsfrei untersuchen.

Abbildung 3

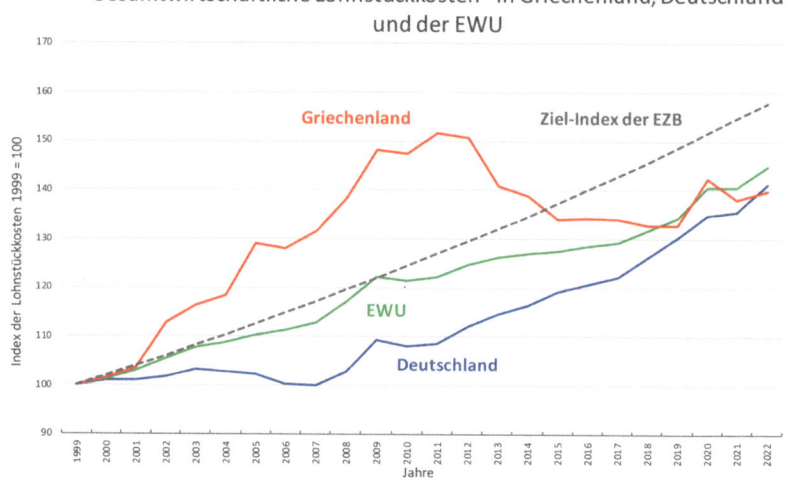

Gesamtwirtschaftliche Lohnstückkosten[1] in Griechenland, Deutschland und der EWU

[1] Arbeitskosten je abhängig Beschäftigten in Relation zum realen Bruttoinlandsprodukt je Erwerbstätigen; Index 1999 = 100.
Quelle: Ameco database, Stand: November 2022; Werte für 2022: Prognose der EU-Kommission.

Abbildung 4

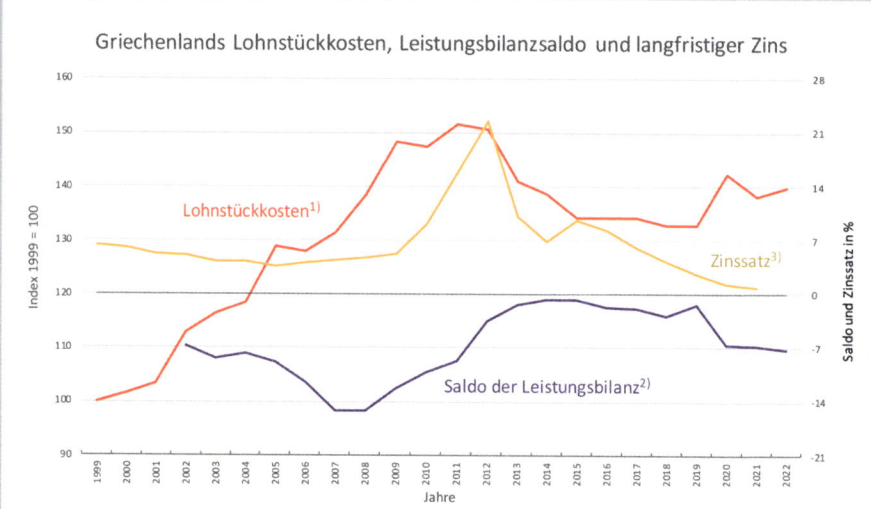

Griechenlands Lohnstückkosten, Leistungsbilanzsaldo und langfristiger Zins

[1] Arbeitskosten je abhängig Beschäftigten in Relation zum realen Bruttoinlandsprodukt je Erwerbstätigen; Index 1999 = 100, linke Skala.
[2] Saldo der Leistungsbilanz in Prozent des Bruttoinlandsprodukts, rechte Skala. [3] Langfristiger Zinssatz, rechte Skala.
Quelle: Ameco database, Stand: November 2022; Werte für 2022: Prognose der EU-Kommission.

2.3 Lohnentwicklung und Arbeitslosigkeit in Griechenland

Ein eklatantes Beispiel für die negativen Folgen neoliberaler Marktvorstellungen über den Zusammenhang von gesamtwirtschaftlicher Beschäftigung und Lohn ist Griechenland. Die Finanzkrise 2009 löste die Eurokrise aus, die sich zuvor jahrelang durch das Auseinanderlaufen der Lohnstückkosten zwischen den Mitgliedsländern der Europäischen Währungsunion angebahnt hatte: Griechenland hatte seine internationale Wettbewerbsfähigkeit aufgrund zu hoher Lohnsteigerungen verspielt, Deutschland die seine durch Lohnzurückhaltung auf Kosten seiner Währungspartnerländer massiv ausgebaut (vgl. Abbildung 3).

Griechenland geriet mit seinen daraus entstandenen hohen Leistungsbilanzdefiziten im Zuge der Finanzmarktturbulenzen ab 2009 unter Druck: Die langfristigen Zinssätze vervierfachten sich von 2009 bis 2012 auf 22 Prozent (vgl. Abbildung 4). Die Finanzmarktakteur*innen, die die hohen Defizite jahrelang toleriert hatten, trauten dem Land nun nicht mehr zu, im internationalen Handel Überschüsse zur Finanzierung seiner Auslandsschulden erwirtschaften zu können.

Daraufhin wurde Griechenland von EU-Kommission und EZB genötigt, seine Löhne und Renten zur Konsolidierung des Staatshaushalts und zur Reduktion der Außenhandelsdefizite zu senken. Anders, als es die neoliberale Vorstellung vom Arbeitsmarkt nahelegte, schnellte in der Folge die Arbeitslosigkeit in die Höhe, obwohl auch der Reallohn stark fiel (vgl. Abbildung 5).

Zwar ging das Leistungsbilanzdefizit aufgrund schrumpfender Importe und der ab 2012 sinkenden Lohnstückkosten zurück, doch konnte dieser Anfang einer außenwirtschaftlichen Konsolidierung keineswegs den Nachfrageeinbruch kompensieren, den die Lohnsenkung in der griechischen Binnenwirtschaft angerichtet hatte. Die Arbeitslosigkeit erreichte im Jahresdurchschnitt 2013 fast 28 Prozent. Es dauerte acht Jahre, bis sich dieser Wert wieder halbiert hatte. Das heutige Niveau von ungefähr 12 Prozent liegt immer noch weit oberhalb gesellschaftlich akzeptabler Werte.

Angesichts dieses empirischen Befundes sollte klar sein, dass man die Beschäftigungsentwicklung eines Landes nicht gemäß dem einfachen Marktmodell beurteilen kann. Gesamtwirtschaftliche Lohnsenkung schadet Unternehmen wie Arbeitnehmer*innen und ist letzten Endes für die Stabilität einer Gesellschaft gefährlich.

Abbildung 5

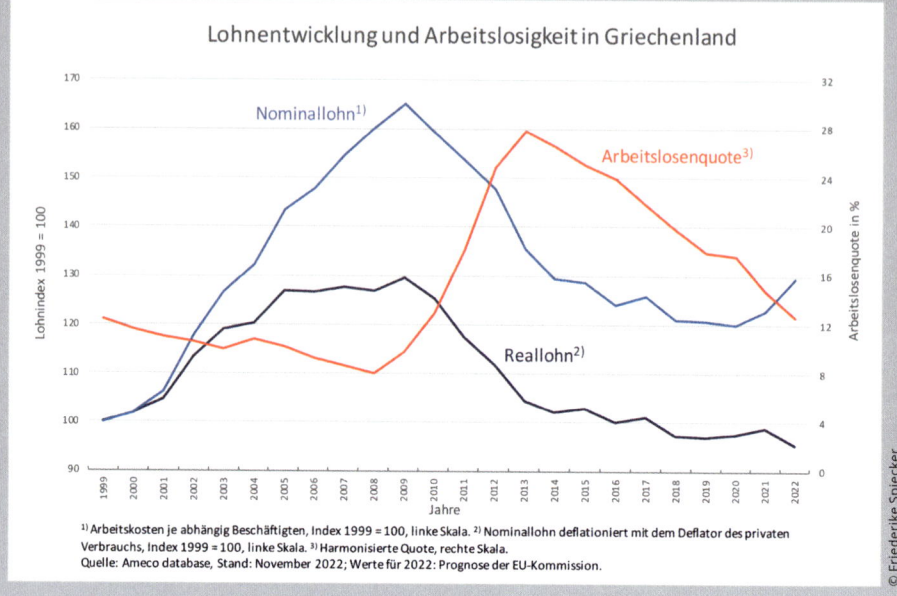

Abbildung 5: Lohnentwicklung und Arbeitslosigkeit in Griechenland

1) Arbeitskosten je abhängig Beschäftigten, Index 1999 = 100, linke Skala. 2) Nominallohn deflationiert mit dem Deflator des privaten Verbrauchs, Index 1999 = 100, linke Skala. 3) Harmonisierte Quote, rechte Skala.
Quelle: Ameco database, Stand: November 2022; Werte für 2022: Prognose der EU-Kommission.

© Friederike Spiecker

2.4 Warum gibt es gesamtwirtschaftliche Marktmodelle?

Warum wird das Marktschema trotzdem weiterhin in zahllosen Modellen zur gesamtwirtschaftlichen Analyse verwendet, die obendrein der wirtschaftspolitischen Beratung dienen? Darauf gibt es zwei Antworten. Die eine lautet, dass sich die Volkswirtschaftslehre von der mathematischen Eleganz gesamtwirtschaftlicher Marktmodelle hat bestechen lassen. Für Außenstehende suggeriert sie Wissenschaftlichkeit, gleichgültig ob solche Modelle geeignet sind, eine Gesamtwirtschaft abzubilden.

Das Totalmodell ist, wenn man die Gesamtwirtschaft in Märkte aufteilt und viele Annahmen zum Anpassungsverhalten der Wirtschaftsakteur*innen abbildet, komplex. Aus ihm lassen sich mathematisch berechenbare Aussagen ableiten, wenn es aus in sich konsistenten Gleichungen besteht, die eine eindeutige Lösung besitzen, und wenn es eine Tendenz in Richtung dieser Gleichgewichtslösung gibt, egal, welche Variable des Systems geändert wird.

Dem einfachen Marktmodell kann inhaltlich einigermaßen plausibel eine Tendenz zum Gleichgewicht unterstellt werden. Diese wird auf das Totalmodell

mit der Begründung übertragen, dort handle es sich auch um Märkte. Ziel ist, das komplexe System mathematisch „handhabbar" zu machen. Die Gesamtwirtschaft wird also in ein Gleichungssystem gegossen, das mit Daten aus der Vergangenheit empirisch bestückt wird, um quantitative Aussagen treffen zu können.

Verändert man eine Variable oder einen Parameter in dem System, lässt sich berechnen, wie die restlichen Variablen darauf reagieren, immer unter der Annahme, dass es die erwähnte „Tendenz zum Gleichgewicht" quasi automatisch durch die Marktkräfte auch auf gesamtwirtschaftlicher Ebene gibt. Auf diese Weise wird der Anschein erweckt, man könne die Wirkung eines Schocks oder einer wirtschaftspolitischen Maßnahme quasi objektiv mithilfe eines solchen Modells abschätzen.

Doch haben die im Modell unterstellten Zwangsjacken „gesamtwirtschaftlicher Markt" und „langfristiges Gleichgewicht" in der Realität keine Entsprechung. Daran ändern auch die ausgefeiltesten Methoden nichts, dynamische Prozesse und den Faktor Unsicherheit in das Modell einzubauen, um es realitätsnäher zu gestalten. Das Konstruktionsprinzip führt dazu, dass die Realität nur für den Fall abgebildet wird, dass sie eine Abfolge von Anpassungsprozessen an ein langfristiges Gleichgewicht ist, das allen Akteur*innen bekannt ist. Sollte die ökonomische Realität jedoch eine Abfolge von Ungleichgewichten sein, wofür vieles spricht, wird sie von einem solchen Modell von vornherein nicht erfasst.

Zudem fußt die empirische Ausstattung des Modells auf der Annahme, dass die verwendeten Daten aus der Vergangenheit das langfristige Gleichgewicht beschreiben, nach dem das System strebt. Das ist angesichts struktureller Brüche wie des Falls des Eisernen Vorhangs, der Einführung einer Währungsunion in Europa, der weltweiten Finanzkrise oder ausgedehnter Naturkatastrophen schwer vorstellbar.

Beide Kritikpunkte lassen die Seriosität quantitativer Aussagen, die mit derlei Modellen getroffen werden, bezweifeln.

Die zweite Antwort auf die Frage, warum bis heute gesamtwirtschaftliche Marktmodelle Verwendung finden, lautet: Der Analyserahmen „Markt" dient dazu, einzelwirtschaftliche Interessen mächtiger Marktteilnehmer*innen zu bemänteln. Wenn ein angeblich wissenschaftlich fundiertes Modell etwa die Aussage liefert, in einer konjunkturell schwierigen Situation senke eine Erhöhung des gesamtwirtschaftlichen Durchschnittslohns um so und so viel Prozent die Arbeitsnachfrage um so und so viel Prozent, lassen sich Gewerkschaften von dieser „objektiven" Information eher zu Lohnzurückhaltung bewegen, als wenn das Arbeitgeber*innenlager in Lohnverhandlungen offen mit seiner Marktmacht droht.

2.5 Analyseinstrument Sektorsalden statt Marktmodelle

Was sollte an die Stelle von Marktmodellen treten, um die Gesamtwirtschaft untersuchen zu können? Die Einnahmen-Ausgaben-Logik liefert das einzige Instrument, das das Aggregationsproblem auf der Ebene der Gesamtwirtschaft löst. Es handelt sich dabei um den in einer monetären Volkswirtschaft jederzeit gültigen Zusammenhang, dass den Einnahmen von Wirtschaftsakteur*innen Ausgaben anderer Wirtschaftsakteur*innen in exakt gleicher Höhe gegenüberstehen. Kosteneinsparungen der einen sind immer Einnahmeausfälle anderer.

Fasst man die Wirtschaftsakteur*innen in den vier gesamtwirtschaftlichen Sektoren Unternehmen, private Haushalte, Staat und Ausland zusammen und saldiert die Einnahmen und Ausgaben innerhalb jedes Sektors, lässt sich der Einnahmen- oder Ausgabenüberschuss ermitteln, den dieser Sektor gegenüber den anderen drei Sektoren hat. Die Summe der vier Sektorsalden ergibt stets null.

Die Betrachtung der vier Sektorsalden ermöglicht zum Beispiel eine stichhaltige Analyse der Beschäftigungsentwicklung eines Landes in Hinblick auf Lohnveränderungen. Sie erfasst den Doppelcharakter der Löhne als Kosten- und Einkommensgröße, weil sie als Ausgaben der Unternehmen und als Einnahmen der privaten Haushalte berücksichtigt werden.

Zusätzlich – das bildet den Übergang von reiner Identitätsbetrachtung zum Theorieansatz – muss die Dynamik der Abläufe in den Blick genommen werden. Je nachdem, welche gesamtwirtschaftliche Ausgangslage vorherrscht und welche zukünftigen Zahlungsvereinbarungen bereits feststehen (z. B. durch Tarifverträge oder Auftragsbestände), haben die Privaten bestimmte Erwartungen bezüglich ihrer Einnahmen und Ausgaben und planen entsprechend.

Sektoral zusammengefasst können die Pläne zunächst auf logische Konsistenz (die Salden müssen sich zu null ergänzen) und dann auf inhaltliche Plausibilität hin geprüft werden. So ist es z. B. von vornherein unrealistisch, wenn die Regierung in einer konjunkturell für viele Länder schwierigen Lage, in der die Privaten zu erhöhten Sparanstrengungen aus Vorsichtsgründen neigen, ihrerseits öffentliche Sparanstrengungen in den Vordergrund ihrer Wirtschaftspolitik stellt.

Denn dann muss sie damit rechnen, dass der durch das Sparverhalten auftretende Mangel an Nachfrage die Gesamtproduktion einbrechen lässt, sodass die Sparpläne aller, vor allem aber die des Staates scheitern. Der muss nämlich im Fall einer Rezession und zunehmender Arbeitslosigkeit steigende Defizite der Sozialversicherungen bei verringerten Steuereinnahmen finanzieren. Wie wahrscheinlich es ist, dass das Ausland den aufgrund der Sparwünsche absehbaren inländischen Nachfragemangel seinerseits mit Überschussnachfrage deckt und so eine Rezession im Inland verhindert oder mildert, kann man anhand der konjunkturellen Situation bei den wichtigsten Handelspartnerländern und der internationalen Wettbewerbsposition einschätzen.

An einen solchen Plausibilitätscheck schließt sich automatisch die Frage an, welche Möglichkeiten die Wirtschaftspolitik hat, zu erwartenden unerwünschten Entwicklungen vorzubeugen. Am Ende kommt die wirtschaftspolitische Beratung nicht darum herum, sich auf ungefähre Wahrscheinlichkeiten für verschiedene Szenarien festzulegen und damit der Wirtschaftspolitik Hinweise zu geben, ob ein präventives Eingreifen ratsam wäre und, wenn ja, wo und in welchem Umfang.

© photocreo, via envatoelements

3. Rivalität von Arbeit und Kapital?

Ein anderer neoliberaler Arbeitsmarktmythos ist der von der Rivalität zwischen den Produktionsfaktoren Arbeit und Kapital. Unter Kapital werden alle technischen Geräte und Maschinen, Wirtschaftsbauten, Software, Patente etc. verstanden, die im Produktionsprozess eines Unternehmens neben Roh- und Betriebsstoffen und menschlicher Arbeitskraft eingesetzt werden. Es geht also nicht um die Finanzierungsmittel für das Sachkapital.

3.1 Rationalisierung – Drohkulisse gegen Lohnforderungen

Der in den Wirtschaftswissenschaften üblichen Annahme, Arbeitskraft und Sachkapital stünden im Produktionsprozess in Konkurrenz zueinander, liegt die Erfahrung zugrunde, dass im Zuge des technischen Fortschritts bestimmte, zuvor von Menschen ausgeübte Tätigkeiten von Maschinen erledigt werden, noch dazu oft schneller, präziser, gleichmäßiger und potenziell rund um die Uhr. Daher vernichte der Einsatz von Sachkapital Arbeitsplätze, so die bis heute weit verbreitete Vorstellung.

Aus ihr wurde die mikroökonomische Theorie entwickelt, ein Unternehmen entscheide, ob es Produkte von Arbeitskräften oder von Maschinen herstellen lasse oder welche Kombination beider Produktionsfaktoren es einsetze. Die Entscheidung hänge vom Preisverhältnis der Produktionsfaktoren ab, dem Lohn-Zins-Verhältnis. Denn der Zins stelle die Kosten dar, die das Unternehmen bei der Finanzierung der Maschine zu tragen habe, nämlich entweder als Preis für einen Kredit in Höhe der Anschaffungskosten der Maschine oder als entgangene Zinseinnahmen auf Finanzmittel, die es ohne den Maschinenkauf gespart und verzinslich hätte anlegen können. Die Zahl der Arbeitsplätze gegenüber einer gegebenen Ausgangssituation verringere sich, wenn das Lohn-Zins-Verhältnis zunehme. Denn das Gewinnmaximierungskalkül des Unternehmens würde zu einer neuen optimalen Faktorkombination mit weniger Arbeitskräften führen.

Dass es bereits auf mikroökonomischer Ebene nicht das Lohn-Zins-Verhältnis gibt, nach dem sich jedes Unternehmen in gleicher Weise richtet, liegt eigentlich auf der Hand. Denn die Art der Arbeit und damit die Höhe des Lohns sind in jeder Branche anders und ebenso innerhalb eines Unternehmens vielfältig. Zudem gibt es nicht *den einen* Zinssatz, der für alle Unternehmen gilt. Vielmehr handelt es sich um ein ganzes Zinsspektrum, das von Unternehmensgröße, Branche, Alter des Unternehmens und seiner Erfolgsgeschichte, von Sicherheiten in Form von Vermögenswerten und vielem anderen abhängt. Ein Unternehmen, das nach dem skizzierten Mikro-Modell kalkuliert, müsste bei einer überdurchschnittlichen Steigerung des tarifvertraglichen Lohns für die unteren Lohngruppen Arbeitsplätze in diesem Segment streichen – ganz gleichgültig, ob dadurch Teile des Produktionsprozesses zum Erliegen kämen. Verschlechtern sich die Zinskonditionen des Unternehmens, müsste es seinen Maschinenpark reduzieren – ebenfalls gleichgültig, ob das die Produktion lahmlegt. Schon auf einzelwirtschaftlicher Ebene ist also die Annahme, ein wie auch immer definiertes Lohn-Zins-Verhältnis bestimme über die Einsatzverhältnisse von Arbeit und Kapital in einem Unternehmen, unrealistisch. Dennoch bildet die traditionelle Makroökonomik diese mikroökonomische Fiktion in einer gesamtwirtschaftlichen Produktionsfunktion ab, in die Arbeit und Kapital als konkurrierende Faktoren eingehen: Das Mischungsverhältnis wird durch das Lohn-Zins-Verhältnis bestimmt. Die Frage, ob mit dem Einsatz von Kapital technischer Fortschritt verbunden ist, der die einzelwirtschaftlichen Produktionsprozesse und damit auch die fiktive gesamtwirtschaftliche Produktionsfunktion verändert, wird nicht gestellt. Auf diese Weise wird die endogene Dynamik einer Marktwirtschaft und damit ihr Herzstück ignoriert.

Wie hanebüchen diese Theorie auch sein mag, sie wird immer wieder als Drohkulisse verwendet, wenn es um die Abwehr von Lohnforderungen in Tarifverhandlungen geht. Das Bild der niemals streikenden, zu jeder Tages- und Nachtzeit betriebsbereiten Maschine, die keine Forderungen stellt, nur gewartet und irgendwann ersetzt werden muss, jagt Beschäftigten Angst vor Rationalisierung und Produktivitätssteigerung ein. Dann lieber weniger Lohn verlangen und den Job behalten, so die Schlussfolgerung. Meist ohne es zu merken, lassen sich die Beschäftigten auf ein Argumentationsmuster ein, das sie zu dankbaren Empfänger*innen Brosamen streuender Unternehmer*innen degradiert. Wo liegt hier der Denkfehler?

3.2 Sachkapital entsteht durch Arbeit und ist daher „geronnene" Arbeit

In der Tat gibt es viele Erfindungen, die den Einsatz menschlicher Arbeit zur Herstellung bestimmter Güter überflüssig gemacht haben: Wasserleitungen haben den Gang zum Dorfbrunnen ersetzt, Traktoren und Mähdrescher von Ochsen gezogene Pflüge und von Landarbeitern geschwungene Sensen verdrängt, Haushaltsgeräte den Dienstbotenstellen ein Ende bereitet. Es gibt sogar von Maschinen erledigte Vorgänge und erzeugte Produkte, die mit menschlicher Arbeitskraft allein gar nicht hergestellt werden könnten, so etwa Autos, Computer, Solarpaneele oder Medikamente. Das allein zeigt schon, dass es bei derlei Produkten und Produktionsprozessen nicht um ein Konkurrenzverhältnis zwischen menschlicher Arbeitskraft und Kapital geht, sondern um ein Sowohl-als-auch (Arbeit und Kapital verhalten sich nicht substitutiv, sondern limitational zueinander).

Zu den Zeiten, als die Menschen ihr Wasser noch vom Dorfbrunnen holten, gab es viele Produkte nicht, die uns heute zur Verfügung stehen. Dem Wegfall bestimmter Tätigkeiten im Zuge des technischen Fortschritts steht also das Produzieren anderer Güter gegenüber. Das verändert den Einsatz menschlicher Arbeitskraft – man braucht die Leistungen etwa von Ingenieur*innen, Fachärztinnen*Fachärzten oder Sportler*innen statt von Wasserträger*innen und Landarbeiter*innen. Es entstehen neue Arbeitsplätze, die meist andere, oft „höhere" Qualifikationen erfordern als die, die zuvor notwendig waren.

Menschliche Arbeit konzentriert sich also mit zunehmendem technischem Fortschritt vermehrt auf die Herstellung von Sachkapital. Sachkapital ist „vorgetane" oder „geronnene" Arbeit und steht daher nicht in Konkurrenz zum Faktor Arbeit. Würden die Anschaffungskosten von Sachkapital in dem skizzierten Modell bereits auf mikro- und erst recht auf makroökonomischer Ebene berücksichtigt, müsste man die Lohnkosten aus vergangenen Perioden als Bestimmungsgröße für die Preise *von Sachkapital* einbauen: Eine Lohnänderung heute veränderte dann automatisch die Sachkapitalkosten von morgen. Auch unter diesem Gesichtspunkt ist das Verhältnis von gesamtwirtschaftlichem

Durchschnittslohn und Durchschnittszins für die Begründung der Höhe des Kapitaleinsatzes in Makromodellen irrelevant.

3.3 Wie wird aus potenzieller Produktivitätssteigerung mehr Wohlstand?

Der Strukturwandel, den technischer Fortschritt mit sich bringt, läuft aber nicht jederzeit reibungslos ab. Technischer Fortschritt kann durch die Produktivitätssteigerung der menschlichen Arbeitskraft Wohlstand schaffen. Ob das auch tatsächlich geschieht, hängt davon ab, wie die arbeitsteilig produzierenden Menschen einer Gesellschaft am Produktivitätszuwachs beteiligt werden. Können sie durch entsprechende Lohnzuwächse so viel Nachfragesteigerung entfalten, dass die neuen Produktionsmöglichkeiten auch genutzt werden, klappt das. Nimmt die Masse der Einkommen jedoch nicht um so viel zu, wie sich die Produktionsmöglichkeiten erweitert haben, wird die Produktivitätssteigerung mangels Auslastung nicht vollständig realisiert.

Die Folge von auf diesem Wege entstehenden Überkapazitäten ist ein Rückgang der Nachfrage nach Investitionsgütern, der seinerseits einen Arbeitsplatzabbau in der Investitionsgüterindustrie zur Folge hat. Es liegt also an einer im Vergleich zur Produktivitätssteigerung unzureichenden Lohn- und damit Nachfrageentwicklung, wenn der technische Fortschritt Arbeitsplätze vernichtet. Oder wie es Henry Ford ausgedrückt hat: Autos kaufen keine Autos. Das ist das gegenteilige Ergebnis der oben beschriebenen Vorstellung von der Faktorrivalität, bei der negative Beschäftigungsfolgen von Rationalisierung mit der Schwächung der Lohnentwicklung verhindert werden sollen, obwohl das genau die befürchteten Beschäftigungsverluste hervorruft.

In einer Welt begrenzter Ressourcen und zunehmender Zerstörung der natürlichen Lebensgrundlagen ist es wichtig, Folgendes anzumerken: Steigender Wohlstand muss nicht zwingend mit einer Zunahme des materiellen Konsums einhergehen. Er kann sich sowohl in einem Rückgang der Arbeitszeit als auch in einer Verbesserung der natürlichen Lebensbedingungen durch angemessene Umweltpolitik niederschlagen.

4. Dynamik – der blinde Fleck der traditionellen Ökonomik

Im Zentrum einer wirtschaftspolitisch relevanten Analyse der Gesamtwirtschaft muss deren Dynamik stehen. Die Funktion von Pioniergewinnen und ihrer Beseitigung durch Nachahmung, wie sie Joseph Schumpeter beschrieben hat, ist der wichtigste endogene Motor einer Marktwirtschaft. Er wird in der neoliberalen Ökonomik durch die Konzentration auf langfristige Marktmodell-gleichgewichte, die von Null-Gewinnen gekennzeichnet sind, ausgeblendet.

Nur wenn die Mechanismen verstanden werden, die die Wirtschaft antreiben, besteht die Chance auf eine rationale, vorausschauende Wirtschaftspolitik, die die gesamtwirtschaftlichen Interessen wirksam vertreten kann. Letztere stimmen keineswegs jederzeit mit den einzelwirtschaftlichen Interessen überein – das zeigen die krisenhaften Abwärtsspiralen ganzer Volkswirtschaften.

Es ist Aufgabe des Staates, eine überbordende inflationäre wirtschaftliche Entwicklung ebenso zu verhindern wie eine deflationäre Abwärtsspirale, weil beides zu Arbeitslosigkeit, Wohlstandsverlusten, weiterer Spreizung der Einkommens- und Vermögensverteilung und sinkender Bereitschaft zu notwendigem Strukturwandel gerade auch in Hinblick auf den Klimaschutz führt. Dazu hat der Staat neben einer stabilisierenden Fiskalpolitik die Möglichkeit, für einen dauerhaften Dialog zwischen Geld- und Lohnpolitik zu sorgen – ein Tabu-Thema für Neoliberale. Ziel eines solchen Dialogs müssen die Einhaltung der goldenen Lohnregel auf gesamtwirtschaftlicher Ebene und eine adäquate Geldpolitik sein.

5. Fazit

Trotz des Versagens des neoliberalen Konzepts wird es weiterhin von denjenigen vehement verteidigt, denen es bislang genützt hat. Das ist zwar kurzsichtig, aber schwer zu ändern, weil die hauptsächlich einzelwirtschaftlichen Vorstellungen, auf denen es beruht, dem unbeteiligten Laien leicht zu vermitteln und daher irgendwie einleuchtend sind. Das fördert die Spaltung in politische Glaubenslager: hier die einen, die das neoliberale Konzept verschärft angewendet sehen wollen nach dem Motto „mehr derselben Medizin"; dort die anderen, die das System der sozialen Marktwirtschaft für unkorrigierbar halten, da sie es mit dem neoliberalen Konzept gleichsetzen, und die es wegen seiner Ergebnisse am liebsten abschaffen wollen, auch wenn keine erfolgreiche Alternative in Sicht ist.

Ein erfolgversprechender Ausweg aus dieser Misere wäre es, das System der sozialen Marktwirtschaft durch ein wirkliches Verständnis seiner gesamtwirtschaftlichen Funktionsweise zum Wohle aller besser zu steuern.

LITERATUR

- Grabka, Markus M. (2022): Löhne, Renten und Haushaltseinkommen sind in den vergangenen 25 Jahren real gestiegen. In: DIW Wochenbericht 23/2022, 330–337; https://www.diw.de/documents/publikationen/73/diw_01.c.842401.de/22-23-1.pdf (abgerufen am 20. 11. 2022).
- Lambsdorff, Otto Graf (1982): Konzept für eine Politik zur Überwindung der Wachstumsschwäche und zur Bekämpfung der Arbeitslosigkeit. In: Neue Bonner Depesche 9/82 (Beilage „Dokumentation"); https://www.freiheit.org/sites/default/files/import/2017-09/11501-in5-118lambsdorff-papier1982.pdf (abgerufen am 20. 11. 2022).
- Sachverständigenrat zur Begutachtung der gesamtwirtschaftlichen Entwicklung (2021): Transformation gestalten: Bildung, Digitalisierung und Nachhaltigkeit. Jahresgutachten 2021/22; https://www.sachverstaendigenrat-wirtschaft.de/fileadmin/dateiablage/gutachten/jg202122/JG202122_Gesamtausgabe.pdf (abgerufen am 20. 11. 2022).
- Sachverständigenrat zur Begutachtung der gesamtwirtschaftlichen Entwicklung (2022): Energiekrise solidarisch bewältigen, neue Realität gestalten. Jahresgutachten 2022/23; https://www.sachverstaendigenrat-wirtschaft.de/fileadmin/dateiablage/gutachten/jg202223/JG202223_Gesamtausgabe.pdf (abgerufen am 20. 11. 2022).
- Statistisches Bundesamt (2022): Ein Fünftel der Bevölkerung in Deutschland hatte 2021 ein Nettoeinkommen von unter 16.300 Euro im Jahr. Pressemitteilung Nr. N 062 vom 5. Oktober 2022; https://www.destatis.de/DE/Presse/Pressemitteilungen/2022/10/PD22_N062_63.html (abgerufen am 20. 11. 2022).

ENDNOTEN

[1] Eine Differenzierung zwischen deutschem und angelsächsischem Neoliberalismus wird hier nicht vorgenommen, weil es um die übereinstimmenden Fehler dieser Denkrichtungen geht.

[2] Das „Konzept für eine Politik zur Überwindung der Wachstumsschwäche und zur Bekämpfung der Arbeitslosigkeit" war 1982 unter Leitung des damaligen Wirtschaftsministers Otto Graf Lambsdorff verfasst worden. Mitgewirkt hatte u. a. der spätere Präsident der Deutschen Bundesbank, Hans Tietmeyer.

[3] Vgl. https://www.bpb.de/kurz-knapp/zahlen-und-fakten/soziale-situation-in-deutschland/61769/einkommensverteilung/ (abgerufen am 20. 11. 2022).

[4] Vgl. https://www.faz.net/aktuell/finanzen/eu-entscheidet-sich-fuer-erste-europaeische-ratingagentur-18123054.html (abgerufen am 20. 11. 2022).

BACK TO THE ROOTS! BACK TO THE FUTURE!
Vom Sozial- und Wohlfahrtsstaat

Alessandro Barberi

Ausgehend von der Diagnose, dass der „digitale Kapitalismus" (Philipp Staab) unseren Globus gesellschaftlich und wirtschaftlich zerstört, versucht sich der folgende Beitrag im Rückgriff auf die theoretischen Bestände der Arbeiter*in-

nenbewegung an einer nachdrücklichen Verteidigung des Sozial- und Wohlfahrtsstaats, der im „Goldenen Zeitalter" (Eric Hobsbawm) zwischen 1945 und
1989 eine in Europa zuvor nicht gekannte Zeit der Prosperität und des Friedens
ermöglichte. In diesem Zusammenhang werden das sogenannte Ende der
Geschichte, die Brutalität des Marktradikalismus und der aktuelle Einsatz von
Maschinen im Hinblick auf eine progressive Politik diskutiert.

1. Einleitung

In der sozialdemokratischen bzw. sozialistischen Traditionslinie – und d. h.
auch in der Geschichte der Arbeiter*innenbewegung – war das Ziel der Vollbeschäftigung im Sinne der vollständigen Deckung von menschlichen Grund-
bedürfnissen seit jeher ein maßgeblicher Rahmen, in dem progressive Politik
im Sinne der Interessen der Lohnabhängigen sich positionierte. Dabei stand
bereits im 19. Jahrhundert angesichts der regelmäßigen konjunkturellen Krisen
des Kapitalismus deutlich vor Augen, dass es im Hinblick auf die Deckung
dieser Grundbedürfnisse im Grunde nur zwei politische Wege geben kann, die
den Gegensatz von (männlich-sichtbarem) Kapital und (weiblich-unsichtbarer)
Arbeit überwinden könnten. Denn erstens wurde vorgeschlagen, diese Überwindung auf dem Reformweg zu bewerkstelligen, wie etwa Eduard Bernstein
angesichts der sogenannten Revisionismusdebatte der SPD argumentierte, und
zweitens bildeten Marxist*innen – im Übrigen auch in den Gründungsurkun-
den der Sozialdemokratischen Arbeiterpartei Österreichs (SDAP) und damit im
Hainfelder Programm – den zweiten großen Flügel der proletarischen Politik,
der nur im revolutionären Klassenkampf die Überwindung der „kapitalistischen
Produktionsweise" (Marx) ausmachen konnte.

Erstaunlicherweise sind diese beiden Einschätzungen der sozioökonomischen
Lage nach wie vor aktuell, wenn wir bedenken, dass mit dem digitalen Kapita-
lismus (vgl. Staab 2019) ausgehend von der Californian Ideology der FAGAM-
Konzerne (Facebook, Amazon, Google, Apple und Microsoft) das Regime des
Neoliberalismus deutlich von einem (digitalen) Neofeudalismus abgelöst wurde,
in dem eben diese Unternehmen die Märkte schon besitzen, auf denen sie ihre
Waren feilbieten bzw. deren Konsum diktieren können. Angesichts dieses Neo-
feudalismus ist die Rede vom Neoliberalismus eigentlich verspätet, weshalb im
Rahmen dieses Beitrags und angesichts der Frage der Vollbeschäftigung der
Versuch unternommen wird, diese aktuelle Lage zu sondieren, um das Argu-
ment vorzutragen, dass die Vergangenheit der Arbeiter*innenbewegung kluge
Analyseinstrumente hinterlassen hat, um auf dem Weg in die Zukunft eine
progressive Politik (in) der Gegenwart zu ermöglichen. Dabei soll es auch darum gehen, den Begriff der „Arbeit" an die aktuellen Produktionsbedingungen
(Kybernetik, Maschinisierung, Digitalisierung etc.) anzupassen.

2. Das „Goldene Zeitalter"

In unserem Zusammenhang ist es bemerkenswert, dass angesichts der mit COVID-19 verbundenen Wirtschaftskrise deutlich vor Augen steht, dass die systematischen Deregulationen des öffentlichen Eigentums, die spätestens seit dem Fall der Mauer die meisten Stabilisierungsmechanismen des Sozial- und Wohlfahrtsstaats zerschlagen haben (vgl. Bourdieu et al. 1997), nicht nur ein systemisches Problem darstellen, sondern das hochgradig krisenanfällige kapitalistische System auf allen Ebenen an seine Grenzen bringen. Die solidaritätsfeindlichen Individualisierungen der Interessen lassen deshalb auch in der jüngeren Generation lange Zeit vergessene Formen der Systemkritik aktuell erscheinen, weil die dogmatische (von Marktradikalen vorgetragene) Rede von der Alternativlosigkeit permanent falsifiziert wird – denken wir dabei nur an Margaret Thatchers „There is no alternative" (TINA) oder ihre Behauptung „There's no such thing as society" und heben wir hervor, dass eine gegebene Gesellschaft immer vor Alternativen steht und also immer auch welche hat. Wenn etwa Eric Hobsbawm für die Zeit zwischen 1945 und 1989 von einem „Goldenen Zeitalter" sprach (vgl. Hobsbawm 1995), in dem Europa eine historisch einzigartige Zeit des Friedens und der gesellschaftlichen Stabilität erlebte, so ist eben diese Epoche mit dem Aufbau des Sozial- und Wohlfahrtsstaats (und also mit einer Annäherung von Kapital und Arbeit) verbunden, der in Österreich – in aller Kürze – mit der (absoluten) Regierung Kreisky II ab 1971 und in Deutschland und Schweden mit den Namen von Willy Brandt und Olof Palme in Verbindung gebracht werden muss.

30 Jahre nach dem Fall der Mauer und auch angesichts des kaum fassbaren Kriegs in der Ukraine ist dabei festzuhalten, dass – wie auch immer die Verhältnisse der realsozialistischen Staaten retrospektiv eingeschätzt werden – bis zu den Jahren 1989 und 1990 sowie dem darauffolgenden Einschwenken der ehedem sozialistischen Parteien auf d(ies)en sozialdemokratischen „dritten Weg" (vgl. Giddens 1999) davor in der Blockkonfrontation des Kalten Krieges keine melancholische Alternativlosigkeit um sich greifen konnte. Denn der Gegensatz von Kapitalismus und Sozialismus schuf gegenläufige Grenzrealitäten, innerhalb deren die kapitalistische Produktionsweise global, kontinental, national und lokal so unter Druck geriet, dass sie über Zugeständnisse den westlichen Sozial- und Wohlfahrtsstaat zulassen musste, um gerade an den territorialisierten Grenzen des Eisernen Vorhangs den Lebensstandard so zu erhöhen, dass dieses nach dem Wirtschaftswunder aufgebaute Erfolgsmodell als Norm und Standard fungieren konnte. Eigentümlich nur, dass dieser wirtschafts- und gesellschaftspolitische Standard gerade mit dem Scheitern der realsozialistischen Staaten theoretisch und praktisch ad acta gelegt wurde, um parallel zur finanzmarktgetriebenen Yuppie-Kultur der 1980er-Jahre (erinnern wir uns z. B. an Oliver Stones Filme *Wall Street* [vgl. Stone 1987] und *Wall Street: Geld schläft*

nicht [vgl. Stone 2010]) eine im marktradikalen Siegestaumel stattfindende Zerstörung aller konsensual gefundenen Stabilisierungen des Sozial- und Wohlfahrtsstaats in Gang zu setzen. Handelte es sich dabei aber um ein Ende der Geschichte? End of Story? End of History?

3. Das Ende der Geschichte

Bezeichnenderweise hat Francis Fukuyama diesen Zeitgeist buchstäblich auf den Punkt gebracht, um parallel zur systematischen Entwertung des (linkshegelianischen) Marxismus ein (rechtshegelianisches) „Ende der Geschichte" (vgl. Fukuyama 1992) zu argumentieren, nach dem angeblich nur mehr der westliche amerikanische Liberalismus als exportfähiges Demokratiemodell auf diesem Planeten durchzusetzen sei. Nun ist gegen die Grundlagen des bürgerlichen Liberalismus und seinen Rekurs auf die individuelle Freiheit im Rahmen der (z. B. links- und sozialliberalen) Gesellschaftspolitik nichts einzuwenden, doch stand parallel zur praktischen Zerstörung des westlichen Sozial- und Wohlfahrtsstaats – und damit der sanften Angleichung von Kapital und Arbeit am Verhandlungstisch – auch die theoretische Vernichtung der kollektiven Gleichheit auf der Tagesordnung, weshalb sich im angelsächsischen Raum in den frühen 1990er-Jahren unversehens eine Diskussion über die Reste des Gemeinsamen im Sinne des Kommunitarismus (vgl. Haus 2003; Reese-Schäfer 1995) ergab, die auch heute noch aktuell ist, wenn etwa „Creative Commons", „Commonwealth" (vgl. Hardt/Negri 2010) oder „Gemeinwohl-Ökonomie" (vgl. Felber 2018) diskutiert werden. Denken wir dabei auch an das englische Parlament, in dem ein House of Lords und ein House auf Commons einander gegenüberstehen. Auch das Wasser ist in Wien nach wie vor „Gemeindeeigentum".

Was bleibt mithin von gesellschaftlicher Solidarität, wenn das Individuelle keinen allgemeinen demokratiepolitischen Rahmen im Sinne der Volkssouveränität (vgl. Maus 2011) mehr hat? Wenn alles nur mehr in der Nische der Individualität geschieht, wie überbrücken wir dann partikulare (ökonomische) Interessen im Sinne einer solidarischen „Gemeinschaft" und/als (verbundene und auch vernetzte) Gesellschaft? Braucht es also in einer Demokratie nicht alle drei Ideale der Französischen Revolution, mithin Freiheit, Gleichheit und Solidarität? En passant sei erwähnt, dass diese Frage mit Hans Kelsen und Max Adler zwischen 1920 und 1922 am Beginn der Ersten Republik Österreich und angesichts ihrer Verfassung bereits im Umfeld des Roten Wien und der Geschichte der Sozialdemokratischen Arbeiterpartei (SDAP) diskutiert wurde (vgl. Kelsen 1923; Adler 2016).

Auf einfachster Ebene lässt sich mithin behaupten, dass Geschichte so lange nicht enden wird, solange Menschen auf diesem Globus denken, leben und

arbeiten. Denn mit Fukuyamas „Ende der Geschichte" setzte auf der Metaebe-
ne des Kapitalismus eine Epoche der brutalsten Deregulation und Dekonstruk-
tion aller sozial- und wohlfahrtsstaatlichen Normen und Regulative ein, die auf
internationaler Ebene zu lange nicht gekannten und äußerst brutalen Formen
der Ausbeutung und der Lohnsklaverei führten – Zustände, die indes durch
die COVID-19-Pandemie sowie die mit ihr verbundene und deutlich vor Augen
stehende Wirtschaftskrise ihrerseits an ein Ende gelangen könnten. Dies wäre
dann ein Ende der (marktradikalen) Ideologie vom Ende der Geschichte (vgl.
Schulmeister 2020).

4. Die Brutalität des Marktradikalismus und der Einsatz von Maschinen

Angesichts des Ziels der Vollbeschäftigung muss mithin wiederholt werden,
dass die radikal auf das Individuum reduzierten Formen des in allen Wortbedeutungen „egozentrischen" Neoliberalismus ihrerseits in einen brachialen und

digitalen Neofeudalismus transformiert wurden, wodurch sowohl die bürgerlichen Freiheiten als auch die proletarischen Gleichheiten heute auf die politische Tagesordnung progressiver Kräfte gesetzt werden sollten, um im Sinne kollektiver Zusammenarbeit (vgl. Sennet 2012) Solidarität in reaktionären Zeiten zumindest denkmöglich zu halten. Denn nur damit kann der grassierenden Brutalität der Konkurrenz in allen Wortbedeutungen Menschliches im Sinne eines „Digitalen Humanismus" (vgl. Werthner et al. 2019) entgegengesetzt werden. Dies ist deshalb so schwierig, weil die „Höllenmaschine" des Kapitalismus (vgl. Deleuze/Guattari 1988, 107, 141 und 268) am Beginn des dritten Jahrtausends de facto so schlimm wütet wie seit dem 19. Jahrhundert nicht mehr, wodurch die klassischen Schriften der Arbeiter*innenbewegung – verwiesen sei neben Karl Marx und Friedrich Engels auf Rudolf Hilferdings Analyse des Finanzkapitals (vgl. Hilferding 1955), Rosa Luxemburgs Erweiterung der Kapitalakkumulationstheorie (vgl. Luxemburg 1985) oder Antonio Gramscis „Philosophie der Praxis" (vgl. Gramsci 1995) – von erstaunlicher Aktualität sind. Ganz in diesem Sinne werden auch die Parteiprogramme der Sozialdemokratischen Partei Österreichs umso besser, je älter sie sind. Denn die unermessliche Brutalität des konkurrenzorientierten Marktradikalismus treibt in der Zerstörung aller sozial- und wohlfahrtsstaatlichen Regulative ein gänzlich poröses Wirtschaftssystem hervor, dessen soziale Form gegenwärtig von verschiedenen sich wiederholenden Krisen durchlöchert wird und somit auch das Ziel der Vollbeschäftigung durch die Partikularisierung und Mikrologisierung in den Arbeitswelten der Lohnabhängigen strategisch und taktisch durchkreuzt und auf das Härteste verhindert. So zielt diese neue Form von globaler, kontinentaler, nationaler und lokaler Lohnabhängigkeit, Leibeigenschaft und Sklaverei bewusst und gezielt auf die Verunmöglichung von progressiver Vergemeinschaftung und Solidarität in den (gänzlich verknappten und unterdrückten) Lebenswelten der Menschen.

Diese neofeudalen Verhältnisse treiben also die bereits durch den Neoliberalismus gänzlich individualisierten und d. h. entsolidarisierten Menschen auch angesichts der kybernetisierten und digitalisierten Märkte in eine „digital[e] Leibeigenschaft, gegen welche die analoge des Absolutismus als harmlos erscheint" (vgl. Gremliza 2017). Denn die Digitalisierung der Lebens- und Arbeitswelten, die nunmehr durch die COVID-19-Lockdowns für alle sicht- und wahrnehmbar wurde, wirft die alte Frage nach den Eigentumsverhältnissen hinsichtlich der Maschinen als Produktionsbedingungen der Gegenwart in aktualisierter Form wieder auf. For good or for bad liegt es im Gegensatz zu den Ideen der Maschinenstürmer*innen des 19. Jahrhunderts auch in der Gegenwart nicht an den Technologien, wie sie eingesetzt werden, sondern daran, wem sie gehören und wer die Lohnabhängigen, ihre Körper und ihre Lebens- und/als Arbeitskraft de facto eignet und also aussaugen kann. Emanzipation lässt sich mithin im Hinblick auf den „Digitalen Humanismus" (vgl. noch einmal Werthner et al. 2019) auf individueller (Freiheit) und kollektiver Ebene (Gleichheit) nur dann denken

und erreichen, wenn um neue soziale Verbindungen tatsächlich – und im Sinne des Klassenkampfs – gekämpft wird. Denn die historischen Errungenschaften der Arbeiter*innenbewegung werden in Zukunft erst wiedererrungen werden müssen. Acht Stunden Arbeit, acht Stunden Freizeit, acht Stunden Schlaf? Für wie viele Menschen gilt dieser Tagesrhythmus auf unserem Globus noch? Für das Prekariat, das Kognitariat und mithin für das neue Proletariat mit Sicherheit nicht (vgl. Berardi 2009).

5. Über den Staat

In diesem Sinne kann auch festgehalten werden, dass mit der Zerlegung des öffentlichen Eigentums in den realsozialistischen Staaten auch der westliche Sozial- und Wohlfahrtsstaat an ein (hoffentlich vorläufiges) Ende gebracht wurde. Damit geriet auch das Ziel der Vollbeschäftigung angesichts deregulierter Arbeitsverhältnisse aus dem Blick. Denn hüben wie drüben war die brutale und marktradikale Privatisierung von öffentlichem Eigentum (vgl. zum Begriff der Öffentlichkeit Habermas 1962 und 2022) das Credo einer Treuhandmentali-

tät, die damit das (partizipative) Demokratieverständnis der Arbeiter*innenbewegung tatsächlich und in allen Wortbedeutungen um seine Öffentlichkeit
gebracht hat. Dabei stand in den 1990er-Jahren die taumelnde Linke dieser Zerschlagung nicht zuletzt wegen ihrer breit dokumentierbaren Staatsfeindlichkeit
hilflos gegenüber, gilt doch der Staat in vielen linken Diskussionen einzig und
allein als Repressionsinstrument in den Händen der Herrschenden. Demgegenüber war es in Österreich gerade der Austromarxismus eines Max Adler (vgl.
noch einmal Adler 2016), der in der Idee des Sozialismus (vgl. Honneth 2015) die
Notwendigkeit erkannte, den Staat als Hebel für progressive sozialdemokratische Politik zu begreifen. Wider eine anarchistische Distanzierung und Bombar-
dierung des Staates bestanden mithin gerade die marxistischen Diskurse des
19., 20. und 21. Jahrhunderts in der klugen und revolutionären Einsicht, dass es
– wie bei Maschinen – auch im Hinblick auf den „Staatsapparat" (vgl. Althusser
1977) darauf ankommt, wer was und zu welchem Zweck mit dieser Staatsmaschine bewirkt.

Insofern kann auch daran erinnert werden, dass der marxistisch vorgebildete
Bildungssoziologe Pierre Bourdieu direkt nach dem Fall der Mauer damit begann, den „inneren Reichtum" der Menschheit zu verteidigen, den für ihn einzig
und allein der Sozial- und Wohlfahrtsstaat zwischen 1945 und 1989 geschützt
hat. In seinen Vorlesungen *Über den Staat* (vgl. Bourdieu 2014) sieht auch er im
Goldenen Zeitalter einen europäischen Idealzustand und diagnostiziert dem
Staat einen janusköpfigen Charakter: Je nachdem, ob der Staat in der Hand der
(diktatorischen) Wirtschaft oder in der Hand der (demokratischen) Gesellschaft
ist (vgl. Weber 1980), unterscheidet sich seine Rolle. Vereinfacht gesagt: Wird
der Staat zur Umverteilung nach oben eingesetzt, ist er reaktionär, wird
aber dieselbe Staatsmaschine zur Umverteilung nach unten in Gang gesetzt,
schützt sie im gesellschaftlichen Durchschnitt die Arbeiter*innen (z. B. durch
Lohnerhöhungen, Arbeitszeitverkürzungen und das Ziel der Vollbeschäftigung)
und trägt damit eine progressive Funktion. An dieser einfachen – und in
unserem Zusammenhang auch notwendigerweise vereinfachten – Erkenntnis
könnte sich mithin progressive Politik auch im Umfeld der Sozialdemokratie
wieder aufrichten, um in der „Verteidigung der Gesellschaft" (vgl. Foucault
1999) und des demokratischen Sozialstaats ihre Programmatik und Legitimität
zu finden.

6. Conclusio

Abschließend sei deshalb erwähnt, dass die genannten Transformationen des
digitalen Kapitalismus auf technologischer Ebene ein Innovationspotenzial
besitzen, das – wie bei Bourdieu der Staat insgesamt – auch die Arbeitswelten
und -plätze revolutionieren könnte, wenn erneut und nachdrücklich an der

Schraube der Eigentumsverhältnisse gedreht werden würde. Hier könnte – in Erinnerung an die Tatsache, dass Victor Adler den reformistischen und den revolutionären Flügel der österreichischen Arbeiter*innenbewegung in Hainfeld geeint hat – auch reformorientierte sozialdemokratische Politik in konterrevolutionären Zeiten einen der Tradition entsprechenden revolutionären Veränderungsanspruch artikulieren, der sich auf der technologischen Höhe der ersten, der zweiten und der dritten industriellen Revolution bewegen könnte. Die neuen Medien sowie Informations- und Kommunikationstechnologien (IKT) besitzen das Potenzial, die Zukunft der Arbeit zugunsten der Lohnabhängigen hin zu einer demokratischen Gesellschaft zu transformieren, in der jeder Mensch im politischen Sinne individuell frei und im sozioökonomischen Sinne kollektiv gleich wäre. Mit klarem Weg und deutlichem Ziel auf diese Zukunft zuzugehen würde bedeuten, den Staat als Sozial- und Wohlfahrtsstaat zu begreifen und zu verwenden, um die wirtschaftlichen Ungleichheiten zu nivellieren und die politischen Freiheitsrechte (z. B. Partizipation und direkte Demokratie) auszubauen. Dabei kann die Erinnerung an das gute Funktionieren des Staates als Umverteilungsinstrument nach unten im Rahmen des „Goldenen Zeitalters" auch prospektiv als Norm gelten, die sozialdemokratischer Politik durchgängig vorausgesetzt werden müsste. Der Rückgriff auf die klassischen Bestände der Theoriebildung in der Arbeiter*innenbewegung dreht also das Rad der Geschichte nicht zurück. Im Gegenteil: Die Geschichte der Arbeiter*innenbewegung kommt überhaupt erst wieder in Gang, wenn Sie sich der Größe ihrer Geschichte bewusst wird, um im Interesse der Lohnabhängigen (von den Gewerkschaften über die Parteien hin zu den Bildungsinstitutionen) eine deutliche und progressive Schlagkraft zu entwickeln. Back to the Roots! Back to the Future!

LITERATUR

• *Adler, Max (2016): Die Staatsauffassung des Marxismus. Wiener Verlag für Sozialforschung in EHV Academicpress GmbH, Bremen.*
• *Althusser, Louis (1977): Ideologie und ideologische Staatsapparate. Anmerkungen für eine Untersuchung. In: Ideologie und ideologische Staatsapparate. Aufsätze zur marxistischen Theorie. VSA, Hamburg, 108–153.*
• *Barberi, Alessandro (2015): Rezension: Bourdieu, Pierre (2014): Über den Staat. Vorlesungen am Collège de France 1989–1992, Berlin: Suhrkamp. In: Medien & Zeit, 1/2015, 57–59.*
• *Berardi, Franco „Bifo" (2009): Precarious Rhapsody. Semiocapitalism and the pathologies of the post-alpha generation. Minor Compositions, London.*
• *Bourdieu, Pierre (2014): Über den Staat. Vorlesungen am Collège de France 1989–1992. Suhrkamp, Berlin.*
• *Bourdieu, Pierre et al. (1997) (Hg.): Das Elend der Welt. Zeugnisse und Diagnosen alltäglichen Leidens an der Gesellschaft. UVK, Konstanz.*
• *Deleuze, Gilles/Guattari, Félix (1988): Anti-Ödipus. Kapitalismus und Schizophrenie I. Suhrkamp, Frankfurt a. Main.*
• *Felber, Christian (2018): Gemeinwohl-Ökonomie. Piper, München.*
• *Foucault, Michel (1999): In Verteidigung der Gesellschaft. Vorlesungen am Collège de France (1975–76). Suhrkamp, Frankfurt a. Main.*
• *Fukuyama, Francis (1992): Das Ende der Geschichte: Wo stehen wir? Kindler, München.*

- Giddens, Anthony (1999): Der dritte Weg. Die Erneuerung der sozialen Demokratie. Edition zweite Moderne. Suhrkamp, Frankfurt a. Main.
- Gramsci, Antonio (1995): Philosophie der Praxis. Gefängnishefte 10 und 11, hrsg. von Wolfgang Fritz Haug unter Mitwirkung von Klaus Bochmann, Peter Jehle und Gerhard Kuck. Argument, Hamburg.
- Gremliza, Hermann L. (2017): Die technologische Konterrevolution. In: konkret, Nr. 2, 9.
- Habermas, Jürgen (1962): Strukturwandel der Öffentlichkeit. Untersuchungen zu einer Kategorie der bürgerlichen Gesellschaft. Luchterhand, Neuwied/Berlin.
- Habermas, Jürgen (2022): Ein neuer Strukturwandel der Öffentlichkeit und die deliberative Politik. Suhrkamp, Frankfurt a. Main.
- Hardt, Michael/Negri, Antonio (2010): Common Wealth. Das Ende des Eigentums. Campus, Frankfurt a. Main.
- Haus, Michael (2003): Kommunitarismus. Einführung und Analyse. Westdeutscher Verlag, Wiesbaden.
- Hilferding, Rudolf (1955): Das Finanzkapital. Eine Studie über die jüngste Entwicklung des Kapitalismus. Dietz, Berlin.
- Hobsbawm, Eric (1995): Das Zeitalter der Extreme. Weltgeschichte des 20. Jahrhunderts. Hanser, München/Wien.
- Honneth, Axel (2015): Die Idee des Sozialismus. Suhrkamp, Frankfurt a. Main.
- Kelsen, Hans (1923): Sozialismus und Staat. C. L. Hirschfeld, Leipzig.
- Luxemburg, Rosa (1985): Die Akkumulation des Kapitals. Ein Beitrag zur ökonomischen Erklärung des Imperialismus. In: Rosa Luxemburg. Gesammelte Werke. Band 5: Ökonomische Schriften. Dietz, Berlin, 6–411.
- Maus, Ingeborg (2011): Über Volkssouveränität. Elemente einer Demokratietheorie, Taschenbuch Wissenschaft. Suhrkamp, Berlin.
- Reese-Schäfer, Walter (1995): Was ist Kommunitarismus? Campus, Frankfurt a. Main.
- Schulmeister, Stephan (2020): Diese Krise ist das Ende des Neoliberalismus. In: Moment v. 20. 3. 2020; https://www.moment.at/story/stephan-schulmeister-diese-krise-ist-das-ende-des-neoliberalismus (abgerufen am 10. 10. 2022).
- Sennett, Richard (2012): Zusammenarbeit. Was unsere Gesellschaft zusammenhält. Hanser, Berlin.
- Staab, Philipp (2019): Digitaler Kapitalismus. Markt und Herrschaft in der Ökonomie der Ungleichheit. Suhrkamp, Berlin.
- Stone, Oliver (1987): Wall Street (Spielfilm). Twentieth Century Fox, USA.
- Stone, Oliver (2010): Wall Street: Geld schläft nicht (Spielfilm). Twentieth Century Fox, USA.
- Weber, Max (1980): Wirtschaft und Gesellschaft: Grundriß der verstehenden Soziologie. Mohr, Tübingen.
- Werthner, Hannes/Lee, Edward A./Akkermans, Hans/Vardi, Mosheet et al. (2019): Wiener Manifest für Digitalen Humanismus; https://www.informatik.tuwien.ac.at/dighum/wp-content/uploads/2019/07/Vienna_Manifesto_on_Digital_Humanism_DE.pdf (abgerufen am 10. 10. 2022).

SOZIALDEMOKRATISCHE VOLLBESCHÄFTIGUNGS-POLITIK

Am Beispiel des Modellprojekts Arbeitsplatzgarantie Marienthal

Sven Hergovich

Eine Kollegin, Beraterin beim Arbeitsmarktservice NÖ, schilderte mir folgende Geschichte: „Ich habe einen Kunden, einen erwachsenen Mann mit einer diagnostizierten chronischen Erkrankung, der zufolge er nach einer Stunde leichter körperlicher Tätigkeit eine Stunde Ruhephase braucht. Er muss sich hinlegen, danach kann er für eine Stunde weiterarbeiten. Es folgt danach wieder eine vorgeschriebene Ruhepause von einer Stunde, dann wieder einstündige Arbeit und so weiter – einen ganzen Arbeitstag, eine ganze Arbeitswoche, ein ganzes Berufsleben lang."

Die berechtigte Frage meiner Kollegin lautete: „Wie soll ich diesen Kunden erfolgreich ins Erwerbsleben integrieren? Die Pensionsversicherungsanstalt befindet ihn – mit Einschränkungen – als arbeitsfähig. Kein Unternehmen wird ernsthaft diesem Bewerber eine Anstellung anbieten, sondern fühlt sich durch einen Vermittlungsversuch unsererseits bloß belästigt und überlegt, wenn wir es denn doch versuchen, ob es je wieder freie Stellen beim AMS ausschreiben wird. Der Betroffene selbst möchte gerne arbeiten, hat aber jede Hoffnung, dieses Ziel je zu erreichen, aufgegeben. Sein Leben ist leer geworden, die Termine beim AMS sind für ihn eine Qual, weil sie zu nichts führen. Das Einzige, was zählt, ist die weitere Zuerkennung der Notstandshilfe, damit er sich das Nötigste zum Leben leisten kann – für ihn jedes Mal ein Zittern."

Diese und ähnliche Geschichten sind kein Einzelfall, sondern stehen stellvertretend für eine langfristige und strukturelle Veränderung der Arbeitsmarktpolitik, die in Grafik 1, die die Entwicklung der österreichischen Arbeitslosenquote für

@ Projekt MAGMA

die letzten 50 Jahre zeigt, ersichtlich wird. Während die Arbeitslosenraten die gesamten 70er-Jahre hindurch unter 2 Prozent betragen haben, sind sie bis Mitte der 80er-Jahre auf über 5 Prozent gestiegen und seitdem nie wieder unter die Marke von 5 Prozent gefallen und damit auch nie wieder nur in die Nähe der Vollbeschäftigungsmarke (Arbeitslosenquote < 3 Prozent) gekommen.

Dieser – trotz kurzfristiger konjunkturbedingter Schwankungen – langfristige Anstieg zeigt zum einen die Grenze des Wirkens des AMS mit herkömmlichen Mitteln auf und wirft zum anderen folgende Frage auf: Müssen oder dürfen wir sich allmählich aufbauende Langzeitarbeitslosigkeit als Gesellschaft oder als Einzelne hinnehmen? Oder sind wir nicht verpflichtet, nach neuen Wegen im Kampf gegen Arbeitslosigkeit zu suchen, sie zu erproben und ins Feld zu bringen?

Denn neben unermesslichem menschlichem Leid verursacht Langzeitarbeitslosigkeit auch hohe fiskalische Kosten. Die fiskalischen Kosten für ein Jahr Arbeitslosigkeit beliefen sich laut Arbeitsministerium im Jahr 2018 auf 30.000 Euro

Grafik 1: Entwicklung der Arbeitslosenquote in Österreich 1970 bis 2022

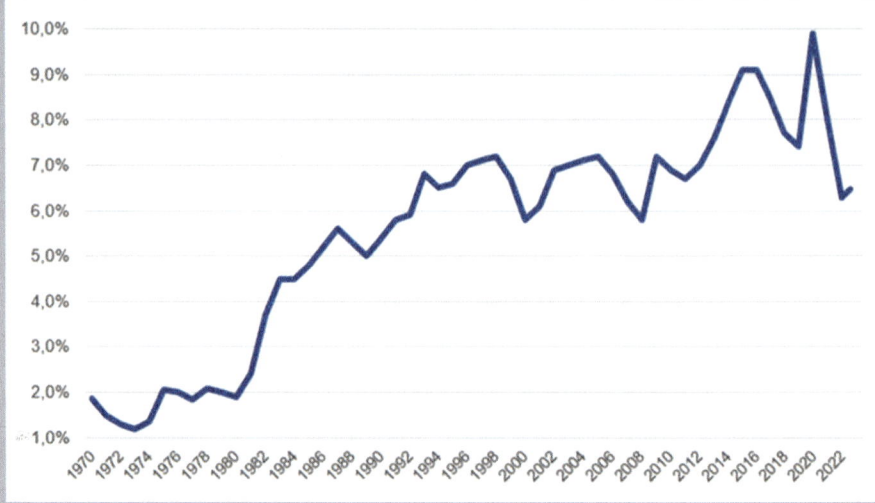

Quelle: DWH AMS, HV; Grafik: AMS NÖ.

pro Person. Die wichtigste Aufgabe sozialdemokratischer Arbeitsmarktpolitik ist es daher, Langzeitarbeitslosigkeit zu bekämpfen und Vollbeschäftigung wiederherzustellen. Was aber ist der zentrale Hebel im Kampf gegen Langzeit-arbeitslosigkeit?

1. Selbstverständliche Maßnahmen mit starker Wirkung – intensive Beratung und Vermittlung

Der zentrale Hebel im Kampf gegen Langzeitarbeitslosigkeit ist intensive Be-ratung und konsequente Vermittlung. Die große Wirksamkeit dieser einfachen Formel belegen verschiedene Studien:

In einer vom Österreichischen Wirtschaftsforschungsinstitut (WIFO) im Auftrag des AMS durchgeführten Studie im Jahr 2017 (Böhm/Eppel/Mahringer 2017) konnte gezeigt werden, dass ein verbesserter Betreuungsschlüssel zwischen Berater*innen und arbeitslosen Personen zu signifikant höheren Abgängen aus der Arbeitslosigkeit führt. Konkret konnte mit dieser experimentellen Studie in einer Gruppe von arbeitslosen Personen mit einem verbesserten Betreuungs-schlüssel eine um 1,8 Prozentpunkte höhere Abgangsquote im Vergleich zur Kontrollgruppe nachgewiesen werden (siehe Grafik 2).

SOZIALDEMOKRATISCHE VOLLBESCHÄFTIGUNGSPOLITIK

Grafik 2: Durchschnittlicher Effekt der verbesserten Betreuungsrelation auf die Abgangsrate aus der Arbeitslosigkeit

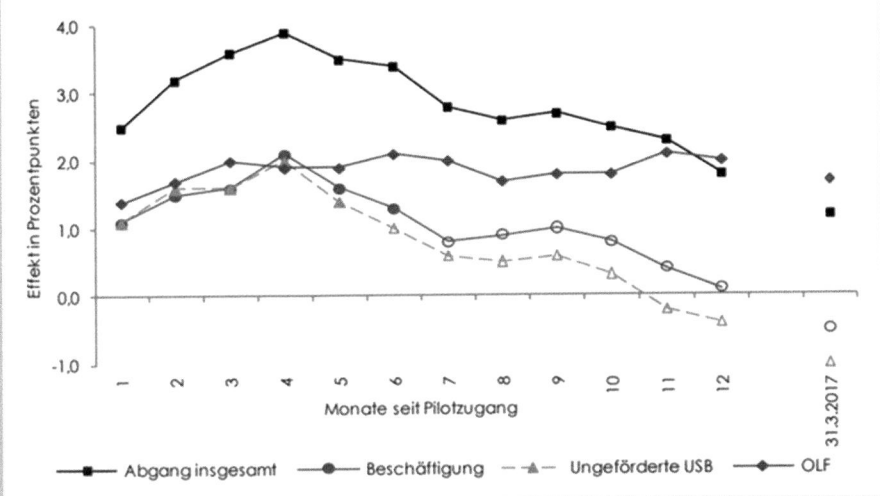

Quelle: Böhm/Eppel/Mahringer 2017, 32.

Ähnliche Ergebnisse brachten auch Untersuchungen des AMS NÖ (Kaplanek/ Selig 2020 und Kerbneiß/Wagner-Pinter 2019) über die Ursachen von Langzeitarbeitslosigkeit und die zentrale Maßnahme zur Verhinderung von Langzeitarbeitslosigkeit.

Untersucht wurden die Ursachen des Phänomens, dass die Arbeitslosigkeit hoch bleibt bzw. Sockelarbeitslosigkeit steigt, selbst wenn die Ursachen für den Anstieg der Arbeitslosigkeit, wie eine wirtschaftliche Rezession, wegfallen. Es wurden vier Haupteinflussfaktoren gefunden (Kaplanek/Selig 2020, 20):

1. letzter ausgeübter Beruf
2. Alter
3. Gesundheit und
4. der AMS-Standort

Interessanterweise konnten die Unterschiede zwischen den unterschiedlichen AMS-Standorten nicht auf die unterschiedlichen Wirtschaftsräume, sondern tatsächlich auf unterschiedlich intensive Betreuungs- und Vermittlungsarbeit zwischen den verschiedenen Geschäftsstellen zurückgeführt werden. Die Konsequenz daraus war für das AMS NÖ, die bestfunktionierenden Methoden niederösterreichweit zu implementieren, einen niederösterreichweiten Vermittlungsschwerpunkt zu setzen, die Führungskräfte aktiv bei der Betreuung Langzeitarbeitsloser einzubeziehen und ein eigenes Case-Management für besonders schwierig zu betreuende Kundinnen*Kunden einzuführen.

Zentrales Anliegen war es, die Vorgehensweisen aller 22 AMS-Geschäftsstellen im Kampf gegen Langzeitarbeitslosigkeit zu vereinheitlichen. Es sollte keinen Unterschied machen, ob jemand Kunde*Kundin des AMS am Standort A oder am Standort B ist, um für jede*n die optimalen Wiedereinstiegschancen auf dem Arbeitsmarkt zu erarbeiten. Die Intensität der Betreuung der Jobsuchenden, vor allem der langzeitarbeitslosen Kundinnen*Kunden, ist dabei der Schlüssel zum Erfolg für jede*n Einzelnen.

2. Organisationsreform im AMS zur Senkung des Betreuungsschlüssels

Zusätzlich starteten wir im AMS Niederösterreich eine Organisationsreform in allen 22 Geschäftsstellen, um den Betreuungsschlüssel zwischen AMS-Berater*innen und Jobsuchenden möglichst klein zu halten. Ziel war es, mehr Zeit für Beratung und Vermittlung zu gewinnen.

Ausgangslage 2016: Ein*e Berater*in betreut im Schnitt 342 Jobsuchende.

Ziel der Reform: Ein*e Berater*in betreut im Schnitt 220 Jobsuchende.

Die wesentlichen Grundzüge waren:

*   Bündeln administrativer Aufgaben auf möglichst wenige Spezialist*innen, um mehr Beratungskapazitäten für Jobsuchende wie Betriebe zu gewinnen. Damit wurden ohne zusätzliche Personalaufnahmen niederösterreichweit mehr Vollzeitplanstellen für Beratungs- und Betreuungsarbeit frei: 2022 sind niederösterreichweit 61 Prozent des Teams im Bereich Service für Arbeitskräfte in der Beratung und Vermittlung aktiv; 2016 waren es nur 54 Prozent.
*   Kleine AMS-Geschäftsstellen (z. B. Waidhofen/Thaya) wickeln Spezialaufgaben wie die Bearbeitung von Weiterbildungsgeld für ganz Niederösterreich ab. Damit werden andere Geschäftsstellen entlastet, und gleichzeitig wird der Standort auch kleinerer AMS-Geschäftsstellen gesichert. In Summe wurden vier solcher Fachzentren eingerichtet, die Spezialagenden für das gesamte AMS Niederösterreich abwickeln.
*   Österreichweit unterhält das AMS Niederösterreich mit sechs Mitarbeiter*innen das mittlerweile kleinste Kurzarbeits-Team. Frei gewordene Kräfte wurden in das Service für Unternehmen umgeschichtet. Das Berater*innen-

Team für Unternehmen wurde damit niederösterreichweit von 70 auf 100 Mitarbeiter*innen aufgestockt.

Mit Mai 2022 war dieser Reformprozess abgeschlossen. Das AMS Niederösterreich hat mittlerweile mit im Schnitt 222 Kundinnen*Kunden pro Vollzeitplanstelle den kleinsten Betreuungsschlüssel in Ostösterreich.

Ergänzend zu dieser Organisationsreform wurde im Frühjahr 2022 eine Task-Force mit 16 Berater*innen eingerichtet, die sich um Langzeitarbeitslose kümmern, die bereits drei Jahre oder länger beim AMS vorgemerkt sind. Diese Kolleginnen*Kollegen haben nicht mehr als 70 Kundinnen*Kunden zu betreuen, führen ausschließlich persönliche Gespräche in kurzer Termintaktung und kooperieren nahtlos mit Reha-Einrichtungen, Beschäftigungsprojekten oder externen Beratungseinrichtungen. Was war die Wirkung dieser Reformen?

2.1 Niederösterreich: Langzeitarbeitslosigkeit sinkt dreimal schneller als im Rest Österreichs

Seit März 2021, dem Höhepunkt der Langzeitarbeitslosigkeit in Niederösterreich (und in Österreich), nimmt die Zahl der Personen, die mehr als zwölf Monate ohne Job sind, ab. Mit Februar 2022 lag ihre Zahl in Niederösterreich als erstem Bundesland bereits unter dem Vorkrisenniveau von 2019. Beim Rückbau der Langzeitarbeitslosigkeit entwickelte sich Niederösterreich vom Schlusslicht zum österreichweiten Spitzenreiter. Gegenüber dem Vorkrisenniveau (August 2019) ist die Zahl der Personen, die bereits ein Jahr und länger auf Arbeitssuche sind, um 3.172 oder 33 Prozent gesunken. Das ist der sowohl absolut als auch relativ mit Abstand stärkste Rückgang österreichweit. Zum Zeitpunkt der Erstellung dieses Buchkapitels (Herbst 2022) sank die Langzeitarbeitslosigkeit in Niederösterreich dreimal so schnell wie im Rest Österreichs.

Doch eine Frage bleibt offen: Müssen wir einfach nur Arbeitslose intensiv betreuen und vermitteln, um zu echter Vollbeschäftigungspolitik zurückzukehren?

Die Antwort kann nur Nein lauten, denn trotz konsequenter Vermittlungsarbeit ist die Langzeitarbeitslosigkeit nach wie vor hoch und kann trotz intensivster Bemühungen nicht auf null gedrückt werden: Zum Zeitpunkt der Entstehung dieses Artikels gab es in Niederösterreich nach wie vor 6.000 langzeitarbeitslose Personen. Österreichweit sind sogar rund 40.000 Menschen von Langzeitarbeitslosigkeit betroffen, mit erheblichen Auswirkungen auf sie selbst sowie auf ihr Umfeld, insbesondere auf Kinder. Es drohen Armut, soziale Exklusion, gesundheitliche Probleme, voranschreitende Dequalifizierung etc. Betrachtet man Langzeitbeschäftigungslosigkeit statt Langzeitarbeitslosigkeit, sind die Zahlen noch einmal weit höher.

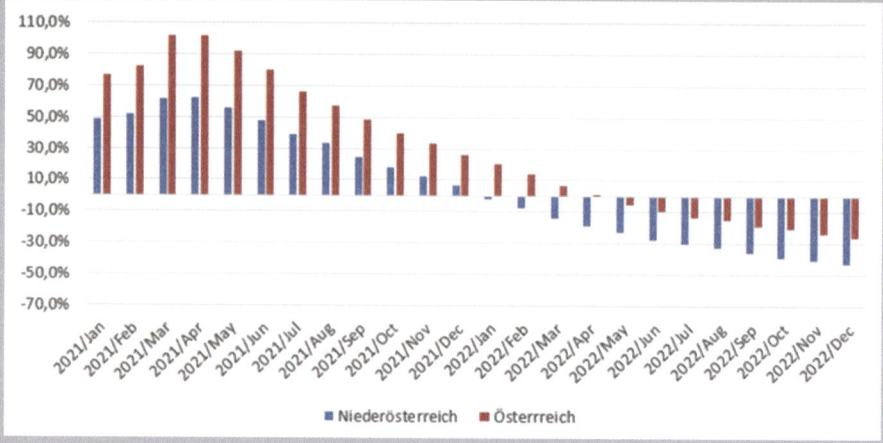

Grafik 3: Veränderung der Langzeitarbeitslosigkeit in Österreich und Niederösterreich 2021 im Vergleich zu 2019

Quelle: DWH AMS; Grafik: AMS NÖ.

Um Langzeitarbeitslosigkeit wirkungsvoll zu bekämpfen, braucht es also nicht nur gute Vermittlungs- und Betreuungsarbeit im AMS, sondern es braucht auch Lösungen für all jene Personen, die zu gesund für die Invaliditätspension, aber zu krank für eine Arbeit auf dem ersten Arbeitsmarkt sind. Es braucht Lösungen für Langzeitarbeitslose wie den eingangs geschilderten Fall, die wir nicht in den ersten Arbeitsmarkt vermitteln können.

3. MAGMA – weltweit erstes evidenzbasiertes Modellprojekt einer Jobgarantie

Genau um passende Lösungen für alle Langzeitarbeitslosen zu finden und um zu überprüfen, ob sich Langzeitarbeitslosigkeit abschaffen lässt und welche Auswirkungen die Abschaffung der Langzeitarbeitslosigkeit hat, haben wir das Modellprojekt Arbeitsplatzgarantie Marienthal (MAGMA) gestartet. Die Gemeinde Gramatneusiedl ist mit ihrer Struktur des Arbeitsmarktes (nach Personenmerkmalen wie Alter, Ausbildung etc.) prototypisch für Niederösterreich. So lag der Anteil der Langzeitarbeitslosen an allen arbeitslosen Gramatneusiedler*innen vor dem Start des Projektes MAGMA (August 2019) bei 20 Prozent (NÖ: 21 Prozent).

Im Oktober 2020 startete hier das weltweit erste Modellprojekt einer evidenzbasierten Arbeitsplatzgarantie. Das Projekt wird von den Universitäten in Wien und Oxford begleitend beforscht (siehe dazu Abschnitt 3.3).

3.1 Langzeitarbeitslosigkeit in Gramatneusiedl abgeschafft!

Ziel des Modellprojektes MAGMA ist es, die Langzeitarbeitslosigkeit in einer Modellregion auf null zu senken. Mithilfe von Wissenschaftler*innen werden Erkenntnisse darüber gewonnen, wie sich eine Arbeitsplatzgarantie auf die Betroffenen und eine Gemeinschaft auswirkt.

MAGMA unterscheidet sich von gängigen Instrumenten der Arbeitsmarktpolitik in drei Punkten:

1. Es werden alle langzeitarbeitslosen Personen (aus Gramatneusiedl) einbezogen.
2. Es kommt ein breiter Mix an Unterstützungsangeboten zum Einsatz.
3. Die zusätzlichen Arbeitsplätze werden nicht nur im gemeinnützigen Bereich, sondern auch in der Privatwirtschaft geschaffen.

Das Modellprojekt MAGMA ist zweistufig aufgebaut:

1. Einstieg ist ein bis zu 8-wöchiger Vorbereitungskurs, um Hindernisse, Kompetenzen, Interessen und Ziele zu klären. Abschluss ist ein persönlicher Perspektivenplan für die Teilnehmer*innen.
2. Arbeiten bei MAGMA: Zentrales Element ist ein kollektivvertraglich entlohntes Dienstverhältnis im Ausmaß von 16 bis 38 Wochenstunden für die MAGMA-Beschäftigten. Sie sind in den verschiedenen Beschäftigungsbereichen aktiv, erarbeiten alleine oder mit anderen Teilnehmer*innen neue Projekte oder sind im Rahmen gemeinnütziger Arbeitskräfteüberlassung bei der Gemeinde oder in Vereinen im Einsatz. Parallel laufen Bewerbungen für den Einstieg in den ersten Arbeitsmarkt (dort, wo das möglich ist).

Die Beschäftigungsfelder bei MAGMA sind unter anderem Sanierungen von Wohnungen (ehemalige Arbeitersiedlung Marienthal/Neue Heimat), Alltagsbegleitung, Aufbereiten alter Möbel, Buchprojekte, Kräutermanufaktur, Grünraumpflege im öffentlichen Bereich, Kreativwerkstatt (mit eigenem Marktstand

in der Gemeinde), Sanierung von Sitzgelegenheiten in der Gemeinde Gramatneusiedl etc.

Die Finanzierung des Modellprojektes Arbeitsplatzgarantie Marienthal hat das
AMS Niederösterreich übernommen, wobei davon ausgegangen wird, dass die
fiskalischen Kosten der Langzeitarbeitslosigkeit gleich hoch sind wie die fiskalischen Kosten der Abschaffung der Langzeitarbeitslosigkeit.

3.2 Die Ergebnisse des MAGMA-Projektes auf dem Arbeitsmarkt (Oktober 2020 bis August 2022):

Über 116 Personen wurden seither langzeitarbeitslos:

- 70 Prozent von ihnen haben ein Dienstverhältnis, 43 Prozent davon auf dem
  ersten Arbeitsmarkt.
- 2 Prozent befinden sich in der Vorbereitungsmaßnahme.
- 9 Prozent der Personen sind im Krankenstand; die Dauer ist meist länger als
  zwei Monate.
- 19 Prozent sind keine AMS-Kundinnen*Kunden mehr (z. B. wegen Auslands-
  übersiedlung, Ruhestand etc.).

Seit April 2021 beträgt die Zahl der Langzeitarbeitslosen in der Gemeinde
Gramatneusiedl mittlerweile (bis Herbst 2022) null! Langzeitarbeitslosigkeit gibt
es in Marienthal nicht mehr.

Die Teilnehmer*innen sind nicht mehr arbeitslos und wollen so auch nicht
wahrgenommen werden. Sie sind erwerbstätig und die wichtigsten Akteur*innen, die ihre Ideen und ihr Können sehr aktiv in die Gemeinde Gramatneusiedl
bei der Umsetzung ihrer Arbeit einbringen. Sie verdienen dadurch unseren
größten Respekt und Anerkennung.

Einige Beispiele:

- **Michaela P. arbeitet in einem Bestattungsunternehmen:**
  Rosa S. führt das Familienunternehmen mit sechs Mitarbeiter*innen seit
  1998. Ein Mitarbeiter geht nun in Pension. Über persönliche Kontakte wurde
  sie auf MAGMA aufmerksam und hat Michaela P. ein Praktikum angeboten.
  Dabei wurde die Unternehmerin auf das künstlerische Talent der MAGMA-
  Beschäftigten aufmerksam: Malen. Michaela P. wurde im Frühjahr 2022 fix
  angestellt und wird neben Bürotätigkeiten auch Urnen bemalen – ein neues
  Geschäftsfeld im Bestattungsunternehmen. Bevor Frau P. arbeitslos wurde,

Grafik 4: Veränderung der Langzeitarbeitslosigkeit in Niederösterreich, Österreich und Gramatneusiedl im Vergleich zum Vorjahr

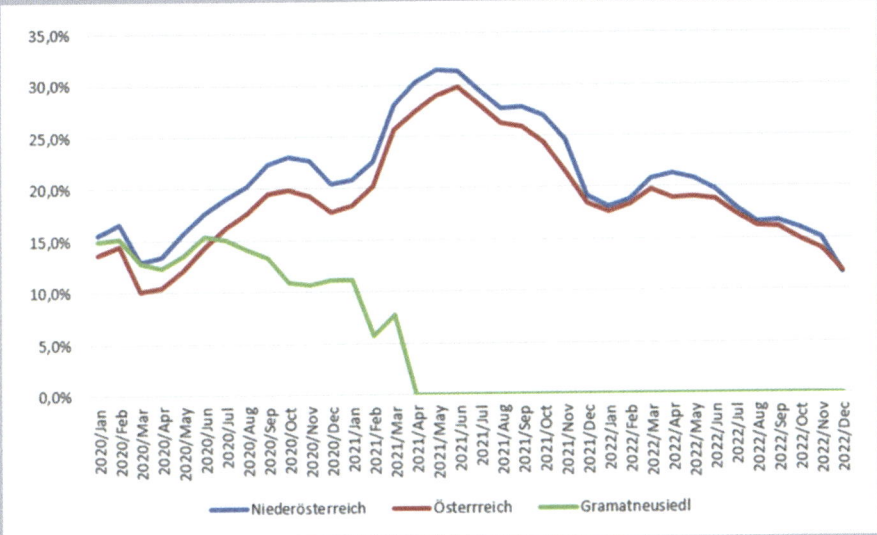

Quelle: DWH AMS; Grafik: AMS NÖ.

hat sie in einer Kantine gearbeitet und hätte nie gedacht, durch MAGMA ihr Hobby an ihrem neuen Arbeitsplatz einbringen zu können.

- **Permakultur „Essbare Gemeinde Gramatneusiedl":**
  Der Gramatneusiedler Bürgermeister Thomas Schwab hat dem Projekt MAGAM ein ca. 250 Quadratmeter großes Gemeindegrundstück zur Verfügung gestellt. Dieser Platz wird nun von vier bis sechs MAGMA-Mitarbeiter*innen kultiviert und bepflanzt. Der Kräuter- und Gemüsegarten zum kostenlosen Selbstpflücken hat ganzjährig seine Pforten geöffnet. Die erste Ernte hat im Sommer 2022 stattgefunden.

- **Verein Pferdestärken weitet mithilfe von MAGMA-Beschäftigten sein Angebot aus:**
  Der Verein Pferdestärken bietet tiergestützte Therapieformen für Kinder mit verschiedenen Einschränkungen und Behinderungen (Autismus, ADS, ADHS, Mehrfachbehinderungen, Lernschwierigkeiten etc.) an. Therapeut*innen mieten sich in das Zentrum ein, nutzen die Infrastruktur und bieten ihre Leistungen an. Seit 2021 sind hier zwei MAGMA-Beschäftigte im Einsatz. Sie kümmern sich um die Tiere, den Garten und das Haus. Das Ergebnis: Mithilfe der MAGMA-Beschäftigten gelingt es dem Therapiezentrum, mehr junge Klient*innen zu betreuen und so das Angebot auszuweiten.

3.3 Statusbericht der Forschung der Universitäten Wien und Oxford

Die Entwicklung des Arbeitsmarktes in Gramatneusiedl und das laufende Reporting aus dem Projekt MAGMA belegen bislang die Wirksamkeit einer Jobgarantie. Die Zwischenergebnisse der Forscher*innen, die MAGMA vom Start weg begleiten, unterstreichen den positiven Trend:

3.3.1 Erste Erkenntnisse der Forscher*innen der Universität Wien

Mit *Marienthal.reversed* (Flecker/Quinz et al. 2020ff.) untersuchen die Forscher*innen der Universität Wien die Wirkungen des Übergangs aus der Langzeitarbeitslosigkeit in eine Arbeitsplatzgarantie auf deren Teilnehmer*innen im Zeitverlauf. Mit 24 Personen wurden zwei Monate nach Projektbeginn qualitative Tiefeninterviews geführt. Zudem wurden im Winter 2021/2022 zum zweiten Mal vergleichende standardisierte Interviews mit 22 von 27 Personen geführt, die bereits ein Jahr lang bei MAGMA beschäftigt waren.

Erste Erkenntnisse (vgl. Flecker/Quinz et al. 2022, 16–49 passim):

- Analysen deuten auf erste positive Veränderungen nach einem Jahr MAGMA hin:
  - **Selbstwirksamkeit:** 73 Prozent haben das Gefühl, Herausforderungen bewältigen zu können. Zu Projektbeginn 2020 waren es nur 46 Prozent.
  - **Gesundheitszustand:** Psychische Beschwerden wie Angstzustände sind zurückgegangen.
  - **Finanzielle Situation:** Drei Viertel der MAGMA-Beschäftigten können sich neue Dinge leisten, die sie unbedingt brauchen. Zu Projektbeginn 2020 war das nur für knapp die Hälfte der Fall. Für 8 Prozent hat zu Beginn das Geld nicht gereicht, um am Ende des Monats Lebensmittel einzukaufen. Ein Jahr später trifft das auf niemanden mehr zu.
  - **Soziale Zugehörigkeit und Anerkennung:** 80 Prozent haben das Gefühl, in Gramatneusiedl dazuzugehören, und 73 Prozent fühlen sich wertgeschätzt. Zu Projektbeginn galt das jeweils nur für die Hälfte der Befragten.
- Die Daten zeigen auch, dass die MAGMA-Beschäftigten sehr unterschiedlich sind, weshalb die Herausforderung darin besteht, verschiedene Arbeitsplätze anzubieten, die den jeweiligen Bedürfnissen und Fähigkeiten der Arbeitenden entsprechen:
  - Aus Sicht der Befragten erfüllt das Projekt die wichtige Erwartung, auf den **gesundheitlichen Zustand** Rücksicht zu nehmen.
  - Auch die Erwartung einer **nützlichen Tätigkeit** hat sich für die große Mehrheit erfüllt.

- Die Erwartung, einen subjektiv **sinnvollen** Job zu bekommen und bei der Arbeit **Neues dazuzulernen**, konnte sich im ersten Jahr für die Mehrheit der Beschäftigten erfüllen.

Nächster Schritt:

Um weitere Entwicklungen im Zeitverlauf abzubilden, sind ein drittes Mal qualitative und quantitative Interviews mit allen Studienteilnehmer*innen geplant.

3.3.2 Bisherige Erkenntnisse der Forscher*innen der Universität Oxford

Die Forscher*innen der Universität Oxford untersuchen ökonomische und soziale Auswirkungen der Jobgarantie. Insbesondere werden die Auswirkungen auf den Arbeitsmarkt analysiert. Die Evaluierung stützt sich auf einen Vergleich zwischen einer Versuchs- und mehreren Kontrollgruppen sowie einem Vergleich auf Gemeindeebene (Bildung einer „synthetischen" Gemeinde als Kontrollgruppe).

Bisherige Erkenntnisse (vgl. Kasy/Lehner 2022, 18 ff.):

- Die Langzeitbeschäftigungslosigkeit in Gramatneusiedl ist quasi verschwunden.
- Die gesamte Arbeitslosigkeit konnte durch MAGMA gesenkt werden.
- Das Einkommen der MAGMA-Teilnehmer*innen stieg, und sie gewannen mehr finanzielle Sicherheit.
- Die MAGMA-Teilnehmer*innen waren glücklicher und zufriedener und hatten das Gefühl, ihr Leben besser im Griff zu haben.
- Sie pflegten engere Beziehungen zu anderen, fühlten sich stärker wertgeschätzt und hatten das Gefühl, dass sie mehr Menschen um sich herum hatten, auf die sie sich verlassen konnten.

Nächster Schritt:

In regelmäßigen Intervallen wird die Arbeitsmarktsituation zwischen der Pilot- und den Kontrollgemeinden verglichen. So sollen mögliche Übertragungseffekte und Nebenwirkungen des Programms auf andere Arbeitnehmer*innen und die breitere wirtschaftliche Entwicklung evaluiert werden.

Die bisherigen positiven Zwischenergebnisse des Modellprojektes Arbeitsplatzgarantie Marienthal übertreffen unsere hohen Erwartungen sogar und stimmen uns sehr zuversichtlich, hier in Marienthal Grundlagen für arbeitsmarktpolitische Verbesserungen zu schaffen, von denen hoffentlich bald alle (vormals) Langzeitarbeitslosen in ganz Österreich profitieren können.

4. Conclusio

Die bisherigen Modellversuche zeigen eindeutig, dass eine Rückkehr zu sozial-demokratischer Vollbeschäftigungspolitik möglich (und aus Sicht des Autors auch notwendig) ist. Eine solche Arbeitsmarktpolitik würde zwei Dinge be-nötigen: Erstens braucht es eine gute und rasche Vermittlung und Betreuung von Arbeitssuchenden, um die Entstehung von Langzeitarbeitslosigkeit zu verhindern; dies erfordert auch die entsprechende personelle Ausstattung des AMS. Und zweitens braucht es dauerhaft geförderte Arbeitsplätze für alle, die sie benötigen, weil sie trotz intensiver Vermittlung keinen Arbeitsplatz auf dem ersten Arbeitsmarkt gefunden haben. Besonders erfreulich ist dabei, dass eine solche Arbeitsmarktpolitik nicht teurer als die bisherige Arbeitsmarktpolitik wäre. Für die Abschaffung der Langzeitarbeitslosigkeit wären einzig und alleine genau die Mittel erforderlich, die bis heute in die Aufrechterhaltung des Sys-tems Langzeitarbeitslosigkeit investiert werden.

Der Artikel ist eine überarbeitete Version eines Symposiumbeitrages des Autors zum Thema „Wege zur Teilhabe".

LITERATUR

Datenquellen:
• *Data Warehouse AMS Österreich (DWH AMS).*
• *Hauptverband der österreichischen Sozialversicherungsträger (HV).*

Literatur:
• *Böheim, René/Eppel, Rainer/Mahringer, Helmut (2017): Die Auswirkungen einer Verbesserung der Betreuungs-relation für Arbeitslose in der Arbeitsvermittlung des AMS. Ergebnisse eines kontrollierten Experiments des AMS Österreich in der Beratungszone der RGS Esteplatz in Wien. Endbericht, WIFO-Studie. Wien.*
• *Flecker, Jörg/Quinz, Hannah et al. (2020ff.): Marienthal.reversed – Eine Untersuchung zum Übergang aus der Langzeitarbeitslosigkeit. Universität Wien, Institut für Soziologie. Wien; https://ucris.univie.ac.at/portal/de/ projects/marienthalreversed--a-study-on-the-transition-out-of-longterm-unemployment(35fb7138-0da6-4460-9cc8-402217163c42).html).*
• *Flecker, Jörg/Quinz, Hannah et al. (2022): Marienthal.reversed – Begleitforschung zum Pilotprojekt „Modellpro-jekt Arbeitsplatzgarantie Marienthal (MAGMA)" des AMS Niederösterreich. 2. Zwischenbericht. Universität Wien, Institut für Soziologie. Wien.*
• *Kaplanek, Lukas/Selig, David G. (2020): Projektbericht Datenanalyse zur Entstehung von Langzeitarbeitslosigkeit. Dukes of Data GmbH, Wien.*
• *Kasy, Maximilian/Lehner, Lukas (2022): Employing the unemployed of Marienthal: Evaluation of a guaranteed job program. Department of Economics, University of Oxford, Department of Social Policy and Intervention, Univer-sity of Oxford. Oxford; https://maxkasy.github.io/home/files/papers/Jobguarantee_marienthal.pdf.*
• *Kerbneiß, Günter/Wagner-Pinter, Michael (2019): Geschäftsfalldauer und Beschäftigungsintegration am Beispiel der RGS Gmünd und RGS Zwettl. Synthesis Forschung Ges.m.b.H, Wien.*

Teilnehmer*innen des Projekts Arbeitsplatzgarantie Marienthal.

DAS RECHT AUF ARBEIT

Wirtschaftliche und soziale Auswirkungen einer Jobgarantie

Maximilian Kasy und Lukas Lehner

Die negativen Auswirkungen von Langzeitarbeitslosigkeit sind hinlänglich bekannt und gut dokumentiert. Arbeitslosigkeit wirkt sich negativ auf Einkommen, Gesundheit und Zufriedenheit der Betroffenen aus. Die Wirtschaft leidet unter dem Schwund von Fähigkeiten, den Jobsuchende über die Zeit erleben. Auch die politische Lage wird durch schwindenden Zusammenhalt in der Gesellschaft

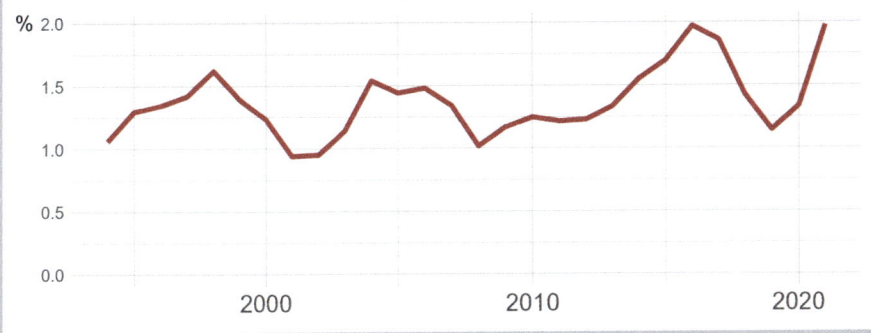

Notiz: Langzeitarbeitslose als Anteil an der Erwerbsbevölkerung (Bevölkerung im erwerbsfähigen Alter).
Quelle: eigene Berechnungen auf Basis der OECD-Arbeitsmarktdatenbank.

beeinflusst. Diese negativen Auswirkungen wurden hierzulande bereits in den 1930er-Jahren in der bahnbrechenden Sozialstudie *Die Arbeitslosen von Marienthal* detailliert beschrieben.

Gleichzeitig galt Österreich für lange Zeit als internationales Vorbild in puncto Langzeitarbeitslosigkeit mit einem vergleichsweise niedrigen Anteil. Im letzten Jahrzehnt hat sich dies allerdings geändert, und die Langzeitarbeitslosenrate hat sich von 1 auf 2 Prozent der Erwerbsbevölkerung verdoppelt (Abbildung 1). Damit ist das Thema auch in Österreich politisch verstärkt in den Mittelpunkt gerückt.

Vor diesem Hintergrund hat die Idee einer Arbeitsplatzgarantie für Langzeitarbeitslose erhebliches Interesse geweckt. Von führenden Politiker*innen in den USA und Großbritannien wie etwa Bernie Sanders, Alexandria Ocasio-Cortez oder auch Gordon Brown gefordert hat der Vorschlag auch in Österreich eine Reihe von Fürsprecher*innen gefunden. Der damalige Geschäftsführer des AMS Niederösterreich, Sven Hergovich, hat sich dies zum Anlass genommen, um die Idee im Rahmen eines wissenschaftlich evaluierten Pilotprojekts einer näheren Betrachtung zu unterziehen. Denn trotz des weit verbreiteten Interesses an einer Jobgarantie gibt es nur wenig Belege für die Auswirkungen solcher Programme. Das Modellprojekt Arbeitsplatzgarantie Marienthal (MAGMA) hat eine fundierte wissenschaftliche Evaluierung im Rahmen einer Feldstudie ermöglicht.

---

1. Das MAGMA-Arbeitsplatzgarantieprogramm

Die MAGMA-Arbeitsplatzgarantie wurde im Oktober 2020 in der Gemeinde Gramatneusiedl vom Arbeitsmarktservice Niederösterreich unter Federführung von Sven Hergovich als Pilotprojekt gestartet. Der Ort ist historisch bedeutungsvoll: Der Ortsteil Marienthal war Anfang der 1930er-Jahre Schauplatz einer Studie von Marie Jahoda, Paul Lazarsfeld und Hans Zeisel mit dem Ziel, die Auswirkungen von Massenarbeitslosigkeit zu erforschen. Heute evaluieren wir an der Universität Oxford das Arbeitsplatzgarantieprojekt, während eine weitere Studie dazu von Hannah Quinz und Jörg Flecker an der Universität Wien durchgeführt wird. Mit einer Projektlaufzeit von dreieinhalb Jahren soll das Pilotprogramm bis 2024 laufen.

MAGMA bietet allen Einwohner*innen dieser Gemeinde, die langzeitarbeitslos sind, also bereits 12 Monate oder länger einen Job suchen, einen garantierten Arbeitsplatz. Zentrale Eckpunkte des Programms sind, dass die Teilnahme freiwillig ist und die Teilnehmer*innen angestellt sind und kollektivvertraglich entlohnt werden. Außerdem werden die Arbeitsplätze so gestaltet, dass sie den individuellen Bedürfnissen der Teilnehmer*innen entsprechen und auf Einschränkungen bedacht nehmen. Besonderes Augenmerk wird darauf gelegt, dass die Tätigkeiten sinnvoll sein sollen – sowohl für die Teilnehmer*innen als auch für die Gesellschaft. Dem Jobangebot im Rahmen des Programms geht ein etwa acht Wochen dauerndes Vorbereitungstraining voraus, das Einzel- und Gruppenberatung, Kompetenzentwicklung und etwaige Unterstützung bei der Beantragung von Gesundheitsleistungen umfasst. Bei den Arbeitsplätzen selbst handelt es sich entweder um subventionierte Arbeitsplätze bei bestehenden Unternehmen oder – und das trifft auf die Mehrheit der Teilnehmer*innen zu – um Beschäftigung in einem eigens gegründeten Sozialökonomischen Betrieb (SÖB). Dort werden Möbel in einer Werkstatt renoviert, öffentliche Gärten gepflegt, Bienen gezüchtet und eine Broschüre über den Ort zusammengestellt. Teilnehmer*innen bekommen die Möglichkeit, entweder Vollzeit oder Teilzeit zu arbeiten. Personen, die aus gesundheitlichen Gründen nur eine begrenzte Anzahl von Aufgaben übernehmen können, erhalten ebenfalls ein entsprechendes Angebot, das auf ihre individuelle Situation abgestimmt ist. Fachkräfte unterstützten die Beschäftigten bei der Arbeit für den Sozialökonomischen Betrieb.

Mit diesen Bedingungen unterscheidet sich die MAGMA-Arbeitsplatzgarantie von üblichen Programmen im Rahmen aktiver Arbeitsmarktpolitik. Erstens handelt es sich um eine sehr umfangreiche, langfristige Maßnahme. Zweitens ist das erklärte Ziel des Programms die direkte Beseitigung der Langzeitarbeitslosigkeit in der Gemeinde und damit die Verbesserung der sozialen Lage der Teilnehmer*innen. Im Vergleich dazu zielen konventionelle Maßnahmen aktiver

Arbeitsmarktpolitik auf die Wiedereingliederung der Teilnehmer*innen in den regulären Arbeitsmarkt ab. Zwar werden die Teilnehmer*innen des MAGMA-Programms ermutigt, eine Beschäftigung auf dem regulären Arbeitsmarkt aufzunehmen, und eine solche Beschäftigung wird durch das Programm subventioniert, doch ist dies für viele Teilnehmer*innen kein wahrscheinliches Ergebnis.

2. Das Studiendesign und der historische Bogen

Angesichts der beschriebenen Ziele der MAGMA-Arbeitsplatzgarantie zielt unsere Evaluierung auf die Auswirkungen des Programms auf Beschäftigung, das Wohlergehen der Teilnehmer*innen in verschiedenen wirtschaftlichen und nichtwirtschaftlichen Bereichen sowie auf die Auswirkungen auf den Arbeitsmarkt der Gemeinde ab. Dabei knüpft die Studie mit modernen Evaluationsmethoden an die historische Tradition der empirischen Sozialforschung an, die in den 1930er-Jahren in Marienthal erprobt wurden.

Denn die Wahl des Standorts für das Pilotprojekt zur Arbeitsplatzgarantie ist, wie bereits erwähnt, kein Zufall. In den 1930er-Jahren wurde in Marienthal eine bahnbrechende Studie über die Auswirkungen von Massenarbeitslosigkeit durchgeführt. Zu dieser Zeit war eine einzelne Fabrik Mittelpunkt des wirtschaftlichen Geschehens im Ort. Als diese Fabrik im Zuge der Weltwirtschaftskrise der 1930er-Jahre geschlossen wurde, verloren die meisten Einwohner*innen ihren Arbeitsplatz – mit verheerenden Folgen. Die Sozialstudie *Die Arbeitslosen von Marienthal* dokumentiert in einer großen Untersuchung die Auswirkungen auf das soziale und politische Leben der Dorfgemeinschaft.

90 Jahre später bietet die MAGMA-Jobgarantie die Möglichkeit, die Auswirkungen eines umgekehrten Ereignisses zu erforschen, indem allen langzeitarbeitslosen Einwohner*innen von Marienthal und der Gemeinde Gramatneusiedl ein Arbeitsplatz angeboten wird. Auffallend ist, dass einige der stärksten Auswirkungen unserer Studie im Bereich des „latenten und manifesten Nutzens von Arbeit" zu finden sind – ein Maß, das auf der klassischen Marienthal-Studie aufbaut. Zeit ihres Lebens hat Marie Jahoda am Konzept der latenten Funktionen der Arbeit geforscht – nach der Flucht vor dem Faschismus in Österreich im Exil in Großbritannien, wo sie an der Universität Sussex als Professorin für Sozialpsychologie lehrte und forsche, bis sie 2001 im Alter von 96 Jahren verstarb.

Doch wer sind die Arbeitslosen, um die es hier eigentlich geht? Ein Blick auf die demografischen Eigenschaften der Gruppe zeigt, wie prekär es um Langzeitarbeitslose bestellt ist (Abbildung 2). Im Durchschnitt hat eine langzeitarbeitslose Person fünf der letzten zehn Jahre in Arbeitslosigkeit verbracht. Jede dritte Person hat gesundheitliche Einschränkungen, die ihre berufliche

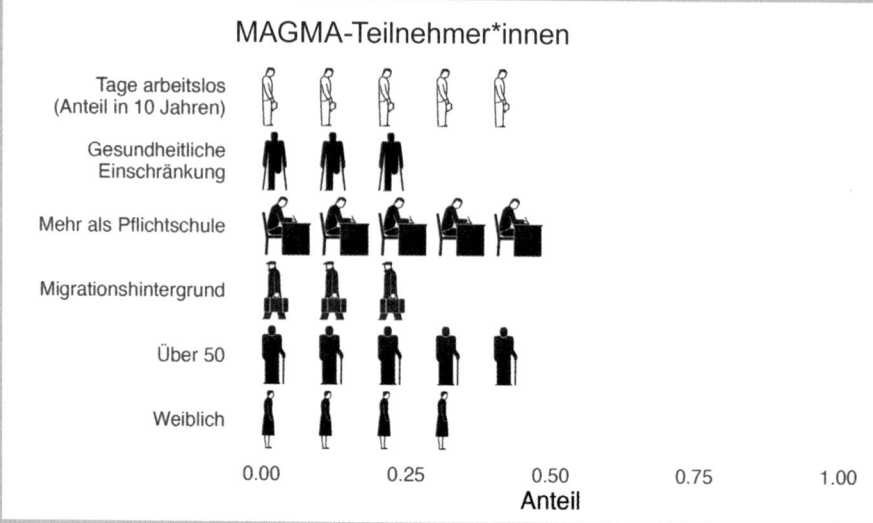

MAGMA-Teilnehmer*innen

Notiz: Anteile sind in Prozent aller Personen in Langzeitarbeitslosigkeit in Gramatneusiedl vor Beginn der Job-garantie. Die Symbole basieren auf dem historischen „Isotype"-System, das von Otto Neurath entwickelt wurde. Quelle: eigene Darstellung.

Tätigkeit beeinträchtigen. Etwa die Hälfte hat nicht mehr als einen Pflichtschul-abschluss und ist über 50 Jahre alt. Ein Drittel wurde in einem anderen Land geboren oder hat Eltern, die in einem anderen Land geboren wurden. Was die Durchschnittswerte nicht zeigen, ist die Diversität der Gruppe. Diese enthält Arbeitssuchende mit unterschiedlichsten Hintergründen: von jung bis alt, von Schulabbrecher*innen, denen der Berufseinstieg nicht gut geglückt ist, über Facharbeiter*innen, die nach langen, stabilen Karrieren plötzlich den Job ver-loren haben, bis hin zu Akademiker*innen und ehemaligen Unternehmer*in-nen, die nach einem Schicksalsschlag den beruflichen Wiedereinstieg nicht mehr geschafft haben.

Um die Arbeitsplatzgarantie zu evaluieren, stützen wir uns auf drei Vergleiche. Für den ersten Vergleich teilen wir die Teilnehmer*innen zufällig in zeitlich versetzten Wellen für den Start des Programms. Dabei vergleichen wir frü-her startende Teilnehmer*innen mit jenen, die noch nicht in das Programm gestartet sind. Der zweite Vergleich stützt sich auf eine vorregistrierte, syn-thetische Vergleichsgemeinde, also einen statistischen Durchschnitt anderer Gemeinden, die Gramatneusiedl exakt abbildet. Dafür haben wir auf Basis aller niederösterreichischen Gemeinden eine synthetische Gemeinde berechnet, die dem demografischen Profil und der Entwicklung der Arbeitslosenrate in Gramatneusiedl entspricht. Für den dritten Vergleich betrachten wir die Programmteilnehmer*innen und ähnliche langzeitarbeitslose Personen in Kontrollgemeinden. Durch den Vergleich der beiden Gruppen können wir Aussagen über die langfristige Wirkung des Programms auf die Teilnehmer*innen treffen. Diese drei Vergleiche ermöglichen es, direkte Effekte der Programmteilnahme, Antizipationseffekte für eine zukünftige Teilnahme am Programm sowie weitere Auswirkungen auf den Arbeitsmarkt festzustellen.

3. Die wirtschaftlichen und sozialen Auswirkungen

Unsere wichtigsten empirischen Ergebnisse lassen sich wie folgt zusammenfassen. Für den ersten Vergleich, also jenen zwischen aktuellen und zukünftigen Teilnehmer*innen sind drei Hauptergebnisse erwähnenswert: Erstens finden wir große positive Auswirkungen der Teilnahme auf das wirtschaftliche Wohlergehen (Einkommen, wirtschaftliche Sicherheit und Beschäftigung). Das ist erwartbar, aber nicht automatisch, da die Teilnahme am Programm freiwillig ist und diejenigen Personen, die die Teilnahme ablehnen, weiterhin Anspruch auf Arbeitslosengeld haben.

Zweitens finden wir starke positive Auswirkungen auf die sogenannten „latenten und manifesten Funktionen" der Arbeit, die auf Marie Jahodas Arbeit zurückgehen. Dazu gehören die Zeitaufteilung im Tagesverlauf, regelmäßige Aktivität, die sozialen Kontakte und Interaktionen sowie die soziale Anerkennung und inwiefern jemand Sinn im Leben sieht. Damit liefert die Evaluierung der MAGMA-Jobgarantie kausale Ergebnisse, die die zahlreichen Arbeiten in der Soziologie und Sozialpsychologie über die Bedeutung dieser nichtökonomischen Vorteile der Beschäftigung bestätigen. Bisher hatten diese Auswirkungen in ökonomischen Evaluierungen wenig Beachtung gefunden.

Drittens vergleichen wir den Effekt der Programmteilnahme mit einer Reihe von Indikatoren, bei denen keine kurzfristigen Effekte zu erwarten sind, einschließlich körperlicher Gesundheit und ökonomischer Präferenzen, wie etwa der Bereitschaft, Risiko einzugehen oder in die eigene Zukunft zu investieren. Wie erwartet, finden wir hier keine Veränderung, also Null-Effekte. Dieser „Placebo-Test" validiert die Ergebnisse insgesamt.

Beim Vergleich der Langzeitarbeitslosen in den Vergleichsgemeinden mit den Programmteilnehmer*innen finden wir größere Auswirkungen als im Vergleich der früheren und späteren Teilnehmer*innen innerhalb Gramatneusiedls. Dies deutet auf das Vorhandensein von Antizipationseffekten hin: Arbeitssuchende fühlen sich bereits besser, wenn sie die Aussicht auf einen Arbeitsplatz haben,

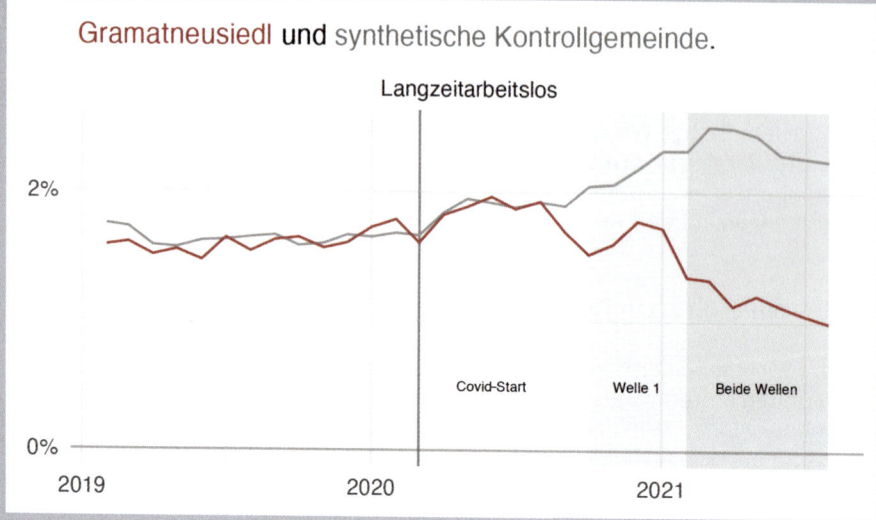

Quelle: eigene Darstellung.

noch bevor sie ihre eigentliche Arbeit starten. Diese Effekte treffen insbeson-dere auf Wohlbefinden, sozialen Status und zwischenmenschliche Interaktio-nen zu.

Betrachtet man die Ergebnisse über einen längeren Zeitraum, so sieht man, dass die anfänglich festgestellten Auswirkungen weitgehend bestehen bleiben und sich im Laufe der Zeit nur geringfügig abschwächen. Dies deutet darauf hin, dass die Vorteile eines garantierten Arbeitsplatzes nicht nur von anfäng-licher Euphorie stammen, sondern darüber hinaus bestehen bleiben.

Was die Effekte auf den Arbeitsmarkt betrifft, die wir mithilfe des synthetischen Kontrollansatzes ermitteln, finden wir, dass das Programm zu einer starken Verringerung der Arbeitslosigkeit auf Gemeindeebene führt. Dies wiederum ist auf die Beseitigung der Langzeitarbeitslosigkeit in Gramatneusiedl zurückzu-führen, wie in Abbildung 3 zu sehen ist. Während die Langzeitarbeitslosigkeit in Gramatneusiedl seit Projektbeginn erheblich zurückgegangen ist (rote Linie), stieg sie in den Vergleichsgemeinden. Die graue Linie zeigt dabei die Entwick-lung der Langzeitarbeitslosenrate in der synthetischen Vergleichsgemeinde, die dem Profil von Gramatneusiedl entspricht und auf Basis der anderen Gemein-den Niederösterreichs berechnet wurde. Der starke Rückgang der Langzeitarbeitslosigkeit ist angesichts des freiwilligen Charakters des Programms nicht automatisch und somit ein wichtiges Ergebnis.

Eine parallele Studie von Hannah Quinz und Jörg Flecker am Institut für Soziologie der Universität Wien basiert auf einem Mixed-Methods-Design und qualitativen Interviews. Auf der Grundlage ihrer Interviews ordnen sie die Programmteilnehmer*innen in drei Gruppen sogenannten „Idealtypen" zu. Gruppe A besteht aus langzeitarbeitslosen Teilnehmer*innen mit gesundheitlichen Problemen oder häufig unterbrochenen Beschäftigungsverläufen, die vor dem Programm die Hoffnung bereits aufgegeben haben, noch eine stabile Beschäftigung zu finden. Diese Personen sind dankbar für die Möglichkeit zur Teilnahme an der Arbeitsplatzgarantie. Gruppe B ist bestrebt, außerhalb des Programms wieder eine Beschäftigung zu finden, und konzentriert sich daher auf die Verbesserung ihrer Fähigkeiten. Im Gegensatz dazu hat Gruppe C aufgrund eines negativen Schocks in ihrem Leben bereits jegliche Hoffnung auf eine Wiederbeschäftigung aufgegeben und betrachtet den garantierten Arbeitsplatz als eine Form der individuellen Erfüllung und Überbrückungsmöglichkeit hin zum Ruhestand. Die Studie kommt zu dem Schluss, dass die positiven Auswirkungen des Programms davon abhängen, dass den Teilnehmer*innen Arbeit angeboten wird, die als sinnvoll empfunden wird, also ihrer individuellen Gesundheit und Lebenssituation Rechnung trägt.

4. Conclusio

Die Ergebnisse der Evaluierungen zeigen starke positive Auswirkungen der Teilnahme an der MAGMA-Arbeitsplatzgarantie auf das wirtschaftliche und soziale Wohlergehen der Teilnehmer*innen. Dazu zählen Beschäftigung, Einkommen, finanzielle Sicherheit wie auch soziale Anerkennung, Zeitstruktur, soziale Interaktionen und inwiefern jemand Sinn im Leben sieht. Gleichzeitig finden wir keine Auswirkungen auf die körperliche Gesundheit oder ökonomische Präferenzen. Für die Gemeinde können wir einen starken Rückgang der Langzeitarbeitslosigkeit feststellen. Es gibt Belege für positive Antizipationseffekte für künftige Programmteilnehmer*innen im Vergleich zu nicht anspruchsberechtigten Personen in den Kontrollgemeinden. Diese Effekte belegen, dass bereits die Aussicht auf einen Arbeitsplatz positive Auswirkungen auf das Wohlbefinden, den sozialen Status und die soziale Inklusion in die Gesellschaft hat. Gleichzeitig sind die positiven Auswirkungen beständig und gehen über die Anfangsphase des beruflichen Wiedereinstiegs hinaus. Teilnehmer*innen reagieren allerdings auf unterschiedliche Weise auf den neuen Arbeitsplatz: Während einige in erster Linie dankbar für die Möglichkeit zum beruflichen Wiedereinstieg sind, steht für andere die Sprungbrettfunktion für Jobs außerhalb des Programms im Vordergrund. Wieder andere möchten die Zeit bis zur Pensionierung mit sinnvollen

Tätigkeiten verbringen. Zentral erscheint jedenfalls, dass das Arbeitsangebot im Rahmen der Jobgarantie als sinnvoll empfunden wird – sowohl von den Teilnehmer*innen als auch vom Rest der der Gesellschaft.

Die MAGMA-Jobgarantie und ihre Evaluierungen liefern wichtige Erkenntnisse und Evidenz, auf denen eine fortschrittliche Arbeitsmarktpolitik aufbauen sollte. Vollbeschäftigung durch gute Arbeit sollte ein zentrales Ziel solcher Arbeitsmarktpolitik sein. Diese muss durch entsprechende Wirtschafts- und Sozialpolitik unterstützt werden. Gute Arbeit ist dabei nicht nur durch angemessene Löhne, sondern auch durch gute Arbeitsbedingungen, ein soziales Sicherheitsnetz und demokratische Arbeitsbeziehungen gekennzeichnet – und natürlich durch freiwillige Arbeitsaufnahme. Zahlreiche Studien belegen den positiven Zusammenhang zwischen guter Arbeit und Einkommen, wirtschaftlicher Sicherheit sowie sozialen Aspekten wie gesellschaftlichem Zusammenhalt, Lebenszufriedenheit und psychischer Gesundheit. Durch die MAGMA-Jobgarantie konnten die direkten Auswirkungen von Arbeit für Arbeitslose in einer international einzigartigen Feldstudie kausal evaluiert werden. Die bisherigen Ergebnisse bieten jedenfalls wichtige Evidenz für zukunftsweisende Arbeitsmarktpolitik.

LITERATUR

• Teile dieses Kapitels basieren auf einem übersetzten und adaptierten Auszug aus der Studie Employing the unemployed of Marienthal: Evaluation of a guaranteed job program von Maximilian Kasy und Lukas Lehner. Die vollständige Evaluierung ist online verfügbar:
https://maxkasy.github.io/home/files/papers/Jobguarantee_marienthal.pdf.
• Die Evaluierung Marienthal.reversed: The effects of a job guarantee in an Austrian town von Hannah Quinz und Jörg Flecker ist ebenso online verfügbar:
https://ucris.univie.ac.at/portal/files/305789164/QuinzFlecker_ConferencePaper_ILPC22_Marienthal.reversed.pdf.

FUNDAMENT FÜR DIE WIRTSCHAFT DER ZUKUNFT

Fachkräftemangel und was wir dagegen tun können

Walter Ruck

1. Die Wiener Wirtschaft und der Fachkräftemangel

Die heimische Wirtschaft wird trotz aller Widrigkeiten wieder auf die Überhol-
spur kommen. In Wien sind wir – auch dank der Diversität des Wirtschaftsstandorts und seiner Unternehmen – bisher besser durch schwierige Situationen gekommen als andere Standorte. Einmal mehr ist allerdings der eklatante
Mangel an Fachkräften ein drängendes Thema für die Wiener Unternehmen.
Dies ist ein zentraler Punkt, wenn wir aus Sicht der Wirtschaft über die Zukunft
der Arbeit sprechen.

Unser Wohlstand hat nur Bestand, wenn wir uns mit Qualität, Flexibilität,
Innovation und Kreativität auf den Weltmärkten positionieren können. Eine
wesentliche Voraussetzung dafür sind bestens ausgebildete Fachkräfte und
Spezialist*innen. Was positiv stimmt: In Wien haben die Lehrlingszahlen wieder
das Niveau von 2019 erreicht und teilweise übertroffen. Vor allem im Touris-
mus steigt die Zahl der Lehranfänger*innen deutlich. Die erfreulichen Zahlen
sollen aber nicht darüber hinwegtäuschen, dass in Wien viele Lehrstellen nicht
besetzt werden können – sei es im Handel, im Gewerbe, in der IT, aber auch in
technischen Berufen. Es ist daher wichtig, die Lehre attraktiver zu machen.

Als Interessenvertretung der Unternehmen treiben wir die Lehre und die
Modernisierung der Berufsausbildung – Stichwort Digitalisierung – permanent
voran. Denn unsere Betriebe brauchen bestens ausgebildete Fachkräfte und
die Menschen Arbeitsplätze mit Zukunft.

Das aktuelle und künftige Angebot an Arbeitskräften in Wien ist abhängig von
mehreren unterschiedlichen Faktoren, wie der demografischen Entwicklung
durch Geburten und Zuwanderung, der Altersstruktur und Qualifikation der
Bevölkerung sowie der Situation auf dem Arbeitsmarkt.

Vor allem in technischen Berufen sind Fachkräfte stark nachgefragt.

1.1 Demografische Entwicklung in Wien

In Wien leben rund 1,9 Millionen Menschen, das sind 21,5 Prozent der gesamten österreichischen Bevölkerung. Innerhalb der vergangenen zehn Jahre wuchs die Einwohner*innenzahl Wiens um knapp 13 Prozent, das ist fast doppelt so stark wie der bundesweite Anstieg in diesem Zeitraum (+6,6 Prozent). Pro Jahr gab es durchschnittlich rund 22.000 Wiener*innen mehr. Der hohe Wert ist auch der Flüchtlingskrise um das Jahr 2015 geschuldet. Zuletzt war der Bevölkerungszuwachs mit knapp 12.000 Personen fast nur noch halb so hoch. Prognosen der Statistik Austria gehen davon aus, dass bis spätestens 2027 die Marke von zwei Millionen Einwohner*innen erreicht werden wird.

Laut Bevölkerungsprognose 2022 von Statistik Austria wird die Wiener Bevölkerung bis 2040 um 8,7 Prozent (2021 vs. 2040) weiterwachsen. Im bundesweiten Vergleich bleibt das Wachstum damit überdurchschnittlich (Österreich: 5,7 Prozent). Dabei nimmt der Anteil des Erwerbspotenzials (Bevölkerung im Alter von 15 bis 64 Jahren) an der Wiener Gesamtbevölkerung immer weiter ab.

Der Bevölkerungszuwachs konzentriert sich mit +35,5 Prozent vor allem auf die Personengruppe ab 65 Jahren. In den kommenden knapp 20 Jahren wird damit der Anteil der Pensionist*innen in Wien auf über ein Fünftel ansteigen, da die starken Babyboom-Jahrgänge in diese Altersgruppe weiter nachrücken. Während der Anteil an Kindern (unter 15 Jahren) stagniert, schrumpft der Anteil des Erwerbspotenzials. Die demografische Quote sinkt daher sukzessive, ab 2035 werden auf jeden*jede Wiener*in im Pensionsalter weniger als zwei Personen im Haupterwerbsalter kommen.

Dennoch wird in Wien – im Gegensatz zu allen anderen Bundesländern – die Bevölkerung im erwerbsfähigen Alter um 2,3 Prozent weiter steigen (Österreich: –4,8 Prozent Veränderung 2021 zu 2040).

1.1.1 Bevölkerungsentwicklung nach Komponenten

Weiterhin ist die Zuwanderung aus dem Ausland Haupttreiber des Bevölkerungswachstums der Hauptstadt. Seit Erreichen des Peaks 2015 durch die Flüchtlingskrise ist die Zuwanderungsbilanz jedoch rückläufig, was laut Prognose der Statistik Austria bis 2040 auch so bleiben wird. In die andere Richtung geht die prognostizierte Entwicklung bei den Geburten. Nach dem Corona-bedingten Einbruch 2020 sollte sich die Bevölkerungszunahme durch Geburten zukünftig wieder stabilisieren. Aktuell beträgt das Verhältnis des Einwohner*innenzuwachses durch Geburten und Migration aus dem Ausland fast 1:10, bis 2040 sollte sich das Verhältnis auf 1:2 verringern.

Bei Betrachtung der Binnenwanderungen ist eine deutlich gegenläufige Entwicklung festzustellen: Es wandern immer mehr Wiener*innen in andere Bundesländer ab, als Menschen aus den Bundesländern in die Hauptstadt zuziehen. Jährlich übersiedeln fast 40.000 Personen aus Wien in andere Bundesländer. Dieses Phänomen der Stadtflucht bestand bereits vor Corona und wird sich in Zukunft weiter verstärken.

Die Erwerbspersonen werden zukünftig älter sein, und es werden mehr Frauen darunter sein. In knapp 30 Jahren wird es fast 30 Prozent Erwerbstätige im Alter von 50 Jahren oder darüber geben. Aufgrund des ab 2024 steigenden Frauenpensionsalters von 60 auf 65 Jahre, wird der Anteil erwerbstätiger Frauen bis 2050 gegenüber Männern deutlich steigen.

1.2 Die Situation auf dem Wiener Arbeitsmarkt

Nach dem Ende der Finanzkrise war stets ein leichtes Beschäftigungswachstum in Wien zu verzeichnen. Von 2011 bis 2019 stieg die Zahl der unselbstständig Beschäftigten pro Jahr im Schnitt um 1,4 Prozent und lag damit auf österreichweitem Niveau. Mit Ausbruch der COVID-19-Pandemie brach die Entwicklung im Jahr 2020 um 2,5 Prozent – trotz der Gegenmaßnahme Kurzarbeit – überdurchschnittlich ein. Der Rebound erfolge jedoch unmittelbar im darauffolgenden Jahr mit einem Zuwachs von 3,1 Prozent. Über die kommenden Jahre sollten die Wachstumsraten dann wieder mäßiger werden, aber – abgesehen von weiteren pandemie- oder durch sonstige Krisen bedingten Einbrüchen – weitgehend stabil bleiben.[1]

Fast schon spiegelverkehrt zeigt sich im Vergleich die Entwicklung der Bevölkerung im Haupterwerbsalter. Seit 2015 sind die Wachstumsraten sukzessive rückläufig. Prognosen erwarten für die nahe Zukunft eine längere Stagnationsphase. Diese Entwicklungen deuten darauf hin, dass der Gesamtpool des Arbeitskräfteangebotes – insbesondere angesichts einer absehbaren wieder deutlich wachsenden Arbeitskräftenachfrage nach Ende der pandemiebedingten Wirtschaftskrise – zunehmend schrumpft. Das Erwerbspotenzial stagniert in den nächsten Jahren, während die Beschäftigung steigt.[2]

Wie auch schon die demografische Entwicklung, wird das Beschäftigungswachstum überwiegend durch den Zuwachs bei Nicht-Österreicher*innen getragen: Die Zahl der unselbstständigen Erwerbstätigen in dieser Personengruppe stieg in den letzten zehn Jahren pro Jahr um durchschnittlich knapp 5 Prozent. Bei den Inländer*innen dagegen stagnierte die Beschäftigung im langjährigen Durchschnitt.

1.2.1 Faktor Arbeitslosigkeit

Mit dem letzten Konjunkturaufschwung war die Zahl der Arbeitslosen laut AMS in Wien erstmals im Jahresdurchschnitt 2017 wieder leicht rückläufig. In den folgenden Jahren verstärkte sich der Rückgang und erreichte fast 5 Prozent, wodurch die Arbeitslosenquote auf 14 Prozent gedrückt werden konnte, zuletzt wurde dieses Niveau 2013 erreicht. Durch den Corona-Ausbruch 2020 stieg die Zahl der Arbeitslosen kurzfristig um fast ein Viertel, doch bereits ein Jahr später erfolgte wieder ein Rückgang um fast 9 Prozent, die Arbeitslosenquote pendelte sich bei 15,4 Prozent ein.

Die Gegenüberstellung von Arbeitsangebot (beim AMS gemeldete Stellen) und Arbeitsnachfrage in Bezug auf die Bildungsqualifikation zeigt, dass am ehesten ein Engpass im Bereich der mittleren Ausbildung besteht. Auch der Blick auf die Offene-Stellen-Erhebung von Statistik Austria, welche über die beim AMS gemeldeten offenen Stellen hinausgeht, zeigt, dass zumindest die österreichweite Verteilung in Bezug auf die Qualifikation ungefähr jener der Arbeitskräftenachfrage entspricht.

Daher kann kein genereller Mismatch von Arbeitskräfteangebot und -nachfrage in Wien anhand des allgemeinen Bildungsniveaus festgestellt werden. Das Ungleichgewicht muss daher in der fachspezifischen Ausbildung gesucht werden.

1.2.2 Fachkräftemangel nach Branchen und Qualifikation

Aufgrund des ausgedünnten Arbeitsmarktes sind gute Mitarbeiter*innen rar. Wir steuern auf einen verstärkten Arbeitskräfte- und auch einen Fachkräftemangel hin. Die regelmäßig durchgeführte ibw-Studie „Unternehmensbefragung zum Fachkräftebedarf/-mangel" zeigt in ihrer Ausgabe von 2021 für Wien hier ein klares Bild. 60 Prozent aller Unternehmen geben an, sehr stark bzw. eher stark von einem Mangel an Fachkräften betroffen zu sein. Auch der Ausblick ist nicht rosig: 49 Prozent der Wiener Unternehmen – und damit fast jeder zweite Betrieb – glauben, dass der Fachkräftemangel künftig sehr stark zunehmen wird; jeder fünfte Betrieb meint, dass dieser etwas zunehmen wird.

Gefragt nach den Ursachen des Fachkräftemangels nennen 90 Prozent als Hauptursache den Mangel an fachlich geeigneten Bewerber*innen. Weiters sehen 80 Prozent generell einen großen Fachkräftebedarf in der Region Wien. Und dieser zieht sich durch alle Branchenbereiche, in Wien sind es besonders Handwerksberufe, Technikerberufe und der IKT-Bereich. Der Fachkräftebedarf zieht sich auch durch alle Bildungsqualifikationen, am stärksten ist er im Bereich der Lehrausbildung.

Gelingt es also nicht, jetzt entschieden gegenzusteuern, wird die Innovationskraft in Wien – genauso aber auch der Dienstleistungssektor – in naher Zukunft immer stärker unter dem Fachkräftemangel zu leiden haben. Zusätzlich verschärft wird die Situation durch die steigende Anzahl von Menschen nach ihrer erwerbstätigen Lebensphase, die durch den Generationenvertrag immer schwerer zu unterstützen sein werden.

2. Bildungsbedarf aus Sicht der Wiener Unternehmen

Bildung ist ein zentraler Punkt in der Arbeit der Wirtschaftskammer Wien. Bildungspolitik bildet hier ebenso einen Eckpfeiler wie die Bildungs- und Berufsinformation, Beratung und Unterstützung zu Lehre und Förderungen sowie Meister- und Befähigungsprüfungen. Aus- und Weiterbildung ist uns besonders wichtig – die Wirtschaftskammer Wien ist der Top-Anbieter beruflicher Aus- und Weiterbildung und der größte private Bildungsanbieter. Jährlich profitieren über 80.000 Menschen vom Bildungsangebot der Wirtschaftskammer Wien.

Unser Wohlstand hat nur dann Bestand, wenn wir uns mit Qualität, Flexibilität, Innovation und Kreativität auf den Weltmärkten positionieren können.

Eine wesentliche Voraussetzung dafür sind bestens ausgebildete Fachkräfte und Spezialist*innen. Um das sicherzustellen, muss vor allem das Schulsystem grundlegend reformiert werden.

Seit 2013 führt die Wirtschaftskammer Wien in regelmäßigem Rhythmus die Bildungsbedarfsanalyse durch, zuletzt 2022.[3] Dazu werden die beschäftigtenstärksten Wiener Unternehmen befragt. Die Bildungsbedarfsanalyse soll den derzeitigen Stand der Beschäftigten und deren Bildungshintergrund sowie die mittelfristigen Erwartungen der Unternehmen darstellen und Probleme in den einzelnen Ausbildungskategorien aufzeigen. Dazu wurden insgesamt 925 Betriebe, die rund 60.000 Arbeitnehmer*innen beschäftigen, befragt. Im Folgenden die Kernergebnisse:

In den Antworten der Unternehmen sieht man einmal mehr, dass Fachkräfte sehr begehrt sind. In nahezu allen Ausbildungen/Schultypen gibt es gegenüber der letzten Befragung 2019 eine deutlich höhere Nachfrage nach qualifizierten Beschäftigten.

Gefragt nach den Bereichen, in denen es in den nächsten drei bis fünf Jahren zu einem erhöhten Fachkräftebedarf kommen wird, sehen 72 Prozent hier den Bereich Pflege/Gesundheit, 58 Prozent den Bereich Digitalisierung und 50 Prozent den Bereich Energiewende/Dekarbonisierung.

Zwei Drittel der Unternehmen beschäftigen übrigens ungelernte Kräfte. 20 Prozent der Unternehmen erwarten, dass diese Zahl der Beschäftigten mittelfristig steigen wird.

2.1 Mehr Lehrlinge

Die ausbildenden Unternehmen erwarten sich auch in den nächsten drei bis fünf Jahren eine starke Steigerung der Lehrlingszahlen. 42 Prozent, 2019 waren es noch 27 Prozent, wollen mehr Lehrlinge ausbilden, sehen allerdings das Angebot auf dem Arbeitsmarkt kritisch – fast die Hälfte (2019: 35 Prozent) sehen hier ein Unterangebot, wünschen sich also qualitativ bessere Lehrstellenbewerber*innen. Das Bildungsniveau der Bewerber*innen um eine Lehrstelle bleibt für 59 Prozent weiter schlecht. In der Folge konnten mittlerweile fast 30 Prozent der befragten Lehrbetriebe ihre offenen Lehrstellen nicht besetzen.

Gefragt nach Verbesserungen in der Lehrlingsausbildung wünschen sich die Unternehmen eine generelle Imageverbesserung der Lehre. Die ausbildenden Betriebe sehen klar die Vorteile der Lehre, um für die Zukunft die Fachkräfte zu erhalten, die genau für den Betrieb passen.

HTL-Absolvent*innen sind enorm gefragt.

2.2 Einschätzung der Schulbildung

Polytechnische Schulen/Fachmittelschulen haben für 64 Prozent der Unternehmen ein schlechtes Niveau. Die Betriebe wünschen sich als Verbesserung, dass das Verlassen der Schule erst bei Erreichen der Mindestbildungsstandards erfolgen darf, bzw. eine stärkere Kombination von Schul- und Berufsausbildung.

Erwartet wird, dass der Bedarf an Absolvent*innen von Berufsbildenden mittleren Schulen und Fachschulen mittelfristig um 11 Prozent bei den technischen und um 19 Prozent bei den kaufmännischen Schulen steigt. Die Unternehmen wünschen sich in der Schule einen stärkeren Praxisbezug in der Ausbildung.

Zwei Drittel der Unternehmen beschäftigen AHS-Absolvent*innen; der Bedarf wird deutlich steigen – auf 21 Prozent (2019: 12 Prozent). Bei der AHS besteht aus Sicht der Unternehmen Verbesserungsbedarf hinsichtlich einer verstärkten Berufsorientierung (das sagen 26 Prozent) und mehr Digitalisierung (21 Prozent). Der Anteil an HAK-Absolvent*innen sollte mittelfristig um 16 Prozent steigen. 2019 lag die Einschätzung bei 10 Prozent. 44 Prozent der Unternehmen sind mit dieser Ausbildungsform zufrieden. 20 Prozent wünschen sich eine praxisbezogenere Ausbildung.

HTL-Absolvent*innen bleiben in der Wiener Wirtschaft weiter sehr begehrt. 35 Prozent der Unternehmen wollen in den kommenden drei bis fünf Jahren mehr HTL-Abgänger*innen einstellen (2019: 23 Prozent). Derzeit herrscht aus Sicht von 37 Prozent der Betriebe ein Mangel an HTL-Absolvent*innen. Insbesondere in den Bereichen Informatik und Elektrotechnik/Elektronik suchen die Unternehmen Mitarbeiter*innen. Gefragt nach Verbesserungsvorschlägen für die HTL geben 37 Prozent der Unternehmen an, dass die HTL so bleiben soll wie bisher. Verbessern bzw. ausbauen lassen sich für 22 Prozent die praxisbezogene Ausbildung sowie Kooperationen mit Unternehmen.

2.3 FH und Universitäten

Auch Fachhochschulabsolvent*innen sind stark gefragt. 37 Prozent (2019: 30 Prozent) der Unternehmen erwarten in den nächsten drei bis fünf Jahren eine Steigerung der Nachfrage. Das Angebot an FH-Absolvent*innen passt für die Unternehmen hier nicht. Für über 27 Prozent sind zu wenige FH-Absolvent*innen auf dem Markt. Gefragt ist vor allem der Bereich Ingenieurwissenschaften (Technik) und Informatik. 43 Prozent der Unternehmen sehen keinen Verbesserungsbedarf bei den Fachhochschulen. Immerhin 17 Prozent wünschen sich mehr Praxis in der Ausbildung.

30 Prozent der Betriebe erwartet einen Zuwachs der Nachfrage bei den Universitätsabsolvent*innen (2019: 21 Prozent). Gefragt sind insbesondere Absolvent*innen von Ingenieurswissenschaften und Informatiker*innen. Zu viele Absolvent*innen gibt es aus Sicht der Unternehmen in Geistes- und Kulturwissenschaften. Gefragt nach Verbesserungsvorschlägen wünschen sich die Unternehmen vor allem eine praxisbezogene Ausbildung der Student*innen.

2.4 Fortbildung und Schulung

In 91 Prozent der Unternehmen werden Mitarbeiter*innen geschult. In 7 Prozent der Betriebe sind es sogar mehr als zehn Tage pro Jahr. In mehr als einem Viertel der Unternehmen ist die Dauer der Weiterbildungs- und Schulungstage in den letzten drei Jahren gestiegen, in 2 Prozent der Betriebe sogar um mehr als 50 Prozent. Schulungstage werden am stärksten im IT- bzw. EDV-Bereich zunehmen (das meinen 38 Prozent der Unternehmen) sowie in der Persönlichkeitsentwicklung und im Bereich der Soft Skills (28 Prozent).

3. Erkenntnisse für die Zukunft

Dem Fachkräftemangel muss kurz- und langfristig entgegengewirkt werden, um den Unternehmen heute und in Zukunft Wachstum und Innovationskraft ermöglichen zu können. Gerade in einer Dienstleistungsgesellschaft wie der unseren, muss der kontinuierliche Nachwuchs an hoch qualifizierten Arbeitskräften gesichert werden, um das Gesellschafts- und Wirtschaftssystem aufrechterhalten zu können.

In der Wirtschaftskammer Wien haben wir daher ein umfangreiches Programm entwickelt, das sich all dieser Herausforderungen annimmt. Beruhend auf vier Säulen werden Anreize geschaffen, um sowohl den aktuellen Fachkräftebedarf zu decken als auch mittelfristig und langfristig die Versorgung des Arbeitsmarktes mit gut ausgebildeten Expertinnen*Experten zu sichern.

3.1 Säule 1: Lehre und Bildung

Die Fachkräfte von morgen müssen heute ausgebildet werden. In unserem erfolgreichen Bildungssystem gibt es zahlreiche Wege, um sich auf den Beruf vorzubereiten. Einer davon ist die Lehre, aber auch praxisnahe Schulbildungen, wie etwa in HTL und natürlich der universitäre bzw. Fachhochschulbereich bereiten auf das künftige Berufsleben vor.

Nicht jeder dieser möglichen Wege scheint aber gleich attraktiv für die potenziellen Fachkräfte. Gerade im Bereich der Lehre müssen große Anstrengungen unternommen werden, um sie zu attraktivieren – nicht nur für die Lehrlinge, sondern auch für die Ausbildungsbetriebe, die zur Schaffung zusätzlicher Lehrstellen motiviert werden müssen. Die Lehrlingsausbildung ist nach wie vor eine der wichtigsten Triebfedern der Wirtschaft. Mit weiteren Anreizen kann die Zahl der Wiener Lehrlinge erhöht werden.

3.1.1 Kommunalsteuer refundieren

Der umfassenden Bedeutung der Lehrlingsausbildung folgend, fördern bereits zahlreiche Gemeinden und Städte die Schaffung von Lehrstellen finanziell. Um einen unmittelbaren Anreiz zu setzen, wird in diesen Fällen die Kommunalsteuer auf Lehrverhältnisse von den Kommunen erstattet.

Das gesamte Kommunalsteueraufkommen in Wien ist seit 2009, ausgehend von rund 630 Millionen Euro, kontinuierlich gestiegen und soll laut Voranschlag 2022 rund 904 Millionen Euro betragen. Der Anteil der Kommunalsteuer für Lehrlingsentschädigungen liegt mit rund fünf Millionen Euro bei einem halben Prozent des Kommunalsteuergesamtaufkommens.[4] Die Refundierung der Kommunalsteuer für Lehrverhältnisse würde daher eine vernachlässigbare Größe für das Wiener Gesamtbudget darstellen.

Für einen Ausbildungsbetrieb allerdings würde eine Refundierung der Kommunalsteuer insgesamt eine Ersparnis von mehr als 1.000 Euro pro Lehrling über eine dreijährige Lehrzeit bedeuten (unter der Annahme einer Lehrlingsentschädigung von durchschnittlich 850 Euro pro Monat über drei Jahre).

3.1.2 Stipendien für Erwachsene

Die Lehrlingsentschädigung ist nicht so konzipiert, dass Lehrlinge alleine davon ihren Lebensunterhalt bestreiten können – ein Problem besonders für ältere Lehrlinge, die finanziell auf eigenen Beinen stehen müssen. Bestehende Förderungen (Fachkräftestipendium, WAFF-Bildungskonto) zielen nur auf einzelne Kursmaßnahmen ab (keine monatliche Zahlung). Erwachsene Lehrlinge, die erstmals eine Lehrausbildung starten, sollten aus den Mitteln für das Fachkräftestipendium die Differenz zwischen der Lehrlingsentschädigung und der Mindestkollektivvertragsentlohnung erhalten. Dieses Lehrlings-Stipendium sollte zwölfmal pro Jahr netto direkt an den Lehrling ausbezahlt werden.

3.1.3 Weitere Modernisierung

Die Modernisierung traditioneller Lehrberufe und die Entwicklung neuer, moderner Lehrausbildungen sollten weiter forciert werden. Das Thema Digitalisierung und Nachhaltigkeit spielt dabei eine zentrale Rolle – jeder Lehrberuf muss um zeitgemäße, digitale Inhalte und Aspekte ergänzt werden. Auch die Berufsschullehrpläne sind entsprechend den Anforderungen der modernen Wirtschaft zu adaptieren.

3.1.4 Erwachsenenbildung

Bildung ist ein lebenslanger Prozess. Eine Investition in die Erwachsenenbildung und in das lebenslange Lernen ist eine Investition in die Zukunft. Aus diesem Grund rentiert sich jede Förderung in diesem Bereich doppelt, da einerseits das Ausbildungsniveau der Person, andererseits aber auch das Fachkräfteangebot im Gesamten erhöht wird. Fachkräfte sollten daher auch durch Umschulungen und Weiterbildungen von bewährten Mitarbeiter*innen gewonnen werden. Um diese Entwicklung zu fördern, müssen Anreize auf mehreren Ebenen gesetzt werden.

Betriebliche Bildungsmaßnahmen sollen steuerlich durch die Wiedereinführung einer Bildungsprämie und eines Bildungsfreibetrages unterstützt werden. Die Förderlandschaft im Bildungsbereich sollte österreichweit vereinheitlicht werden, mit entsprechender Möglichkeit einer länderübergreifenden Inanspruchnahme. Vor allem im Bereich Digitalisierung muss weiter investiert werden. Eine laufende Aus- und Weiterbildung der Mitarbeiter*innen in diesem Bereich ist von entscheidender Bedeutung für den künftigen wirtschaftlichen Erfolg.

3.1.5 Bildungskarenz plus

Um dringend benötigte Arbeitskräfte im Unternehmen zu halten und unter attraktiven Konditionen weiterzubilden, sollte eine „Bildungskarenz plus" eingeführt werden. Das Unternehmen sollte dabei für die entstehenden Aus- bzw. Weiterbildungskosten für die in Bildungsteilzeit/-karenz befindlichen Arbeitnehmer*innen eine Förderung erhalten. Die Vorteile: Mitarbeiter*innen bleiben dem Unternehmen vor allem während konjunkturschwachen Phasen erhalten und können während dieser Zeit entsprechend den zukünftigen Bedürfnissen der Unternehmen gut ausgebildet werden.

3.1.6 Verbesserter Hochschulzugang

Als weiterer Beitrag zur Aufwertung der Lehre sollen Lehrlinge nach erfolgreicher Absolvierung der Lehrabschlussprüfung in für ihren Lehrberuf einschlägigen Studienfächern ohne Studienberechtigungsprüfung studieren können. Der*die Lehrabsolvent*in erhält folglich eine eingeschränkte Hochschulreife. Beispiel: Der Lehrabschluss in Metalltechnik – Maschinenbautechnik sollte in der Folge zum Studium an der Technischen Universität, Studienrichtung Maschinenbau berechtigen. Dies würde im Besonderen zu einer höheren Qualifikation der Facharbeiter*innen, einer Attraktivierung der Lehre und zu mehr Studierenden in den dringend benötigten MINT-Fächern führen.

3.2 Säule 2: Zuzug von potenziellen Arbeitskräften

Während mit Reformen in der Schul- und Ausbildung vor allem dem Fachkräftemangel der Zukunft begegnet werden kann, kann ein aktueller Bedarf an qualifizierten Mitarbeiter*innen zum Teil auch durch Zuzug abgedeckt werden. Ein wichtiger Ansatzpunkt hierbei ist der Zuzug geeigneter Arbeitskräfte aus dem Ausland. Während Arbeitnehmer*innen aus dem EU-Binnenraum aufgrund der Arbeitsfreizügigkeit keinerlei Hürden im Wege stehen, müssen potenzielle Arbeitskräfte aus Drittländern eine Arbeits- bzw. Aufenthaltsgenehmigung erlangen. Dies wurde mit der Rot-Weiß-Rot-Karte möglich gemacht, jedoch hält sich der Erfolg noch in Grenzen.

Aufgrund des immer stärker wirkenden Fachkräftemangels in vielen Branchen ist der Säule 2 erhöhte Bedeutung zuzumessen. Wie auch die Politik mittlerweile erkannt hat, ist es Zeit, kluge Reformen anzugehen. Im Sommer 2022 wurden bereits erste positive Reformen beschlossen. So kommt es durch die Reform der Rot-Weiß-Rot-Karte zu schnelleren Abwicklungen der Verfahren, erleichterten berufsgruppenspezifischen Voraussetzungskriterien und zu Erleichterungen für Saisonbeschäftigte.

Offen bleibt, wie sich die Änderungen auf die Zuwanderungen auswirken. Insbesondere ist auf eine einheitliche Auslegung in ganz Österreich zu achten.

3.2.1 Reform der Rot-Weiß-Rot-Karte

Das System der Rot-Weiß-Rot-Karte besteht darin, dass nur solche Personen nach Österreich einwandern sollen, die eine entsprechende qualifizierte Ausbildung vorweisen können und die bereits ein ihrer Qualifikation entsprechendes Stellenangebot haben.

Insbesondere die Antragsmodalitäten und die starren Kriterien für die Rot-Weiß-Rot-Karte haben sich oft als Hemmschuhe herausgestellt. Es zeigt sich, dass einerseits viele Bewerber*innen die Kriterien nicht erfüllen und deshalb deren Antrag negativ beschieden wird. Auf der anderen Seite ist auch die Zahl der Bewerber*innen geringer als prognostiziert, was daran liegen dürfte, dass viele potenzielle Fachkräfte durch die hohen Anforderungen für die Rot-Weiß-Rot-Karte schon im Vorfeld abgeschreckt werden.

Daher gilt es bei mehreren zentralen Punkten anzusetzen. Die Frage, ob Zuwanderungswillige tatsächlich die notwendigen Kompetenzen und Qualifikationen vorweisen können, muss bereits zu dem Zeitpunkt nachvollziehbar und transparent beantwortet werden können, zu dem der Antrag auf die RWR-Karte gestellt wird. Auch für die österreichischen Betriebe ist es dringend notwendig, dass eine Art „Landkarte" erstellt wird, die zumindest in Bezug auf solche europäischen Länder, die nicht Mitglied der EU sind, aufzeigt, welche Ausbildungen den Anforderungen der RWR-Karte entsprechen. Dabei wären unter Berücksichtigung aller fachlichen Aspekte im Zweifelsfall entsprechend großzügige Beurteilungen und Einschätzungen vorzunehmen – Stichwort „Mangelberufe". Zudem sollte die RWR-Karte in ein eigenes Gesetz für qualifizierte Zuwanderung überführt werden.

3.2.2 Rot-Weiß-Rot-Karte für Lehrlinge

Vor dem Hintergrund, dass die ursprünglich bei der Einführung 2011 geplanten 8.000 Zuzüge pro Jahr bei Weitem verfehlt wurden, sollte ergänzend auch eine Rot-Weiß-Rot-Karte für Lehrlinge eingeführt werden, um dem Lehrlings- und Fachkräftemangel zu begegnen. Dadurch wäre es Ausländer*innen aus Drittstatten erlaubt, sich in einem Lehrberuf ausbilden zu lassen, in dem ein Lehrlingsmangel besteht.

Lehrstellenbewerber*innen, die nur die Pflichtschule absolviert haben, sollen mittels eines eigenen Kompetenzchecks nachweisen können, dass sie die nötigen Kenntnisse für eine Lehre mitbringen. Auszuloten wären Stärken/Schwächen in Bereichen wie Rechnen, Konzentration, Logik, Englisch, technisches Grundverständnis.

Vor dem Hintergrund des Fachkräftemangels und der Investitionen in die Ausbildung durch die Unternehmen ist die Möglichkeit eines unbefristeten Aufenthaltes auch solcher, bereits in Österreich ausgebildeter zugewanderter Lehrlinge durch eine Reform der RWR-Karte essenziell, damit Fachkräfte nicht wieder verloren gehen.

3.3 Säule 3: Bestehende Potenziale nutzen

Wenn wir von Fachkräftemangel sprechen, ist damit der Arbeitsmarkt gemeint: Zu wenig ausgebildete Personen stehen dort zur Verfügung. Doch es gibt weit mehr Personen in Österreich, die die nötigen Fähigkeiten haben, um die Lücke zwischen Nachfrage und Angebot zu schließen.

Durch attraktivere Angebote sollen diese Personen motiviert werden, ihre Kenntnisse wieder verstärkt den Unternehmen zur Verfügung zu stellen – etwa durch Tätigkeiten neben der Pension oder Aufstockung der Stundenzahl von Teilzeitkräften.

3.3.1 Mehr Vollzeit statt Teilzeit

Einen Beitrag zur Linderung des Fachkräftemangels kann auch die Umwandlung von Teilzeit- in Vollzeitbeschäftigung leisten. Die Teilzeitbeschäftigung boomt seit vielen Jahren. Die Teilzeitquote liegt laut Mikrozensus-Arbeitskräfteerhebung der Statistik Austria 2021 deutlich höher als noch vor zehn Jahren und beläuft sich im Jahre 2020 auf 27,9 Prozent, das sind rund 1,2 Millionen Teilzeitkräfte. Angesichts der Corona-Pandemie und eines Bedeutungsverlusts der Erwerbsarbeit bei jüngeren Menschen in Bezug auf die Work-Life-Balance ist das Bedürfnis nach Teilzeitarbeit weiter gestiegen. Und: Teilzeitbeschäftigung ist vor allem nach wie vor ein Frauenphänomen. Vor allem bei Frauen ist der wesentliche Grund für Teilzeitarbeit die Kinderbetreuung.

Um mehr Menschen von Teilzeit- in Vollzeitbeschäftigung zu bringen, schlagen wir drei Maßnahmen vor: Ausbau der Kinderbetreuungsmöglichkeiten, insbesondere zu den Randzeiten müssen mehr Kindergärten geöffnet haben. Zusätzlich zum Familienbonus plus sollte eine aliquotierte – zwischen 20 und 40 Stunden – steuerliche Abzugsfähigkeit der entstandenen Betreuungskosten eingeführt werden. Voraussetzung ist, dass die höheren Arbeitszeiten über einen Zeitraum von drei Jahre geleistet werden. Für Geringverdiener*innen, für die die steuerliche Absetzbarkeit ins Leere geht, könnte ein finanzieller Anreiz durch Zahlung einer Prämie bei (Teil-)Verzicht auf Teilzeitarbeit gewährt werden.

3.3.2 Mehr ältere Menschen im Erwerbsleben

Derzeit beträgt das gesetzliche Pensionsantrittsalter für die Alterspension für Männer 65 und für Frauen 60 Jahre. Ab dem Jahr 2024 wird das Antrittsalter für Frauen jährlich um sechs Monate erhöht, bis es ab dem Jahr 2033 jenem der Männer mit 65 Jahren angeglichen ist. Allerdings lag das durchschnittliche Pensionsantrittsalter laut Sozialministerium im Jahr 2021 bei Männern bei 61,9 Jahren und bei Frauen bei 59,9 Jahren.

In Anbetracht dieser Umstände liegt es auf der Hand, dass den Unternehmen durch das im internationalen Vergleich frühere „Zur-Ruhe-Setzen" älterer Mitarbeiter*innen oftmals wertvolles Know-how verloren geht, das in einer Phase eines generellen Fachkräftemangels umso schwieriger ersetzbar ist. Es muss daher für Unternehmen und Arbeitnehmer*innen attraktiver werden, den Pensionsantritt „nach hinten" zu verschieben.

Langfristig muss eine Gestaltung des Pensionsrechtes dahin gehend überlegt werden, dass die Mehrarbeit über das Regelpensionsalter hinaus mit spürbaren Zuschlägen für die Pensionshöhe belohnt wird. Kurzfristig, insbesondere im Hinblick auf den Fachkräftemangel, kann die Attraktivität einer längeren Erwerbstätigkeit durch einen Steuerfreibetrag gesteigert werden. Für Erwerbstätigkeiten, die nach dem Erreichen des Regelpensionsalters im Rahmen eines Dienstverhältnisses ausgeübt werden, soll ein besonderer Steuerfreibetrag vorgesehen werden.

3.4 Säule 4: Unterrichts- und Schulbauoffensive

Die Schule bereitet uns auf das Leben vor. Und um uns bestmöglich darauf vorzubereiten und um später alle Potenziale nutzen zu können, muss die Schulbildung die bestmögliche sein. Unser Schulsystem bedarf, um diesem Anspruch gerecht werden zu können, einiger Adaptierungen: Die Infrastruktur muss erneuert werden, und die Lehrpläne sind den tatsächlichen Lebensmodalitäten unserer Zeit anzupassen. Essenziell ist hierbei die Stärkung der Wirtschaftsausbildung in allen Schulstufen.

3.4.1 Bildungspflicht statt Schulpflicht

Die Schulpflicht einfach abzusitzen reicht nicht. Schulabgänger*innen müssen die Grundkompetenzen ausreichend beherrschen – was derzeit oft nicht der

Talente durch Checks entdecken und fördern.

Fall ist, wie auch die Bildungsbedarfsanalyse zeigt. Bei den Bildungsstandards in den Grundfächern schneidet Wien laut Erhebungen des Bundesinstituts für Bildungsforschung regelmäßig als schlechtestes Bundesland ab, rund 15 Prozent erreichen das Mindestniveau nicht.

Die Wirtschaftskammer Wien fordert seit Langem, die derzeitige Schulpflicht durch eine Bildungspflicht zu ersetzen. Schüler*innen sollten erst dann einen Schulabschluss bekommen und die Schule verlassen dürfen, wenn sie in den Kernfächern (v. a. Deutsch, Mathematik, Englisch, aber auch digitales und Wirtschaftswissen) bestimmte Bildungsziele erfüllen. So wird ein Mindest-Bildungsniveau und somit ein Mindest-Ausbildungsniveau für den Lehrbeginn sichergestellt.

3.4.2 Mehr Wirtschaft in die Schulen

Schule vermittelt derzeit zu wenig Wirtschaftskompetenz. Den Jugendlichen fehlt das Verständnis für grundlegende wirtschaftliche Vorgänge und Zusammenhänge, sie betrachten wirtschaftliches Handeln als staatliche Aufgabe, das zeigen auch Erhebungen der Wirtschaftsuniversität Wien.

Ab der 5. Schulstufe sollte daher ein Pflichtfach „Wirtschaft" eingeführt werden, das grundlegendes Wirtschafts- und Finanzwissen beinhaltet. In der 7. bis 9. Schulstufe sollte dieses Schulfach eine umfassende Berufsinformation und Bildungsberatung sowie die Talente-Checks – wie sie auch die Wirtschaftskammer anbietet – inklusive Beratungsgespräche mit den Eltern umfassen. Die Schüler*innen würden somit eine umfassende Berufsorientierung sowie eine individuelle Potenzialanalyse erhalten.

Auch am Ende der Schullaufbahn in den AHS und BMHS sollte die Berufsinformation und Bildungsberatung eingesetzt werden, um den Schüler*innen alle beruflichen Möglichkeiten in der Wirtschaft aufzuzeigen.

3.4.3 Reformen in den Berufsschulen

In Österreich gibt es an rund 70 (Werk-)Tagen Ferien. Diese Zeiten sollten auch für den Berufsschulunterricht genutzt werden, beispielsweise Blockunterricht im Sommer für Branchen, bei denen diese Saison ruhiger ist. Auch die Unterrichtsform sollte flexibler werden: weg von der Beschulung in der klassischen Form hin zur Modularisierung – dies auch im Hinblick auf die immer größer werdende Zielgruppe der älteren Lehrlinge.

E-Learning sollte als fixer Bestandteil des Berufsschulunterrichts weiter etabliert werden, gerade in den theoretischen Fächern: Lehrlinge sollten einen Teil des Unterrichts in Online-Kursen absolvieren können. Das schafft Flexibilität und spart Ressourcen in den Berufsschulen. Aus Sicht der Wirtschaftskammer und im Sinne der Digitalisierung müssen daher E-Learning und Online-Kurse ein fixer Unterrichtsbestandteil werden. Unterrichtsformen sind im Sinne einer modernen, zeitgemäßen Ausbildung zu gestalten – Module und Kurse statt starrer Lehrpläne und Schulstunden.

Die derzeit starren Schulsprengel sind abzuschaffen, um Lehrbetrieben eine freie Wahlmöglichkeit der Berufsschule zu ermöglichen. Unternehmen vereinbaren dies gemeinsam mit den Lehrlingen.

3.4.4 Modernisierung und Ausbau der Schulstandorte

Die Stadt Wien hat angekündigt, künftig einen Schwerpunkt auf die Modernisierung der Berufsschulstandorte zu legen. So entsteht in der Seestadt Aspern ein neues Zentralgebäude für Berufsschulen. Übrige Berufsschulstandorte dürfen ebenfalls nicht vergessen werden. Eine Modernisierung und zeitgemäße Ausstattung der anderen Berufsschulstandorte sind zwingend – insbesondere damit die technischen Berufsschulen tatsächlich dem Stand der Technik entsprechen und zeitgemäß unterrichten können. Zusätzlich sollen alle Berufsschulen mit digitalen Lernmöglichkeiten ausgestattet und diese entsprechend genutzt werden.

Gerade HTL-Absolvent*innen sind auf dem Wiener Arbeitsmarkt stark nachgefragt, wohingegen die Zahl der entsprechenden Schulen seit vielen Jahren stagniert. Daher fordert die Wirtschaftskammer Wien zur Linderung des Fachkräftemangels den Ausbau der bestehenden HTLs entsprechend dem Bedarf der Unternehmen. Sollte ein Ausbau der bestehenden Schulen nicht möglich sein, ist entsprechend in einen Neubau zu investieren.

Im Rahmen unserer Befragungen zeigt sich eine hohe Zustimmung zur Ganztagsschule. In Wien sollten daher in allen Schulstufen verstärkt ganztägige Schulformen angeboten werden – insbesondere verschränkte Ganztagsschulen, bei denen Unterrichts- und Betreuungszeiten während des Tages abwechseln. Die Betreuungszeiten müssen sich an den Bedürfnissen berufstätiger Eltern orientieren.

ENDNOTEN

[1] Quelle: Dachverband der österreichischen Sozialversicherung, Statistik Austria, AMS, eigene Berechnung.
[2] Quelle: Dachverband der österreichischen Sozialversicherung, Statistik Austria, eigene Berechnung.
[3] Vgl. https://news.wko.at/news/wien/Wiener-Betriebe-suchen-55.000-Fachkraefte.html (abgerufen am 20. 2. 2023).
[4] Quelle: Stadt Wien: Voranschläge.

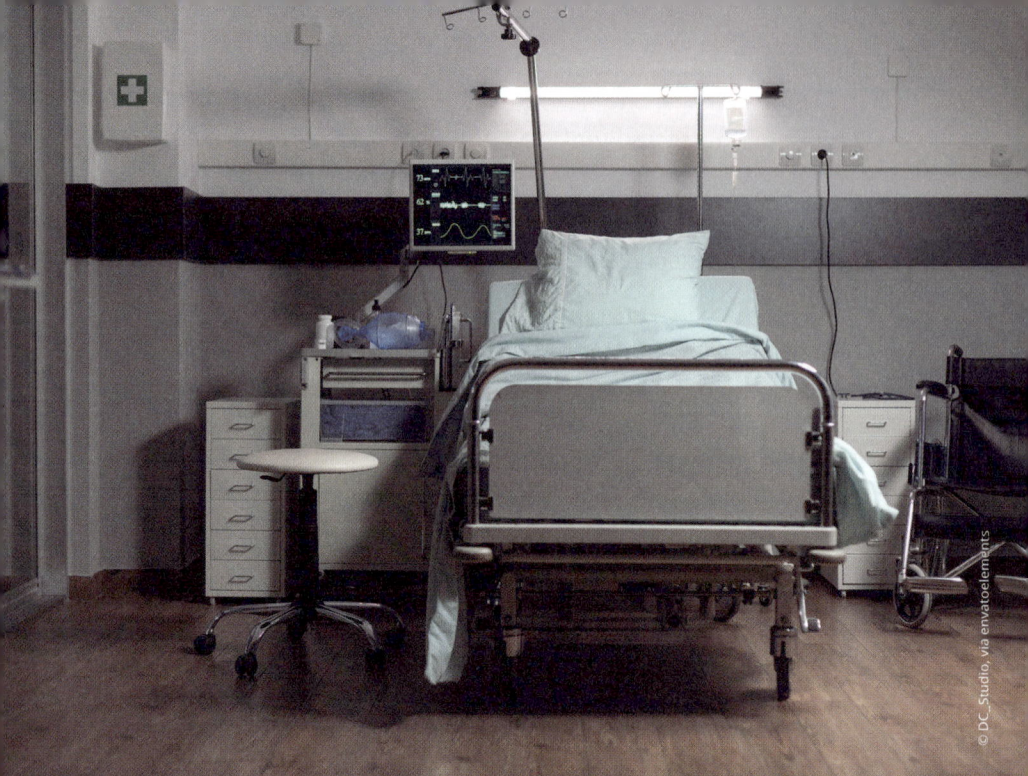

© DC_Studio, via envatoelements

WER SCHAFFT DIE ARBEIT?

Von falschen Begriffen, Freizeitraub und einer der
größten Krisen unserer Zeit

Anna Daimler

1. Von den Wirren der Politik

Eine Debatte im Parlament hat dem Thema dieses Beitrags 2019 kurzfristig
zu Prominenz verholfen. Ausgangspunkt der Diskussion war die Abschaffung
des Karfreitags als gesetzlich geregelter Feiertag für Personen bestimmter

Glaubensgemeinschaften. Beim Versuch, die entsprechende Gesetzesänderung zu erklären, geriet die damalige Arbeits- und Sozialministerin Mag.[a] Beate Hartinger-Klein in die Kritik und gab die folgenden Sätze von sich: „Wer schafft die Arbeit? Na sorry, wer schafft die Arbeit? Die Wirtschaft schafft die Arbeit, bitte merkt's euch das einmal!"[1]

In den Tagen danach ging diese Aussage in unterschiedlichsten Versionen im Netz viral. Es entzündete sich eine Debatte rund um den Inhalt des neuen Gesetzes und um das Zitat der damaligen Bundesministerin.

Beides hat mit dem Titel dieses Bandes zu tun. In der damaligen Auseinandersetzung stecken viele Themen, die mit der Zukunft der Arbeit und mit Vollbeschäftigung zu tun haben. Es geht um Arbeitszeit, Freizeit, um Religionsfreiheit, um Sozialpartnerschaft, um Kollektivverträge und darum, wie und wo Arbeit überhaupt entsteht. Ich greife zwei Bereiche heraus.

Aufgrund der aktuellen Entwicklungen auf dem Arbeitsmarkt wird sich der Beitrag einerseits mit dem Themenfeld Arbeitszeit und andererseits mit der Frage der Entstehung von Arbeit auseinandersetzen.

2. Wer schafft die Arbeit?

Die damalige Bundesministerin Hartinger-Klein war also der Meinung, dass „die Wirtschaft" die Arbeit schafft. Gehen wir dieser Frage kurz nach. Wo entstehen die Arbeitswelt und die Vollbeschäftigung von morgen?

Gemeinhin sind sich Ökonom*innen einig, dass Arbeit und Kapital nicht ident sind. Es handelt sich vielmehr um entgegengesetzte Pole. Die Arbeit entsteht durch den Verkauf der Arbeitskraft der Arbeitnehmer*innen. Es kann also eigentlich überhaupt nicht sein, dass „die Wirtschaft" – gemeinhin als „das Kapital" bezeichnet – „die Arbeit" schafft. Aber ich möchte mich an dieser Stelle nicht in eine ökonomische Diskussion verwickeln, da gibt es Berufenere.[2] Ich möchte die Behauptung eher anhand von praktischen Beispielen erörtern. Ich lege gleich am Anfang offen, dass ich nicht der Meinung von Mag.[a] Beate Hartinger-Klein bin.

3. Wer gibt Arbeit. Wer nimmt Arbeit?

Man kann als Bundesministerin schon der Meinung sein, dass „die Wirtschaft" die Arbeit schafft. Es heißt ja auch „Arbeitgeber*innen" und „Arbeitnehmer*innen". Also jemand gibt oder schafft Arbeit, und jemand anderer nimmt Arbeit.

Wenngleich die Begriffe seit Mitte des 19. Jahrhunderts etabliert und mittlerweile auch rechtlich definiert sind, sind sie doch irritierend. Wenn man sich die beiden Begriffe durch den Kopf gehen lässt, dann scheint offensichtlich, dass das so nicht stimmen kann. Denn ArbeitNEHMER*innen bieten ihre Arbeitskraft an und erhalten dafür ein Einkommen. Sie sind also eigentlich die ArbeitGEBER*innen. Wenn Arbeiter*innen und Angestellte ihre Arbeit nicht verrichten, dann sind die Spitalsbetten unbetreut, die Bürogebäude leer, die Züge stehen still, und Gastrobetriebe müssen schließen. Selbst im digitalen und automatisierten Zeitalter zeichnet sich hier eine rasche Änderung ab. Nachdem Begriffe auch Bewusstsein schaffen, wäre es höchst an der Zeit, sich kritischer mit diesem verwunderlichen Rollentausch auseinanderzusetzen. Die Zukunft der Arbeit wird auch andere Begriffe brauchen.

Meine Überlegungen werden durch Lohn- und Gehaltsverhandlungen unterbrochen.

Rund drei Monate später sitze ich in der Nacht und schreibe diesen Beitrag fertig. Es ist kurz vor Mitternacht, die Beschäftigten der Brauereien und der Ordensspitäler und der Eisenbahnen haben in Österreich gestreikt. Im Handel und in der Metallindustrie stand es kurz vor Streiks, und einzelne Branchen sind noch mitten in den Verhandlungen.

Ich habe die letzten Wochen mit Verhandlungs- und Streikvorbereitungen zugebracht. Die letzten Wochen sind aus meiner Sicht für die Arbeiter*innenbewegung historisch bedeutsam. In den Ordensspitälern wurde erstmalig in Österreich gestreikt, die Flughafen- und Airlinebeschäftigten haben Betriebsversammlungen abgehalten, und es kam zu Störungen im Flugbetrieb. Demos und Protestmaßnahmen in der Sozialwirtschaft, bei A1 und des Reinigungspersonals haben stattgefunden. In unzähligen Branchen wurden Versammlungen von Betriebsrätinnen*Betriebsräten oder Beschäftigten abgehalten. Gewerkschaftsmitglieder/Beschäftigte wurden zu ihrer Streikbereitschaft und zu Verhandlungsergebnissen befragt. Es wurde sehr augenscheinlich, dass ohne den Willen der Belegschaft keine Person operiert wird, kein Flugzeug abheben wird, kein Zug fahren wird und kein Büro vom Staub befreit wird.

Der Herbst 2022 war ein starkes Zeichen der Beschäftigten, denn die haben gezeigt, dass sie selbst die Arbeit schaffen. Wenn sich die Beschäftigten dieser Stärke noch bewusster werden und sich gewerkschaftlich organisieren, dann werden wir gemeinsam dazu beitragen, dass sich die Einkommens- und Arbeitsbedingungen weiter verbessern.

4. Wer schafft Arbeit? Und wer schafft keine Arbeit?

Aber schafft „die Wirtschaft" denn keine Arbeit? Was die ehemalige Bundesministerin hier wohl vielmehr meinte, ist, dass die Unternehmer*innen Arbeitsplätze schaffen. Das ist aber etwas anderes als Arbeit zu schaffen.

Würde nur „die Wirtschaft" Arbeit schaffen, dann würde das auch bedeuten, dass Vereine und Genossenschaften keine Arbeitsplätze schaffen, weil sie zumeist nicht gemeint sind, wenn es um „die Wirtschaft" geht. Oder hat die ehemalige Frau Bundesministerin auch die Sozialwirtschaft gemeint?

Wenn „die Wirtschaft" die Arbeit schafft, wie lassen sich dann die Arbeitsplätze in der Verwaltung, bei öffentlichen Unternehmen oder im öffentlich finanzierten Bereich erklären? Österreichs Gesundheits-, Pflege- und Betreuungssystem, die Bildungsarbeit, die Beschäftigten im öffentlichen Verkehr, also die sogenannte Daseinsvorsorge und die sozialstaatlichen Einrichtungen und Organisationen: Sie sind nicht durch „die Wirtschaft" entstanden, und sie werden auch immer weniger durch Unternehmen finanziert. Hier entstehen Tausende von Arbeitsplätzen ohne „die Wirtschaft". Im Gegenteil, die Arbeitnehmer*innen finanzieren sich in weiten Teilen diese Versorgungsleistung selbst. Sie zahlen Lohnsteuer und Mehrwertsteuer. Auch viele Ehrenamtliche halten unser Land am Laufen, sei es in den Gewerkschaften, bei der Rettung, der Feuerwehr, in Jugendvereinen, bei der Versorgung von Wohnungslosen und anderen ehrenamtlichen Tätigkeitsfeldern. Wird hier also keine Arbeit geschaffen?

Würden nur Unternehmen Arbeit schaffen, dann würde das auch bedeuten, dass Hausarbeit und Sorgearbeit keine Arbeit sind. Oder meinte Hartinger-Klein mit Wirtschaft etwa auch die „Hauswirtschaft"?

Und: Ohne diese Dienstleistungen und Infrastruktur wäre arbeiten überhaupt nicht möglich. Damit Menschen gut arbeiten können, müssen sie von den Alltagssorgen befreit sein. Es braucht also leistbares Wohnen, leistbare Energie, die Kinder und Eltern müssen versorgt sein, man muss zwischen Arbeitsplatz und Wohnung/Haus Lebensmittel besorgen können, und außerdem muss man von A nach B kommen.

Diese Art der Grundversorgung wird durch Tausende Arbeitskräfte sichergestellt und ist in weiten Teilen nicht durch „die Wirtschaft" geschaffen. Im Gegenteil, dort wo „die Wirtschaft" unreguliert agieren kann, da scheint sie Mensch, Tier und Umwelt nicht ganzheitlich im Blick zu haben. Unter anderem erleben wir das gerade auf dem Energiemarkt oder bei der globalen Lebensmittelversorgung. Aber auch im öffentlichen Bereich sehen wir Versorgungskrisen.

Die Ideologie des „schlanken Staates" mündet bei der Versorgung der Kranken mittlerweile in einen Pflege- und Gesundheitsnotstand. Es fehlt vor allem an Personal.

Es ist also viel zu tun, damit Menschen ohne Sorge um Kinder oder Kranke ihrer Arbeit nachgehen können. Das ist das Ausbildungs- und Beschäftigungsprojekt der nächsten Jahrzehnte. Gehen wir es endlich an!

5. Wer wird am „Arbeitgeben" gehindert?

Als dieser Beitrag im Entstehen ist, ist Herbst 2022, und in vielen Branchen laufen gerade Lohn- und Gehaltsverhandlungen. Die Inflation ist so hoch wie seit Jahrzehnten nicht mehr, in Österreich besonders durch die Energie-preise getrieben. Es ist Krieg in der Ukraine. Die Wirtschaft brummt dennoch, das Wirtschaftswachstum ist hoch. Wir haben ein Beschäftigungshoch, und dennoch sind wir weit weg von Vollbeschäftigung. Die Arbeitgeber jammern dennoch über fehlende Arbeitskräfte. Österreich versucht sich mit erleichterter Zuwanderung aus Nicht-EU-Ländern zu helfen. Wir stehen in den meisten großen Unternehmen vor einem enormen Generationenwechsel. Tausende Babyboomer*innen stehen vor der Pension.

Österreich hat ein enormes Potenzial an Arbeitskräften, das nicht genutzt wird. Es werden Tausende Menschen aus unterschiedlichen Gründen daran gehindert, ihre Arbeitskraft zur Verfügung zu stellen.

Es wird daher die nächsten Jahre darum gehen müssen, die Diskriminierungen auf dem Arbeitsmarkt endlich zu beseitigen und Älteren, Menschen mit gesundheitlichen Einschränkungen, Menschen mit Behinderung, Menschen mit Migrationsbiografie und noch viel mehr Frauen den Weg auf den Arbeitsmarkt zu ebnen.

Ab Mitte 40 gilt man auf dem Arbeitsmarkt bereits als schwieriger vermittelbar.[3] Als ich das zum ersten Mal hörte, war ich schockiert. Ich war damals knapp vierzig und kann mich noch gut daran erinnern, wie ich mit Anfang dreißig keinerlei Verständnis für jammernde Mitvierziger*innen hatte, die meinten, sie können ihren gehassten Job nicht aufgeben, weil sie nie wieder einen passenden Job finden würden. Die Statistik gibt ihnen jedoch recht. Ich werde nie den Koch vergessen, der wegen eines Bandscheibenvorfalls länger im Krankenstand war und dann gekündigt wurde. Er wollte nach seiner Reha wieder arbeiten, konnte aber aus gesundheitlichen Gründen nur Teilzeit arbeiten. Als ich ihn kennenlernte, war er bereits ein halbes Jahr auf Arbeitsuche. Es fehlt also scheinbar der Markt, auf dem Menschen wie er ihre Arbeit geben können. Es sind genau diese Gruppen, die bisher überproportional daran gehindert wurden, ihre Arbeitskraft einzusetzen. Sie werden auf dem Arbeitsmarkt diskriminiert – und das muss aufhören.

Dazu braucht es eine bessere Passgenauigkeit der Arbeitsplätze, und es braucht AMS-Berater*innen, die auch Zeit haben, sich mit den Bedürfnissen der Beteiligten auseinanderzusetzen. Und es braucht Unternehmer*innen, die umdenken – die wieder Lust an Personalentwicklung haben, die Verantwortung für echte Arbeitsmarktintegration und die Gesamtgesellschaft übernehmen. Es muss weniger um Gewinnmargen oder das billigste Angebot gehen, sondern Arbeitskraft muss wieder etwas wert sein. Oder wie es Roman Hebenstreit, der Vorsitzende der Gewerkschaft vida, formuliert hat: „Unternehmen, deren Geschäftsmodelle auf Ausbeutung basieren, die müssen endlich verschwinden."

Die Situation auf dem Arbeitsmarkt spielt uns dabei in die Hände. Der österreichische Arbeitsmarkt war die letzten Jahrzehnte von steigender Arbeitslosigkeit und zugleich von einer steigenden Anzahl an Arbeitskräften geprägt. Vor allem

Österreichs EU-Beitritt und in weiterer Folge die EU-Osterweiterung haben dazu geführt, dass Österreichs Arbeitsmarkt immer wieder mit neuen Arbeitskräften versorgt wurde. Die Migrationsbewegungen innerhalb der EU werden sich aber verlangsamen, die Babyboomer*innen gehen in Pension. Unternehmen und öffentliche Hand scheinen erst schrittweise zu begreifen, was das bedeutet. Es ist eine Chance – beispielsweise um Billigentlohnerbranchen, mit deren Einkommen kein Auskommen zu finden ist, endlich auf ein Einkommensniveau zu heben, das ein gutes Leben und eine gute Pension ermöglicht.

Vollbeschäftigung ist seit Jahrzehnten das erste Mal wieder möglich. Jetzt muss es auch wieder zum politischen und sozialpartnerschaftlich getragenen Ziel werden.

6. Ein persönlicher Feiertag – der Zugang zur Arbeitszeit

Als Gewerkschaft vida haben wir in den letzten Jahren mehrfach Befragungen und Beteiligungsmöglichkeiten für Gewerkschaftsmitglieder oder Betriebsrätinnen*Betriebsräte ermöglicht. Die Ausgestaltung der Arbeitszeit bzw. die Planbarkeit der Freizeit war immer ein wichtiges Thema und ist wesentlicher Bestandteil der Arbeitswelt von morgen.

Das führt uns zurück zur ehemaligen Bundesministerin. Inhaltlich ging es 2019, als Hartinger-Klein im Parlament unter Druck geriet, nämlich um den Karfreitag. Dieser wurde von der damaligen Regierung abgeschafft. Es geht also auch um Arbeitszeit, denn freie Tage reduzieren die Anzahl der verfügbaren Arbeitsstunden. Sie schaffen also Freizeit und damit FREI verfügbare Zeit – Raum für Erholung, für Ehrenamt, für Familie, Betreuung und Zerstreuung.

Durch die Corona-Pandemie und andere Krisen scheint der Februar 2019 gerade sehr weit weg. Daher erlaube ich mir einen kurzen Rückblick:

Der Karfreitag war in Österreich nur für Personen mit gewissen religiösen Bekenntnissen ein arbeitsfreier Tag. Jemand empfand das als gleichheitswidrig und ging rechtlich dagegen vor. Der Europäische Gerichtshof stützte diese Position und stellte die Gleichheitswidrigkeit der Regelung fest.

2019 entschloss sich die damalige Bundesregierung zu einer „Reparatur". In der Medienberichterstattung wurden drei Varianten kolportiert:

a) Alle Beschäftigten bekommen den Karfreitag frei.
b) Alle Beschäftigten bekommen einen halben Tag frei.
c) Niemand bekommt frei.

Die darauffolgende gesetzliche Regelung schaffte den Karfreitag als Feiertag für rund 300.000 Personen ab. Als Ersatz dürfen alle Beschäftigten sich einen „persönlichen Feiertag" aussuchen und mit dem*der Arbeitgeber*in vereinbaren. Es gibt allerdings keinen zusätzlichen Urlaubstag. Daher haben die rund 300.000 Betroffenen einen freien Tag verloren, und alle dürfen einen Urlaubstag nun „persönlichen Feiertag" nennen. Der Stern titelte damals: „Karfreitag als Feiertag – erst hatten ihn viele, dann wollten ihn alle, jetzt hat ihn keiner".[4]

Der Österreichische Gewerkschaftsbund (ÖGB) kritisierte die Vorgehensweise damals scharf. Er bezeichnete sie als „Kniefall vor der Wirtschaft"[5] und führte die hohe Gesamtwochenarbeitsleistung der österreichischen Beschäftigten ins Treffen. Diese liege im europäischen Spitzenfeld, und daher sei ein Feiertag, der in rund der Hälfte der anderen EU-Mitgliedsländern auch ein Feiertag ist, für ALLE österreichischen Beschäftigten wichtig.[6]

Mit solchen absurden Regelungen machen Politiker*innen Österreich lächerlich. Wenn der österreichische Arbeitsmarkt für EU-Bürger*innen attraktiv bleiben soll, dann ist hier in Zukunft anders vorzugehen. Innerhalb der EU ist die Arbeitslosigkeit in einzelnen Ländern immer noch hoch – vor allem bei der jungen Bevölkerung. Es braucht hier ein radikales Umdenken, was in Zukunft Standortattraktivität bedeutet. Anders als in den letzten Jahrzehnten, als Politiker*innen um Betriebsansiedelungen bemüht waren, müssen sie sich jetzt um die Ansiedlung von Arbeitskräften bemühen. Es gilt, einen Wettbewerbsvorteil im Vergleich zu anderen EU-Staaten zu haben. Da ist eine hohe Wochenarbeitsleistung ein Wettbewerbsnachteil.

7. Arbeitszeit verändern

Ein wesentliches Element zur Gestaltung von Arbeitszeit sind also Gesetze. Aber das ist nicht die einzige Ebene, auf der Arbeitszeit gestaltet werden kann. Folgende weitere Möglichkeiten halte ich für besonders relevant:

- Kollektivverträge
- Betriebsvereinbarungen
- Arbeitsverträge
- Arbeitskultur, Normen, Werte

Auf allen diesen Ebenen wird daher die Zukunft der Arbeit gestaltet bzw. kann gestaltet werden.

Auf welcher Ebene der größte Gestaltungsspielraum liegt und wessen Interessen sich dort abbilden, hängt von vielen Faktoren ab. Ein wesentlicher Faktor ist Macht. Bin ich stark genug, um meine Interessen durchzusetzen?

8. Gesetze sind aus Fleisch und Blut

Gesetze werden von Politiker*innen beschlossen – zumeist von jenen, deren Parteien gerade die Regierung bilden.

Wenn wir also über die Zukunft der Arbeit nachdenken, dann wird an diesem Beispiel sichtbar, dass die Art und Weise, wie wir arbeiten und wie lange wir arbeiten, auch durch politische Entscheidungen gestaltet wird.

Es handelt sich um Entscheidungen von Menschen aus Fleisch und Blut. Ihr Handeln ist geprägt von Werten, Vorstellungen und Zielen. Es ist aber auch davon geprägt, wem sie sich verpflichtet fühlen. Manche, so wie Thomas Schmid, sehen sich als „Hure der Reichen"[7]. Vermutlich haben „die Reichen" auf den ersten Blick keinen Nutzen davon, wenn die Beschäftigten des Landes Feiertage dazubekommen oder ihre Arbeitszeit per Gesetz verkürzt wird. Im Gegenteil, in der letzten ÖVP-FPÖ-Regierung wurde die zulässige Wochenarbeitszeit auf 60 Stunden erhöht. Also werden Politiker*innen, die sich Millionär*innen verpflichtet fühlen, in Bezug auf die Zukunft der Arbeitszeit wohl eher nicht im Sinne der Mehrheitsbevölkerung entscheiden.

Immer wenn wir uns bei Wahlen für Politiker*innen oder Parteien entscheiden, dann entscheiden wir auch darüber, welche Haltung und welche Werte in den Gemeinderat, den Landtag oder das Parlament einziehen. Wir entscheiden darüber, ob dort Menschen sitzen, die finden, dass die Österreicher*innen fleißig sind, gut arbeiten und das Land positiv gestalten – oder ob dort Menschen sitzen, die finden, dass wir faul sind, zu viel Freizeit haben und dazu beitragen, dass unser Land „absandelt", wie es der ehemalige Wirtschaftskammerpräsident Christoph Leitl formulierte.[8]

9. Der KOLLEKTIVvertrag

Ein weiteres Element zur Veränderung von Arbeitszeit ist der Kollektivvertrag – in Österreich zumeist eine branchenweite Vereinbarung über die Rahmenbedingungen, unter denen in der jeweiligen Branche gearbeitet wird. Hier kommen die Sozialpartner ins Spiel, in diesem Fall also die Gewerkschaften und die jeweiligen Arbeitgeberverbände wie beispielsweise die Wirtschaftskammer. Je mehr Rückhalt Gewerkschaften durch die betroffene Belegschaft und ihre Betriebsrätinnen*Betriebsräte haben, umso kämpferischer können sie auftreten und damit Verbesserungen hinsichtlich Arbeitszeit und Einkommen erzielen.

10. Betriebliche Betriebsamkeit

Ein drittes Element ist die betriebliche Ebene. Es kann beispielsweise zwischen der Belegschaft und der Unternehmensleitung für die Arbeitszeit relevante Vereinbarungen geben. Die Interessenvertretung im Betrieb, also der Betriebsrat oder die Personalvertretung, können hierzu Vereinbarungen treffen. Auch hier gilt: Wenn ein Betriebsratsgremium vorhanden ist, dann ist es umso stärker, je mehr es durch die Belegschaft gefordert wird und je kämpferischer die Belegschaft auftritt.

Es werden also Vereinbarungen getroffen, die für viele Beschäftigte gleichermaßen und gleichzeitig gelten. Der kollektive Gestaltungswille der Belegschaft wir in einen Vertrag gegossen. Je kollektiver/gemeinschaftlicher/mutiger die Belegschaft auftritt, umso besser das Ergebnis. Es führt also kein Weg daran vorbei, sich zusammenzurotten und Teil der Veränderung unserer Arbeitswelt zu sein.

11. Einsam statt gemeinsam – aber gut gebettet!?

Auf persönlicher Ebene kann Arbeitszeit auch gestaltet werden. Einerseits durch die Arbeitnehmer*innen, indem sie Arbeitszeit- und Freizeitvorstellungen gegenüber dem*der Arbeitgeber*in formulieren und eine Vereinbarung – beispielsweise einen Arbeitsvertrag – dazu abschließen. In den kommenden Jahren ist hier durchaus Selbstbewusstsein zu empfehlen. 2022 haben wir so viele offene Stellen wir seit Jahrzehnten nicht mehr. Daher kommen auf viele Jobs weniger Bewerber*innen und die Verhandlungsmacht des*der Einzelnen steigt.

Aber auch Führungskräfte, Personalverantwortliche, Vorstände können Arbeitszeit gestalten. Sie können Arbeitsplätze mit unterschiedlicher Stundenanzahl anbieten.

Und natürlich bestimmen Werte und Normen den Zugang zur Arbeitszeit. Sie sind die Leitplanken zwischen die wir unsere persönlichen Entscheidungen einbetten – ob wir wollen oder nicht.

Bleiben Leitbilder wie „Wer nicht arbeitet, der darf nicht essen" aufrecht? Ist es weiterhin gesellschaftlich anerkannt, 60 Stunden die Woche zu arbeiten, oder gilt man dann als egoistisch, weil man kaum Gemeinschafts- und Betreuungsarbeit in der Familie und im Freundeskreis leistet? Die Medien sind derzeit voll von diesen Annahmen. Aber ob sie wirklich für alle Teile der österreichischen Bevölkerung gelten, bezweifle ich. Das Nettomonatseinkommen einer Teilzeitkraft in Österreich liegt bei 1.361 Euro,[9] und für ein bescheidenes Leben braucht man laut staatlich anerkannten Schuldner*innenberatungen rund

1.487 Euro.[10] Das bedeutet, dass sich für die große Mehrheit der Menschen diese Frage nicht stellt. Sie brauchen Vollzeitarbeit und Überstunden, damit sie ihre Rechnungen zahlen können. Das erste Ziel muss daher sein, dass wir ein Einkommensniveau schaffen, mit dem es sich gut leben lässt – auch bei reduzierter Arbeitszeit und auch in der Pension.

12. Raus aus der Krise

Arbeitskräfte, die zu Bittsteller*innen wurden, die von ihrem Einkommen nicht mehr leben können, Menschen, die arbeiten wollen, aber daran gehindert werden, obwohl es viele offene Stellen gibt; bei hohen Arbeitslosenzahlen wird von Arbeitskräftemangel gesprochen, ohne dass wirklich Antworten darauf gegeben werden, wie die Lösung aussehen kann. In vielen Orten fehlt es an Kinderbetreuung und an der Betreuung von Kranken. Arbeitsplätze sind nicht mit öffentlichen Verkehrsmitteln erreichbar. Auf der anderen Seite gibt es Unternehmer*innen, die sich beschweren, dass Menschen nicht arbeiten wollen und schlecht ausgebildet sind – und Unternehmen, die belächelt werden und im

Wettbewerb Nachteile haben, wenn sie sozial fair vorgehen. Wie lassen sich die vielen Krisen bewältigen?

Die Lösungen liegen auf der Hand, wir brauchen ein enormes öffentliches Investitionsprogramm, um überhaupt die Voraussetzungen für sorgenfreie Arbeit zu schaffen:

- Der öffentliche und öffentlich geförderte Wohnbau muss massiv erweitert werden.
- Es braucht ausreichende und kostenfreie Kinderbetreuung.
- Pflege und Betreuung von Kranken muss menschenwürdig ermöglich werden.
- Gesund zu bleiben oder rasch gesund zu werden, das muss das Ziel sein. Wir brauchen Gesundheitspersonal, das seine Arbeit wieder machen kann – und ein Gesundheitssystem, das genau das zum Ziel hat.
- Die Landwirtschaft muss klimafest, menschen- und tierwürdig werden.
- Der öffentliche Verkehr muss massiv ausgebaut werden, und Unternehmen müssen für umweltfreundliche Verkehrsanschlüsse sorgen.
- Es braucht einen Ausbau der Ausbildungsplätze in genau diesen Bereichen.
- Es braucht öffentliche Beschäftigungsprogramme in genau diesen Bereichen: Hier können Arbeitskräfte zum Wohle der gesamten Gesellschaft ihre Arbeitskraft einsetzen.

Das ist eine der größten Krisen unserer Zeit. Wir benötigen eine gesamtgesellschaftliche Kraftanstrengung, ein Bündnis von Politiker*innen, Unternehmer*innen, Beschäftigten und ihren jeweiligen Interessenvertretungen. So kann es auf dem Arbeitsmarkt nicht weitergehen.

Gehen wir es an, es ist viel zu tun!

ENDNOTEN

[1] https://www.youtube.com/watch?v=U1qktXT6pg8.
[2] Siehe u. a. Gurny, Ruth/Tecklenburg, Ueli (Hg.) (2013): Arbeit ohne Knechtschaft: Bestandsaufnahme und Forderungen rund um das Thema Arbeit. Bern.
[3] Siehe u. a. https://www.diskurs-wissenschaftsnetz.at/alters-und-langzeitarbeitslosigkeit/#:~:text=Betroffen%20seien%20insbesondere%20%C3%A4ltere%20Arbeitssuchende,62%25%20(AMS%202021).
[4] https://www.stern.de/politik/ausland/karfreitag-in-oesterreich--posse-um-feiertag---auf-einmal-hat-ihn-keiner-mehr-8599048.html.
[5] https://www.oegb.at/themen/arbeitsrecht/urlaub/feiertag-am-karfreitag-gestrichen.
[6] https://www.oegb.at/themen/arbeitsrecht/urlaub/karfreitag-als-feiertag-fuer-alle.
[7] https://www.derstandard.at/story/2000132106195/schmid-an-mitarbeiter-im-finanzministerium-du-bist-die-hure-fuer.
[8] https://www.derstandard.at/story/2000017385353/wort-der-woche-verkommen-verlottert-abgesandelt.
[9] https://www.statistik.at/statistiken/bevoelkerung-und-soziales/einkommen-und-soziale-lage/monatseinkommen.
[10] https://www.schuldenberatung.at/downloads/infodatenbank/referenzbudgets/Referenzbudgets_Aktualisierung_2022_EndV.pdf?m=1656507913&.

EQUAL RIGHTS, EQUAL PAY, EQUAL CARE

Was die Gleichstellung auf dem Arbeitsmarkt mit
dreckigen Windeln zu tun hat

Marina Hanke

„Jeder Mitgliedstaat stellt die Anwendung des Grundsatzes des gleichen Entgelts für Männer und Frauen bei gleicher oder gleichwertiger Arbeit sicher."[1]

Mit dieser Passage des Vertrags zur Gründung der Europäischen Gemeinschaft wurde bereits im Jahr 1957 einer der ersten fundamentalen Grundsteine für das Ziel einer Europäischen Gemeinschaft der Gleichheit von Männern und Frauen gelegt. Nicht ganz 70 Jahre später schätzt das European Institute for Gender Equality (EIGE) in ihrem Gender Equality Index[2] – einem Werkzeug zum Messen des Fortschrittes von Geschlechtergerechtigkeit in der Europäischen Union –, dass es noch ca. drei Generationen brauchen wird, bis tatsächliche Gleichheit zwischen Frauen und Männern in der EU erreicht sein wird, wenn in diesem Tempo politisch weiter gehandelt wird. Die bisherigen und zukünftigen Auswirkungen der COVID-19-Pandemie werden als potenziell zusätzlich hemmender Faktor gesehen. Der Bereich der Arbeit – ob als Lohnarbeit oder unbezahlte Arbeit – ist im Kampf um Gleichstellung eines der zentralen Felder. Neben kurz- und mittelfristigen Maßnahmen zur besseren Absicherung oder auch Förderung von Frauen brauchen wir eine radikal transformative Politik, die das derzeitige System von Grund auf neu aufstellt. Nur dann können wir der Mehrheit der Bevölkerung, also den Frauen, gleiche Rechte, gleich viel Macht, gleiche Sicherheit und gleiche Lebensqualität garantieren – ohne dass sie noch weitere 100 Jahre darauf warten müssen.

1. Frauen und Arbeit – eine Bestandsaufnahme

1.1 Frauen und Lohnarbeit

Die Ungleichheit von Männern und Frauen im Erwerbsleben lässt sich an zahlreichen Faktoren ablesen. So ist zwar die Erwerbsbeteiligung von Frauen in den vergangenen Jahren vor der Pandemie gewachsen, jedoch zu einem großen Teil in Form von Teilzeitbeschäftigung oder geringfügiger Beschäftigung. Der Gender-Pay-Gap, der die Lohnunterschiede ganzjährig vollzeitbeschäftigter Männer und Frauen vergleicht, liegt 2022 in Österreich immer noch bei ganzen 17,1 Prozent – was für Frauen rund 9.430 Euro weniger im Jahr bedeutet.[3] Die Branchen, in denen hauptsächlich Frauen arbeiten, sind zugleich auch die Branchen mit den niedrigsten Einkommen – obwohl Frauen vor allem in den wichtigen systemerhaltenden Branchen tätig sind: ob im Einzelhandel, als Reinigungskräfte, in der Pflege oder Betreuung. Männlich dominierte Berufsfelder wie beispielsweise technische Sparten sind klassischerweise um einiges besser bezahlt. Alte Rollenbilder, die schon junge Menschen in eben diesen Sparten verorten, halten sich hartnäckig: So bewegten sich auch im Jahr 2021 laut AMS die lehrstellensuchenden Frauen hauptsächlich in den Bereichen des Einzelhandels, der Bürokauffrau oder der Friseurinnen, während junge Männer sich in den Bereichen der KFZ-Technik, der Elektro- oder Installations- und Gebäudetechnik wiederfanden. Ein Gender-Pay-Gap existiert also bereits im Bereich der Lehre.[4] Aber auch im späteren Verlauf einer Berufskarriere lassen sich deutliche Unterschiede festmachen. Frauen sind in Führungspositionen meist unterrepräsentiert: 2022 waren lediglich 24,7 Prozent der Aufsichtsratsmandate in den umsatzstärksten Unternehmen von Frauen besetzt, in den Geschäftsführungen waren Frauen zu 8,9 Prozent vertreten.[5] Die Hälfte der Frauen fühlt sich im Job nicht gleichberechtigt und sieht schlechtere Aufstiegschancen. Die sogenannte „gläserne Decke", an die Frauen mit Aufstiegswunsch stoßen, ist also immer noch fest über ihnen eingemauert. An einer schlechteren Qualifikation oder Ausbildung kann dies alles nicht liegen, können wir doch seit längerer Zeit eine starke Entwicklung im Bildungsniveau feststellen. So wurden 2018 57,4 Prozent der Maturaabschlüsse, 55,4 Prozent der Universitätsabschlüsse und 51,7 Prozent der Fachhochschulabschlüsse von Frauen erworben.[6] Die erheblichen Unterschiede in der Zeit eines Erwerbslebens haben auch drastische Auswirkungen auf die Zeit danach. Der Gender-Pension-Gap, also der Pensionsunterschied zwischen Männern und Frauen, liegt in Österreich immer noch bei 41,06 Prozent, was für Frauen brutto rund 860 Euro weniger pro Monat (!) bedeutet.[7] Das führt dazu, dass 2021 mehr als zwei Drittel der armutsbetroffenen über 65-Jährigen weiblich waren, mit einem Anstieg der Armutsgefährdung im Vergleich zum Vorjahr von rund 7,6 Prozent bei Frauen. Die gravierenden Unterschiede im Erwerbsleben, die sich sowohl auf Arbeitszeit als auch Lohn und Aufstiegschancen, aber auch auf Pension und Armutsgefährdung auswirken, werfen die große Frage nach dem Warum auf. Die Erklärungsmuster könnten einfach sein (und begegnen uns von rechter und konservativer Seite öfter als angenommen): Frauen arbeiten nun mal weniger, vielleicht leisten sie auch weniger, tragen weniger Verantwortung. Ausgeblendet wird bei all jenen Erklärungen oft die zweite großes Sphäre der Arbeit, ohne die eine ehrliche Analyse kaum vollzogen werden kann – die unbezahlte Arbeit.

1.2 Frauen und unbezahlte Arbeit

Die weibliche Teilzeitquote liegt in Österreich bei 49 Prozent, was uns EU-weit mittlerweile Platz zwei in der Liste der höchsten Teilzeitquoten bei Frauen einbringt.[8] Frauen sind nicht nur öfter, sondern in Jahren gemessen auch länger als Männer in einer Teilzeitbeschäftigung. Teilzeit bedeutet weniger Einkommen, weniger Pension und damit auch weniger Unabhängigkeit und Absicherung. Die Gründe für Teilzeitarbeit sind verschieden. So nennen viele Frauen ein unzureichendes Angebot an Vollzeitstellen in manchen Branchen. Der mit Abstand wichtigste Grund für in Teilzeit arbeitende Frauen sind jedoch Kinderbetreuungspflichten, österreichweit oft zusammenhängend mit mangelnder Infrastruktur von Kindergärten oder anderen ganztägigen Bildungsangeboten. Außerhalb Wiens ist nur jeder 5. Kindergartenplatz vollzeittauglich – die mangelnde Infrastruktur verunmöglicht es also, dass beide Elternteile Vollzeit arbeiten gehen, wenn nicht andere Betreuungspersonen zur Verfügung stehen.

Lohnunterschiede zwischen Frauen und Männern sowie althergebrachte Rollenbilder sorgen dafür, dass es zu einem großen Teil die Mütter sind, die für die Kinder sorgen. Das wirkt sich wiederum auf die Lohnunterschiede aus. Frauen verdienen im Alter zwischen 30 und 49 Jahren um rund ein Drittel weniger als Männer, aber auch schon davor liegen die Lohnunterschiede zwischen 9 und 12 Prozent. Die Geburt eines Kindes bedeutet für Frauen immer noch Einkommensverluste von bis zu 51 Prozent, während die Erwerbsarbeit von Männern durch Kinder in der Familie wenig beeinflusst wird, Väter arbeiten im Schnitt sogar mehr als Männer ohne Kinder. Aber nicht nur Kinderbetreuung, auch die Sorge- bzw. Care-Arbeit mit kranken oder zu pflegenden Angehörigen ist Frauensache, ebenso wie weitere unbezahlte Tätigkeiten von Kochen bis Putzen. Der sogenannte Care-Gap, also der unterschiedliche Zeitaufwand, den Frauen und Männer für unbezahlte Arbeit aufbringen, macht in Österreich 55 Prozent aus. Die letzte Zeitverwendungsstudie aus den Jahren 2008/2009 ergab eine wöchentliche unbezahlte Arbeitszeit von Frauen von 32 Stunden, während es bei den Männern nur 17,6 Stunden waren.[9] Auch neuere Erhebungen bestätigen dieses Bild. So gab bei der Wiener Frauenbefragung 2022 rund die Hälfte der Frauen an, für Haushaltsarbeiten allein zuständig zu sein – immerhin auch knapp 42 Prozent der in Vollzeit berufstätigen Wienerinnen. Eine noch größere Ungleichverteilung manifestiert sich bei der Kinderbetreuung, wo 56 Prozent der Wienerinnen angeben, sich überwiegend allein darum zu kümmern, bei vollzeitbeschäftigten Wienerinnen sind es immer noch 52 Prozent.[10] Mit dieser Mehrfachbelastung gehen nicht nur Ungleichheiten auf dem Arbeitsmarkt einher, sondern auch große psychische Belastungen. „Mental Load" – also „die erdrückende Last, für alles verantwortlich zu sein"[11] – wird von vielen Wienerinnen in der Frauenbefragung als großes Problem thematisiert.

Frauen arbeiten also auf den Tag gerechnet insgesamt mehr als Männer – den Großteil dieser Arbeit verrichten sie jedoch unbedankt und unbezahlt.

2. Ungleichheit mit System

Die COVID-19-Pandemie hat uns innerhalb von wenigen Monaten in Gleichstellungsfragen um Jahre bzw. Jahrzehnte zurückgeworfen. Was sich in der Pandemie deutlich gezeigt hat, ist, wie tief patriarchale Geschlechterverhältnisse in unsere Gesellschaft eingeschrieben sind. Das liegt vor allem daran, dass sie eng an die kapitalistische Produktionsweise geknüpft sind und vieles erst durch diese hervorgebracht wurde. „Die Produktion verlegte sich in die Fabriken, Bergwerke und Büros, wo sie als ‚wirtschaftlich' galt und bar entlohnt wurde. Die Reproduktion wurde an die Familie delegiert, wo sie, feminisiert und sentimentalisiert, als Sorge und nicht etwa als Arbeit definiert wurde: als etwas, das aus Liebe geleistet wird, nicht gegen Geld."[12] Während der Produktionsbereich als vorrangig und der Profitmaximierung dienend im Zentrum positioniert wurde, wurde die Reproduktionsarbeit zum unsichtbaren Bereich gemacht – obwohl Ersteres ohne Letzteres nicht existieren könnte. Rund 10,9 Billionen Euro wäre die weltweite unbezahlte Arbeit von Frauen im Jahr 2020 wert gewesen, wäre sie entlang von Mindestlöhnen bezahlt worden, so die Schätzung in einer Studie von Oxfam.[13] In einigen Bereichen wie gesundheitliche Versorgung oder Kinderbetreuung und -erziehung wird Care-Arbeit staatlich und damit gemeinschaftlich organisiert. Das ist auf Errungenschaften sozial(demokratisch) er Bewegungen und Politiken zurückzuführen und ermöglichte den verbreiteten Einstieg von Frauen in die Sphäre der Lohnarbeit. Was als Versprechen des Aufstiegs und der Unabhängigkeit begann, spitzte sich aber insbesondere für die Frauen weltweit in den letzten Jahrzehnten umso mehr zu. Der Neoliberalismus mit seiner absoluten Doktrin der liberalisierten Märkte, des Wettbewerbs und der möglichst geringen staatlichen Eingriffe sorgte für sinkende Löhne, Privatisierungen und damit für einen massiven Qualitätsverlust in der öffentlichen Daseinsvorsorge sowie für einen Abbau von Sozialleistungen, jedoch auf der anderen Seite für einen stetigen Ausbau von Arbeitszeiten und ausbeuterischen Arbeitsverhältnissen. Obwohl für einige Frauen ein Aufstieg in höhere Positionen möglich war, sieht die Realität für die Vielen, insbesondere in einer globalisierten Welt, anders aus: „Die meisten Frauen erwartet die Reinigung von Büros, Hotelzimmern und Privatwohnungen, das Leeren von Bettpfannen in Krankenhäusern und Altenheimen oder auch die Betreuung von Familien aus privilegierteren Schichten – oft um den Preis der Sorge um ihre eigenen, geografisch weit entlegenen Familien."[14] Dass unsere Gesellschaft auf dieser unter- oder unbezahlten Arbeit von Frauen aufbaut, hat uns die COVID-19-Pandemie wieder drastisch vor Augen geführt. Frauen sind in Krisenzeiten immer wieder in der Rolle der „sozialen Airbags": „Frauen übernehmen dann deutlich mehr unbezahlte Arbeit, gerade wenn man diese Arbeit am Markt nicht mehr leisten kann oder sie vom Staat nicht mehr angeboten wird"[15], so die Ökonomin Katharina Mader. Die systemische Ungleichheit zwischen Männern und Frauen, die den schlechteren Zugang von Frauen zu Ressourcen, zu Macht, zu Absicherung und damit zu einem Leben in Sicherheit und ohne Mehrfachbelastung bedeutet, ist eng mit dem Bereich der Arbeit und der gesellschaftlichen Organisation von Arbeit verknüpft, wobei Lohnarbeit, Sorgearbeit, unbezahlte Arbeit unmittelbar miteinander verbunden sind.

3. Veränderung ist möglich – Wien als Stadt der Frauen

Was als in Stein gemeißelt und unüberwindbar scheint, kann sehr wohl durch politische Maßnahmen nachhaltig verändert werden. Der Vergleich macht sicher, in diesem Fall am Beispiel von Väterkarenz: So zeigt sich, dass bereits 2016 in Island 90 Prozent der Väter Karenzzeiten in Anspruch nahmen und

durchschnittlich 100 Tage in Karenz blieben. In Schweden sind es 80 Prozent der Väter, die zumindest drei Monate in Karenz gehen. Die Gründe? In beiden Ländern wird Väterkarenz nicht nur gefördert, sondern zu Teilen mit einer „Use it or lose it"-Quote versehen – der Anspruch auf eine gewisse Zeit an Karenzmonaten verfällt, wenn nicht beide Elternteile in Karenz gehen.

Hinzu kommen – auch in zahlreichen anderen Ländern mit einer höheren Väterkarenzquote – zusätzliche Anreizsysteme wie beispielsweise Gleichstellungsboni, die Möglichkeit zur Arbeitszeitreduktion bis zu einem bestimmten Alter der Kinder, Einkommenskompensationen während der Karenzzeit und zusätzlich eine gut ausgebaute Infrastruktur in Form von ganztägigen Kinderbildungsangeboten sowie Betreuung und Pflege für diejenigen, die es brauchen.[16] Ein gut ausgebautes, stabiles System öffentlicher Daseinsvorsorge ist generell ein Garant für eine bessere Arbeitsmarktinklusion von Frauen und damit für mehr ökonomische Unabhängigkeit. Das macht auch ein Blick in die österreichische Bundeshauptstadt klar. Wien zeigt seit vielen Jahrzehnten, dass eine Politik, die in allen Bereichen sehr bewusst die Lebensrealitäten von Frauen und die damit einhergehende Ungleichheit im Vergleich zu Männern mitdenkt und die

auf Privatisierungen verzichtet und ganz im Gegenteil eine starke kommunale Daseinsvorsorge immer weiter ausbaut, große Schritte hin zu mehr Gleichberechtigung und Gleichheit setzen kann. Anhand von zwei Beispielen kann dies gut skizziert werden:

3.1 Arbeitsmarktförderung für Frauen

Mit dem Wiener Arbeitnehmer*innen Förderungsfonds (waff) hat die Stadt Wien seit vielen Jahren ein einzigartiges Angebot, das von Beginn an einen speziellen Fokus auf Aus- und Weiterbildung von Frauen gesetzt hat. Kostenlose Beratung, Workshops und Informationen über Aus- und Weiterbildung begleiten Frauen durch die Karenz und beim beruflichen Wiedereinstieg. Treffsicher reagiert der waff aber auch auf generelle Entwicklungen auf dem Arbeitsmarkt. Die voranschreitende digitale Transformation wird seit vielen Jahren begleitet, um dafür zu sorgen, dass Frauen nicht die Verliererinnen dieser Transformation sein werden – das Programm FRECH (Frauen ergreifen Chancen) unterstützt bei beruflicher Veränderung. Ähnlich verhält es sich in Bezug auf große gesellschaftliche Fragen wie Klimaschutz oder Nachhaltigkeit – neue Berufsbilder entstehen, andere verändern sich drastisch.[17] Auch hier greift die Stadt Wien mit einem speziellen Stipendium ein und finanziert bis 2025 über den waff 300 zusätzliche Studienplätze an Wiener Fachhochschulen für berufstätige Frauen. Der ungleichen Verteilung von Frauen und Männern in den Bereichen Digitalisierung, Nachhaltigkeit und Technik wird also aktiv entgegengewirkt. Ein zentraler Punkt in vielen Programmen des waff ist die direkte finanzielle Unterstützung, die eine Aus- oder Weiterbildung oft erst wirklich ermöglicht. So wurde mit dem Wiener Ausbildungsgeld ein weiteres Stipendienmodell für Auszubildende in bestimmten Berufssparten im medizinischen und pädagogischen Bereich geschaffen, das längere Ausbildungen mit 400 Euro monatlich begleitet. Mit der Wiener Pflegeausbildungsprämie unterstützt die Stadt Wien beim Einstieg in die wichtigsten Pflegeberufe und stärkt damit auch einen Bereich, der für die Daseinsvorsorge der Stadt und damit für alle Wiener*innen besonders wichtig ist.

3.2 Öffentliche Infrastruktur, die Frauen stärkt

Flächendeckende ganztägige Kinderbildungseinrichtungen bieten nicht nur den Kleinsten die beste Bildung, sondern ermöglichen auch eine Vollzeiterwerbstätigkeit. Mit nur rund zehn Schließtagen pro Jahr im Kindergarten nimmt Wien hier österreichweit klar die Spitzenposition ein, ebenso bezogen auf die Öffnungszeiten, denn die Wiener Kindergärten starten am frühesten und haben am längsten geöffnet. Der kontinuierliche Ausbau von ganztägigen Schulformen in Wien entlastet ebenso diejenigen mit Betreuungspflichten, hat aber vor allem bildungspolitisch einen großen Einfluss für junge Frauen in unserer Stadt: Wer in der Schule begleitet wird und ohne Schultasche nach Hause gehen kann, weil alles bereits erledigt wurde, ist nicht abhängig davon, ob die Eltern zu Hause am Abend noch helfen können oder eine Nachhilfe bezahlt werden kann. Eine öffentliche Infrastruktur, die Frauen stärkt, bedeutet aber noch viel mehr: Gute öffentliche Mobilität, leistbarer Wohnraum oder öffentliche Pflege- und Betreuungseinrichtungen entlasten die Bewohner*innen einer Stadt, insbesondere aber die Frauen. Dass diese Politik wirkungsvoll ist, zeigt sich in den Daten: Der Gender-Pay-Gap ist in Wien österreichweit mit nur 12 Prozent am geringsten (im Vergleich dazu ist er in Vorarlberg fast doppelt so groß), der Gender-Pension-Gap mit „nur" 25,2 Prozent im Vergleich zum Westen Österreichs (Vorarlberg: 46,2 Prozent; Tirol: 44,3 Prozent) ebenso deutlich geringer.

So wirksam die intensive Frauenpolitik der Stadt Wien in den vergangenen Jahrzehnten war und bis heute ist, so begrenzt sind dennoch die Möglichkeiten eines Bundeslandes allein, um Geschlechtergerechtigkeit vollends herzustellen.

4. Die Probleme an der Wurzel packen durch umfassende Transformation

Wollen wir Gleichheit auf dem Arbeitsmarkt, wollen wir gleiche Absicherung und damit gleiche Unabhängigkeit für alle Menschen garantieren, dann müssen wir in beiden Sphären der Arbeit ansetzen und tiefgreifende Maßnahmen vorantreiben. Die neoliberale Profitmaximierungslogik verlangt immer mehr Stunden Lohnarbeit und will gleichzeitig immer weniger sozialstaatliche Maßnahmen und Mechanismen sehen. Sie treibt damit „Familien, Gemeinschaften und (vor allem) Frauen bis an ihre Belastungsgrenze"[18]. Ein System, das weiterhin darauf aufbaut, dass ein Großteil der gesellschaftlich notwendigen Arbeit unbezahlt oder unterbezahlt verrichtet wird und diejenigen, die dafür zuständig gemacht werden, nicht selten an die Armutsgrenze oder in Abhängigkeiten treibt, kann keine Zukunft haben. Es bedeutet für uns somit, den Fokus zurechtzurücken und darauf zu legen, was für uns alle unabdingbar ist, und diesen Tätigkeiten auch die notwendige Wertschätzung zu geben – das heißt nicht klatschen auf den Balkonen, sondern gute Entlohnung und bessere Arbeitsbedingungen. Es bedeutet auch, Sorgearbeit nicht zunehmend zu individualisieren, sondern der Belastung im Privaten einen Ausbau öffentlicher Infrastruktur entgegenzustellen. Und für die Tätigkeiten und die Sorgearbeit, die weiterhin (gewünscht) im Privaten passieren, müssen wir ausreichend freie Zeit und eine gute Aufteilung garantieren. Wollen wir die Tätigkeiten, die spätestens ab der Pandemie als für wirklich alle gesellschaftlich dringend notwendig erkannt worden sind, aufwerten, bedeutet das aber, grundlegende Mechanismen unserer Gesellschaft zu verändern und auszuhebeln. Oder wie es Christa Wichterich so treffend formuliert: Die Ökonomie muss „vom spekulativen Kopf auf die versorgenden Füße gestellt werden"[19] (Wichterich 2010, 9).

Diese Auseinandersetzung wird keine einfache sein, denn diejenigen, die sich bisher im Licht der Anerkennung als vermeintliche Leistungsträger*innen sonnen konnten, diejenigen, die ihren Reichtum insbesondere in den vergangenen Jahren von ÖVP-Regierungen durch staatliche Zuwendungen und Prekarisierung von Arbeitsbedingungen noch weiter ausbauen konnten, müssen und werden verlieren. Ohne eine Umverteilung von Vermögen durch Vermögensabgaben und Erbschaftsteuern, ohne ein starkes Steuersystem für transnationale Unternehmen, das Steuerhinterziehung verhindert, ohne Finanztransaktionssteuern und – wie uns die letzten Monate der Energiekrise eindrucksvoll bewiesen haben – auch ohne Markteingriffe ist keine Ausfinanzierung und schon gar kein Ausbau einer starken Daseinsvorsorge möglich. Ohne eine generelle Arbeitszeitverkürzung bei vollem Lohn- und Personalausgleich, ohne verpflichtende Väterkarenz, ohne einen flächendeckenden Ausbau ganztägiger Bildungsangebote und einen Rechtsanspruch darauf, ohne begleitende Maßnahmen zur Zerschlagung von längst tradierten Rollenbildern sind eine faire Verteilung von gesellschaftlich notwendigen Tätigkeiten und damit eine gute Absicherung aller Menschen nicht durchsetzbar.

LITERATUR

- Arruzza, Cinzia/Bhattacharya, Tithi/Fraser, Nancy (2020): Feminismus für die 99%. Ein Manifest. Berlin.
- Criado-Perez, Caroline (2020): Unsichtbare Frauen. Wie eine von Daten beherrschte Welt die Hälfte der Bevölkerung ignoriert. München.
- Herbst, Hanna (2018): Feministin sagt man nicht. Wien.
- Hubert, Agnès (2022): The European Union and Gender Equality. Bonn.
- Reiff, Charlotte/Schumann, Korinna (2022): Transformation frauengerecht gestalten! Handlungsfelder aus gewerkschaftlicher Perspektive. In: Kaiser, Elisabeth/Schober, Marcus (Hg.): Digitale Wohlfahrtsgesellschaft. Der Weg in eine digitalisierte Zukunft (= Wiener Perspektiven, Band 2). Wien, 132–146.
- Sorority e.V. (Hg.) (2018): No More Bullshit. Das Handbuch gegen sexistische Stammtischweisheiten. Wien.
- Tomaselli, Elisa (Hg.) (2019): Wen kümmert's? Die (un)sichtbare Sorgearbeit in der Gesellschaft. Wien.

ENDNOTEN

[1] Vertrag zur Gründung der Europäischen Gemeinschaft, Artikel 141 (1); https://eur-lex.europa.eu/legal-content/DE/TXT/HTML/?uri=CELEX:12002E141&from=NL (abgerufen am 10. 12. 2022).

[2] Vgl. https://eige.europa.eu/gender-equality-index/2022 (abgerufen am 13. 12. 2022).

[3] Vgl. https://www.wien.gv.at/presse/2022/10/27/equal-pay-day-am-30-oktober-2022-frauen-arbeiten-heuer-63-tage-gratis#:~:text=Der%20Equal%20Pay%20Day%20zeigt,Prozent%20oder%209.430%20Euro%20brutto (abgerufen am 13. 12. 2022).

[4] Vgl. Grieger, Nadine/Kozam, Daniela (2022): Aktuelle Entwicklungen des österreichischen Lehrstellenmarktes (= Spezialthema zum Arbeitsmarkt, September 2022). AMS Österreich; https://www.ams.at/content/dam/download/arbeitsmarktdaten/%C3%B6sterreich/berichte-auswertungen/001_spezialthema_0922.pdf (abgerufen am 11. 12. 2022).

[5] Vgl. https://www.bundeskanzleramt.gv.at/agenda/frauen-und-gleichstellung/gleichstellung-am-arbeitsmarkt/frauen-in-fuehrungs-und-entscheidungspositionen/frauen-in-wirtschaftlichen-fuehrungspositionen.html (abgerufen am 13. 12. 2022).

[6] Vgl. Bundeskanzleramt (2021): Frauen und Männer in Österreich. Zahlen, Daten, Fakten 2020; https://www.bundeskanzleramt.gv.at/dam/jcr:8ca56dbf-aa9f-4ac2-935e-99564faa9aa0/gender-index-2020.pdf (abgerufen am 13. 12. 2022).

[7] https://www.wien.gv.at/menschen/frauen/stichwort/arbeit/pensionsungleichheit.html#:~:text=Im%20Jahr%202022%20ist%20dies,September%202022 (abgerufen am 13. 12. 2022).

[8] Vgl. https://www.statistik.at/statistiken/bevoelkerung-und-soziales/gender-statistiken/erwerbstaetigkeit (abgerufen am 11. 12. 2022).

[9] Vgl. https://www.arbeiterkammer.at/interessenvertretung/arbeitundsoziales/frauen/Care-Krise_beenden.html (abgerufen am 3. 12. 2022).

[10] Vgl. Wien, wie sie will. Ergebnisse der Wiener Frauenbefragung, abrufbar auf https://frauenbefragung.wien.gv.at/ (abgerufen am 13. 12. 2022).

[11] Wölfl, L. (2022): Mental Load: Die erdrückende Last, für alles verantwortlich zu sein. Moment v. 24. Juni 2022; https://www.moment.at/story/mental-load-oesterreich (abgerufen am 11. 12. 2022).

[12] Arruzza, Cinzia/Bhattacharya, Tithi/Fraser, Nancy (2020): Feminismus für die 99%. Ein Manifest. Berlin, 90.

[13] Vgl. https://kontrast.at/frauen-maenner-gehaltsunterschied/ (abgerufen am 11. 12. 2022).

[14] Arruzza, Cinzia/Bhattacharya, Tithi/Fraser, Nancy (2020): Feminismus für die 99%. Ein Manifest. Berlin, 95.

[15] https://www.derstandard.at/story/2000116187777/frauen-als-soziale-airbags-in-krisenzeiten (abgerufen am 11. 12. 2022).

[16] https://www.lrsocialresearch.at/files/Factsheet_Vaeterbeteiligung.pdf (abgerufen am 2. 12. 2022).

[17] Zu den möglichen Chancen dieser Transformation siehe auch Reiff, Charlotte/Schumann, Korinna (2022): Transformation frauengerecht gestalten! Handlungsfelder aus gewerkschaftlicher Perspektive. In: Kaiser, Elisabeth/Schober, Marcus (Hg.): Digitale Wohlfahrtsgesellschaft. Der Weg in eine digitalisierte Zukunft (= Wiener Perspektiven, Band 2), 132–146.

[18] Arruzza, Cinzia/Bhattacharya, Tithi/Fraser, Nancy (2020): Feminismus für die 99%. Ein Manifest. Berlin, 38.

[19] Wichterich, Christa (2010): Sorge, Marktökonomie und Geschlechtergerechtigkeit – das Vereinbarkeitsproblem der Politik. Heinrich Böll Stiftung, Gunda Werner Institut, Online-Publikation, 9; https://docplayer.org/66063169-Sorge-marktoekonomie-und-geschlechtergerechtigkeit-das-vereinbarkeitsproblem-der-politik.html (abgerufen am 11. 12. 2022).

© SeventyFour/images.Adobe/stockelements

WORKING MUMS

Reproduktion und Erwerbsarbeit: Frauen in einer
ungleichen Welt

Elisabeth Kaiser und Magdalena Martha Maria Schneider

1. Die aktuelle Lage: Wie verteilen sich Reproduktion und die damit einhergehende Betreuungsarbeit?

Reproduktion[1] und Erwerbsarbeit betreffen die Hälfte der Bevölkerung in enormem Ausmaß, nämlich die Frauen im Allgemeinen und die Frauen, die Kinder haben, im Besonderen. Gerade weil die Rolle der Mutter nicht nur eine individuelle und eine persönliche, sondern auch eine öffentliche und demnach eine gesellschaftliche ist, handelt es sich bei diesem Thema nicht um ein weibliches, sondern um ein Thema, das alle Bereiche der Gesellschaft betrifft – auch den Arbeitsmarkt. „Die eine" Lebenssituation einer Mutter gibt es nicht, sondern sie ist individuell und variabel. Der Bogen spannt sich von der Alleinerzieherin mit einem oder mehreren Kindern von einem oder mehreren Männern bis hin zur Mutter mit einem oder mehreren Kindern, eingebettet in einen familiären gleichgeschlechtlichen oder heterotypen (Patchwork-)Verband, mit oder ohne Unterstützung von außen bei Care-Tätigkeiten. Einheitlich ist jedoch der Fakt, dass die Reproduktionsarbeit der Frau obliegt und sie vordergründig jene Person ist, die sowohl für die Kinderbetreuung als auch für die entsprechenden Care-Tätigkeiten zuständig ist. Die Frau ist die Person, die von unterschiedlichsten Benachteiligungen betroffen sein kann. Mit der Schwangerschaft und der damit einhergehenden körperlichen Veränderung starten die Überlegungen bei der werdenden Mutter, welches Karenzmodell wohl das passendste in ihrer Situation ist und ob bzw. in welchem Rahmen sich der Vater an der Karenzzeit beteiligen wird. Die Möglichkeit per Gesetz, in Väterkarenz zu gehen, haben Männer in Österreich seit mehr als 30 Jahren! Eltern können sich die Karenz zweimal teilen und sogar für einen Monat gleichzeitig in Karenz gehen,[2] und trotzdem sind die Zahlen ernüchternd: „In acht von zehn Partnerschaften gibt es keine Väterbeteiligung!"[3] Die Gründe dafür sind vielfältig und oft erst im individuellen Zusammenhang ersichtlich. Manche Väter können es sich nicht vorstellen, eine gewisse Zeit zu Hause mit einem Neugeboren zu verbringen. Andere, die es gerne wollen würden, haben keine bis wenig Rückendeckung von dem*der Arbeitgeber*in in ihrem Wunsch, Zeit mit dem Kind zu verbringen und so auch die Vater-Kind-Bindung zu stärken. Auch wird die Karenzzeit im Allgemeinen immer noch der Mutter zugeschrieben. Österreichs Kinder erleben in ihren ersten drei Jahren klare Rollenklischees: Sie werden von ihren Müttern betreut. Noch immer sind es die Frauen, die deswegen nur in Teilzeit arbeiten (25,5 Prozent Frauen, 8,9 Prozent Männer), auch gibt es kaum Männer (0,7 Prozent), die in Karenz gehen.[4] Die Zahlen belegen es: „Bei acht von zehn Paaren geht der Mann weder in Karenz noch bezieht er Kinderbetreuungsgeld. Nur 2 Prozent der Väter in Partnerschaften unterbrechen die Erwerbsstätigkeit für drei bis sechs Monate, lediglich 1 Prozent für mehr als sechs Monate. 10 Prozent der Väter in Karenz wählen eine Karenzdauer von nicht mehr als drei Monaten. Weitere 6 Prozent beziehen zwar Kinderbetreuungsgeld, unterbrechen aber ihre Erwerbstätigkeit nicht."[5] Warum ist das so? Wollen Mütter und Väter das? Oder sind es vielmehr die Rahmenbedingungen, die Eltern zu dieser ungleichen Aufteilung sowohl der Kinderbetreuung als auch sogenannter Care-Tätigkeiten bringen? Beides ist Teil der Antwort: In Österreich ist nach wie vor ein Weltbild verbreitet, das auf traditionellen Geschlechterrollen und Stereotypen basiert. Männer gelten nach wie vor als Hauptverdiener, während die Frau im Privaten für Haushalt und Kinderbetreuung zuständig ist und aufgrund ihrer neuen Rolle als Mutter ihre subjektiven Bedürfnisse aufgibt. Erschwerend kommt hinzu, dass in Österreich genderbezogene Lohnunterschiede weiterhin Realität sind. Faktenlage ist: Karenz ist für den Mann eine mögliche Option, für die Frau aber eine notwendige Selbstverständlichkeit. Weiter gehen die Überlegungen nach der Karenzzeit mit einer notwendigen Entscheidung, ob und mit wie vielen Stunden die Mutter ins Erwerbsleben zurückkehrt. Die Folgen dieser Faktoren sind allgemein bekannt: Die Entscheidung einer Frau, Kinder in die Welt zu setzen, wirkt sich in den meisten Fällen negativ und nachteilig auf ihre zukünftige ökonomische Situation aus, sei es nun monetär oder ihre Karriere betreffend.

2. Interviewanalyse

Im Zuge dieses Artikels wurde im Vorfeld ein Interviewleitfaden erstellt, der exemplarisch mit zwölf Frauen durchgesprochen wurde. Anhand der Fragestellung erzählten die Mütter direkt aus ihrem Alltagsleben und teilten mit, wie sie es erleben, sowohl Mutter als auch erwerbstätig zu sein. In der Auswahl der befragten Personen wurde versucht, verschiedene Lebensrealitäten abzubilden, wie selbstständig arbeitend, angestellt im öffentlichen Bereich, angestellt im privaten Bereich, erwerbstätig in unterschiedlichen Stundenmodellen, mit verschiedenen Bildungsabschlüssen, alleinerziehend, von einem bis zu vier Kindern sowie mit und ohne Migrationshintergrund. Der allgemeine gesellschaftliche Duktus besagt, Frauen wollen so lange wie möglich bei ihren Kindern zu Hause bleiben – die Aussagen der interviewten Mütter haben aber gezeigt, dass Frauen oftmals zu Hause in der Kinderbetreuung sind, weil es nicht genügend Kinderbetreuungsplätze gibt, weil Männer nicht in Karenz gehen, weil Arbeitgeber*innen Väter nicht unterstützen in ihrem Wunsch, in Karenz zu gehen, oder weil vonseiten der Gesellschaft erwartet wird, dass die Mutter sich um die Kinderbetreuung kümmert, wenn sie eine „gute Mutter" sein will. Die Antworten der Interviewpartnerinnen haben ein klares Bild gezeichnet: Frauen fühlen sich nach wie vor nicht gleichberechtigt wahrgenommen – weder in der Gesellschaft noch auf dem Arbeitsmarkt. Alle Frauen haben sich für flächendeckende Kinderbetreuung ausgesprochen, als Hebel für die eigene Erwerbstätigkeit, aber auch die Notwendigkeit erwähnt, den Arbeitsmarkt zukünftig familienfreundlicher zu gestalten und Rollenbilder aufzubrechen, damit eine Beteiligung der Vater an der Kinderbetreuung erst möglich gemacht wird. Auch die Einkommensgerechtigkeit war ein wichtiges Thema für die Frauen. Um endlich eine gleichberechtigte Bezahlung für Frauen und Männer sicherzustellen und eine gerechtere Gesellschaft aufzubauen, gibt es konkrete Forderungen der Arbeiterkammer, wie beispielsweise eine Lohntransparenz.[6]

3. Wie reagiert der Arbeitsmarkt auf Reproduktion und Mutterschaft?

Prinzipiell ist es interessant, sich darüber Gedanken zu machen, wie der Arbeitsmarkt auf Reproduktion und Mutterschaft reagiert und in der Folge damit umgeht. Zum einen braucht es die Arbeitskräfte der Zukunft, also die Kinder von heute, zum anderen scheint es einen gesellschaftlichen Konsens zu geben, dass die Frau als liebende Mutter sich selbst sowie ihre Bedürfnisse zurücksteckt und die Kinder als Arbeitskräfte von morgen aufzieht. Sie nimmt sich damit zum Teil selbst aus dem Arbeitsprozess und dem Erwerbsleben heraus und akzeptiert nachteilige monetäre Konsequenzen bis hin zur Gefahr der Altersarmut. Interessanterweise reagiert die Arbeitswelt wenig auf Bedürfnisse von Müttern sowie Familien und Kindern. Frauen brauchen oft einen geschützten Rahmen, um damit zu beginnen, sich über ihre Lebensrealitäten und Benachteiligungen auszutauschen.

3.1 Welche Rahmenbedingungen und welche Infrastruktur sind notwendig, damit Mutterschaft und Arbeit ermöglicht werden?

Arbeit und Mutterschaft können nur möglich gemacht werden, wenn es eine gute, flächendeckende sowie hochwertige Kinderbetreuung gibt, denn wenn die Kinder nicht betreut werden, dann kann die Mutter keiner Erwerbstätigkeit nachgehen. Neben den gesellschaftlichen Vorstellungen ist es vor allem auch das mangelnde Angebot an Kinderbetreuung in Österreichs ländlichen Regionen, das einen Elternteil in die Kinderbetreuung zwingt. Durch die Einkommensunterschiede zwischen Männern und Frauen auf dem Arbeitsmarkt übernimmt die Kinderbetreuung fast immer die Mutter. Alle befragten Frauen haben Kinderbetreuung als den zentralen Punkt angesprochen. Darüber hinaus ist eine flächendeckende Kinderbetreuung ab dem 1. Lebensjahr mit Nachmittagsbetreuung notwendig, vor allem für all jene Personen, die wieder in eine Vollzeitbeschäftigung zurückkehren wollen oder aber auch aus finanziellen Gründen müssen. Flächendeckende Kinderbetreuung ist der einzige Weg, Frauen die Rückkehr in die Erwerbstätigkeit zu ermöglichen, dem aktuell herrschenden Fachkräftemangel entgegenzuwirken, aber auch die Teilzeitquote bei Frauen zu senken, denn die Vereinbarkeit von Beruf und Familie ist vor allem für Frauen fast nicht zu bewerkstelligen. Hier gilt es zu erwähnen, dass in der Bundeshauptstadt Wien die Situation rund um die Kinderbetreuung um Welten besser ist als in den Bundesländern. Beim Kinderbetreuungsgipfel, der am 10. Jänner 2023 in der Hofburg stattfand, betonten die Sozialpartner*innen: „Gerade vor dem Hintergrund des akuten Arbeits- und Fachkräftemangels ist ein konsequenter Ausbau der Kinderbetreuungsreinrichtungen mit Öffnungszeiten, die der Arbeitswelt angepasst sind, ein Muss."[7] Auch die länd-

lichen Gebiete in Österreich sehen sich langsam im Zugzwang, was das Thema Kinderbetreuung betrifft, denn Frauen sind wichtige, unverzichtbare Arbeitskräfte. Die Wirtschaft profitiert davon, diese auch in der Arbeitswelt zu halten. Außerdem wollen ländliche Gemeinden der Abwanderung von Frauen und Jungfamilien entgegenwirken, indem die Lebensqualität vor Ort erhöht wird. Ein Teil davon ist die flächendeckende Kinderbetreuung, die eine Erwerbstätigkeit der Frau zulässt, denn die wenigsten Familien können es sich noch leisten, auf ein Einkommen zu verzichten. Die Befragung des Frauenservice der Stadt Wien unter dem Titel „Wien, wie sie will"[8], initiiert von Kathrin Gaál, Vizebürgermeisterin und Stadträtin für Wohnen, Wohnbau, Stadterneuerung und Frauen, hat beispielsweise eine überdurchschnittliche Zufriedenheit hinsichtlich der in Wien angebotenen Kinderbetreuung bei Frauen ergeben, die in Vollzeitbeschäftigung tätig sind. „Ebenfalls überdurchschnittlich zufrieden sind Frauen mit höheren Einkommen, Frauen mit Migrationshintergrund und generell Frauen, die selbst nicht in Wien geboren wurden, also inklusive der Zugezogenen aus den anderen Bundesländern. Das ist im Themenbereich der Betreuung nicht überraschend, weil Wien im Vergleich zur Herkunftsgemeinde standhält. Was die Betreuung jüngerer Kinder betrifft, zeigen sich 57% mit dem Angebot an

Kindergärten (sehr) zufrieden, 49% mit dem Angebot für die Betreuung von unter 3-jährigen Kindern. 12% respektive 13% sind sehr unzufrieden."[9] Beim Kinderbetreuungsgipfel vom 10. Jänner 2023 unterstrich die Präsidentin der Arbeiterkammer, Renate Anderl, dass es „dringend eine Milliarde Euro mehr pro Jahr braucht"[10]. Es zeigte sich zudem auch eine „seltene Einigkeit: ÖGB, AK, Wirtschafts- und Landwirtschaftskammer sowie die Industriellenvereinigung fordern unisono einen Rechtsanspruch auf Kinderbetreuung ab dem ersten Lebensjahr."[11] Dass Kinderbetreuungsplätze auch genutzt werden, wenn sie zur Verfügung stehen, zeigt die Statistik: Insgesamt stieg bei den Kindern im Alter von null bis drei Jahren die Quote der Kinderbetreuung von 29,9 Prozent im Jahr 2020 auf 31,2 Prozent im Jahr 2021. Bei den Drei- bis Sechsjährigen liegt die Betreuungsquote schon fast bei 100 Prozent.[12] Neben dem zentralen Punkt der flächendeckenden Kinderbetreuung ab dem 1. Lebensjahr haben die interviewten Frauen auch Punkte angesprochen, die den Arbeitsmarkt an sich betreffen. Erwerbstätigkeit und Mutterschaft werden erleichtert durch flexible Arbeitsstrukturen wie Homeoffice, flexible Arbeitszeiten und die prinzipielle Möglichkeit der Teilzeitarbeit. Wichtig zu erwähnen sind auch Betreuungszeiten für Kinder im schulpflichtigen Alter, die vor allem in den Ferien auf Eltern und damit insbesondere Mütter zukommen. Hier braucht es unbedingt Lösungs-vorschläge vonseiten politischer Entscheidungsträger*innen, da Eltern und vor allem auch Mütter jedes Jahr in Ferienzeiten in Bedrängnis kommen und nicht wissen, wie und von wem das Kind bzw. die Kinder betreut werden sollen.

3.2 Profitiert das Arbeitsleben von der Rolle als Mutter, und profitiert das Familienleben davon, dass die Mutter erwerbstätig ist?

In einem waren sich alle zwölf Frauen einig: Nicht nur den Müttern tut es gut, wenn Sie arbeiten gehen, sondern die gesamte Familie hat einen Benefit davon. Auf der Hand liegt zunächst der finanzielle Aspekt: Jedes weitere Einkommen vergrößert das Familienbudget, zusätzlich ist die Frau unabhängiger und finanziell nicht auf ihren*ihre Partner*in angewiesen. Auch langfristig ist es für Frauen profitabel, arbeiten zu gehen: Für die Pension rentieren sich jedes Jahr und jede Stunde, die man mehr gearbeitet hat. Hier sind es immer noch die Frauen, die regelmäßig in der Altersarmut landen.[13] Auch haben alle Befrag-ten betont, dass sie es als eine persönliche Bereicherung, aber vor allem auch als großen Vorteil für die Familie sehen, wenn sie als Mütter durch die Arbeit Ausgleich und Bestätigung erfahren. Sie werden am Arbeitsplatz anders als zu Hause gebraucht, können sich anders verwirklichen und unterhalten sich in einem anderen Netzwerk über andere Themen als über Kinder. *„Ja, mein Familienleben profitiert davon, dass ich arbeiten gehe. Weil ich an den Tagen, an denen ich arbeiten bin, mit anderen Sachen im Kopf zurück nach Hause komme. Irgendwie so frisch und gestärkt."*[14] Oder: *„Zu Hause ist man wahrscheinlich aus-*

gelassener. Man hat nicht immer denselben Trott, immer dasselbe zu tun, sondern hat eben Abwechslung. Das glaube ich schon, dass es das in der Familie entspannter, einfacher macht."[15] Zusätzlich sehen sich die interviewten Frauen auch als Vorbild für ihre eigenen Kinder: Diese sollen sehen, dass es befriedigend ist, einer geregelten Arbeit nachzugehen, und dass es natürlich entlastet, wenn man als Frau keine Geldsorgen hat und es auch der Familie finanziell gut geht. *„[Ich zeige] meinen Kindern, dass ich jeden Tag mich beschäftige. Ich bin natürlich auch viel selbstbewusster. Ich habe meine Ziele, ich bin zielstrebig, ich bin leistungsorientiert. Das vermittle ich natürlich auch meinen Kindern. Ich habe Freude an meiner Arbeit, ich bin engagiert und [...] auch wenn wir zum Beispiel über verschiedene Sachen sprechen, vermittle ich ihnen dann diese Emotionen weiter.*"[16] In der Frage, ob auch das Arbeitsleben von der eigenen Rolle als Mutter profitiere, waren sich die interviewten Mütter uneins: Acht bejahten dies, zwei fanden, dies träfe nicht zu, und zwei waren unschlüssig und wollten sich nicht festlegen. Die Argumente der Letzteren bezogen sich vor allem auf die Verpflichtungen der Mütter den Kindern gegenüber und darauf, dass man zum Beispiel bei Krankheit oder ausgefallener Kinderbetreuung in der Arbeit fehlen würde. Hier spiegelten die Frauen die Meinung einer Gesellschaft wider, die es gutheißt, dass die Mutter zu Hause sämtliche Betreuungspflichten übernimmt, während der Vater in der Arbeitswelt als Hauptverdiener aktiv ist. Dass auch mal Väter Pflegefreistellung in Anspruch nehmen, erlebten diese Frauen als unmöglich, da deren Arbeitgeber*innen so etwas nicht akzeptieren würden. Die Mütter werden so sowohl indirekt als auch direkt vom Arbeitsmarkt diskriminiert und in die Rolle der betreuenden Mutter gedrängt, die nicht unbedingt freiwillig eingenommen wird. Die anderen acht interviewten Frauen hingegen waren sich sicher, dass die Arbeitswelt von Müttern profitieren kann. Viele gute Argumente wurden genannt wie: *„Ich habe richtig gemerkt in der Arbeit, dass ich viel pragmatischer geworden bin und viel präziser, viel strukturierter mit jedem weiteren Kind. Und das ist etwas, wo mich auch viele darum bewundern, weil auch viele sagen, wie kannst du eine Ordination eröffnen mit vier Kindern? Aber genau das kriegt man ja auch mit jedem Kind mehr, man muss daheim auch alles strukturieren und ordnen können. Und so funktioniert es in der Arbeit halt auch – man taktet alles durch.*"[17] Oder: *„Für einige war es auch ein wichtiger Faktor, dass man nach mehreren Monaten/ Jahren der Kinderbetreuung ganz gierig ist auf eine andere Form der Selbstverwirklichung und Bestätigung und dass Mütter dadurch mit hoher Motivation in die Arbeit gehen.*"[18] Eine andere Interviewpartnerin meinte: *„Ein Vorteil ist schon, dass man sich freut, wieder arbeiten zu gehen. Also ich habe mich schon gefreut, nach den zwei Jahren wieder zu arbeiten. Das motiviert dann natürlich auch, dass man da bisschen vielleicht mehr in die Arbeit hineinsteckt, das ist für den Arbeitgeber dann ein Vorteil.*"[19] Eine andere meinte: *„Ja, ich denke, [...] eine Mutter hat schon vieles zu leisten und wird dadurch auch motivierter, etwas zu tun, um mal rauszukommen. Es ist ja doch eine Abwechslung, die Arbeit, wenn sie auch einem Spaß macht. Also ich glaube schon, dass die Firma auch von dem profitieren kann.*"[20]

3.3 Wo sieht die Mutter ihren Platz in der Gesellschaft, und sind Männer und Frauen gleichberechtigt?

Indem sich eine Person einen Platz in der Gesellschaft gibt, geht sie von einer beobachtenden in eine handelnde Rolle über. Der Platz in der Gesellschaft, den man sich selbst gibt, ermöglicht Partizipation und Teilnahme sowie Teilhabe an gesellschaftlichen sowie Entscheidungsprozessen. Durch größere Handlungs-spielräume gelingt es der sich einbringenden Person, auf individuelle Lebens-situationen aufmerksam zu machen und sich für die eigenen Bedürfnisse, aber auch die Bedürfnisse von Interessengruppen einzusetzen, um so Macht-unterschiede aufzuzeigen, zu thematisieren und aufzubrechen. „Partizipation heißt gleichzeitig auch gleichberechtigtes Teilhaben – an Bildung, Einkommen, Wohnqualität oder bei Freizeitangeboten."[21] Rollen können selbst vergeben werden oder auch zugeschrieben werden. Im Zuge des Interviewleitfadens war von Interesse, welche Rolle sich die befragte Person selbst gibt. Aus den Antworten können Rückschlüsse darüber gezogen werden, wo, an welchem Platz sich die betreffenden Personen selbst sehen. Die vielfältigen Antworten reichten über die Bereiche des Privatlebens und der Mutterschaft hinaus in den gesellschaftlich-öffentlichen Bereich hinein. Zum einen ist die Rolle, die Mutterschaft bedeutet, bewusst und wird gelebt. Darüber hinaus definierten sich Teile der Befragten in einer selbstbestimmten Rolle der aktiven Multiplikatorin durch die jeweils ausgeübte Erwerbstätigkeit. Denn Erwerbstätigkeit bringt nicht nur finanzielle Entlastung mit sich, sondern auch weitere wichtige Aspekte wie beispielsweise Selbstermächtigung. Ein eigenes Einkommen ermöglicht ein selbstbestimmtes, unabhängiges und freies Leben und ist darüber hinaus einem gesteigerten Selbstwert förderlich. Durch den Platz in der Arbeitswelt gelingt es der Frau, in einem Bereich zu leben, der individuell zu ihr gehört und durch den sie sich auch definieren kann. Ebenso wurden Rollen im politischen Engagement und Ehrenamt erwähnt, beides sind jedoch Bereiche, die eines hohen Zeitaufwands bedürfen. Hier erschweren eine Mutterschaft und die entsprechenden daraus resultierenden Verpflichtungen oftmals die Teilhabe. Eine Frau gab als Antwort, dass sie über ihre Rolle als Mutter oder im privaten Bereich hinausgehend für sich keinen weiteren Platz in der Gesellschaft sieht.

Das Thema Gleichberechtigung wurde von den befragten Frauen sehr klar beantwortet, indem bis auf eine Frau alle eine Gleichberechtigung zwischen Mann und Frau verneinten. Diese Ungleichheit zwischen Männern und Frauen bildet sich in den unterschiedlichsten Bereichen ab und zieht sich von Sorgetätigkeiten, die zum großen Teil von Frauen ausgeübt werden, über den Arbeitsmarkt bis hin zum Gender-Pay-Gap – also ungleichem Lohn bei gleicher Arbeit. „Obwohl in den letzten Jahren Verbesserungen umgesetzt und dadurch die geschlechtsspezifischen Lohnunterschiede verringert werden konnten, zählt Österreich nach wie vor zu den EU-Ländern mit dem größten Lohnunterschied zwischen Frauen und Männern."[22] Auf dem Arbeitsmarkt erfahren weiblich konnotierte Tätigkeiten oftmals eine Abwertung. Die Devaluationshypothese[23] geht davon aus, „dass von Frauen ausgeübte Tätigkeiten häufig als einfache(re) Tätigkeiten gesehen werden, welchen deshalb weniger Wert, sprich Lohn, zukomme."[24] Davon betroffen sind unter anderem Bereiche wie „Pflegetätigkeiten, Reinigungstätigkeiten oder [die] Erziehung. Diese Berufsfelder unterliegen im Vergleich zu männerdominierten Berufen oft einer ökonomischen und gesellschaftlichen Abwertung. Vermeintlich wird in diesen Branchen keine ‚echte' zu erlernende Arbeit geleistet, sondern von den vorwiegend weiblichen Beschäftigten ‚natürliches' Arbeitsvermögen eingebracht, welchem kein Marktwert zugeordnet wird."[25] Diese Ungleichheit zeigt sich deutlich in der Kinderbetreuung, die zu großen Teilen von der Frau übernommen wird. Ein männlicher Arbeitnehmer wird weniger danach gefragt, wie sich Familie und Beruf vereinen lassen, denn diese Frage hat sich die Frau zu stellen und auch eine Antwort darauf zu finden. Nicht nur in der Arbeitswelt zeichnet sich eine Ungleichheit zwischen den Geschlechtern ab, auch was die Aufteilung der unbezahlten Arbeiten im Haushalt betrifft, ist es so. Bei der Befragung „Wien, wie sie will"[26] „gibt die Hälfte der Frauen, die mit einem/r Partner*in im Haushalt wohnen, an, sich überwiegend selbst um Haushaltstätigkeiten zu kümmern, bei 42% der Wienerinnen sind diese Arbeiten ungefähr gleich zwischen ihnen und dem/r im gleichen Haushalt lebenden Partner*in aufgeteilt. [...]. Vor allem Frauen zwischen 30 und 49 Jahren (55%) sind in ihrer Partner*innenschaft vorwiegend dafür zuständig, hier sind nur 39% der Haushaltstätigkeiten aufgeteilt. [...]. Ein klares Bild zeigt sich auch bei arbeitenden Frauen: 42% der Wienerinnen, die mit ihrem/r Partner*in im gleichen Haushalt leben und Vollzeit berufstätig sind, kümmern sich überwiegend selbst um die Erledigung des Haushalts, nur bei knapp der Hälfte kümmern sich beide Partner*innen darum. Eine Vollzeitbeschäftigung schützt also nicht vor Ungleichverteilung bei der Aufgabenverteilung im Haushalt."27 Es gilt, politisch anzusetzen und den Weg hin zur Gleichberechtigung der Geschlechter stetig weiterzugehen, denn die Ungleichheit findet sich in privaten wie auch in öffentlichen Bereichen des Lebens. „Bis heute hält sich hartnäckig das Missverständnis, dass Gleichberechtigung erreicht sei, wenn Frauen in die Arbeitsbereiche der Männer, die eben mit mehr Autonomie verbunden werden, vordingen können. Nicht berücksichtigt wird, dass wirkliche Gleichberechtigung nur dann funktionieren kann, wenn auch Männer die Arbeit übernehmen, die Frauen tun: Fürsorge, Pflege, Haushalt und Kinderbetreuung. Fürsorgetätigkeit darf nicht mehr als an ein Geschlecht gebunden, also als weiblich dargestellt werden, sondern als eine allgemein menschliche Qualität."28

3.4 Was kann vonseiten der Politik getan werden, um den Arbeitsmarkt für Wiedereinsteigerinnen attraktiver zu gestalten?

„Niemand wird ernsthaft bestreiten, dass sich das Leben der meisten Frauen mit dem ersten Kind radikal verändert. Im Weiteren geht es nicht um die Frage, wie sehr das Wohlbefinden der einzelnen Frau durch die Mutterschaft beeinträchtigt wird. Es geht vor allem darum, zu klären, wieso sich das Leben vieler Frauen nach der Geburt des ersten Kindes derartig verschlechtert."29 Ein Kind ändert das Leben einer Mutter nachhaltig, auch jenes der Väter, wenn sie sich darauf einlassen. Denn die Mutterschaft in Österreich und Deutschland ist im Verständnis von außen eine andere als in weiteren europäischen Ländern. In Österreich und Deutschland wird weitgehend erwartet, dass die Mutter in ihrer Rolle der Mutterschaft aufgeht und weitere persönliche Ambitionen hintanstellt. „Das sich Geschlechterrollen nicht so entwickeln müssen, zeigen vergleichende Recherchen mit anderen Ländern, wie beispielsweise Frankreich. [...]. Während eine französische *Maman* ihre Rolle als Frau pflegen darf, wird ihr deutsch-österreichisches Pendant auf ihre Rolle als Mutter reduziert, die die Aufgabe des unabhängigen, selbstbestimmten Lebens der Mutter zum Wohl des Kindes einfordert. Die folkloristische Behauptung, dass die Mutter unersetzlich für das Kind und deshalb unabkömmlich sei, schlägt sich [...] nicht nur in der fehlenden externen Kinderbetreuung und dem fehlenden partner-

schaftlichen Ethos nieder. Tatsächlich macht kaum ein junges Elternpaar halbe-halbe."[30] Von politischer Seite braucht es daher ein Bekenntnis dazu, Rollen-bilder aufzubrechen und vor allem die Rolle der Väter zu stärken. An diesem Punkt sind wirtschaftlich gesehen auch die Unternehmen in Zugzwang: Sie soll-ten Männer im Bestreben unterstützen, ihre Rolle als Vater einzunehmen (zum Beispiel in der Frage einer geteilten Karenz), anstatt Männern, die Verantwor-tung für ihr Kind übernehmen wollen, Steine in den Weg zu legen. Wie bereits ausgeführt, ist das Modell der Väterkarenz in Österreich ein Nischenprogramm, bei dem auch die Politik gefragt ist, Anreize zu schaffen, um eine gerechtere Verteilung der Kindererziehung, aber auch Familienzeit zwischen beiden Eltern-teilen zu ermöglichen. Zusammenfassend gilt für österreichische Gegebenhei-ten, dass es einer angepassten Familienpolitik bedarf, die auch die Bedürfnisse der Frauen und Mütter sieht und diesen folgt. Inhaltliche Punkte dazu sind unter anderem, flächendeckende Ganztageskinderbetreuung ab dem 1. Jahr sicherzustellen und den Arbeitsmarkt so zu gestalten, dass Erwerbsarbeit im Familiengefüge lebbar ist. Damit ist die Schaffung von flexiblen Arbeitszeiten genauso gemeint wie prinzipielle Überlegungen zur Arbeitszeit bzw. Arbeits-zeitreduktion. Hier sei das von ÖGB und AK entwickelte Modell zur Familienzeit erwähnt. Dieses Modell sieht vor, „dass beide Eltern ungefähr gleich viel Zeit für die Kinderbetreuung und für die Erwerbsarbeit zur Verfügung haben. Anders als bei der bisherigen Aufteilung zwischen bezahlter und unbezahlter Arbeit, die sehr ungleich zwischen den Geschlechtern verteilt war, würden beide Eltern von diesem Modell profitieren."[31] Väter hätten hierbei mehr Zeit für Kind und Familie und Frauen mehr Geld durch Erwerbsarbeit.

3.5 Haben Mütter etwas Besonderes an sich, sodass es sich für den Arbeitsmarkt lohnt, einen Fokus auf Mütter zu legen?

Acht von zwölf Befragten konnten diese Frage mit Ja beantworten. Dabei waren die Argumente breit gestreut: Einerseits wurde Frauen, die Kinder geboren hatten, ein *„physiologisches Gestärktsein durch die Geburt"*[32] attestiert. Auch ein *„weiblicher Blick auf die Gegebenheiten"*[33] fand Erwähnung. Eine Interviewpartnerin meinte: *„Man wächst irrsinnig an den Aufgaben, und ich glaub, von dem kann man total viel mitnehmen ins andere. Weil wenn man es schafft, dass man einen Haushalt oder einen Hof mit zwei Kindern managt, dann kann man auch locker arbeiten gehen, ohne dass man untergeht in dem Stress, in der Arbeit. Durch eine Geburt ist man auch körperlich stärker, ich weiß nicht genau, wie ich das sagen soll. Ich glaube, dass das so unbewusste psychologische Auswirkungen hat, das Muttersein."*[34] Mehrfach betont wurde die große Aufgabe, die Mütter durch Geburt und Betreuung der Kinder für die Gesellschaft erfüllen: die Erziehung der kommenden Generation und damit auch der Gestalter*innen der zukünftigen Wirtschaft. Durch die tägliche Auseinandersetzung mit der nächsten Generation würden Mütter auch zukunftsorientierter handeln und denken. Weiters wurden oft auch Eigenschaften genannt, die Mütter auszeichnen und die für den Arbeitsmarkt sehr von Vorteil wären. Sie *„können auf viele Situationen anders reagieren, als wenn man keine Kinder hätte. Also es ist ein umfassendes Paket, was da eigentlich in die Gesellschaft, in den Arbeitsmarkt eingebracht wird."*[35] Einige Teilnehmerinnen betonten auch, dass das im gleichen Maße natürlich für Väter gelte, die Kinderbetreuungsaufgaben übernähmen. Als besonders gut ausgeprägte Eigenschaften wurden genannt: *„Belastbarkeit, Stressresistenz, Organisationstalent, Pünktlichkeit, Konzentration, Fokussiertheit, Entscheidungsfreude, Problemlösefähigkeit, Durchhaltevermögen."*[36] Ein Zitat bringt es vielleicht auf den Punkt: *„Ein Kind ist ein vollkommen unberechenbarer Chef! Also wenn man mal ein Kind händeln kann, da kann man alles händeln."*[37]

3.6 Was sind die Visionen in Bezug auf Vereinbarkeit und Familie?

Die von den interviewten Frauen geäußerten Visionen waren nüchtern bis visionär. Mehrere Schwerpunkte in den Nennungen ließen sich ausmachen, hier gereiht nach Häufigkeit der Nennung:

- Gleicher Lohn bei weniger Arbeit für alle (fünf Nennungen): Dadurch soll sich die Zeit in der Familie qualitativ verbessern, und es besteht die Hoffnung, dass sich Betreuungsaufgaben automatisch besser verteilen. Eine Mutter forderte das *„Recht für Eltern, weniger zu arbeiten beim gleichem Verdienst (Förderung durch den Staat)"*[38].
- Kinderbetreuung (vier Nennungen): Zwei Frauen wünschen sich längere Öffnungszeiten, vor allem auch in der Früh, zwei kritisierten die mangelnde Betreuung in den Ferienzeiten. Eine Mutter verlangte einen Anspruch auch für Mütter/Eltern, die nicht Vollzeit arbeiten gehen.[39]
- Gesellschaft (drei Nennungen): Die vorherrschende Meinung in der Gesellschaft soll sich ändern, Rollenbilder müssen aufgebrochen werden. Betreuungsaufgaben sollen gesehen und honoriert werden. Man soll Müttern dankbar sein und sie nicht als Belastung empfinden. Auch die Einstellung bei Arbeitgeber*innen muss sich ändern: Für Arbeitgeber*innen muss es selbstverständlich werden, dass Väter Betreuungs-, Erziehungs- und Pflegeaufgaben in der Kinderbetreuung übernehmen.
- Karenzmodelle (drei Nennungen): Um mehr Väter in Karenz zu bringen, brauche es klare Entscheidungen und Anreize durch den Staat. Ein leichter Zugang oder eine standardisierte Karenzzeit für alle – auch für Väter – würde mehr Gleichberechtigung schaffen.
- Flexiblere Arbeitszeiten (zwei Nennungen).

Einmalige Nennungen gab es darüber hinaus auch. Eine Mutter wünscht sich mehr Raum zur Selbstentfaltung. Eine andere findet, die Anzahl der Pflegetage müsse prinzipiell erhöht werden und an die Anzahl der zu betreuenden Kinder angepasst sein, denn mehrere Kinder erfordern möglicherweise mehr krankheitsbedingte Pflegetage als nur ein Kind. Eine Anregung kam dahin gehend, dass Eltern die Möglichkeit haben sollten, psychotherapeutische oder psychiatrische Betreuung kostenlos in Anspruch zu nehmen. Weitere Zitate aus den Interviews wären: *„Es [bräuchte] einfach, dass Eltern das Recht haben, weniger zu arbeiten mit gleichem Verdienst. Das müsste dann irgendwie gefördert werden."*[40] Eine Frau meinte: *„Also meine Vision ist auf jeden Fall, dass wir alle weniger arbeiten müssen und mehr Zeit für unsere Familien haben."*[41] Eine andere Frau meinte im Interview: *„Also ich würde mir wünschen, dass es einfach in der Gesellschaft eine Selbstverständlichkeit ist, dass Männer genauso für die Kinder, für die Familie zuständig sind."*[42] Oder: *„Meine Visionen wären, [dass] eben dieses Klischee ,Entweder man entscheidet sich fürs Berufsleben oder für die Familie' oder diese vordefinierten Bilder aufgebrochen werden."*[43] Eine andere Frau meinte: *„[Ich würde mir wünschen,] dass es noch mehr Institutionen gibt, die unterstützen – also Kindergärten und Stellen, wo sich Eltern mit problematischen Kindern hinwenden können, mit Kindern, die gemobbt werden. Also es gibt sehr, sehr schwierige Situationen, auch in Familien, in denen die Eltern so alleine gelassen werden. Es sollte noch* *mehr Unterstützung von Kinderpsychologie, Psychologen und so weiter geben, auch für Problemfälle, sodass man die Kinder gut durchs Leben leiten kann."*[44]

4. Fazit

Die Analyse der Fragen zum Verhältnis von Arbeitswelt und Muttersein sowie den Visionen über die Vereinbarkeit dieser zwei Aspekte haben eines eindeutig gezeigt: Wenn eine Frau das möchte, dann ist es auch richtig und förderlich, erwerbstätig zu sein – einerseits für das Familieneinkommen und andererseits für das Selbstwertgefühl der Frau. Was dem allerdings oftmals im Wege steht, ist das konservative Weltbild, das in Österreichs Gesellschaft vorherrscht. Entweder sollen sich Mütter ganz den Kindern verschreiben und sich ins Private zurückziehen, oder sie sollen, wenn sie trotz Mutterschaft ins Erwerbsleben zurückkehren, ihrer Arbeit so nachkommen, als hätten sie keine Kinder und könnten sich voll und ganz ihrer Arbeit verschreiben. Diesem Spannungsverhältnis sind nicht nur unsere befragten zwölf Mütter selbst ausgesetzt – vielmehr zeigen sie auf, was der Großteil der Frauen erlebt: das Gefühl, keine eigenen Entscheidungen treffen zu können, sondern von schlechten Rahmenbedingungen in Kinderbetreuungseinrichtungen, Unverständnis vonseiten der Arbeitgeber*innen und Meinungen anderer bestimmt zu werden. Zurück bleibt das Gefühl, als Mutter nicht zu genügen, weil es nie genug ist, was getan wird – sei es daheim oder in der Arbeit. Dabei ist es für unsere Interviewpartnerinnen offensichtlich, dass die Arbeitswelt von ihnen als Mutter profitieren würde, denn Mütter sind stressresistent, belastbar, zäh und entscheidungsfreudig. Diese Attribute würde natürlich auch ein Vater mitbringen, der sich gleichwertig in die Kindebetreuung einbringt, denn die Kinder und ihre Erziehung und Pflege sind es, die solcherlei Eigenschaften verlangen und befördern. Damit liegt die Forderung nach jeglichem Mittel, um immer mehr Väter in Karenz zu bringen, klar auf der Hand. Es gilt, eine an die Bedürfnisse angepasste, mutige Familienpolitik zu betreiben, die starke Maßnahmen und Anreize setzt und Frauen in ihren individuellen Lebensrealitäten nicht im Stich lässt.

Es braucht einen politischen Weg, der Maßnahmen setzt, um Geschlechterungleichheiten im Arbeitsleben zu beseitigen: gleiche Bezahlung für gleichwertige Arbeit, gleiche Karrieremöglichkeiten und eine angemessene Work-Life-Balance für beide Geschlechter – beispielsweise durch Arbeitszeitreduktion bei vollem Lohnausgleich. Es braucht Visionen und den Mut, neue Möglichkeitsräume zu denken – und zwar jetzt!

ENDNOTEN

[1] Unter Reproduktion wird in diesem Artikel die geschlechtliche Fortpflanzung verstanden.

[2] https://www.arbeiterkammer.at/beratung/berufundfamilie/Karenz/Teilung_der_Karenz.html (abgerufen am 16. 2. 2023).

[3] https://www.arbeiterkammer.at/interessenvertretung/arbeitundsoziales/familie/Vaeterkarenz.html (abgerufen am 16. 2. 2023).

[4] Kaindl, Markus/Schipfer, Rudolf Karl (2022): Familien in Zahlen 2022. Statistische Informationen zu Familien in Österreich. Österreichisches Institut für Familienforschung an der Universität Wien; https://www.oif.ac.at/fileadmin/user_upload/p_oif/FiZ/FiZ_2022.pdf (abgerufen am 14. 2. 2023).

[5] https://www.arbeiterkammer.at/interessenvertretung/arbeitundsoziales/familie/Vaeterkarenz.html (abgerufen am 16. 2. 2023).

[6] https://ec.europa.eu/info/law/better-regulation/have-your-say/initiatives/12098-Geschlechtsspezifisches-Lohn-und-Gehaltsgefalle-Entgelttransparenz-zwischen-Frauen-und-Mannern/F503420_de (abgerufen am 14. 2. 2023).

[7] https://www.oegb.at/themen/gleichstellung/kinderbetreuung/kinderbetreuungsgipfel (abgerufen am 16. 2. 2023).

[8] Stadt Wien – Frauenservice Wien (Hg.) (2022): Wien, wie sie will. Ergebnisse der Wiener Frauenbefragung. Wien; https://frauenbefragung.wien.gv.at/documents/2751648/0/Frauenbefr_Gesamtbericht_barrierefrei.pdf/06b8772e-1657-86c2-c73d-f3c99640de5c?t=1666182774230&download=true (abgerufen am 16. 2. 2023).

[9] Stadt Wien – Frauenservice Wien (Hg.) (2022): Wien, wie sie will. Ergebnisse der Wiener Frauenbefragung. Wien, 22; https://frauenbefragung.wien.gv.at/documents/2751648/0/Frauenbefr_Gesamtbericht_barrierefrei.pdf/06b8772e-1657-86c2-c73d-f3c99640de5c?t=1666182774230&download=true (abgerufen am 16. 2. 2023).

[10] https://www.oegb.at/themen/gleichstellung/kinderbetreuung/kinderbetreuungsgipfel (abgerufen am 16. 2. 2023).

[11] Heute (11. 1. 2023): Sozialpartner fordern Milliarde für Kinderbetreuung; https://www.heute.at/s/sozialpartner-fordern-milliarde-fuer-kinderbetreuung-100248483 (abgerufen am 16. 2. 2023).

[12] Kaindl, Markus/Schipfer, Rudolf Karl (2022): Familien in Zahlen 2022. Statistische Informationen zu Familien in Österreich. Österreichisches Institut für Familienforschung an der Universität Wien; https://www.oif.ac.at/fileadmin/user_upload/p_oif/FiZ/FiZ_2022.pdf (abgerufen am 14. 2. 2023).

[13] https://www.statistik.at/statistiken/bevoelkerung-und-soziales/gender-statistiken/armuts-oder-ausgrenzungs-gefaehrdung (abgerufen am 14. 2. 2023).

[14] Zitat aus einem Interview.

[15] Zitat aus einem Interview.

[16] Zitat aus einem Interview.

[17] Zitat aus einem Interview.

[18] Zitat aus einem Interview.

[19] Zitat aus einem Interview.

[20] Zitat aus einem Interview.

[21] MA 57 – Frauenabteilung der Stadt Wien (Hg.) (2016): Frauen. Wissen. Wien. Ausgabe Nr. 5: Partizipation: Herausforderung und Potenzial. Politische und gesellschaftliche Teilhabe von Wienerinnen mit Migrationshintergründen. Wien; https://www.digital.wienbibliothek.at/wbrup/download/pdf/2266307?originalFilename=true (abgerufen am 19. 2. 2023).

[22] https://www.bundeskanzleramt.gv.at/agenda/frauen-und-gleichstellung/gleichstellung-am-arbeitsmarkt/einkommen-und-der-gender-pay-gap.html (abgerufen am 16. 2. 2023).

[23] Klammer, Ute et al. 2022): „Evaluative Diskriminierung": Arbeitsbewertung als blinder Fleck in der Analyse des Gender Pay Gaps. In: Kölner Zeitschrift für Soziologie und Sozialpsychologie 74, 233–258; https://link.springer.com/article/10.1007/s11577-022-00851-6 (abgerufen am 16. 2. 2023).

[24] Bergmann, Nadja/Pretterhofer, Niclas/Meißner, Janis (2022): Aufwertung frauendominierter Berufsfelder! Digitalisierung als Chance? A&W-Blog v. 13. 12. 2022; https://awblog.at/digitalisierung-als-chance/ (abgerufen am 16. 2. 2023).

[25] Bergmann, Nadja/Pretterhofer, Niclas/Meißner, Janis (2022): Aufwertung frauendominierter Berufsfelder! Digitalisierung als Chance? A&W-Blog v. 13. 12. 2022; https://awblog.at/digitalisierung-als-chance/ (abgerufen am 16. 2. 2023).

[26] Stadt Wien – Frauenservice Wien (Hg.) (2022): Wien, wie sie will. Ergebnisse der Wiener Frauenbefragung. Wien; https://frauenbefragung.wien.gv.at/documents/2751648/0/Frauenbefr_Gesamtbericht_barrierefrei.pdf/06b8772e-1657-86c2-c73d-f3c99640de5c?t=1666182774230&download=true (abgerufen am 16. 2. 2023).

27 Stadt Wien – Frauenservice Wien (Hg.) (2022): Wien, wie sie will. Ergebnisse der Wiener Frauenbefragung. Wien, 24; https://frauenbefragung.wien.gv.at/documents/2751648/0/Frauenbefr_Gesamtbericht_barrierefrei. pdf/06b8772e-1657-86c2-c73d-f3c99640de5c?t=1666182774230&download=true (abgerufen am 16. 2. 2023).

28 MA 57 – Frauenabteilung der Stadt Wien (Hg.) (2019): Frauen. Wissen. Wien. Ausgabe Nr. 8: Pro- statt Anti-Feminismus. Beiträge aus den Netzwerktreffen 2017–2019. Wien, 16; https://www.digital.wienbibliothek.at/wbrup/download/pdf/2964312?originalFilename=true (abgerufen am 19. 2. 2023).

29 Hirn, Lisz (2019): Geht's noch! Warum die konservative Wende für Frauen gefährlich ist. Molden Verlag: Wien – Graz, 76.

30 Hirn, Lisz (2019): Geht's noch! Warum die konservative Wende für Frauen gefährlich ist. Molden Verlag: Wien – Graz, 78.

31 https://www.oegb.at/familienarbeitszeit (abgerufen am 16. 2. 2023).

32 Zitat aus einem Interview.

33 Zitat aus einem Interview.

34 Zitat aus einem Interview.

35 Zitat aus einem Interview.

36 Zitate aus den Interviews.

37 Zitat aus einem Interview.

38 Zitat aus einem Interview.

39 Derzeit ist eine Vollzeitbeschäftigung beider Elternteile Voraussetzung für einen Platz in den Kleinkindgruppen der Kindergärten der Stadt Wien bei Kindern unter drei Jahren.

40 Zitat aus einem Interview.

41 Zitat aus einem Interview.

42 Zitat aus einem Interview.

43 Zitat aus einem Interview.

44 Zitat aus einem Interview.

ZEIT DES RÜCKSCHRITTS

Was uns Frauen in den Krisen alles genommen wird

Veronika Bohrn Mena

Blanke Wut. Mit diesen beiden Worten beginnt meine Abhandlung über die Lage der Frauen vor und während Corona. Niedergeschrieben habe ich diese im ersten Jahr der Pandemie 2020 in meinem Buch *Leistungsklasse. Wie Frauen uns unbedankt und unerkannt durch alle Krisen tragen*.[1] Damals war ich der Überzeugung, dass die Schwere der Emotionen, der Frustration, der Verzweiflung, aber vor allem der Wut, die ich bei all den Frauen spürte, mit

denen ich mich während dieser so bewegten Zeit unterhalten hatte, unweigerlich zu gesellschaftlichen Protesten der Frauen würde führen müssen.

Schließlich hat auch diese Krise uns Frauen wieder wesentlich härter – nämlich
nicht nur doppelt, sondern gleich vielfach – getroffen, und das in einer Ausgangslage, die schon vor der Corona-Pandemie eine schlechte für Frauen war.
Heute, mit den extremen Preissteigerungen und stark steigenden Lebenserhaltungskosten konfrontiert, rutschen Tausende weitere Frauen in die Armut
ab und wissen nicht mehr, wie sie sich und ihre Kinder versorgen sollen. Die
unzähligen Zuschriften, die wir über den Solidaritätsfonds unserer Gemeinwohlstiftung COMÚN erhalten, zeigen, wie weit es inzwischen gekommen ist.[2]

Es lässt sich nicht anders sagen, als dass es erschütternd ist, mit so viel
Verzweiflung und Angst konfrontiert zu werden. Diesen Beitrag schreibe ich
daher auch als Frau. Und ich muss gestehen, dass ich emotional nicht unbetei-
ligt bin. Ebenso wenig möchte ich in Abrede stellen, dass ich nicht auch selbst
wütend bin. Dies ändert jedoch nichts daran, dass es sich bei dem, was ich
beschreibe, um valide Tatsachen handelt. Die nackten Fakten stützen meine
Argumentation, und es würde wohl schon reichen, sie aneinanderzureihen, um
zu zeigen, wie himmelschreiend ungerecht sich die Lage der Frauen in Österreich entwickelt.

Von einer tatsächlichen Gleichstellung der Geschlechter sind wir im Jahr 2023
wieder wesentlich weiter entfernt als noch zehn Jahre zuvor. Wir leben in einer
Zeit des Rückschritts, die mit erheblichen Verschlechterungen auf dem Arbeitsmarkt, bei der Lebensqualität und sogar bei der körperlichen Sicherheit von
uns Frauen einhergeht. Viele von uns fühlen sich nicht nur zerrissen zwischen
Hausarbeit, der Versorgung ihrer Kinder, der Pflege der Großeltern und ihrem
Job – sie sind es. Denn es ist ein Leben in einer konstanten Überforderung, in
der man kaum noch Ruhe findet.

1. Ohne Gruppenbewusstsein auch keine Gruppensolidarität

So viele Frauen leiden unter dauerhafter Erschöpfung und ständiger Müdigkeit,
dass sie sich nur noch von einem Tag zum anderen kämpfen. Jeder Tag wird von
ihnen als weitere Belastungsprobe erlebt, begleitet von Existenzängsten und
der Furcht vor der nächsten Energiekostenabrechnung. Und trotzdem, obwohl
Millionen von uns diesen Zustand ertragen müssen, sind weder die entsprechend drastischen politischen Maßnahmen in Sicht, die es nun eigentlich brauchen würde, noch zeigt sich, dass sich Widerstand von Frauen formen würde. In
diesem Punkt habe ich mich also getäuscht.

Ein Grund dafür könnte darin liegen, dass wir uns noch viel zu wenig dessen bewusst sind, wie es uns Frauen kollektiv betrachtet in Österreich derzeit eigentlich geht. Es sind Millionen bedauerliche Einzelschicksale, die zusammen betrachtet aber ein beschämendes Muster ergeben. Die traurige Wahrheit ist, dass uns unsere Rechte, unsere Freiheiten und mitunter sogar unsere körperliche Unversehrtheit genommen werden, nur weil wir Frauen sind. Doch wenn man darüber nicht spricht – und bis heute gibt es kaum Publikationen zur Lage der Frauen in den Krisen der letzten Jahre –, dann können wir auch kein Bewusstsein entwickeln.

Das Verständnis von uns als Schicksalsgemeinschaft ist jedoch die Grundlage der Solidarität, das war es schon immer. Das ist keine Kritik an den Frauen, denn ich selbst weiß nur zu gut, wie wenig Kraft man noch hat, wenn man zwei kleine Kinder betreut und quasi „nebenbei" versucht, beruflich nicht völlig den Anschluss zu verlieren – von einem ausgefüllten und unbeschwerten Sozialleben kann ohnehin keine Rede mehr sein. Es ist vielmehr eine Kritik an einer gesellschaftlichen Dynamik, die das Potenzial in sich trägt, zum größten Backlash für die Stellung der Frauen seit den 1970er-Jahren zu werden.

Denn was sich nicht nur an den Arbeitsplätzen, sondern auch hinter den verschlossenen Türen in den österreichischen Haushalten abgespielt hat, das liegt nach wie vor großteils im Dunkeln und war kaum Gegenstand einer öffentlichen Debatte. Dabei wäre es so wichtig zu sehen, was mitten unter uns passiert ist und noch immer tagtäglich passiert. Ich möchte daher zunächst einen Schritt zurückgehen und von vorne beginnen.

Die Ausgangslage, also bevor Ende 2019 in Wuhan alles begann, ist wesentlich dafür verantwortlich, dass wir uns im Jahr 2023 dort befinden, wo wir gerade sind.

2. Die dauerhafte Krise vor den Krisen

Wären Frauen nicht schon vor diesen Krisenjahren finanziell so viel schlechter gestellt gewesen als Männer und hätten sie zumindest vor dem Beginn der Pandemie in sicheren, stabilen Verhältnissen gelebt, dann hätte es sie natürlich weniger hart getroffen. Und auch wenn es bereits seit Jahrzehnten von Feministinnen, Gewerkschafter*innen oder Politiker*innen immer wieder kritisiert wird, muss auch an dieser Stelle festgehalten werden: Ja, Frauen wurden und werden für ihre Arbeit finanziell benachteiligt und schlechter entlohnt als ihre männlichen Kollegen – und das nur, weil sie Frauen sind.

Sie werden beim Zugang zu gewissen Berufsgruppen benachteiligt, und sie werden auch innerhalb einzelner Berufsgruppen benachteiligt. Es gibt einen direkten Zusammenhang zwischen dem Geschlechterverhältnis und dem durchschnittlichen Verdienst in einer Branche. Das ist keine Frage der Wahrnehmung, das ist statistisch belegt. Konkret bedeutet das: Je mehr Frauen in einer Branche arbeiten, desto niedriger sind die Löhne. Sobald eine Branche weiblicher wird, beginnen die Löhne zu sinken. Noch heute zeigt sich also: Mit Frauen kann man das ja machen, ihre schwächere Position arbeitet weiter gegen sie.

Selbst die in der Krise oft hochgehaltene und von manchen gleich einer wundersamen Einsicht öffentlich beklatschte Evidenz, dass gerade frauendominierte Berufe für das Funktionieren unserer Gesellschaft dringend notwendig sind, ändert nichts daran, dass die Bezahlung bei ihren Berufsbildern besonders schlecht ist. Wir pflegen die Kranken, Alten und Behinderten, wir erziehen die Kinder, wir versorgen alle mit Gütern des täglichen Bedarfs und putzen ihren Dreck weg, schlecht bezahlt in Gesundheitseinrichtungen, Ausbildungsstätten und Supermärkten – und zusätzlich auch noch unbezahlt zu Hause.

So liegt beispielsweise im Lebensmittelhandel, wo in Österreich mit 77 Prozent mehr als drei Viertel der Beschäftigten Frauen sind, das mittlere Jahreseinkommen bei nur rund 17.000 Euro brutto.[3] In der Krankenpflege, die zu 85 Prozent weiblich ist, liegt das mittlere Jahreseinkommen bei nur rund 34.000 Euro brutto jährlich, in Pflegehilfeberufen, wo 87 Prozent Frauen arbeiten, bei nur rund 27.000 Euro brutto. Noch deprimierender sieht es in der Reinigungsbranche aus, in der zu 88 Prozent Frauen arbeiten: Ihr mittleres Jahreseinkommen liegt bei nur rund 13.000 Euro brutto pro Jahr.

3. Zuerst beklatscht und dann wieder vergessen

Dass die vielen Frauen gerade in diesen Branchen im Jahr 2020 kurzzeitig als die Heldinnen anerkannt und beklatscht wurden, die sie tatsächlich sind, hat an ihren Hungerlöhnen aber genau gar nichts geändert. Drei Jahre später liegt das Bruttojahreseinkommen der Frauen in Österreich immer noch bei beschämenden rund 24.000 Euro, jenes der Männer bei rund 38.000 Euro. Betrachtet man nur die Bruttostundenlöhne von Frauen und Männern, um die Bezahlung von Frauen und Männern unabhängig von ihrer Arbeitszeit miteinander vergleichen zu können, liegt ihr Einkommensunterschied bei rund 19 Prozent.

Und weil an dieser Stelle üblicherweise sofort männliche „Ja aber ..."-Rufe zu vernehmen sind, sei noch ergänzt, dass sich bei rechnerischer Berücksichtigung von Merkmalen wie Branche, Beruf, Bildungsniveau, Alter, Dauer der Unternehmenszugehörigkeit, Vollzeit/Teilzeit, Art des Arbeitsvertrags sowie Region und Unternehmensgröße der Lohnunterschied auf bloß 13,6 Prozent reduziert. Dieser Rest ist also die pure Diskriminierung. Mehr als die Hälfte des Einkommensunterschieds zwischen Männern und Frauen kann im Österreich des Jahres 2023 nachweislich nicht durch sachliche Faktoren erklärt werden.

Erwerbstätige Frauen müssen demnach von viel weniger Geld leben als Männer, unabhängig davon, wie sehr sie sich anstrengen. Entsprechend drastisch sind für sie die Auswirkungen der extremen Preissteigerungen der letzten Monate. Die Teuerungskrise verschärft ihre krisenhafte Ausgangssituation noch weiter. Wer zuvor schon mit seinem Geld gerade noch so ausgekommen ist, kann nun überhaupt nicht mehr mithalten und steht schon vor dem Monatsende ohne Geld da. Noch schlimmer steht es um Frauen im Alter. Denn über ein Viertel der alleinlebenden Frauen über 65 Jahre ist arm.

Die Armutsquote der Pensionistinnen ist in Österreich doppelt so hoch wie jene der Pensionisten und ihr Einkommen liegt rund dreimal so oft unter der Armutsgrenze. So lag die durchschnittliche Pension von Frauen im Jahr 2022 mit 1.150 Euro deutlich unter jener der Männer mit 1.858 Euro. Ihre Pension ist also im Schnitt um 38,1 Prozent kleiner als die von Männern. Deswegen sind auch etwa zwei Drittel derer, die im Alter eine Ausgleichszulage von rund 1.110 Euro monatlich in Anspruch nehmen müssen, Frauen. Altersarmut ist weiblich, und mit jedem weiteren Jahr verstärkt sich dieser Trend auch noch weiter.

Denn unser Pensionssystem, mit seinem lebenslangen Durchrechnungszeitraum, der einst unter der ÖVP-FPÖ-Regierung und ihrem Bundeskanzler Wolfgang Schüssel eingeführt wurde, arbeitet immer noch gegen die Frauen und insbesondere gegen die Mütter. Schon eine Arbeitsunterbrechung von nur einem Jahr reduziert die spätere Monatspension um rund 2,8 Prozent. Selbst eine einjährige Erwerbslücke, die etwa durch Kindererziehungszeiten „gedeckt" ist, schmälert den späteren Pensionsanspruch immer noch um rund 1–2 Prozent monatlich. Das sind dauerhafte und massive Einkommensverluste.

Kinder zu bekommen ist für Frauen folglich nicht nur nachteilig im Berufsleben, körperlich anstrengend und mitunter nervenaufreibend, sondern es ist zudem eine überaus teure Angelegenheit, für die im Alter eine hohe Rechnung droht. Für die unbezahlte Familienarbeit, von der Frauen auch heute noch den Löwinnenanteil aus Liebe und Verantwortungsgefühl für ihre Mitmenschen übernehmen, gibt es auch im Alter keine Kompensation. Wir Frauen werden geradezu dafür bestraft, dass wir 85 Prozent aller Pflegeleistungen erbringen, den Großteil der Erziehungsarbeit leisten und dafür sorgen, dass der Haushalt läuft.

4. Zuerst die Gesundheit riskiert und dann den Job verloren

So viel in aller Kürze zur ohnehin schon hochproblematischen Ausgangslage, bevor die COVID-19-Pandemie ab dem Jahr 2020 den Alltag von uns allen auf den Kopf gestellt hat. Was in diesem Jahr innerhalb kürzester Zeit auf uns Frauen hereinbrach, war fatal. Die Schließungen in den Monaten des ersten Lockdowns von März bis Mai 2020 betrafen insbesondere Branchen mit einem hohen Frauenanteil, wie den Handel, Beherbergung und Gastronomie, Kunst, Unterhaltung, Erholung, Erziehung und Unterricht sowie Gesundheit und Soziales, ergo wurden dort auch die meisten Stellen abgebaut.

Da Arbeitgeber anscheinend auch eher daran interessiert waren, die Männer in der Belegschaft vor einem Jobverlust zu schützen, verloren zudem auch wesentlich mehr Akademikerinnen ihren Job, während bei den Männern hauptsächlich Geringqualifizierte betroffen waren. Die Konsequenz: Von allen Beschäftigten, die im Jahr 2020 ihren Arbeitsplatz verloren, waren 85 Prozent Frauen. Gleichzeitig sind es jedoch gerade Frauen, die in den Berufen arbeiten, die in der Krise als systemrelevant eingestuft wurden und für die es daher Urlaubssperren statt Kurzarbeit gab.

Für sie, die im Lebensmittelhandel, in der Pflege, in den Kindergärten, in der Altenbetreuung und der medizinischen Vorsorge arbeiteten oder an all diesen Orten für Reinigung und Hygiene zuständig waren, gab es nicht selten angeordnete 12- bis 14-Stunden-Schichten und unzählige Überstunden zu bewältigen. Sie waren es, die ihre Gesundheit riskieren mussten, um die nötigste Infrastruktur für uns alle zu erhalten. Abgesehen davon, dass sich das nicht auf ihrem Lohnzettel bemerkbar machte, wurden daraus auch nicht die nötigen politischen Schlüsse für die Weiterentwicklung der Infrastrukturen gezogen.

Doch damit nicht genug: Die Regierung machte es sich auch noch leicht und ging scheinbar davon aus, dass die Betreuung der Kinder während der Lockdowns nebenbei mitlaufen würde. Jedes einzelne Mal, wenn es in dieser Zeit dann vonseiten der Regierung hieß, die Schulen und Kindergärten blieben geöffnet, hätten viele Frauen im ganzen Land vor Wut aus der Haut fahren können – erlebten Mütter doch täglich, dass das nicht der Fall war. Mitunter wöchentlich mussten Formulare unterschrieben werden, dass Homeoffice nicht möglich war, sonst hätte die Betreuung nicht in Anspruch genommen werden dürfen.

5. Homeoffice: die große Erschöpfung

Aber im Homeoffice sollte schließlich gearbeitet werden, und nicht nur misstrauische Arbeitgeber erwarteten oft sogar ständige Verfügbarkeit, auch man selbst wollte nicht den beruflichen Anschluss verlieren. Die Teilnahme an stundenlangen Video-Calls mit Heimunterricht oder der Bespaßung von Kleinkindern zu vereinbaren war de facto unmöglich. Die Versuche, die Situation trotzdem so gut wie möglich zu meistern und die Kinder wie den Arbeitgeber zufriedenzustellen, erwiesen sich als täglicher Spießrutenlauf – und als Quelle stetiger Frustration und Enttäuschung für viele Frauen.

Wenig überraschend kam eine groß angelegte, europaweit durchgeführte Eurofound-Umfrage zu dem Ergebnis, dass zu müde zu sein, um die Hausarbeit zu verrichten, das am häufigsten berichtete Problem dieser Zeit war. Und 22 Prozent der Befragten, die mit kleinen Kindern unter zwölf Jahren zusammenlebten, berichteten über Schwierigkeiten, sich ganz oder auch nur teilweise auf ihre Arbeit zu konzentrieren.[4] In Österreich stellte eine Gruppe von Wissenschaftlerinnen der Wirtschaftsuniversität Wien fest:

„Die Zeit der Ausgangsbeschränkungen bedeutete für viele Eltern Stress, Überlastung und das Gefühl unfairer Aufgabenverteilung. Viele Streitigkeiten in Partnerschaften entstanden rund um die Wertschätzung von Kinderbetreuung und Hausarbeit als Arbeit versus Home-Office als Arbeit. Oftmals stand der Konflikt im Mittelpunkt: Welche Tätigkeit ist wie viel wert und wer ‚darf' deshalb wie viele Stunden am Tag erwerbstätig sein. [...] Rückmeldungen der Befragten, dass derzeitige Tage keine 24 Stunden haben, sondern vielmehr 36 bis 42 Stunden, spiegeln diese Überbelastung wider."

Das bildet sich auch in den Kommentaren der Umfrage-Teilnehmerinnen ab: *„Mein Tag hatte ursprünglich 36 Stunden – ich bin wohl Superwoman"* oder *„Eigentlich mache ich fast alles und passe daneben auf die Kinder auf"* waren nur einige der Aussagen von mitwirkenden Frauen. Zwischen 11 und 15 Stunden pro Tag arbeiteten Frauen und Männer laut besagter Erhebung in Beruf und Haushalt, natürlich hatten die Alleinerzieherinnen unter ihnen mit knapp 15 Stunden die längsten Arbeitstage. Von den 15 Stunden wurden 9 Stunden für unbezahlte Kinderbetreuung und Hausarbeit verwendet.

Für die Mütter stellte es kaum eine Entlastung dar, wenn auch die Väter zu Hause blieben. Denn sie mussten trotzdem über 14,25 Stunden schuften, 9,5 davon unbezahlt, während die Väter knappe 13,75 Stunden arbeiteten und keine 7 Stunden davon für unbezahlte Familienarbeit aufwendeten.[5] Einen Rechtsanspruch auf Sonderbetreuungszeit für Eltern oder pflegende Angehörige gab es während keines der Lockdowns zwischen 2020 und 2022. Dabei hätte das tatsächlich eine große Entlastung dargestellt und wäre in den zig Milliarden Euro an staatlichen Corona-Hilfen wohl eine lächerlich kleine Größe gewesen.

Unzählige Mütter waren schon im Sommer 2020 verzweifelt, weil sie die versprochene Sonderbetreuungszeit für ihre Kinder nicht nutzen konnten und nicht wussten, wie sie ohne weiteren Urlaub über die langen Sommerferien kommen sollten. Im Nachhinein stellte sich heraus, dass es während des Frühjahrs und Sommers 2020 mit den langen Lockdowns nur 514 Personen in ganz Österreich gab, die drei Wochen Sonderbetreuungszeit nutzen durften. In Summe konnten weniger als 5.000 Personen einzelne Tage der Sonderbetreuungszeit in Anspruch nehmen. Das hätte vermieden werden können.

6. Die neue alte Gewalt hinter verschlossenen Türen

Resultierend aus dem enormen Stress, der sich aus dieser Belastungssituation in den Familien ergab, verstärkte sich ein weiterer Missstand, der in der öffentlichen Debatte völlig unterging: Das Leben der Frauen in Österreich wurde in der Pandemie wesentlich gefährlicher. Mit der Rückkehr in alte Muster und dem

sozialen Rückzug stieg auch die häusliche Gewalt. Während im Jahr 2020 von der Polizei noch 11.651 Betretungs- und Annäherungsverbote gegen Gewalttäter ausgesprochen wurden, waren es 2021 bereits 13.690. Im Jahr 2022 ist die Zahl der Wegweisungen noch einmal auf rund 14.600 gestiegen.[6]

Das entspricht einem Anstieg von über 30 Prozent innerhalb von nur zwei Jahren. Gab es dazu eine große gesellschaftliche Debatte? Gab es Sondersitzungen im Nationalrat? Nein. Der Verein der Autonomen Frauenhäuser gibt an, dass im ersten Jahr der Corona-Pandemie die Mitarbeiterinnen der Frauenhelpline während des Lockdowns im März, April und Mai um 71 Prozent mehr Anrufe entgegennehmen mussten. Im Dezember-Lockdown waren es immerhin noch 33 Prozent mehr Anrufe. Die Zahl der Anrufe erhöhten sich im Frühjahr von durchschnittlich 21 auf 38 pro Tag, im Dezember auf 28 Anrufe täglich.

„Bereits vor der Covid-19-Krise hat jede fünfte Frau in Europa schon einmal Gewalt durch einen Partner in häuslicher Umgebung erlebt. Ausgangssperren und Isolationsmaßnahmen zur Eindämmung des Virus bedeuten ein erhöhtes Risiko für Frauen und Mädchen, Opfer von häuslicher Gewalt durch einen Partner oder andere Familienmitglieder zu werden", warnten die Frauenrechtsorganisation Women's Link Worldwide und Amnesty International bereits im Mai 2020.[7] Leider sollten sie damit Recht behalten. Laut Daten der WHO gab es in vielen europäischen Ländern verglichen mit dem Vorjahr um bis zu 60 Prozent mehr Notrufe. Die OECD kam zu dem Ergebnis, dass der Missbrauch von Frauen in einigen Ländern während der Corona-Krise um etwa ein Drittel zunahm.

7. Der Kampf um die Würde

Und nun, im Jänner 2023, während ich diese Zeilen schreibe, befinden wir uns mitten in einer Wirtschaftskrise, die die Lebenserhaltungskosten in den letzten zehn Monaten geradezu explodieren ließ. Die Preise für Energie, Sprit, Lebensmittel, Papier und Alltagswaren aller Art sind massiv gestiegen. Die Mieten wurden im Jahr 2022 gleich zweimal erhöht, und die allgemeine Inflation liegt inzwischen bei rund 11 Prozent. Wo soll uns das alles noch hinführen? Erste Maßnahmen zur Abfederung der prekären Lage wurden zwar gesetzt, die jährliche Valorisierung der Sozialleistungen muss als Meilenstein anerkannt werden.

Aber das reicht nicht. Nahezu täglich erreichen mich verzweifelte Schreiben, vor allem von Frauen, die ihre triste Lage schildern. In der Not und vor dem Hintergrund ihrer bereits seit Monaten anhaltenden Verzweiflung haben sie längst ihren Stolz aufgegeben und berichten in allen Details von der andauernden Entwürdigung, mit der sie konfrontiert sind. Es sind nicht mehr nur die rund 1,5 Millionen Armutsbetroffenen, die in Österreich mehr schlecht als recht leben. Mittlerweile erreicht es breite Teile der Mittelschicht, es sind Working Poor, prekär Beschäftigte, auch in Vollzeit erwerbstätige Menschen.

Frauen sind auch hier wieder im besonderen Maße betroffen, fast 80 Prozent der Zuschriften an unseren Solidaritätsfonds stammen von ihnen. Die Krisen der letzten Jahre haben ihnen das Einkommen reduziert oder sie den Job gekostet, ihnen Freiheiten genommen und sie bis zur Erschöpfung getrieben und auch noch körperliche Gewalt gebracht. Und nun müssen sie auch noch darum betteln, dass ihnen dabei geholfen wird, die Miete zu bezahlen, für die Kinder ein Essen auf den Tisch zu stellen und ihnen Gewand zu kaufen. Es ist ein Kampf um die Würde geworden, wie wir ihn seit Jahrzehnten nicht mehr führen mussten.

8. Die kollektive Befreiung

Was ich in den Zuschriften und Gesprächen erkennen kann, ist aber nicht nur Verzweiflung, Enttäuschung oder Wut. Es ist auch die Hoffnung, dass sich etwas ändern kann. Auf die Politik, so ehrlich muss ich sein, verlässt sich von ihnen kaum noch jemand. Die letzten drei Jahre haben vielen Menschen gezeigt, dass die Regierenden in erster Linie auf die achten, die es sich richten können. Anders kann man die teils obszöne Überförderung nicht bezeichnen, die dazu führte, dass sogar Nationalratsabgeordnete gewisser Parteien im Nebenerwerb dank Corona-Förderungen ihre fettesten Gewinne schreiben konnten.

Doch es gibt trotz all der Entbehrungen immer noch die Zuversicht bei vielen Frauen, dass die Gemeinschaft etwas ändern kann. Ob nun die gelebte Solidarität in Form einer kleinen finanziellen Unterstützung, wie wir das als Gemeinwohlstiftung COMÚN hundertfach in den letzten Monaten geleistet haben, oder in Form des Zuhörens, des Miteinander-Redens. Die Krise birgt die Chance einer Renaissance der Solidarität, ganz besonders unter uns Frauen. Sie war es, die es uns ermöglichte, das Wahlrecht zu erkämpfen, die wichtigsten Arbeitsrechte durchzusetzen und unsere gesellschaftliche Stellung insgesamt zu verbessern.

Wenn wir die Zeit des Rückschritts beenden wollen, in der wir nachweislich derzeit leben, dann werden wir uns daran erinnern müssen. Die Wut, die blanke Wut, die so viele von uns schon so lange in sich tragen angesichts der brutalen Ungerechtigkeiten, mit denen wir tagtäglich konfrontiert sind, kann uns dabei helfen. Von selbst wird sich unsere Lage nicht verbessern, das muss uns bewusst sein. Um mit Simone de Beauvoir zu schließen, deren Worte in diesen Tagen wieder an Bedeutung gewinnen: „Der Frau bleibt kein anderer Ausweg, als an ihrer Befreiung zu arbeiten. Diese Befreiung kann nur eine kollektive sein."[8]

ENDNOTEN

1 Bohrn Mena, Veronika: Leistungsklasse. Wie Frauen uns unerkannt und unbedankt durch alle Krisen tragen. ÖGB Verlag, Wien 2020.

2 COMÚN ist eine Ende 2021 gegründete gemeinnützige Bundesstiftung, die als immerwährende Kapitalbasis für gesellschaftlichen Wandel fungieren und den ökologischen wie sozialen Fortschritt befördern soll; vgl. https://gemeinwohlstiftung.at/.

3 Statistik Austria: Arbeitsmarktstatistiken 2019. Ergebnisse der Mikrozensus-Arbeitskräfteerhebung und der Offene-Stellen-Erhebung. Wien 2020; https://www.statistik.at/fileadmin/publications/Arbeitsmarktstatistiken_2019_Ergebnisse_der_Mikrozensus-Arbeitskraefteerhebung_und_der_Offenen-Stellen-Erhebung.pdf (abgerufen am 27. 1. 2023).

4 Eurofound (2020): Leben, Arbeiten und Covid-19: Erste Ergebnisse – April 2020; https://www.eurofound.europa.eu/de/publications/report/2020/living-working-and-covid-19-first-findings-april-2020 (abgerufen am 27. 1. 2023).

5 Institut für Heterodoxe Ökonomie der WU Wien: Blog: Genderspezifische Effekte von COVID-19. #1 Blog: Zeitverwendung von Paarhaushalten während COVID-19; www.wu.ac.at/vw3/forschung/laufende-projekte/genderspezifsche-effektevoncovid-19/1blog.

6 Verein AÖF, Dachorganisation der autonomen Frauenhäuser in Österreich: Polizeiliche Kriminalstatistik und Wiener Interventionsstelle gegen Gewalt in der Familie, Tätigkeitsberichte 2014–2020.

7 Amnestie International (26. 5. 2020): Coronakrise: Frauen und Mädchen sind Unsicherheit und Gewalt ausgesetzt; www.amnesty.de/informieren/aktuell/europa-und-zentralasien-coronakrise-frauen-und-maedchen-sind-unsicherheit-und?fbclid=IwAR3pMql1Oy3wv9_SzGsdkPYNDOTN4laT3_EF-rTnFRSss7KprF9dhUA55yA (abgerufen am 27. 1. 2023).

8 Simon de Beauvoir (1992): Das andere Geschlecht. Sitte und Sexus der Frau. Neuübersetzung Rowohlt 1992, Original-Ausgabe erschien 1949 bei Gallimard unter dem Titel „Le Deuxieme Sexe".

DIE IM DUNKELN SIEHT MAN NICHT

Prekäre Arbeits- und Lebensbedingungen in Österreich

Jörg Flecker und Johanna Neuhauser

1. Einleitung

Es ist etwas faul im Wohlfahrtsstaat Österreich. Die vergleichsweise starke arbeits- und sozialrechtliche Regulierung des Arbeitsmarktes und die Tradition der Sozialpartnerschaft konnten es nicht verhindern, dass sich kaum geschützte Erwerbsarbeit ausbreitete, die mit Armutslöhnen bezahlt wird. Bei mangelhafter Qualität der Beschäftigung bleibt auch die gesellschaftliche Teilhabe defizitär. Somit führt Erwerbsarbeit entgegen den Versprechungen des in unserer Gesellschaft vorherrschenden Leistungsprinzips für viele nicht aus der Gefährdung durch Armut und soziale Ausgrenzung heraus.

Besonders betroffen sind davon jene Personen, die häufig oder lange erwerbsarbeitslos sind. Aber auch eine kontinuierliche Beschäftigung bietet nicht immer einen Schutz davor. Der Grund liegt in der Teilung des Arbeitsmarkts in verschiedene Segmente, wobei einzelne davon sehr nachteilige Beschäftigungsbedingungen bieten. Diese bilden einen Niedriglohnsektor, in dem Jobs mit dem Risiko der Armut trotz Arbeit verbunden sind. Dazu kommen unsichere Formen der Beschäftigung, wie Befristung, Saisonarbeit oder Leiharbeit.

Atypische Beschäftigungsformen, also alle Abweichungen vom Normalarbeitsverhältnis der unbefristeten sozialversicherten Vollzeitanstellung, tragen ein erhöhtes Prekaritätsrisiko in sich. Dies trifft auch auf die Teilzeitarbeit, insbesondere die kurze Teilzeit zu, die vor allem aufgrund der ungleichen gesellschaftlichen Verteilung von Lohn- und Hausarbeit bzw. Kinderbetreuung unter Frauen besonders verbreitet ist. Teilzeitarbeit ist zwar der Vollzeitarbeit arbeits- und sozialrechtlich gleichgestellt, es fehlt aber an Einkommen und an Aufstiegschancen im Betrieb. Dazu kommt das Problem, dass die Stundenlöhne dort häufig besonders niedrig sind, wo viel Teilzeitarbeit vor-

kommt. Damit sinkt die Chance, in Teilzeit ein existenzsicherndes Einkommen erzielen zu können.

Besonders schwerwiegend sind die Problemlagen dort, wo ungünstige Beschäftigungsbedingungen etwa in Hinblick auf das Einkommen und die soziale Absicherung bestehen und diese Regelungen zugleich häufig verletzt werden. Die Rechte der Arbeitenden entsprechen also kaum oder gar nicht den üblichen Standards, aber nicht einmal sie werden von den Arbeitgeber*innen eingehalten. Von vorenthaltenen Lohnteilen über nicht korrekte Anmeldungen bei der Krankenkasse bis zu überlangen Arbeitszeiten gibt es viele Strategien, wie den Arbeitenden ihre Rechte vorenthalten werden können.

Es stellt sich die Frage, wie verbreitete Prekarität in einem stark verrechtlichten System der Arbeitsbeziehungen, bei hoher Abdeckung der Beschäftigungsverhältnisse durch Kollektivverträge und bei einer ausgebauten Interessenvertretung in Österreich überhaupt möglich ist. Im Folgenden werden wir einige Aspekte prekärer Arbeit, nämlich Niedriglohn und Leiharbeit, anhand von Daten skizzieren und aufzeigen, wer von sehr ungünstigen Beschäftigungsbe-

---

dingungen besonders betroffen ist. Denn schaut man sich an, um welche Branchen es vornehmlich geht und welche Gruppen der Erwerbstätigen es betrifft, dann lässt sich das Rätsel der prekären Arbeit im ausgebauten Wohlfahrtsstaat Österreichs lösen.

2. Armut trotz Arbeit

Es ist kein neues Phänomen, dass Menschen in Armut leben oder armutsgefährdet sind, obwohl sie einer bezahlten Beschäftigung nachgehen. Doch mit der sprunghaft angestiegenen Inflation und insbesondere der Teuerung bei Energie und Lebensmitteln hat sich das Problem massiv verschärft. Die Größe des Niedriglohnsektors in Österreich kann auf der Grundlage von Einkommensstatistiken abgeschätzt werden. Im Jahr 2018 erhielten fast 15 Prozent der Arbeitenden gemessen an ihren Bruttostundenverdiensten einen Niedriglohn (vgl. Geisberger 2021, 682). Damit ist ein Einkommen gemeint, das unter zwei Dritteln des mittleren Einkommens liegt. Diese Niedriglohnschwelle lag 2018 bei 1.740 Euro brutto, 14-mal pro Jahr. Von den Frauen arbeiten sogar etwa 22 Prozent, also mehr als jede Fünfte, in einem Niedriglohnjob – und das wohlgemerkt auf die Stunde gerechnet, wodurch die kürzere Arbeitszeit von Teilzeitbeschäftigten in diesem Einkommenswert nicht berücksichtigt ist.

Viele Frauen sind nur deshalb nicht von Armut betroffen, weil sie in einem Haushalt leben, in dem es auch ein zweites und häufig höheres Einkommen eines Mannes gibt. Anders gesagt: Sie sind auf ein Einkommen über ihren eigenen Lohn oder ihr eigenes Gehalt hinaus angewiesen. Vor allem teilzeitarbeitende Mütter sind von Armut trotz Arbeit betroffen (vgl. Siegert 2021). Teilzeitarbeit wirkt sich doppelt aus: Erstens fehlt das Einkommen aus dem Teil der Beschäftigung, um den die Arbeitszeit reduziert wurde. Zweitens liegen die Bruttostundenlöhne der Teilzeitbeschäftigten um 15 Prozent unter denen der Vollzeitbeschäftigten (vgl. Geisberger 2021). Die niedrigeren Stundenlöhne verschärfen also die Armutsgefährdung. Es zeigt sich, dass die Löhne und Gehälter umso niedriger sind, je höher der Teilzeitanteil in einer Branche ist.

Der Gender-Pay-Gap ist eine zentrale Ursache für nicht existenzsichernde Einkommen. Damit verbunden sind auch die großen Unterschiede zwischen den Branchen, wenn es um die Bezahlung geht. Niedriglöhne bezahlten im Durchschnitt – gemessen an der Niedriglohnschwelle von 10,06 Euro – im Jahr 2018 das Beherbergungsgewerbe mit einem durchschnittlichen Bruttostundenlohn von 10,00 Euro, die Gebäudereinigung mit 9,60 Euro und die Gastronomie mit 9,40 Euro pro Stunde. Auch die „sonstigen Dienstleistungen" lagen durchschnittlich im Bereich der Niedriglöhne. An diesen Daten ist zu erkennen, dass ein wichtiger österreichischer Wirtschaftszweig, das Hotel- und Gastgewerbe,

© vectorfusionart, via envatoelements

im Durchschnitt nur Niedriglöhne bezahlt. Hier kommen die großen Unterschiede zwischen den Kollektivverträgen zum Tragen, mit vergleichsweise sehr niedrigen Mindestlöhnen in einzelnen Branchen wie eben dem Hotel- und Gastgewerbe oder dem Handel. So lag das mittlere Einkommen im Hotel- und Gastgewerbe im Jahr 2020 fast um ein Drittel unter dem Durchschnitt aller privatwirtschaftlichen Branchen (vgl. AK OÖ 2022).

Migrant*innen sind deutlich häufiger von Niedriglöhnen betroffen. Während 10 Prozent der unselbstständig beschäftigten Österreicher*innen einen niedrigen Stundenlohn bezogen, waren das bei den Migrant*innen 22 Prozent (vgl. Statistik Austria 2022, 66). Mit 36 Prozent ist mehr als ein Drittel der im Ausland geborenen Personen in Österreich armuts- und ausgrenzungsgefährdet; von der in Österreich geborenen Bevölkerung sind das 14 Prozent. Wer von außerhalb der EU nach Österreich gezogen ist, hat ein noch größeres Risiko der Armuts- und Ausgrenzungsgefährdung. Nicht weniger als 43 Prozent der Drittstaatsangehörigen teilen dieses Schicksal (vgl. ebd.).

Sind schon die kollektivvertraglichen Mindestlöhne nach Branchen recht unterschiedlich, kommen in manchen davon häufige Übertretungen und Verletzungen von Rechten erschwerend hinzu. Eine aktuelle Studie über das Hotel- und Gastgewerbe zeigt, welche Praktiken das Einkommen der Beschäftigten noch weiter absenken können. Dazu zählen die Anmeldung der Arbeitenden unter ihrer Qualifikation und Verwendung, unbezahlte Überstunden, falsch ausgestellte Dienstpläne, Manipulation der Arbeitszeitaufzeichnungen oder zweifelhafte All-in-Verträge (vgl. Neuhauser et al. 2022).

Die Mindestlohnpolitik des ÖGB zielt darauf ab, die Schere bei den Kollektivvertragslöhnen kleiner zu machen. Derzeit werden 2.000 Euro als Untergrenze für alle Kollektivverträge angestrebt. Mit der im Jahr 2022 beschlossenen Mindestlohnrichtlinie der Europäischen Union bekommen die österreichischen Gewerkschaften dafür Rückenwind. Obwohl die EU-Richtlinie Österreich mit seiner hohen Kollektivvertragsabdeckung und ohne einen gesetzlichen Mindestlohn nicht direkt betrifft, kann die Empfehlung der EU-Richtlinie für nationale Mindestlöhne auf Österreich übertragen werden. Demnach hätte die Untergrenze bei den Löhnen und Gehältern in Österreich schon 2020 über 1.900 Euro monatlich liegen sollen (vgl. Müller/Schulten 2022).

3. Atypische Beschäftigung: Beispiel Leiharbeit

Beschäftigungsformen können größere Unsicherheit, wie das etwa bei einer Befristung der Fall ist, durch die spezifische Regelung selbst enthalten. Darüber hinaus kann die Normalitätsannahme der Regulierung, also eines dauerhaften Dienstvertrages, Nachteile für jene mit sich bringen, die in einer davon abweichenden Form beschäftigt sind. So haben freie Dienstnehmer*innen keinen Anspruch auf einen Kollektivvertragslohn, auf Sonderzahlungen oder Urlaub. Ein höheres Risiko der Prekarität kommt bei atypischer Beschäftigung auch dadurch zustande, dass sie nicht nur einzelne Nachteile aufweisen – wie kürzere bezahlte Arbeitszeit oder Befristung –, sondern Nachteile bei ihnen auch kumulieren. So ist etwa das Risiko, nur einen Niedriglohn zu beziehen, bei atypischer Beschäftigung mit 24 Prozent deutlich höher als in Normalarbeit, bei der es 9,5 Prozent beträgt (vgl. Geisberger 2021). Besonders deutlich werden die sich kumulierenden Benachteiligungen in den neuen und expandierenden Branchen des Online-Handels, der Paketlogistik und der ortsgebundenen Plattformwirtschaft (vgl. Benvegnú et al. 2018; Herr 2018; Neuhauser et al. 2021; Kohlenberger et al. 2021). Dort sind Niedriglöhne nicht nur häufig mit belastenden Arbeitsbedingungen kombiniert, sondern auch mit Scheinselbstständigkeit, wodurch den Arbeitenden ein Großteil ihrer Rechte vorenthalten wird.

Die Leiharbeit oder Arbeitskräfteüberlassung ist eine spezifische atypische Beschäftigung, bei der ein Dreiecksverhältnis zwischen der arbeitenden Person, dem Arbeitskräfteüberlasser als Arbeitgeber und dem Beschäftigerbetrieb besteht. Diese Vertragsform ist erst seit 1988 in Österreich erlaubt. In den vergangenen Jahrzehnten hat sie aber eine starke Verbreitung gefunden. Im Jahr 2021 waren 96.577 Personen als Leiharbeitskräfte beschäftigt (vgl. BMAW 2022). Davor war es zu einem krisenbedingten Rückgang ihrer Anzahl von 97.000 im Jahr 2019 auf 83.600 im Jahr 2020 gekommen, was auf die Funktion der überlassenen Arbeitskräfte als Flexibilitätspuffer verweist. Der Rückgang in der Statistik zeigt daher, dass viele der Arbeitenden nicht beim Arbeitskräfteüberlasser beschäftigt geblieben sind, als sie im Beschäftigerbetrieb nicht mehr gebraucht wurden. Leiharbeit ist also mit großer Unsicherheit der Beschäftigung für die Arbeitenden verbunden. Das zeigt sich auch daran, dass die Beschäftigungsdauer bei der Arbeitskräfteüberlassungsfirma für die Hälfte der Arbeitenden 60 Tage nicht übersteigt (vgl. Riesenfelder et al. 2018, 13).

Auf kollektivvertraglicher Ebene sind Leiharbeiter*innen in Österreich günstiger gestellt als etwa in Deutschland. Dennoch gibt es über die grundsätzlich erhöhte Unsicherheit hinaus weitere Nachteile der Leiharbeit gegenüber dem Normalarbeitsverhältnis. So sind Leiharbeitskräfte häufiger mit gesundheitlich belastenden Arbeitsbedingungen konfrontiert, und es fehlt oft die Vertretung durch einen Betriebsrat (vgl. Riesenfelder et al. 2018). Benachteiligungen rühren auch daher, dass die Stammbelegschaft innerhalb fragmentierter Belegschaften mit einem Nebeneinander unterschiedlicher Vertragsformen vor nachteiligen Arbeitsbedingungen tendenziell besser geschützt werden. Nachteile kumulieren dann bei den Leiharbeitskräften oder anderen atypisch Beschäftigten. In einer Studie zu migrantischer Leiharbeit bei Hygiene Austria und der Post wurde deutlich, dass die überlassenen Arbeitskräfte häufig mit willkürlichen und sehr spontanen Schichteinteilungen, einem Druck zu Überstunden und (bei Hygiene Austria) auch Doppelschichten, massiven Versäumnissen bei der Entlohnung (fehlender Auszahlung von Zulagen, ja sogar ganzen Löhnen), Hire-und-Fire-Kündigungspolitiken sowie einem von (ethnisierten) Hierarchisierungen geprägten Betriebsklima konfrontiert waren (vgl. Neuhauser et al. 2021). Obwohl in Österreich – wie bereits erwähnt – die Arbeitskräfteüberlassung durch die kollektivvertragliche Gleichstellung von Leiharbeiter*innen mit Stammbelegschaften besser als in anderen europäischen Ländern reguliert ist, zeigen die Befunde, dass unterschiedliche Beschäftigungsverhältnisse mit Hierarchisierungen im Betrieb sowie mit Ungleichheiten bei den Arbeitszeiten, den Löhnen und dem Gesundheitsschutz verbunden sind (vgl. ebd.).

Dabei zeigen die quantitativen Daten, dass ein Großteil der Leiharbeitskräfte keine österreichische Staatsbürgerschaft besitzt – ein Trend, der sich weiter vertieft. Ihr Anteil ist in den letzten 25 Jahren stark angestiegen: Im Jahr 2021

besaß bereits fast die Hälfte der Leiharbeitskräfte eine ausländische Staatsbürgerschaft, während der Anteil der Ausländer*innen an allen unselbstständig Beschäftigten im selben Jahr deutlich niedriger, nämlich bei 22 Prozent lag
(vgl. BMAW 2022). Es sind vor allem Personen aus den neuen Mitgliedsstaaten
Mittel- und Ost-Europas und Drittstaatsangehörige in der Arbeitskräfteüberlassung tätig. Diese Entwicklung fügt sich in ein generelles Bild, demzufolge
Migrant*innen (aus bestimmten Ländern) überproportional von prekärer Beschäftigung betroffen sind.

4. Schlussfolgerungen

Ein Teil der Beschäftigten in Österreich ist prekären Arbeits- und Lebensbedingungen ausgesetzt. Das widerspricht dem von der Mehrheit der Bevölkerung
hochgehaltenen Prinzip, wonach ein Beitrag zur Gesellschaft in Form von Erwerbsarbeit soziale Teilhabe ermöglichen soll. Für viele Arbeitende wird dieser
Anspruch nicht eingelöst; es wird ihnen gesellschaftliche Teilhabe sogar auf
einem bescheidenen Niveau verwehrt. Österreich hat einen ausgebauten Wohl-

fahrtsstatt, einen grundsätzlich gut regulierten Arbeitsmarkt, hoch entwickelte Arbeitsbeziehungen und umfassende kollektivvertragliche Mindestlöhne. Warum können trotzdem ein beträchtlich großer Niedriglohnsektor und prekäre Beschäftigung bestehen? Warum gibt es verbreitet das Phänomen der Armut trotz Arbeit, das umfassende materielle Teilhabe verhindert? Und warum ist es möglich, dass vielen Arbeitenden grundlegende Sicherheiten vorenthalten werden, die für eine Lebensplanung unerlässlich sind?

Die Antworten auf diese Fragen sind zum einen im gespaltenen Arbeitsmarkt zu finden. Lohnhöhen, Beschäftigungssicherheit und Arbeitsbedingungen unterscheiden sich beträchtlich von Arbeitsmarktsegment zu Arbeitsmarktsegment. In einzelnen Branchen, die teilweise, wie das Hotel- und Gastgewerbe, in Österreich sehr wichtig sind, werden im Durchschnitt Löhne unter der Niedriglohnschwelle bezahlt. Personen, die Niedriglöhne beziehen, sind durch Armut gefährdet, wenn das fehlende Einkommen nicht im Haushalt durch andere ausgeglichen wird. Sie sind also auf andere angewiesen, um ein Leben führen zu können, das man in Österreich verbreitet als etwas ansieht, auf das Erwerbstätige jedenfalls einen Anspruch haben. Die Alternative, das eigene Überleben mit Sozialleistungen zu sichern, betrifft nur Personen, die auf dem Arbeitsmarkt nicht vermittelbar sind, und geht – vor allem langfristig – mit gesellschaftlicher Abwertung einher. Auch sichert dies häufig keine volle soziale Teilhabe – wie beispielsweise das niedrige Arbeitslosengeld aufgrund geringer Grundlöhne in den erwähnten Branchen zeigt. Zudem werden Sozialleistungen auch nicht allen in Österreich Arbeitenden gleichermaßen zuteil. So stehen Saisonarbeitskräften aus Drittstaaten kein Arbeitslosengeld oder andere Leistungen zu, und Geflüchtete mit subsidiärem Schutzstatus haben in allen Bundesländern außer in Wien keinen Anspruch auf Mindestsicherung.

Innerhalb der Branchen, in denen im Durchschnitt Niedriglöhne bezahlt werden, sind außerdem Migrant*innen von Armut trotz Arbeit besonders betroffen. Von den im Ausland geborenen Beschäftigten ist über ein Drittel armuts- und ausgrenzungsgefährdet (36 Prozent im Vergleich zu 14 Prozent der in Österreich geborenen Bevölkerung), von den Personen von außerhalb der EU sind es sogar 43 Prozent (vgl. Statistik Austria 2022, 66). Für die weitere Entwicklung wird die Mindestlohnpolitik ganz entscheidend sein. Wie schnell gelingt es dem ÖGB im Wettlauf mit der hohen Inflation, das Ziel von 2.000 Euro als niedrigsten Kollektivvertragslohn durchzusetzen?

Atypische Beschäftigungsformen beinhalten ein im Vergleich zum Normalarbeitsverhältnis erhöhtes Risiko für prekäre Arbeits- und Lebenslagen. Das trifft auch auf die zum größten Teil von Frauen geleistete Teilzeitarbeit zu. In der Arbeitskräfteüberlassung kommen mehrere ungünstige Bedingungen zusammen, wodurch das Prekaritätsrisiko hier besonders hoch ist. Neben der Unsicherheit der Beschäftigung sind das insbesondere die häufig (gesundheitlich) belastenden Arbeitsbedingungen sowie eine mangelhafte betriebliche Interessenvertretung.

Aber was ist die Antwort auf die Frage, warum solche Bedingungen und solche Unterschiede in Österreich nicht nur möglich sind, sondern in der öffentlichen Diskussion auch kaum als großes Problem wahrgenommen werden? Eine Erklärung liefert nach wie vor das Geschlechterverhältnis, das Frauen ungünstigere Plätze in der Erwerbsstruktur zuweist und die teils gesellschaftlich bedingte, teils bloß zugeschriebene eingeschränkte Verfügbarkeit für den Arbeitsmarkt mit Abstrichen bei Einkommen und Beschäftigungsbedingungen bestraft. Eine weitere Erklärung ergibt sich aus den Verteilungen in der Beschäftigung der Migrant*innen. Diese haben oft keine andere Wahl, als die Arbeitsplätze am unteren Ende zu akzeptieren. Zwangslagen und Existenzängste – die aus einer Gemengelage unsicherer Aufenthaltsrechte bzw. einer prekären ökonomischen Situation, Sprachbarrieren und der Nicht-Anerkennung ausländischer Abschlüsse resultieren – bringen sie dazu, Arbeit anzunehmen und beizubehalten, die häufig nicht den gesellschaftlichen Standards in Österreich entspricht.

Oft wird die Prekarität außerdem dadurch leichter durchgesetzt und aufrechterhalten, dass besondere Vertragsverhältnisse gewählt werden. Die Leiharbeit ermöglicht es Unternehmen, die rechtswidrige Behandlung von Arbeitenden zu verschleiern, indem die Verantwortung für prekäre Arbeitsbedingungen an die Leiharbeits- und Subunternehmen ausgelagert wird. Auch die Scheinselbstständigkeit etwa im Online-Handel (insbesondere in der Paketlogistik) oder in den neuen Branchen der Plattformwirtschaft ermöglicht die Umgehung arbeits- und sozialrechtlicher Bestimmungen im großen Stil. Doch die für die Arbeitenden riskanten Beschäftigungsformen wären wohl nicht so verbreitet, gäbe es nicht die migrantische Bevölkerung, der solche Bedingungen zugemutet werden. Und wenn problematische Arbeitsbedingungen und Lebenslagen vornehmlich Migrant*innen betreffen, bleiben sie deutlich unsichtbarer, als es sonst der Fall wäre. Die nach ethnischen Kriterien und nach Staatsbürgerschaft gezogenen symbolischen Grenzen implizieren – wenn auch meist nicht offen ausgesprochen – die Zuerkennung eines unterschiedlichen Werts der Arbeitskraft und letztlich der Menschen. Dadurch fällt die Ungleichbehandlung vielen nicht auf. Letztlich betrifft es aber alle Arbeitenden, wenn die Standards der Arbeitsbedingungen untergraben werden.

LITERATUR

- AK OÖ (Arbeiterkammer Oberösterreich) (2022): Eigenberechnungen zum Medianeinkommen. Quellen: Beitragsgrundlagenstatistik der ÖGK und Statistik Austria (unveröffentlichte Daten).
- Benvegnú, Carlotta/Haidinger, Bettina/Sacchetto, Devi (2018): Restructuring Labour Relations and Employment in the European Logistics Sector. Reconstructing solidarity: labour unions, precarious work, and the politics of institutional change in Europe. Oxford: Oxford University Press, 83–103.
- BMAW (Bundesministerium für Arbeit und Wirtschaft) (2022): Arbeitsmarktinformationssystem (AMIS); https://www.dnet.at/Amis/Datenbank/DB_Index.aspx (abgerufen im November/Dezember 2022).
- Geisberger, Tamara (2021): Entwicklung und Verteilung der Niedriglohnbeschäftigung in Österreich und in der EU. In: Statistische Nachrichten 9/2021, 680–698.
- Herr, Benjamin (2018): Ausgeliefert. Fahrräder, Apps und die neue Art der Essenszustellung. Wien: ÖGB Verlag.
- Kohlenberger, Judith/Žilinskaitė, Milda/Hajro, Aida/Vafiadis, Irini/Bikic, Sabina (2021): Systemrelevant, aber unsichtbar: Arbeitsbedingungen migrantischer und geflüchteter Amazon-Zusteller*innen während der COVID-19-Pandemie. Materialien zu Arbeit und Gesellschaft 228. Wien: AK Wien; https://emedien.arbeiterkammer.at/viewer/ppnresolver?id=AC16357638 (abgerufen am 12. 1. 2023).
- Müller, Torsten/Schulten, Thorsten (2022): Die europäische Mindestlohn-Richtlinie – Paradigmenwechsel hin zu einem Sozialen Europa. In: Wirtschaft und Gesellschaft 48 (3), 335–364.
- Neuhauser, Johanna/El-Roumy, Marwa/Wexenberger, Yannic (2021): Als ich diese Halle betreten habe, war ich wieder im Irak. Migrantische Systemerhalter_innen bei Hygiene Austria und der Post-AG. Materialien zu Arbeit und Gesellschaft 227. Wien: AK Wien; https://emedien.arbeiterkammer.at/viewer/image/AC16357630/1/#topDocAnchor (abgerufen am 12. 1. 2023).
- Neuhauser, Johanna/Hötzinger, Sophie/El-Roumy, Marwa/Steindl, Stefan/Wexenberger, Yannic (2022): Was steckt hinter dem Personalmangel? Arbeitsbedingungen in Gastronomie und Hotellerie in Oberösterreich. Online-Publikation, AK OÖ; https://ooe.arbeiterkammer.at/interessenvertretung/arbeitswelt/arbeitsbedingungen/AB_2022_Gesamtbericht_Arbeitsbed_Gastronomie_Hotellerie_OO-.pdf (abgerufen am 12. 1. 2023).
- Riesenfelder, Andreas/Danzer, Lisa/Wetzel, Petra (2018): Arbeitskräfteüberlassung in Österreich. Eine empirische Untersuchung zur Entwicklung der Arbeitskräfteüberlassung im Zeitverlauf und zum Status quo der Arbeitssituation der beschäftigten Personen. Sozialpolitische Studienreihe 24; https://broschuerenservice.sozialministerium.at/Home/Download?publicationId=658 (abgerufen am 12. 1. 2023).
- Siegert, Christina (2021): Erwerbsarmut in Österreich aus Geschlechterperspektive. In: Wirtschaft und Gesellschaft 47 (4), 511–535.
- Statistik Austria (2022): Statistisches Jahrbuch. Migration & Integration. Zahlen, Daten, Indikatoren; https://www.integrationsfonds.at/fileadmin/user_upload/MIG_INT_2022_OEIF.pdf (abgerufen am 12. 1. 2023).

MIGRANTISCHE ARBEITS-WELTEN

Rechtliche Rahmenbedingungen für den Arbeitsmarkt-zugang und Diskriminierungserfahrungen in Österreich

Johannes Peyrl und Asiye Sel

1. Einleitung

Migration gehört zur Stadt Wien wie das Riesenrad oder der Donauturm. Im Wesentlichen migrieren Personen aus vier Gründen: Familie, Ausbildung, Arbeit und Flucht vor Verfolgung. Die Auswanderung in einen anderen Staat, um eine Erwerbstätigkeit auszuüben, ist also eine klassische Form der freiwilligen Migration. Das Leben in einer Stadt, in der Personen unterschiedlicher Herkunft miteinander arbeiten, ist völlig normal geworden. Dennoch gibt es für Kolleginnen*Kollegen mit ausländischer Staatsangehörigkeit andere, zum Teil auch zusätzliche Herausforderungen in der Arbeitswelt. In diesem Beitrag wird der Schwerpunkt auf zwei dieser Herausforderungen gelegt: Zum einen werden die Möglichkeiten des Zugangs zum Arbeitsmarkt für bestimmte Personengruppen, die nicht die österreichische Staatsbürgerschaft besitzen, beleuchtet, zum anderen wird aufgezeigt, dass diese Kolleginnen*Kollegen in stärkerem Ausmaß von Diskriminierung auf dem Arbeitsmarkt betroffen sind.

2. Rechtliche Rahmenbedingungen für den Zugang zum Arbeitsmarkt für Nicht-Österreicher*innen

Wie ausgeführt, wandern Personen aus unterschiedlichen Gründen nach Österreich zu. Das österreichische Migrationsrecht ist extrem fragmentiert und zerklüftet; insgesamt kennt das Recht 30 (!) verschiedene Aufenthaltsberechtigungen.[1] Aber unabhängig vom Motiv bzw. von der Art der Zuwanderung wollen nach Wahrnehmung der Autor*innen die meisten Personen im erwerbsfähigen Alter auch in Österreich erwerbstätig sein, wenn sie aufgrund ihres Alters dazu in der Lage sind. In diesem Abschnitt wird die Frage geklärt, wie der Zugang zum Arbeitsmarkt für Nicht-Österreicher*innen ausgestaltet ist.

Vorauszuschicken ist, dass EWR-Bürger*innen und Schweizer*innen immer freien Zugang zum Arbeitsmarkt haben; auch die Übergangsfrist hinsichtlich Kroatien, die Beschränkungen der Arbeitnehmer*innenfreizügigkeit regelte, ist im Jahr 2020 ausgelaufen.[2]

2.1 Zuwanderung zu qualifizierter Erwerbstätigkeit (die „Rot-Weiß-Rot-Karte")

Im Oktober 2010 haben sich die Sozialpartner auf ein neues, kriteriengeleitetes System der Zuwanderung von qualifizierten Arbeitskräften geeinigt.[3] Seither wird die Arbeitsmigration neben anderen Kriterien durch ein Punktesystem gesteuert. Neben dem Modell der „Rot-Weiß-Rot-Karte" existieren aber viele weitere Formen der Arbeitskräftemigration, etwa Forscher*innen, Seelsorger*innen, aber auch Saisonarbeitskräfte und Erntehelfer*innen, insbesondere die beiden letztgenannten sind dabei Ausdruck eines verfehlten und unsozialen Migrationsmodells.

Die Rot-Weiß-Rot-Karte ist mit nunmehr zwölf Jahren fremdenrechtlich bereits in die Jahre gekommen, weiters wird vielerorts über Arbeitskräftebedarf diskutiert. Es wäre daher Zeit, über ein neues Modell zur Arbeitsmigration nachzudenken, das mehr als bisher alle relevanten Aspekte einbezieht und den Anforderungen der kommenden Jahre entspricht.

Mittlerweile gibt es sieben (!) Säulen der „Rot-Weiß-Rot-Karte":
- besonders hoch qualifizierte Arbeitskräfte
- Fachkräfte in Mangelberufen
- sonstige Schlüsselkräfte
- Studienabsolvent*innen österreichischer Universitäten und Fachhochschulen
- Stammmitarbeiter*innen
- selbstständige Schlüsselkräfte
- Start-up-Gründer*innen

2.1.1 Besonders hoch qualifizierte Arbeitnehmer*innen

Besonders hoch qualifizierte Arbeitskräfte können ohne konkretes Arbeitsplatzangebot nach Österreich einreisen und zum Zweck der Arbeitssuche ein „Visum D" erhalten, wenn die erforderliche Mindestpunkteanzahl (Alter, Berufserfahrung, Ausbildung, Sprachkenntnisse)[4] erreicht ist. Es ist aber auch möglich, bei Erfüllung der Kriterien eine „Rot-Weiß-Rot-Karte" zu erhalten, ohne vorher ein Visum D beantragen zu müssen. Auf der Internetplattform www.migration.gv.at kann unverbindlich überprüft werden, ob konkret eine ausreichende Punkteanzahl vorliegt (das gilt für alle Säulen der „Rot-Weiß-Rot-Karte", für die eine bestimmte Punkteanzahl erreicht werden muss).

2.1.2 Fachkräfte in Mangelberufen

Die wichtigste Voraussetzung, um eine „Rot-Weiß-Rot-Karte" als Fachkraft erhalten zu können, ist die Auflistung des Berufs in der „Fachkräfteverordnung": In dieser werden im Fall eines längerfristigen Arbeitskräftebedarfs jeweils für ein Kalenderjahr Berufe festgelegt, in denen drittstaatsangehörige Fachkräfte zugelassen werden können.[5] Außerdem ist es möglich, dass bestimmte Berufe nur in einem konkreten Bundesland als Mangelberufe gelten (für Wien: lediglich zwei zusätzliche Berufe, vgl. § 1 Abs. 2 FachkräfteVO 2023). Weiters muss eine abgeschlossene Berufsausbildung im Mangelberuf vorliegen, und es muss eine Mindestpunkteanzahl (moderater als bei den besonders hoch qualifizierten Arbeitskräften, aber ebenso Ausbildung, Berufserfahrung, Alter, Sprachkenntnisse)[6] erreicht werden.[7]

2.1.3 Sonstige Schlüsselkräfte

Die Regelung zu „sonstigen Schlüsselkräften" ist quasi ein Sammelbecken für qualifizierte Erwerbstätige, die nicht in einem Mangelberuf tätig sind: Diese Schlüsselkräfte können eine „Rot-Weiß-Rot-Karte" erhalten, wenn sie die erforderliche Mindestpunkteanzahl (wie Fachkräfte in Mangelberufen)[8] erreichen und ein Bruttoentgelt von 50 Prozent der sozialversicherungsrechtlichen Höchstbeitragsgrundlage erhalten (im Jahr 2023: 2.925 Euro brutto). In diesem Fall führt das AMS vor Erteilung aber eine Arbeitsmarktprüfung durch: Eine „Rot-Weiß-Rot-Karte" kann daher nur dann erteilt werden, wenn für den konkreten Arbeitsplatz keine andere Arbeitskraft vermittelt werden kann, die bereits verfügbar ist und auch die nötigen Qualifikationen für den konkreten Arbeitsplatz mitbringt.

2.1.4 Studienabsolvent*innen österreichischer Universitäten bzw. Fachhochschulen

Nicht-EWR-Bürger*innen, die ihr Bachelor-, Master- oder Doktoratsstudium an einer österreichischen Universität oder Fachhochschule absolviert haben, können eine „Rot-Weiß-Rot-Karte" erhalten, wenn ihr Entgelt so hoch ist, wie üblicherweise bei vergleichbarer Tätigkeit und Berufserfahrung mit Abschluss in diesem Studienzweig gezahlt wird. Die Beschäftigung muss dem Ausbildungsniveau der Absolvent*innen entsprechen. Nach Studienende können die Absolvent*innen noch einmal ihre Aufenthaltsbewilligung für Student*innen zur Arbeitsuche verlängern.[9]

2.1.5 Weitere „Rot-Weiß-Rot-Karten"

Unter bestimmten Voraussetzungen können registrierte Stammsaisonniers eine „Rot-Weiß-Rot-Karte" als Stammmitarbeiter*innen erhalten. Weiters ist es möglich, als selbstständige Schlüsselkraft bzw. als Start-up-Gründer*in auch für eine selbstständige Erwerbstätigkeit eine „Rot-Weiß-Rot-Karte" zu erhalten.

2.1.6 Blaue Karte EU

Nachdem die „Blaue Karte EU" seit ihrer Einführung aufgrund des hohen Mindestentgelts faktisch bedeutungslos geworden war,[10] hat die EU im Jahr 2021 eine Neufassung der „Blue Card"-Richtlinie verabschiedet.[11] Eine „Blaue Karte EU" kann jenen Personen erteilt werden, die über einen Abschluss eines mindestens dreijährigen Studiums verfügen und für eine Tätigkeit, die dieser Ausbildung entspricht, ein Entgelt von mindestens dem 1,0fachen des durchschnittlichen österreichischen Bruttojahresgehalts von Vollzeitbeschäftigten erhalten.[12] Bei ungünstiger Arbeitsmarktentwicklung bzw. bei überdurchschnittlich steigender Lohnentwicklung kann der Arbeitsminister das erforderliche

Mindestentgelt auf das 1,5fache des durchschnittlichen Bruttojahresgehalts erhöhen. Eine „Blaue Karte EU" kann nur nach erfolgter Arbeitsmarktprüfung erteilt werden.

2.2 Zugang zum Arbeitsmarkt für nachgezogene Familienangehörige

Familienmigration ist in der Regel die zahlenmäßig größte Form der Zuwanderung von Drittstaatsangehörigen nach Österreich.[13] Im Einzelnen ist der Familiennachzug komplex geregelt. Es gibt nicht nur unterschiedliche Regeln für Familienangehörige von EWR-Bürger*innen, von Österreicher*innen bzw. von Drittstaatsangehörigen, bei Letzteren sind die Möglichkeiten zur Familienzusammenführung und die Rechte der nachziehenden Familienangehörigen unterschiedlich ausgestaltet, je nachdem, über welchen Aufenthaltstitel die Zusammenführenden verfügen.[14]

Nachzugsberechtigt sind in der Regel Ehegattinnen*Ehegatten (eingetragene Partner*innen) und minderjährige ledige Kinder, wobei im Fall des Ehegattinnen*Ehegatten- bzw. Partner*innennachzugs beide Ehegattinnen*Ehegatten bzw. eingetragene Partner*innen über 21 Jahre sein müssen. Weiters müssen die nachziehenden Familienangehörigen einen Rechtsanspruch auf eine Unterkunft vorweisen, die für vergleichbar große Familien ortsüblich sein muss, über eine Krankenversicherung verfügen und im Familienverband über ausreichende Unterhaltsmittel (in Höhe der Ausgleichszulagenrichtsätze) verfügen. Besonders die letztere Anforderung ist für viele Familien nur schwer zu erfüllen: Abhängig von Wohnkosten und sonstigen regelmäßigen Aufwendungen sind etwa für eine vierköpfige Familie (Eltern und zwei minderjährige Kinder) in der Regel deutlich über 2.000 Euro pro Monat an Unterhaltsmitteln nötig, um die Aufenthaltstitel erhalten und verlängern zu können.[15] Dazu müssen in der Regel Deutschkenntnisse bei Erstantragstellung nachgewiesen werden. In den meisten Fällen des Familiennachzugs haben die nachziehenden Familienangehörigen unmittelbar mit der Erteilung des Aufenthaltstitels freien Zugang zum Arbeitsmarkt („Rot-Weiß-Rot-Karte plus", „Aufenthaltstitel – Familienangehöriger").

Familiennachzug zu Zusammenführenden, die selbst Nicht-EU-Bürger*innen sind, ist durch eine Quote begrenzt: Jedes Jahr wird in der sogenannten Niederlassungsverordnung[16] festgelegt, wie viele Familienangehörige von Drittstaatsangehörigen pro Bundesland in diesem Jahr neu zuziehen dürfen. Aufgrund eines Assoziationsabkommens der EU mit der Türkei haben türkische Staatsbürger*innen zum Teil eine bessere Rechtsposition als andere drittstaatsangehörige Personen.[17]

Angehörige von Unionsbürger*innen (selbst wenn sie Drittstaatsangehörige sind) sind zur Niederlassung in Österreich berechtigt, in der Regel ohne dass sie weitere Voraussetzungen erbringen müssten (Ausnahme: Gefährdung der öffentlichen Ordnung und Sicherheit, siehe Art. 27 RL 2004/38/EG), und haben unmittelbar Zugang zum Arbeitsmarkt. Haben Österreicher*innen von ihrem „unionsrechtlichen Aufenthaltsrecht in anderen Mitgliedstaaten" Gebrauch gemacht (d. h. im Wesentlichen nicht nur ganz kurzfristig in einem andern EU-Mitgliedstaat gearbeitet) und kehren sie in weiterer Folge nach Österreich zurück, gelten für deren Angehörige die – deutlich besseren – Regeln für Angehörige von EWR-Bürger*innen. Da dies nur auf wenige „zurückwandernde" Österreicher*innen zutrifft, sind Angehörige von Unionsbürger*innen bezüglich Herstellung der Familieneinheit gegenüber Angehörige von österreichischen Staatsbürger*innen de facto deutlich bessergestellt. Der VfGH hat in dieser Konstruktion entgegen der überwiegenden Literatur[18] keine Verfassungswidrigkeit erkannt.[19]

2.3 Zugang zum Arbeitsmarkt für Student*innen aus Nicht-EWR-Staaten

Student*innen, die in Österreich studieren wollen, können eine „Aufenthaltsbewilligung – Student" erhalten, wenn sie die allgemeinen Voraussetzungen zur Erteilung von Aufenthaltstiteln (insbesondere ausreichende Unterhaltsmittel, Krankenversicherung) erfüllen und sie Zugang zu einem Studium haben. Erwerbstätigkeit ist in der Regel mit einer Beschäftigungsbewilligung, die Arbeitgeber*innen beantragen müssen und die auch diesen erteilt wird, für bis zu 20 Wochenstunden möglich.[20]

2.4 Zugang zum Arbeitsmarkt von bereits in Österreich lebenden Drittstaatsangehörigen

Durch die Vielzahl an Aufenthaltstiteln ist es kaum möglich, den Zugang zum Arbeitsmarkt von Nicht-EWR-Bürger*innen in knapper Form zu beleuchten, schließlich gibt es – je nach Zählart – etwa 30 verschiedene Aufenthaltsberechtigungen, mit denen z. T. unterschiedliche Zugänge zum Arbeitsmarkt verbunden sind.

Wesentlich ist, dass Personen mit einem Aufenthaltstitel „Daueraufenthalt EU" (unbefristeter Aufenthaltstitel) oder „Rot-Weiß-Rot-Karte plus" (dieser Titel wird für diverse Zwecke erteilt)[21] freien Zugang haben. Da die überwiegende Zahl der in Österreich lebenden Drittstaatsangehörigen über einen dieser Aufenthaltstitel verfügt,[22] haben (aus Sicht der Autor*innen zum Glück) die meisten Personen freien Arbeitsmarktzugang.

2.5 Zugang zum Arbeitsmarkt von Personen, die aus Fluchtgründen nach Österreich gekommen sind

2.5.1 Asylberechtigte und subsidiär Schutzberechtigte

Personen, denen der Status einer/eines Asylberechtigten oder „subsidiär Schutzberechtigten" zuerkannt wurde, benötigen zur Arbeitsaufnahme keine Bewilligung.[23] Somit gibt es sowohl für Asylberechtigte als auch für subsidiär Schutzberechtigte in rechtlicher Hinsicht keine Barrieren für den Zugang zum Arbeitsmarkt; faktisch stoßen jedoch besonders subsidiär Schutzberechtigte auf Schwierigkeiten.[24]

2.5.2 Asylwerber*innen

Für Asylwerber*innen ist die Ausübung einer unselbstständigen Tätigkeit nicht grundsätzlich verboten, jedoch sowohl rechtlich als auch vor allem faktisch kaum bzw. nur sehr eingeschränkt möglich. Grundsätzlich darf nach Ablauf von drei Monaten nach Zulassung des Asylverfahrens für Asylwerber*innen eine Beschäftigungsbewilligung erteilt werden. Eine Beschäftigungsbewilligung ist eine für Arbeitnehmer*innen wenig vorteilhafte Bewilligung, da sie von Arbeitgeber*innen beantragt werden muss, auch diesen erteilt wird und nur für einen bestimmten Arbeitsplatz in einem bestimmten Betrieb gilt. Bei Ende des Dienstverhältnisses erlischt auch die Beschäftigungsbewilligung. Die entscheidende Hürde für den Arbeitsmarktzugang von Asylwerber*innen ist die Arbeitsmarktprüfung in Form des Ersatzkraftverfahrens: Das AMS muss prüfen, ob für den konkreten Arbeitsplatz eine andere Arbeitskraft vermittelt werden kann. Nur wenn das nicht der Fall ist, wird die Beschäftigungsbewilligung erteilt.[25]

Bis Sommer 2021 wurden aufgrund eines Erlasses des Arbeitsministeriums aus dem Jahr 2004 („Bartensteinerlass") Beschäftigungsbewilligungen nur für Saisonarbeitskräfte und Erntehelfer*innen erteilt. Dieser Erlass wurde aber vom Verfassungsgerichtshof aufgehoben.[26] Seitdem dürfen Beschäftigungsbewilligungen ohne Einschränkungen auf bestimmte Branchen für Asylwerber*innen erteilt werden, wenn diese seit mindestens drei Monaten zum Verfahren zugelassen sind. Das gilt ebenso für die Erteilung einer Beschäftigungsbewilligung zur Absolvierung einer Lehre. Europarechtlich muss nach der sogenannten „Aufnahmerichtlinie"[27] – allerdings erst nach neun Monaten ab Antragstellung und nur, wenn noch keine erstinstanzliche Entscheidung über den Asylantrag vorliegt – ein „effektiver" Arbeitsmarktzugang ermöglicht werden. Durch die Aufhebung des „Bartensteinerlasses" ist das aber erfüllt, da eine Arbeitsmarktprüfung nach dieser Richtlinie zulässig ist.

Die Ausübung einer selbstständigen Tätigkeit ist in den ersten drei Monaten ab Einbringung des Asylantrages unzulässig, danach (unter Beachtung der berufs- und gewerberechtlichen Vorschriften) möglich. Zu beachten ist aber, dass bereits bei Ausübung einer „arbeitnehmer*innenähnlichen Tätigkeit" eine Beschäftigungsbewilligung nötig ist.

Jede Beschäftigungsaufnahme ist vom AMS der Grundversorgungsstelle mitzuteilen (die Aufnahme einer selbstständigen Erwerbstätigkeit müssen die Personen selbst melden). Das Einkommen von Asylwerber*innen wird bei der Berechnung der Grundversorgung miteinbezogen. Asylwerber*innen können auch gegen einen geringen „Anerkennungsbeitrag" Hilfstätigkeiten, die im unmittelbaren Zusammenhang mit ihrer Unterbringung stehen (z. B. Reinigung, Küchenbetrieb, Transporte, Instandhaltung), bzw. gemeinnützige Hilfstätigkeiten für Bund, Land oder Gemeinde (z. B. Landschaftspflege und -gestaltung, Betreuung von Park- und Sportanlagen, Unterstützung in der Administration) durchführen.

3. Diskriminierungserfahrungen in Österreich

Neben oftmals schwierigen (aufenthalts)rechtlichen Rahmenbedingungen sind Migrant*innen in und außerhalb der Arbeitswelt verstärkt von Diskriminierungen betroffen. Die Ergebnisse der beiden von der Arbeiterkammer Wien beauftragten Studien machen das deutlich.

In der Studie *Diskriminierungserfahrungen in Österreich*[28] wurde das Erleben von Diskriminierung und Ungleichbehandlung in Österreich in den Lebensbereichen Arbeit, Wohnen, Gesundheit und Bildung untersucht.[29] Befragt wurden rund 2.300 Personen zwischen 14 und 65 Jahren nach Diskriminierungserfahrungen hinsichtlich der Merkmale Geschlecht, Familienstand, Alter, ethnischer Herkunft, Religion, sexueller Orientierung, Beeinträchtigung und sozialer Stellung.

In der zweiten Studie *Kolleginnen und Kollegen mit anderen Staatsangehörigkeiten als der österreichischen am Arbeitsmarkt*[30] wurden die Erwerbssituation, Arbeitszufriedenheit und Diskriminierung in der Arbeit von Kolleginnen*Kollegen mit anderen Staatsangehörigkeiten als der österreichischen am österreichischen und Wiener Arbeitsmarkt erforscht. Diese Studie[31] basiert auf Auswertungen von Sekundärdaten u. a. der Sozialversicherungsträger, Statistik Austria und des Arbeitsklima-Index sowie der o. a. Studie *Diskriminierungserfahrungen in Österreich*.

3.1 Diskriminierung ist kein Randphänomen

Erfahrungen von Diskriminierung und Schlechterbehandlung gehören für viele Menschen in Österreich zum Alltag. Fast die Hälfte aller Befragten (44 Prozent) gibt an, sich in den Jahren 2016 bis 2018 zumindest einmal in einem der vier abgefragten Lebensbereiche schlechter behandelt bzw. diskriminiert gefühlt zu haben. Hochgerechnet sind das mehr als 2,5 Mio. Menschen in Österreich. Wer in welchem Bereich wie häufig Diskriminierung erlebt, ist aber stark von individuellen Merkmalen abhängig. Personen mit Migrationshintergrund oder einer muslimischen Religionszugehörigkeit erleben doppelt so häufig (62 Prozent bzw. 78 Prozent) eine Schlechterbehandlung als Personen ohne Migrationshintergrund (37 Prozent) oder mit einer christlichen Religionszugehörigkeit (39 Prozent). Besonders betroffen sind Migrant*innen, deren ausländische Herkunft aufgrund einer nicht weißen Hautfarbe oder eines Akzents für andere schneller erkennbar ist (74 Prozent). Im Unterschied zu anderen Gruppen führen die meisten der befragten Migrant*innen ihre erlebte Diskriminierung auch tatsächlich auf ihre Herkunft oder Religion zurück. Zudem geben 28 Prozent aller Betroffenen an, aufgrund mehrerer Merkmale diskriminiert worden zu sein. Besonders häufig werden dabei die Merkmale der Herkunft und Religion gemeinsam genannt.

3.2 Nicht alle Nachteile werden als Diskriminierung wahrgenommen

Eine Erkenntnis aus der Studie ist, dass es nur wenig geschlechtsspezifische Unterschiede gibt und Personen mit und ohne Kinder wenig Unterschiede sehen. So haben 19 Prozent der Männer und 21 Prozent der Frauen in den letzten drei Jahren Diskriminierung in der Arbeit erlebt. Das liegt daran, dass es sich bei den Diskriminierungen oftmals um strukturelle Formen der Diskriminierung (u. a. geringere Bezahlung in systemerhaltenden Berufen, Teilzeitbeschäftigung aufgrund von Kinderbetreuung und Pflege usw.) handelt, die für Betroffene schwerer zu erkennen sind als direkte zwischenmenschliche Vorfälle. Diese Form der Diskriminierung führt langfristig dazu, dass Diskriminierung als „normal" wahrgenommen und sogar „verinnerlicht" wird.

Zusätzlich zu diesen strukturellen Formen von Diskriminierung sind Frauen in ihrem Alltag auch immer wieder sexistischen Übergriffen und Gewalt ausgesetzt. 7 Prozent aller Frauen in Österreich erlebten in den letzten drei Jahren eine sexuelle Belästigung am Arbeitsplatz, im Bildungsbereich waren es sogar 17 Prozent aller 14- bis 25-jährigen Frauen.

3.2.1 Diskriminierung im Arbeitsbereich (einschließlich Jobsuche)

Am häufigsten haben die Befragten (21 Prozent) in den letzten drei Jahren persönlich Diskriminierungserfahrungen in der Arbeitswelt gemacht. Als gängigste Formen werden Nachteile beim Einkommen, beim Aufstieg oder bei Gehaltserhöhungen sowie bei der Jobvergabe aufgrund persönlicher Merkmale genannt. Muslime (33 Prozent), körperlich Beeinträchtigte (30 Prozent), Befragte mit

Abbildung 1: Diskriminierung nach Gruppenmerkmalen

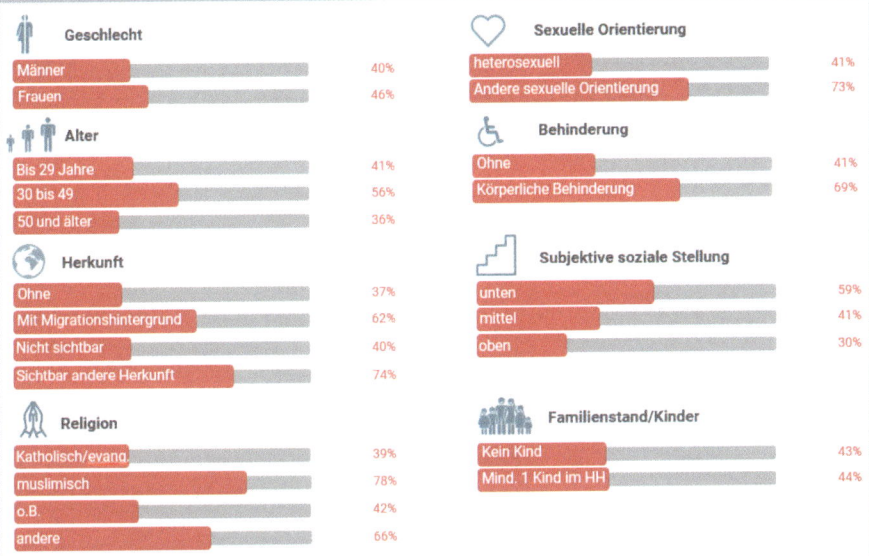

Geschlecht	
Männer	40%
Frauen	46%

Alter	
Bis 29 Jahre	41%
30 bis 49	56%
50 und älter	36%

Herkunft	
Ohne	37%
Mit Migrationshintergrund	62%
Nicht sichtbar	40%
Sichtbar andere Herkunft	74%

Religion	
Katholisch/evang.	39%
muslimisch	78%
o.B.	42%
andere	66%

Sexuelle Orientierung	
heterosexuell	41%
Andere sexuelle Orientierung	73%

Behinderung	
Ohne	41%
Körperliche Behinderung	69%

Subjektive soziale Stellung	
unten	59%
mittel	41%
oben	30%

Familienstand/Kinder	
Kein Kind	43%
Mind. 1 Kind im HH	44%

Quellen: SORA/AK Wien: Diskriminierungsstudie 2017, © SORA/AK Wien.

Migrationshintergrund (28 Prozent) und Personen, die sich weiter unten in der Gesellschaft sehen (27 Prozent), werden im Arbeitsbereich häufiger benachteiligt.

3.2.2 Diskriminierung im Wohnbereich

13 Prozent der Befragten haben in den letzten drei Jahren im Bereich Wohnen, v. a. bei der Wohnungssuche und in der Wohnumgebung, Diskriminierung erlebt. Besonders häufig werden überteuerte Mieten, keine Rückmeldungen auf Besichtigungsanfragen sowie Absagen wegen nicht nachvollziehbaren Gründen oder niedrigem Einkommen als diskriminierend erlebt. Häufiger betroffen sind vor allem Migrant*innen (22 Prozent), Muslime (35 Prozent) und Homosexuelle (30 Prozent).

3.2.3 Diskriminierung im Gesundheitsbereich

Im Gesundheitsbereich geben 8 Prozent der Befragten an, in den letzten drei Jahren Benachteiligungen bei der medizinischen Versorgung erlebt zu haben. Vor allem schlechtere Behandlung, Wartezeiten auf Behandlungen und hohe Kosten wurden als diskriminierend wahrgenommen. Die Betroffenen nehmen

💼 **Arbeit**	**21%**
zuschreibbarer Migrationshintergrund	34%
muslimische Gläubige	33%
körperliche Beeinträchtigung	30%
Migrationshintergrund	28%
Subj. unterer Schicht zugehörig	27%

🏥 Gesundheit	8%
körperliche Beeinträchtigung	32%
Subj. unterer Schicht zugehörig	15%
Ältere (Über 60-Jährige)	22%
zuschreibbarer Migrationshintergrund	14%

🏠 Wohnen	13%
Muslimisch Gläubige	35%
homosexuelle Orientierung	30%
Zuschreibbarer Migrationshintergrund	30%
Migrationshintergrund	22%
Andersgläubige	21%
Subj. unterer Schicht zugehörig	19%
körperliche Beeinträchtigung	17%

🏫 Bildung	10%
Junge (Bis 15-Jährige)	81%
homosexuelle Orientierung	22%
Muslimisch Gläubige	20%
zuschreibbarer Migrationshintergrund	19%
Migrationshintergrund	17%
Frauen	12%

n = 432 (Arbeit), n = 222 (Wohnen), n = 156 (Gesundheit), n = 188 (Bildung)
Quelle: SORA/AK Wien: Diskriminierungsstudie 2017, © SORA/AK Wien.

es aber auch als Diskriminierung wahr, wenn es kaum Zeit für ihre Anliegen gibt und Beschwerden nicht ernst genommen werden.

3.2.4 Diskriminierung im Bildungsbereich

Im Bildungsbereich geben 10 Prozent der Befragten an, eine Diskriminierung erlebt zu haben. Vor allem abwertendes Verhalten von Lehrer*innen, unfaire Benotung oder im Unterricht nicht zu Wort zu kommen werden genannt. Bei sozialer Diskriminierung handelt es sich meist um Gerüchte, unangenehme Kommentare, Lächerlich-gemacht-Werden und Ausgrenzung.

3.3 Diskriminierung geht meist von Menschen in höher gestellten Positionen aus

Auffallend über alle Bereiche hinweg ist, dass für Diskriminierung das Machtgefälle relevant ist. In der Arbeitswelt ging in den meisten Fällen die Diskriminierung von Vorgesetzten (73 Prozent) aus, deutlich seltener von Arbeitskolleginnen*kollegen (25 Prozent). Beim Wohnen sind es vor allem die Vermieter*innen oder Hausverwaltungen (51 Prozent), deutlich seltener sind es Nachbar*innen (37 Prozent). Im Gesundheitsbereich wird die Benachteiligung überwiegend durch Ärztinnen*Ärzte und Pflegepersonal (75 Prozent) wahrgenommen. Im Bildungsbereich wird Benachteiligung überwiegend von Lehrer*innen, Vortragenden und Professor*innen (51 Prozent) wahrgenommen.

3.4 Reaktionen auf Diskriminierungserfahrungen

Die Reaktionsmuster auf Diskriminierungserfahrungen zeigen sich auf unterschiedlichste Weise, etwa indem Betroffene die Erfahrung beiseiteschieben (ignorieren, verdrängen oder darüber zu stehen versuchen), sich offensiv nach außen wenden (z. B. die Erfahrung thematisieren bzw. Hilfe und Unterstützung einholen) oder aber sich nach innen zurückziehen (und hilf- bzw. ratlos bleiben). Am häufigsten wird Diskriminierung ignoriert, fast die Hälfte der Betroffenen geht in die Offensive und wehrt sich gegen erlebte Diskriminierung. 39 Prozent wissen nicht, was sie machen sollen. Außerdem sind die gesetzlichen Bestimmungen zur Diskriminierung den Befragten nur zum Teil bekannt.

Wer Diskriminierung erlebt hat, wird aufmerksamer, misstrauischer und erlebt das als Belastung bis hin zu Erkrankung. In der Arbeitswelt gibt rund ein Drittel der Befragten an, dass sie durch die Diskriminierung ihren Job nicht mehr gut ausüben können. Etwa 13 Prozent der Betroffenen im Arbeitsbereich geben an, dass sie wegen der erlebten Diskriminierung krank geworden sind. Diskriminierung hat also weitreichende Folgen – für die Betroffenen selbst wie auch für die Unternehmen. Hohe Personalfluktuation, schlechte Kommunikation oder unangenehmes Arbeitsklima wirken sich eben nachteilig aus.

3.5 Zwischen Systemrelevanz und Exklusion: ausländische Staatsbürger*innen

Ein Fünftel aller Arbeitskräfte hat eine andere Staatsangehörigkeit als die österreichische. In Wien beträgt der Anteil 31 Prozent. Das bedeutet auch, dass ein Fünftel der Beschäftigten österreichweit bzw. fast ein Drittel in Wien vom Wahlrecht und anderen an die österreichische Staatsangehörigkeit geknüpften Beteiligungsrechten ausgeschlossen sind.

Sie sind überwiegend in Berufsbranchen mit geringer gesellschaftlicher Wertschätzung wie in der Reinigung, der Abfallentsorgung, im öffentlichen Verkehr und im Verkauf beschäftigt. In Berufsgruppen mit hohem Ansehen wie z. B. unter Ärztinnen*Ärzten oder Lehrkräfte sind sie mit 12 Prozent in Österreich bzw. 21 Prozent in Wien unterrepräsentiert.

3.5.1 Unsichere Arbeitsplätze, hohe Arbeitsbelastungen und geringe Einkommen

Arbeitnehmer*innen mit ausländischer Staatsangehörigkeit sind doppelt so häufig von Arbeitslosigkeit betroffen wie Österreicher*innen. Im ersten Halbjahr 2021 lag die Arbeitslosenquote unter ausländischen Staatsbürger*innen fast doppelt so hoch (13,9 Prozent) wie unter inländischen (7,7 Prozent).

Überproportional oft sind ausländische Staatsbürger*innen als Arbeiter*innen beschäftigt. Ihr Anteil macht österreichweit 28 Prozent aus, in Wien sogar deutlich mehr als die Hälfte. Aufgrund der kurzen Kündigungsfristen sind sie besonders schnell ihren Job los. Sie sind auch die Ersten, die in Krisenzeiten ihre Arbeit verlieren. Dementsprechend stufen 25 Prozent ihren Arbeitsplatz als unsicher ein – gegenüber 12 Prozent der Arbeitnehmer*innen mit österreichischer Staatsangehörigkeit.

Ausländische Arbeitnehmer*innen sind mehr als doppelt so oft (5 Prozent) von Leiharbeit betroffen (Inländer*innen: 2 Prozent).

In allen Branchen verdienen Arbeitnehmer*innen mit ausländischer Staatsangehörigkeit weniger als inländische Arbeitnehmer*innen. Der Anteil der Personen, die mit ihrem Einkommen nicht auskommen, ist doppelt so hoch (14 Prozent) wie unter inländischen Beschäftigten. Vor allem Frauen mit ausländischer Staatsangehörigkeit sind trotz Beschäftigung von Armut betroffen. 21 Prozent geben in Österreich an, dass sie von ihrem Einkommen nicht leben können bzw. dass ihre Pension nicht ausreichen wird (41 Prozent). In Wien betrug der Anteil 32 Prozent.

Ausländische Staatsangehörige äußern auch häufiger gesundheitliche Belastungen am Arbeitsplatz. 19 Prozent fühlen sich häufig sowohl von körperlichen als auch psychischen Belastungen in der Arbeit betroffen. Rund 30 Prozent fühlen sich häufig durch Zeitdruck, Arbeitsdruck ohne Möglichkeit auf Pausen oder Isolation am Arbeitsplatz belastet.

Sehr beunruhigend ist, dass ein Fünftel der Kolleginnen*Kollegen mit ausländischer Staatsangehörigkeit angibt, dass das Arbeitsrecht nicht eingehalten wird.

3.5.2 Wenig Mitbestimmungs- und Entwicklungsmöglichkeiten

Beim Miteinander sind Kolleginnen*Kollegen mit ausländischer Staatsangehörigkeit deutlich im Nachteil. Sie sind seltener mit ihrer Führungskraft zufrieden und meinen, dass ihre Arbeit nicht geschätzt wird.

Ausländische Staatsbürger*innen sind auch seltener in einem Unternehmen mit Betriebsrat beschäftigt.

Außerdem haben Kolleginnen*Kollegen mit ausländischer Staatsangehörigkeit geringere Mitbestimmungs- und Gestaltungsmöglichkeiten im Betrieb. Sie nehmen seltener an Weiterbildungsangeboten teil. Sie haben weniger Entwicklungsmöglichkeiten und können seltener aufsteigen. Der Anteil der Arbeitnehmer*innen mit ausländischer Staatsangehörigkeit in einer leitenden Position liegt bei nur 6 Prozent. Bei Österreicher*innen sind es mit 11 Prozent fast doppelt so viele.

3.5.3 Hohe Betroffenheit von Diskriminierung von Personen mit ausländischer Staatsangehörigkeit

Ausländische Beschäftigte geben doppelt so häufig wie österreichische Arbeitnehmer*innen an, in den letzten drei Jahren Diskriminierung in der Arbeit erlebt zu haben. Genannt werden: die Arbeitsstelle aufgrund persönlicher Merkmale nicht bekommen zu haben (24 Prozent), ungewöhnliche Fragen bei Vorstellungsgesprächen (18 Prozent), einen Job aus nicht nachvollziehbaren Gründen verloren zu haben (15 Prozent). 8 Prozent der Betroffenen geben an, den Job wegen anhaltender Diskriminierung selbst gekündigt zu haben.

3.6 Sinnvolle Maßnahmen zur Bekämpfung von Diskriminierung

Lücken im Gleichbehandlungsrecht schließen: Lücken gibt es außerhalb der Arbeitswelt – hier sind nur die Merkmale Geschlecht und ethnische Herkunft geschützt. Der Schutz muss auch für die Merkmale der sexuellen Orientierung, des Alters, der Religion oder Weltanschauung gelten (Levelling-up).

Ausbau von Antidiskriminierungsstellen: Ausbau von Gleichbehandlungs- und Antidiskriminierungsstellen sowie die finanzielle und personelle Absicherung von NGOs, die sich gegen Diskriminierung einsetzen.

Maßnahmen zur Stärkung des Bewusstseins in der Gesellschaft für einen respektvollen Umgang miteinander: Respekt und Gleichbehandlung müssen aber auch als Werte in der Gesellschaft verankert werden – dazu zählt eine respektvolle Sprache in Werbung, Medien und Politik. Auch ausreichende Aus- und Weiterbildungen zu Diskriminierung und Chancengleichheit für Richter*innen sind eine wichtige Grundlage, um Benachteiligte bei der Rechtsdurchsetzung zu stärken. Zudem ist eine klare Haltung der Politik gegenüber Diskriminierung in jeglicher Form und für sozialen Zusammenhalt statt gesellschaftlicher Spaltung unerlässlich.

Strukturelle Benachteiligungen beseitigen: Menschen am unteren Ende der sozialen Skala haben ein deutlich höheres Diskriminierungsrisiko als jene mit hohem sozialem Status. Daher sollten strukturelle Rahmenbedingungen geschaffen werden, die Chancengleichheit ermöglichen – etwa Fairness beim Zugang zu einer Ausbildung, Unterstützung bei der Arbeitssuche, Zugang zu leistbarem Wohnraum etc.

Gleichbehandlung auf betrieblicher Ebene: Für ein respektvolles Miteinander im Unternehmen können klare Vorgaben zum wertschätzenden Umgang und zu einem gutem Arbeitsklima hilfreich sein. Aber auch Instrumente wie Betriebsvereinbarungen zu Gleichbehandlung und Diversität, Einkommenstransparenz und Ausschreibung von Führungspositionen im Betrieb etc. sind wichtige Maßnahmen für die Förderung von Chancengleichheit im Unternehmen.

Erleichterung beim Zugang zur österreichischen Staatsbürgerschaft: Hohe Hürden bezüglich des notwendigen Einkommens und der Dauer des Aufenthalts führen dazu, dass viele Personen, die bereits lange in Österreich niedergelassen sind, nicht die österreichische Staatsbürgerschaft erwerben können.

4. Conclusio

Die Zuwanderung und der Zugang zum Arbeitsmarkt für Drittstaatsangehörige sind immer noch sowohl äußerst komplex als auch zum Teil sehr restriktiv geregelt. Entscheidend wäre, das gesamte Aufenthalts- und Niederlassungsrecht auf integrationshemmende Aspekte zu durchforsten, Familienmigration zu vereinfachen, Arbeitsmigration neu zu regeln und geflüchteten Menschen einen besseren Zugang zum Arbeitsmarkt sowie zu sozialen Leistungen zu ermöglichen.

Die Studienergebnisse bezüglich Diskriminierung machen den enormen Arbeitseinsatz von Kolleginnen*Kollegen mit anderen Staatsangehörigkeiten deutlich, aber auch die schweren Arbeitsbedingungen wie körperliche und psychische Belastungen, geringe Einkommen, geringe betriebliche Mitbestimmung und Gestaltungsspielräume, schlechte Behandlung am Arbeitsplatz bis hin zu Diskriminierungserfahrungen. Aufgrund ihrer Staatsangehörigkeit sind sie oftmals von demokratischen Prozessen und Mitbestimmung – auf betrieblicher und politischer Ebene – ausgeschlossen. Ihnen bleibt die Anerkennung oftmals verwehrt.

Gleichberechtigte Teilhabe und Antidiskriminierung sind die Grundlagen für ein gutes Leben und eine gute Arbeitswelt. Die Realität zeigt, dass Diskriminierung und die verschiedenen Formen von Rassismus und Sexismus usw. sich fest im gesellschaftlichen Leben verankert haben. Schwierige Arbeitsbedingungen wie Zeitdruck, Personalmangel und Arbeitsverdichtung begünstigen diskriminierendes Verhalten. Zunehmend führen auch die politischen Entwicklungen zu Instrumentalisierung, Feindseligkeit und Exklusion.

Um die Rechte von Arbeitnehmer*innen einzufordern, müssen auch die Benachteiligungen und Diskriminierungen identifiziert und beseitigt werden. Angebote der Sensibilisierung für Gleichbehandlung sind erforderlich, um das Bewusstsein zu schärfen. Besonders notwendig sind die Stärkung der demokratischen Beteiligung von Kolleginnen*Kollegen mit ausländischer Staatsangehörigkeit sowie nicht zuletzt die Schaffung von besseren Arbeitsbedingungen.

LITERATUR

- *Akyürek, Metin (2010): Zum Gestaltungsspielraum des Gesetzgebers bei der Regelung von reinen „Inlandssachverhalten" im Fremdenrecht. In: FABL 2/2010.*
- *BMI (2022): Niederlassungs- und Aufenthaltsstatistik 2021; https://www.bmi.gv.at/312/statistiken/files/nag_jahr/ Niederlassungs-_und_Aufenthaltsstatistik_Jahresstatistik_2021.pdf (abgerufen am 12. 1. 2023).*
- *De Lange, Tesseltje/Vankova, Zvezda (2022): The Recast EU Blue Card Directive: Towards a Level Playing Field to Attract Highly Qualified Migrant Talent to Work in the EU, European Journal of Migration and Law, 2022, 489–515.*
- *Deutsch, Hermann/Nowotny, Ingrid/Seitz, Reinhard (2021): Ausländerbeschäftigungsrecht³.*
- *Die Sozialpartner Österreich (2010): Einigung der Österreichischen Sozialpartner zur Bekämpfung von Lohn- und Sozialdumping und zur Schaffung eines kriteriengeleiteten Zuwanderungsmodells (Rot-Weiß-Rot-Karte); https://www.sozialpartner.at/wp-content/uploads/2015/08/Sozialpartnerpraesidenteneinigunglschl-I-zusammengefuehrt.pdf (abgerufen am 3. 1. 2022).*
- *Harrer, Friedrich/Neumayr, Matthias (2022): Der Arbeitsgesellschafter. In: FS Pfeil, 657–669.*
- *Loos Thomas/Zlatojevic Liljana (2006): Familienangehörige von Österreichern, EWR-Bürgern und Schweizern im FPG und NAG – verfassungswidrige Inländerdiskriminierung. In: migraLex 2006, 91.*
- *Peyrl, Johannes/Neugschwendtner, Thomas/Schmaus, Christian (2018): Fremdenrecht.*
- *Peyrl, Johannes (2018), Zugang zum Arbeitsmarkt für geflüchtete Personen. In: Schrattbauer, Birgit/Pfeil, Walter/ Mosler, Rudolf (Hg.): Migration, Sozialpolitik und Arbeitsmarkt, 101–120.*
- *Schönherr, Daniel/Leibetseder, Bettina/Moser, Winfried/Hofinger, Christoph (2019): Diskriminierungserfahrungen in Österreich. Erleben von Ungleichbehandlung, Benachteiligung und Herabwürdigung in den Bereichen Arbeit, Wohnen, medizinische Dienstleistungen und Ausbildung. Wien; https://wien.arbeiterkammer.at/service/studien/ Gleichbehandlung/Diskriminierungserfahrungen_in_Oesterreich.html (abgerufen am 13. 1. 2023).*
- *Schönherr, Daniel/Zandonella, Martina/Glaser, Harald (2022): Kolleginnen und Kollegen mit anderen Staatsangehörigkeiten als der österreichischen am Arbeitsmarkt. Zwischen Systemrelevanz und Exklusion: Erwerbssituation, Arbeitszufriedenheit und Diskriminierung in der Arbeit. Wien; https://www.arbeiterkammer.at/ interessenvertretung/arbeitundsoziales/arbeitsmarkt/SORA_Studie_2022..pdf (abgerufen am 13. 1. 2023).*
- *UNHCR Österreich (2015): Subsidiär Schutzberechtigte in Österreich; https://www.unhcr.org/dach/wp-content/ uploads/sites/27/2017/03/Bericht_subsidiaerer_Schutz.pdf (abgerufen am 29. 1. 2023).*

ENDNOTEN

1 *§ 8 f. NAG sowie § 54 AsylG.*
2 *Vgl. Harrer, Friedrich/Neumayr Matthias (2022): Der Arbeitsgesellschafter. In: FS Peil, 657–669, 665.*
3 *Die Sozialpartner Österreich (2022): Einigung der Österreichischen Sozialpartner zur Bekämpfung von Lohn- und Sozialdumping und zur Schaffung eines kriteriengeleiteten Zuwanderungsmodells (Rot-Weiß-Rot-Karte); https://*

www.sozialpartner.at/wp-content/uploads/2015/08/Sozialpartnerpraesidenteneinigunglschl-I-zusammengefuehrt. pdf (abgerufen am 3. 1. 2022).

4   *Siehe im Einzelnen Anlage A AuslBG.*

5   *Fachkräfteverordnung 2023, BGBl. II 2022/488.*

6   *Siehe im einzelnen Anlage B AuslBG.*

7   *Siehe im Einzelnen Deutsch, Hermann/Nowotny, Ingrid/Seitz, Reinhard (2021): Ausländerbeschäftigungsrecht[3], §§ 12–13, Rz. 51 ff.*

8   *Siehe im Einzelnen Anlage C AuslBG.*

9   *Peyrl, Johannes/Neugschwendtner, Thomas/Schmaus, Christian (2018): Fremdenrecht, 174.*

10 *Exemplarisch: Im Jahr 2021 wurden lediglich 285 „Blaue Karten EU" erteilt, vgl. BMI (2022): Niederlassungs- und Aufenthaltsstatistik 2021; https://www.bmi.gv.at/312/statistiken/files/nag_jahr/Niederlassungs-_und_Aufenthalts-statistik_Jahresstatistik_2021.pdf (abgerufen am 2. 3. 2023), 62 ff.*

11 *Richtlinie 2021/1883 [...] über die Bedingungen für die Einreise und den Aufenthalt von Drittstaatsangehörigen zur Ausübung einer hoch qualifizierten Beschäftigung [...], ABl. L 2021/382.*

12 *Siehe De Lange, Tesseltje/Vankova, Zvezda (2022): The Recast EU Blue Card Directive: Towards a LevelPlaying Field to Attract Highly Qualified Migrant Talent to Work in the EU. In: European Journal of Migration and Law, 2022, 489–515 (504).*

13 *BMI (2022): Niederlassungs- und Aufenthaltsstatistik 2021, 62 ff.*

14 *Peyrl, Johannes/Neugschwendtner, Thomas/Schmaus, Christian (2018): Fremdenrecht, 125 ff.*

15 *Nötige Unterhaltsmittel für Ehepaare: 1.751,56 Euro sowie 171,31 Euro für jedes minderjährige Kind. Dazu kom-men weitgehend regelmäßige Aufwendungen wie insb. Miete hinzu (§ 11 Abs. 5 NAG).*

16 *Exemplarisch Niederlassungsverordnung 2022, BGBl. II 2021/567.*

17 *Durch eine Stand-Still-Klausel dürfen sich die Regeln nicht verschlechtern (vgl. EuGH 20. 9. 2007, C-16/05, Tum und Dari; EuGH 25. 11. 2011, C-256/11, Dereci.*

18 *Vgl. anstatt vieler Akyürek, Metin (2010): Zum Gestaltungsspielraum des Gesetzgebers bei der Regelung von reinen „Inlandssachverhalten" im Fremdenrecht. In: FABL 2/2010, 2929, sowie Loos, Thomas/Zlatojevic, Liljana (2006): Familienangehörige von Österreichern, EWR-Bürgern und Schweizern im FPG und NAG – verfassungswidrige Inländerdiskriminierung. In: migraLex 2006, 91.*

19 *VfGH 16. 12. 2009, G 244/09.*

20 *Konkret entfällt gem. § 4 Abs. 6 AuslBG für eine Beschäftigungsbewilligung von bis zu 20 Stunden pro Woche die Arbeitsmarktprüfung.*

21 *Insb. im Anschluss an eine Rot-Weiß-Rot-Karte, für Familiennachzug bzw. im Anschluss an einen Aufenthaltstitel aus berücksichtigungswürdigenden Gründen (Bleiberecht).*

22 *Von insgesamt 505.930 am 31. 12. 2021 aufrechten Aufenthaltstiteln waren 424.157 Rot-Weiß-Rot-Karten plus und Titel „Daueraufenthalt EU", vgl. BMI (2022): Niederlassungs- und Aufenthaltsstatistik 2021, 4.*

23 *§ 1 Abs. 2 lit. a AuslBG; das entspricht auch Art. 26 RL 2011/95/EU (Asyl-StatusRL).*

24 *UNHCR Österreich (2015): Subsidiär Schutzberechtigte in Österreich, 23.*

25 *Peyrl, Johannes (2018): Zugang zum Arbeitsmarkt für geflüchtete Personen. In: Schrattbauer, Birgit/Pfeil, Walter/ Mosler, Rudolf (Hg.): Migration, Sozialpolitik und Arbeitsmarkt, 101–120, 102 f.*

26 *VfGH 23. 6. 2021, V95/2021.*

27 *RL 2013/33/EU.*

28 *Schönherr, Daniel/Leibetseder, Bettina/Moser, Winfried/Hofinger, Christoph (2019): Diskriminierungserfahrungen in Österreich. Erleben von Ungleichbehandlung, Benachteiligung und Herabwürdigung in den Bereichen Arbeit, Wohnen, medizinische Dienstleistungen und Ausbildung. Wien; https://wien.arbeiterkammer.at/service/studien/ Gleichbehandlung/Diskriminierungserfahrungen_in_Oesterreich.html (abgerufen am 13. 1. 2023).*

29 *Durchgeführt wurde die Studie vom Forschungsinstitut SORA im Auftrag der AK Wien.*

30 *Schönherr, Daniel/Zandonella, Martina/Glaser, Harald (2022): Kolleginnen und Kollegen mit anderen Staatsange-hörigkeiten als der österreichischen am Arbeitsmarkt. Zwischen Systemrelevanz und Exklusion: Erwerbssituation, Arbeitszufriedenheit und Diskriminierung in der Arbeit. Wien; https://www.arbeiterkammer.at/interessenvertretung/ arbeitundsoziales/arbeitsmarkt/SORA_Studie_2022.pdf (abgerufen am 13. 1. 2023).*

31 *Ebenso SORA im Auftrag der AK Wien.*

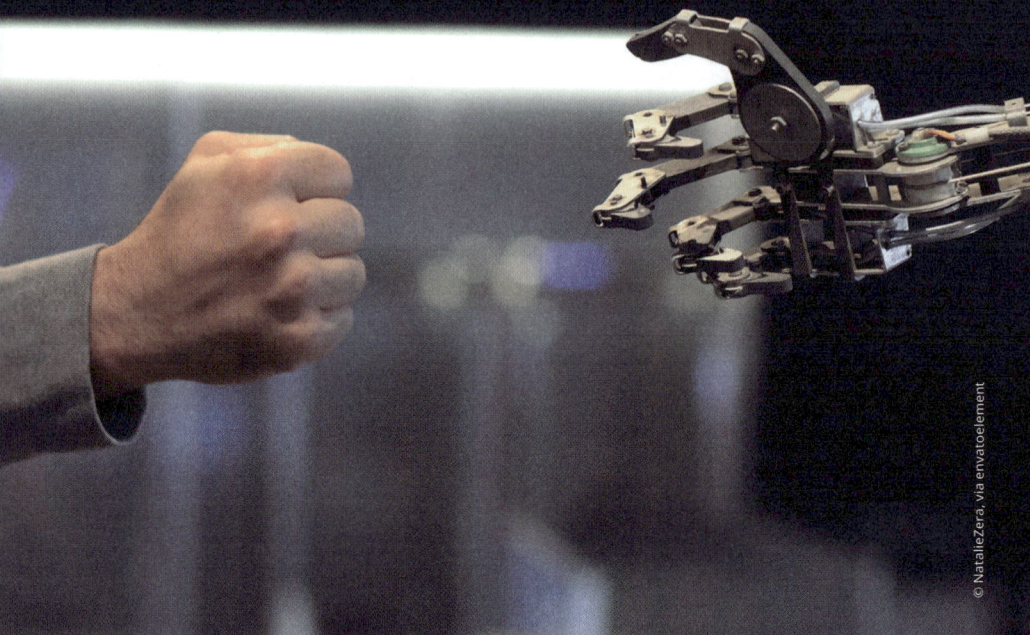

DER ARBEITGEBER*INNEN-ZUSAMMENSCHLUSS

Ein Überblick über eine neue Form des Arbeitens[1]

Michael Trinko

Unterschiedliche gesellschaftliche, wirtschaftliche und digitale Treiber und Trends führen dazu, dass neue Arbeitsformen entstehen, die sich häufig vom unbefristeten Vollzeitarbeitsverhältnis entfernen. Doch nicht jede neue Form der Arbeit muss zwangsläufig davon abweichen. Eine dieser neuen Arbeitsformen ist das „Employee-Sharing" bzw. „Mitarbeiter*innensharing", auch „Arbeitgeber*innenzusammenschlüsse" genannt. Frankreich gilt als Vorbild und Ursprungsland der Arbeitgeber*innenzusammenschlüsse, im Folgenden kurz AGZ genannt, in Europa. In Frankreich wurden schon 1985 gesetzliche Regelungen für AGZ verankert. Mehr als 35 Jahre später hat sich der österreichische Gesetzgeber dazu entschieden, speziell für die Land- und Forstwirtschaft rechtliche Rahmenbedingungen für die Gründung von AGZ zu erlassen. Im vorliegenden Beitrag werden daher zuerst die Treiber und Trends in der Arbeitsweit thematisiert und anschließend AGZ im Allgemeinen und ihre Verbreitung in Europa dargestellt. Abschließend wird im Speziellen noch die rechtliche Umsetzung von AGZ in der Land- und Forstwirtschaft in Österreich überblicksmäßig dargestellt.

1. Treiber und Trends der Arbeitswelt

Schon 1987 beschrieb Firlei[2], dass das sogenannte Normalarbeitsverhältnis in praktisch allen marktwirtschaftlich orientierten Staaten beträchtliche Auflösungserscheinungen zeige. Dass sich die Arbeitswelt sowie die Formen der Arbeit aufgrund neuer Technologien stetig weiterentwickeln, scheint unbestritten – unlängst auch durch Tomandl[3] bekräftigt, nachdem durch den raschen Wandel, der unsere Epoche charakterisiert, niemand voraussagen könne, wie die Arbeitswelt in wenigen Jahren tatsächlich aussehen werde. Es habe auch das auf unbestimmte Zeit eingegangene Vollzeitarbeitsverhältnis, das die Arbeitskraft langfristig und zur Gänze in Anspruch nimmt und für sich allein das zur Lebensführung erforderliche Einkommen verschaffen soll, seine Dominanz eingebüßt, und der Trend gehe heute in die Richtung eines niedrigen Anteils an Stammpersonal sowie zusätzlicher Arbeitskräfte, die nur mehr projektbezogen eingesetzt werden.

Obwohl die Arbeit bereits eine durchaus lange Geschichte aufweist, hat sich die Perspektive auf das Thema über die letzten Jahre wieder verändert. Dabei wird die Entwicklung der Arbeitsmärkte und der Arbeitswelt in den entwickelten Industriestaaten im Wesentlichen von vier zentralen Triebkräften beeinflusst: Digitalisierung und Vernetzung, Globalisierung, demografischer Wandel und institutioneller Wandel. Nach heutigem Wissensstand werden diese Faktoren in ihrem Zusammenwirken und einer denkbaren Zuspitzung auch die Zukunft der Erwerbsarbeit bestimmen.[4]

1.1 Digitalisierung und Vernetzung

Ursprünglich bezeichnete der Begriff Digitalisierung das Umwandeln von analogen Werten in digitale Formate wie z. B. die Digitalisierung ganzer Bibliotheken durch Google, sodass dieses Wissen weltweit elektronisch verfügbar ist. Das Verständnis von Digitalisierung hat sich aber in den letzten Jahren erweitert. Im Fokus der Digitalisierung steht nun nicht etwa die Übertragung analoger Information auf ein digitales Medium, sondern es geht heutzutage vielmehr um die Übertragung des Menschen und seiner Lebens- sowie Arbeitswelten auf eine digitale Ebene.[5]

In Bezug auf den Arbeitsmarkt spricht man von Digitalisierung, wenn menschliche Tätigkeiten in eine von Maschinen lesbare Sprache übersetzt werden, um diese Tätigkeiten von Computern und Robotern erledigen zu lassen.[6] Die Digitalisierung der Arbeitswelt ist zum allgegenwärtigen Schlagwort geworden, wobei man schon beinahe von einem Hype sprechen kann. Meldungen über erwartete positive Beschäftigungseffekte wechseln sich mit solchen ab, die Digitalisierung mit exzessivem Arbeitsplatzverlust gleichsetzen. Grund dafür sind unter anderem die enorme Entwicklungsdynamik und die daraus resultierenden großen Unsicherheiten, mit denen die technologischen Innovationen behaftet sind.[7]

Die Angst, dass die Digitalisierung ein Heer von Arbeitslosen mit sich bringen wird, wurde durch die Studie der Oxford Martin School 2013[8] befeuert. Summarisch stellt die Studie fest, dass 47 Prozent aller Jobs in den USA in den nächsten zehn bis zwanzig Jahren mit einer hohen Wahrscheinlichkeit (mehr als 70 Prozent) durch Digitalisierung (Computerisierung, Roboterisierung, Automatisierung) verlorengehen werden.[9] Dabei handelt es sich laut den Autoren der Studie nicht nur um Arbeitsplätze einfach qualifizierter Arbeitnehmer*innen, sondern zunehmend auch um Arbeitnehmer*innen mit komplexeren Tätigkeiten, deren Arbeit sich in Algorithmen abbilden lässt.

2015 wurde die Studie von Frey/Osborne auf Deutschland übertragen – mit dem Ergebnis, dass 42 Prozent der Beschäftigten in Deutschland in Berufen mit hoher Automatisierungswahrscheinlichkeit arbeiten. Da aber in erster Linie Tätigkeiten und weniger Berufe automatisiert werden und daher nicht davon ausgegangen werden kann, dass alle Beschäftigten der gleichen Berufsgruppe dieselben Tätigkeiten ausüben, verfolgte die Studie zur *Übertragung der Studie von Frey/Osborne (2013) auf Deutschland*[10] den Ansatz, die Automatisierungswahrscheinlichkeiten anhand von Tätigkeitsstrukturen am Arbeitsplatz und nicht von Berufen auf Deutschland zu übertragen. Demnach weisen in den USA 9 Prozent sowie in Deutschland 12 Prozent der Arbeitsplätze Tätigkeitsprofile mit einer relativ hohen Automatisierungswahrscheinlichkeit auf.

Aufbauend auf dieser deutschen Studie wurde von der OECD 2016 eine weitere Studie[11] für 21 OECD-Länder erstellt, die sich der Automatisierbarkeit von Jobs auf Basis des tätigkeitsbasierten Ansatzes widmet. Zusammenfassend geht aus der Studie hervor, dass Österreich, Deutschland und Spanien mit 12 Prozent den höchsten Anteil an automatisierbaren Jobs aufweisen.

2018 wurde die Studie nochmals erweitert bzw. konkretisiert und kam zu dem Ergebnis, dass etwa 14 Prozent der Arbeitsplätze der 32 teilnehmenden OECD-Länder in einem hohen Maße automatisierbar sind (mit einer Automatisierungswahrscheinlichkeit von über 70 Prozent).[12]

1.2 Globalisierung

Globaler Handel ist kein neues Phänomen, doch läuteten die Industrialisierung und die damit einhergehende Verbreitung neuer Technologien (z. B. Eisenbahn) eine massive Ausweitung der internationalen Arbeitsteilung und eine erste Welle der Globalisierung ein. Heutzutage bezeichnet man zumeist die zweite Welle eines stark beschleunigten weltweiten Waren-, Dienstleistungs-, Kapital- und Personenverkehrs insbesondere seit den 1980er-Jahren als Globalisierung.[13] Vor allem die Möglichkeit, mithilfe günstiger Transportkosten, eines wachsenden Angebots an qualifizierten Arbeitskräften in anderen Weltregionen und der Digitalisierbarkeit von Arbeitsschritten Arbeit in Länder mit jeweils besonders günstigem Verhältnis von Produktivität und Arbeitskosten zu verlagern, hat unmittelbare Auswirkungen auf die Tätigkeiten und Geschäftsteile, die in Europa verbleiben werden.[14]

1.3 Demografischer Wandel

Die demografische Entwicklung in Österreich drückt sich grundsätzlich in einem steigenden Anteil an Älteren und einem sinkenden Anteil der jüngeren Generation aus. Die Lebenserwartung steigt im Durchschnitt um zwei Jahre pro Jahrzehnt und lag 2017 bei 77,7 Jahren bei Männern und 83,1 Jahren bei Frauen.[15] Auch wenn die Geburtenraten dauerhaft auf einem niedrigen Niveau bleiben, kann dieser Effekt auf das Arbeitskräfteangebot durch die steigende Erwerbsbeteiligung Älterer sowie Frauen und nicht zuletzt durch die Migration ausgeglichen werden. Dadurch steigt das Arbeitskräfteangebot sogar an, wobei sich Probleme hinsichtlich des Qualifikationsniveaus und der Sicherung des Fachkräftebedarfs ergeben.[16]

1.4 Institutioneller Wandel

Durch den Wandel von Wirtschaft und Gesellschaft verändern sich auch Lebensstil und Werte der Menschen. Stichworte in diesem Zusammenhang sind Individualisierung, veränderte Idealbilder des familiären und gesellschaftlichen Zusammenlebens, Pluralisierung der Lebensentwürfe und der Ansprüche an

Arbeits- sowie neue Konsumhaltungen. Gesellschaftliche Werte und soziale Beziehungen ändern sich, was sich unter anderem in einem stärkeren partnerschaftlichen Rollenverständnis der Geschlechter widerspiegelt. Dies führt weiters zu einer steigenden Frauenerwerbstätigkeit, wenn auch sehr oft nur in Teilzeit.[17] Auch die Ansprüche an die eigene Arbeit haben sich gewandelt. Frauen wie Männer wollen gleichberechtigt arbeiten, sich eher gemeinsam um die Familie kümmern und darüber hinaus persönliche Interessen verfolgen können.

2. Neue Formen der Arbeit

Gesellschaftliche und wirtschaftliche Entwicklungen führten in Europa zum Entstehen neuer Beschäftigungsformen, wobei sich die traditionelle zweipersonale Beziehung zwischen Arbeitgeber*in und Arbeitnehmer*in verändert hat. Diese neuen Beschäftigungsformen und ihre unterschiedlichen Merkmale sowie ihre Auswirkungen auf die Arbeitsbedingungen und den Arbeitsmarkt sind nur wenig bekannt.[18] Eurofound[19] führte daher aufgrund dieses Wissensmankos 2015 eine europaweite Bestandsaufnahme zur Ermittlung von neu entstehenden Trends durch, wobei sich neun verschiedene Typen von Beschäftigungen herauskristallisierten: „Employee-Sharing", „Job-Sharing", „Interim Management", „Casual Work", „ICT-based Mobile-Work", „Voucher-based-Work", „Portfolio-Work", „Crowd-Employment" und „Collaborative Employment".

Die „new forms of employment" finden sich in unterschiedlichen Ausprägungen sowie unterschiedlicher Häufigkeit in den einzelnen Mitgliedstaaten wieder, wobei sich als gemeinsamer Nenner das Ziel definieren lässt, zusätzliche Flexibilität für Arbeitgeber*in und/oder Arbeitnehmer*in zu schaffen. Einige Formen haben dabei das Potenzial, für beide Vertragsparteien nutzbringend zu sein, bei anderen besteht jedoch Grund zur Sorge hinsichtlich ihres negativen Einflusses sowohl auf die Arbeitsbedingungen als auch auf den Arbeitsmarkt. Ist auch die eine oder andere Form in einigen Ländern seit Längerem bekannt, so sind die meisten von ihnen trotzdem noch nicht sehr weit verbreitet und daher oft nicht reglementiert, wobei zahlreiche rechtliche und soziale Probleme aufgeworfen werden.[20]

Unbestritten scheint, dass das unbefristete Vollzeitarbeitsverhältnis einer stetigen Veränderung oder Aushöhlung unterliegt und aufgrund unterschiedlicher Treiber und Trends in der Arbeitswelt neue Formen der Arbeit entstehen bzw. Arbeitsplätze aufgrund von Digitalisierung wegfallen. Dabei besteht bei einigen neuen atypischen Formen mangels Anwendungsbereichs des Arbeitsrechts die Gefahr einer Prekarisierung. Doch nicht jede neue Form der Arbeit muss

Abbildung 1: Einstufung der neuen Formen von Beschäftigung nach Eurofound

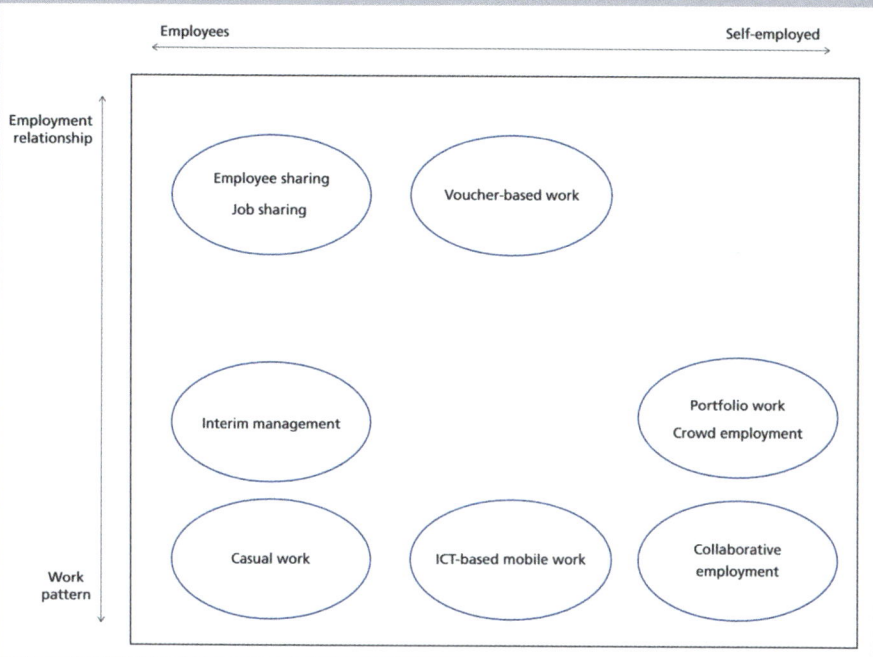

X-Achse: Beziehungsform zwischen Arbeitnehmer*innen und Arbeitgeber*innen bzw. zwischen Auftraggeber*innen und Auftragnehmer*innen – die Achse bewegt sich von „normalen" Employees (Arbeitnehmer*innen) in Richtung Self-Employed (Selbstständigen).

Y-Achse: Zeigt, wie die Arbeit geleistet wird – vom organisatorisch und örtlich eingebundenen Employment-Relationship (Arbeitsverhältnis) hin zu neuen Arbeitsformen („Work-Pattern").

Quelle: Eurofound, New forms of employment (2015), 8.

zwangsläufig vom unbefristeten Vollzeitarbeitsverhältnis abweichen. Eine dieser neuen Arbeitsformen ist „Employee-Sharing" bzw. „Mitarbeiter*innensharing", auch „Arbeitgeber*innenzusammenschluss" genannt, die in mehrfacher Weise zwar vom Normalarbeitsverhältnis abweicht, aber jedenfalls vom Grundgedanken her ein unbefristetes Vollzeitarbeitsverhältnis ermöglichen soll.

3. Der Arbeitgeber*innenzusammenschluss

Beim Mitarbeiter*innensharing wird ein*e Arbeitnehmer*in von einer Gruppe von Arbeitgeber*innen beschäftigt, die ihren planbaren, aber fragmentierten Personalbedarf bündeln und so kooperativ einen unbefristeten Vollzeitarbeitsplatz schaffen.[21] Dafür wird von einer Gruppe verschiedener Unternehmen ein

AGZ gemeinschaftlich gegründet, der als formeller Arbeitgeber den Arbeitseinsatz der Arbeitnehmer*innen zwischen den teilnehmenden Unternehmen koordiniert und dadurch unbefristete Vollzeitbeschäftigungen schaffen soll, die die einzelnen Arbeitgeber*innen unabhängig voneinander nicht bieten können (= kooperatives Personalmanagement).[22]

Die Personalplanung und -koordination wird dabei vom AGZ übernommen, der den beteiligten Unternehmen die Dienste der Arbeitskräfte in Rechnung stellt, wobei die einzelnen Unternehmen für die Arbeitsorganisation in den jeweiligen Betrieben zuständig sind. Ähnlich der Arbeitskräfteüberlassung sind die Arbeitnehmer*innen in verschiedenen Betrieben tätig, wissen aber bereits bei ihrer Anstellung, in welchen Unternehmen sie eingesetzt werden, und kehren in regelmäßigen Abständen in immer dieselben Betriebe zurück. Weiters ist der AGZ nicht darauf orientiert, aus der Koordination der Arbeitskräfte Gewinne zu erwirtschaften, sondern durch die gemeinschaftliche Verantwortung der Betriebe die Auslastung der Arbeitnehmer*innen zu gewährleisten.[23] Daher bildet die finanzielle Solidarität folglich das Kernstück des Modells.[24]

Bei einem AGZ handelt es sich daher nicht um einen Personalpool, auf den Betriebe bei Bedarf zurückgreifen können, sondern es wird vielmehr die Nachfrage der einzelnen Betriebe an Saison- und Teilzeitstellen in der Regel zu langfristigen Vollzeitarbeitsplätzen kombiniert.[25] Diese Beschäftigungsform trägt zur Arbeitsplatzstabilität bei, da Vollzeitstellen geschaffen werden. Selbst wenn Arbeitnehmer*innen in unterschiedlichen Betrieben arbeiten, können sie Arbeitsbedingungen leichter ausverhandeln, da sie nur einen*eine Arbeitgeber*in haben und die Arbeitnehmer*innen eines AGZ im Hinblick auf Arbeitsbedingungen und Sozialversicherungsschutz ebenso behandelt werden wie jene Arbeitnehmer*innen der Stammbelegschaft des jeweiligen Betriebs.[26] Ein AGZ beruht somit auf den folgenden drei Pfeilern.

Die Leistungen und Verbindlichkeiten in einem AGZ stellen sich in der Regel wie folgt dar:

AGZ und Mitgliedsunternehmen:
- Festlegung der Arbeitsstellen
- Festlegung von Arbeitsumfang und -zeitraum
- Stundenzettel, Rechnungslegung und Auswertung

AGZ und Beschäftigte:
- Einstellung
- Arbeitsvertrag
- Sanktionsmöglichkeit

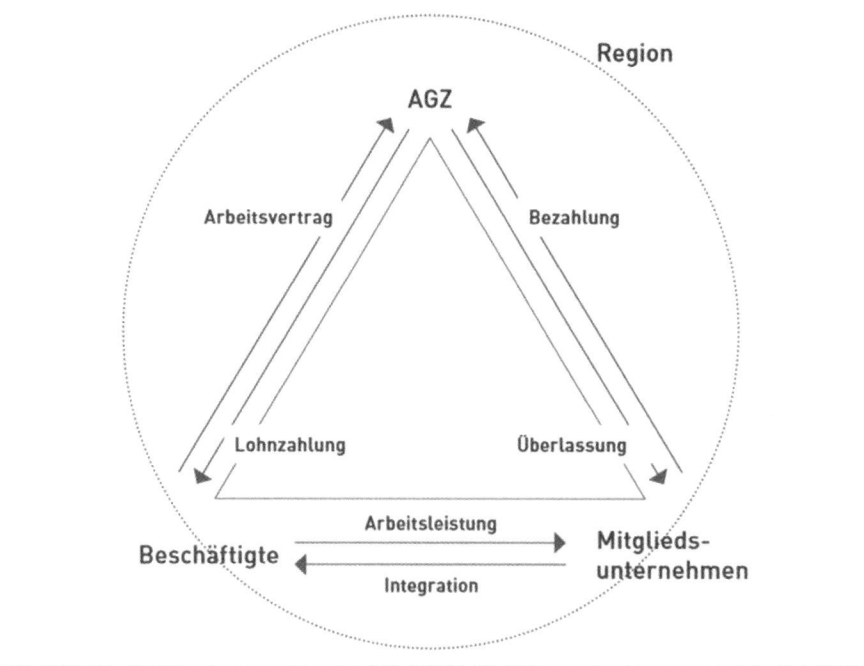

Quelle: Hartmann/Wölfing, Arbeitgeberzusammenschlüsse in Deutschland (2012), 6.

- Planung des Arbeitseinsatzes
- Zahlung des Entgelts
- Weiterbildung

Beschäftigte und Mitgliedsunternehmen:

- tägliche Organisation des Arbeitseinsatzes
- begrenze Hierarchie, delegiert vom AGZ
- Einarbeitung der Beschäftigten im Mitgliedsbetrieb
- betriebliche Regelungen, Arbeitssicherheit[27]

3.1 Vor- und Nachteile für Arbeitnehmer*innen und Arbeitgeber*innen

Vor- und Nachteile für Arbeitnehmer*innen:

- Möglichkeit der Vollzeitanstellung, die die einzelnen Arbeitgeber*innen nicht anbieten könnten

- Anwendung des Arbeitsrechts
- ein formeller Arbeitgeber
- keine Koordination mehrerer Teilzeitbeschäftigungen
- Beschäftigung in denselben, wiederkehrenden Betrieben
- Qualifikationsverbesserung aufgrund unterschiedlicher Leistungen in unterschiedlichen Betrieben
- höheres Stressniveau
- höhere Arbeitsintensität
- geringere Integration in den einzelnen Unternehmen
- „Pendeln" von Betrieb zu Betrieb

Vor- und Nachteile für Arbeitgeber*innen:

- kosteneffizienter sowie flexibler Zugang zu Arbeitskräften
- Verwaltung (Einstellung, Anmeldung, Personalabrechnung etc.) liegt beim AGZ
- geringe Verwaltungskosten, da der AGZ nicht gewinnorientiert tätig wird
- einmalige „Einschulung" der Arbeitnehmer*innen
- gemeinsame Haftung, Ausgleich von Verfehlungen anderer Mitglieder des AGZ[28]

3.2 Arbeitgeber*innenzusammenschlüsse im Unterschied zur Arbeitskräfteüberlassung

Obwohl der AGZ prima facie Ähnlichkeiten mit der Arbeitskräfteüberlassung aufweist, kristallisieren sich schon bei näherer grundlegender Betrachtung einige unterschiedliche Zielsetzungen und Motive heraus. AGZ sind gemeinnützig und keine profitorientierten Unternehmen. Ein AGZ wird von den Mitgliedsunternehmen selbst getragen, wobei die Mitgliedsunternehmen des AGZ gemeinschaftlich für die Beschäftigten des AGZ zuständig sind. Dabei teilen sie sich die Risiken, aber eben auch die wirtschaftlichen und geschäftlichen Vorteile. Demgegenüber bieten Arbeitskräfteüberlasser*innen eine externe, gewinnorientierte Dienstleistung an.[29] AGZ bieten die personalwirtschaftliche Betreuung einer Unternehmenskooperation an, wobei die Beziehungen durch den Zusammenschluss der Mitgliedsunternehmen aufgewertet werden, da eine begleitende Personal- und Kompetenzentwicklung stattfindet. Arbeitskräfteüberlasser*innen haben hingegen grundsätzlich kein Interesse an einer Unternehmenskooperation, aus deren Zusammenarbeit Synergieeffekte erwachsen können. Während Arbeitskräfteüberlasser*innen die Priorität auf kurzfristige Einsätze der überlassenen Arbeitskraft setzen, können AGZ den Schwerpunkt auf den Arbeitsbedarf bei langfristigen oder wiederkehrenden Arbeiten legen. Gegenüber den Arbeitnehmer*innen bietet der AGZ soziale Sicherheit und eine stabile Arbeitsumgebung. Dadurch werden das Vertrauen und die Zuverlässigkeit ebenso wie die gegenseitige Loyalität erhöht. Demgegenüber werden bei der Arbeitskräfteüberlassung die Arbeitskräfte unterschiedlichen Betrieben überlassen. Dadurch entsteht im Gegensatz zum AGZ eine geringere Loyalität zu den Beschäftiger*innen.[30]

3.3 Arbeitgeber*innenzusammenschlüsse in Europa

Die Eurofound-Studie *New forms of employment* aus 2015 unterscheidet zwischen zwei unterschiedlichen Typen von Mitarbeiter*innensharing: dem strategischen und dem Ad-hoc-Mitarbeiter*innensharing.

Bei strategischem Mitarbeiter*innensharing bildet eine Gruppe von Arbeitgeber*innen einen Zusammenschluss, der einen oder mehrere Arbeitnehmer*innen beschäftigt, die ihre individuellen Arbeitseinsätze in den teilnehmenden Unternehmen des Zusammenschlusses erbringen. Die Struktur ähnelt dabei zwar der Arbeitskräfteüberlassung, jedoch besteht der Unterschied, dass die Arbeitnehmer*innen regelmäßig zwischen den teilnehmenden Unternehmen rotieren und ausschließlich für diese tätig sind. Der Zusammenschluss selbst ist nicht darauf gerichtet, aus seiner Tätigkeit einen Gewinn zu erzielen.[31]

Ad-hoc-Mitarbeiter*innensharing unterscheidet sich dadurch, dass es sich dabei nur um eine temporäre Lösung zum Ausgleich von Personalbedarf in einem Unternehmen mit unzureichender Arbeitsbelastung handelt. Hierbei schickt ein Unternehmen seine Arbeitnehmer*innen für einen begrenzten Zeitraum in ein anderes Unternehmen, wobei der Arbeitsvertrag zum ursprünglichen Unternehmen erhalten bleibt. In dieser Konstellation tritt nicht ein AGZ als formeller Arbeitgeber auf.[32]

2015 waren nur in sechs EU-Mitgliedstaaten Formen von strategischem Mitarbeiter*innensharing vorhanden: in Österreich (Arbeitgeber*innenzusammenschluss), Belgien (*groupement d'employeurs*), Deutschland (Arbeitgeber*innenzusammenschluss), Ungarn (*Több munkáltató által létesitett munkaviszony*), Finnland (*Työpooli or työvoimapooli*) sowie in Frankreich (*groupement d'employeurs*).[33]

Auch in der 2020 aktualisierten Eurofound-Studie *New forms of employment: 2020 update*[34] zeigt sich, dass weiterhin nur wenige Daten zum Mitarbeiter*innensharing vorhanden sind, da es sich hierbei immer noch um ein Randphänomen handelt. Ein zunehmender Trend ist jedoch in Österreich, Belgien, Frankreich und Ungarn zu beobachten, weitere Länder wie Italien (*Codatorialità, assunzione congiunta*), Litauen (*Darbas keliems darbdaviams*) und Portugal (*Pluralidade de empregadores*), in denen strategisches Mitarbeiter*innensharing

vorhanden ist, kamen hinzu. Im Zuge der COVID-19-Pandemie gewann das Ad-hoc-Mitarbeiter*innensharing in Tschechien, Luxemburg und der Slowakei an Bedeutung. Grund dafür war, dass durch das Ad-hoc-Mitarbeiter*innen-sharing auf Situationen reagiert werden konnte, in denen einige Arbeitge-ber*innen nicht genügend Arbeitsauslastung für ihre Arbeitnehmer*innen zur Verfügung stellen konnten und gleichzeitig andere Arbeitgeber*innen mit einem Mangel an Arbeitnehmer*innen konfrontiert waren.

4. Der land- und forstwirtschaftliche Arbeitgeber*innen-zusammenschluss in Österreich

Mit der Novelle des Landarbeitsgesetzes im Juli 2021 wurde im Bereich der Land- und Forstwirtschaft der AGZ (§§ 415–420 LAG) gesetzlich verankert. Auskunft darüber, welche Intention der Gesetzgeber verfolgte, den AGZ auf den Bereich der Land- und Forstwirtschaft einzuschränken, finden sich im Gesetzeswerdungsprozess leider nicht. Naheliegend erscheint, dass der AGZ als Konkurrenz zur gewerblichen Arbeitskräfteüberlassung gesehen wird und daher seitens der Interessenvertretung der gewerblichen Arbeitskräfteüberlasser*innen hier politisch Einfluss auf den Gesetzgeber genommen wurde. Im Umkehrschluss bedeutet dies aber nicht, dass AGZ nur in der Land- und Forstwirtschaft gegründet werden können. Seit 2011 gab es in Österreich immer wieder Initiativen, AGZ in Österreich zu gründen und zu installieren, jedoch mit überschaubarem Erfolg. Mangels gesetzlicher Regelungen entstanden mehrere rechtliche Problemstellungen bzw. juristische Graubereiche. Fraglich ist z. B., welcher Kollektivvertrag für den AGZ zur Anwendung gelangt oder ob das Arbeitskräfteüberlassungsgesetz bzw. die Gewerbeordnung anwendbar sind. Aufgrund dieser Rechtsunsicherheiten wird das Modell AGZ vorerst wohl auf die Land- und Forstwirtschaft beschränkt bleiben – da für diesen Bereich nun die Rahmenbedingungen gesetzlich festgelegt wurden.

5. Gesetzliche Regelungen im Landarbeitsgesetz – ein kurzer Überblick

Ein Arbeitgeber*innenzusammenschluss liegt vor, wenn sich mindestens zwei Unternehmen der Land- und Forstwirtschaft ausschließlich zum Zweck der gemeinsamen Beschäftigung von Arbeitnehmer*innen zusammenschließen. Die beim Zusammenschluss beschäftigten Arbeitnehmer*innen sollen ihre Arbeitsleistung je nach Arbeitsanfall abwechselnd bei den Mitgliedsunternehmen des Zusammenschlusses erbringen. Der Gesetzgeber stellt auch klar, dass die Arbeitsleistung von Arbeitnehmer*innen von Arbeitgeber*innenzusammenschlüssen keine Arbeitskräfteüberlassung darstellt. Vereinfacht gesagt wird dies damit begründet, dass die Unternehmen, in welchen die Arbeitskräfte eingesetzt werden, im Vorhinein bekannt und der Arbeitseinsatz auf die Mitgliedsbetriebe des Zusammenschlusses beschränkt ist. Eine Differenzierung nimmt der Gesetzgeber aber anhand der gewählten Rechtsform des AGZ vor. Spezielle Regelungen finden sich daher für AGZ, die in der Rechtsform einer Gesellschaft bürgerlichen Rechts gegründet werden. Hintergrund dafür ist, dass eine Gesellschaft bürgerlichen Rechts nicht rechtsfähig ist und daher selbst nicht Zurechnungsobjekt von Rechten und Pflichten sein kann, sondern dies vielmehr die Gesellschafter*innen sind, die sich zu einer Gesellschaft bürgerlichen Rechts zusammengeschlossen haben. Mangels eigner Rechtspersönlichkeit kann daher die Gesellschaft bürgerlichen Rechts selbst nicht Arbeitgeber sein. Als Arbeitgeber*innen kommen daher nur die einzelnen Gesellschafter*innen infrage, die im eigenen Namen Arbeitgeber*innenfunktionen ausüben. Das Landarbeitsgesetz stellt daher in Abweichung von den allgemeinen Bestimmungen zur Gesellschaft bürgerlichen Rechts eine Spezialregelung betreffend die Ausübung von Arbeitgeber*innenrechten auf. Die Mitglieder des AGZ in der Form einer Gesellschaft bürgerlichen Rechts haben ein Mitglied als alleinigen*alleinige Vertreter*in des Zusammenschlusses zur Wahrnehmung der Arbeitgeber*innenfunktionen gegenüber den Arbeitnehmer*innen festzulegen, der*die im Dienstschein festzulegen ist. Dadurch wird eine Ansprechperson für den*die Arbeitnehmer*in des AGZ festgelegt, die für alle Arbeitgeber*innenangelegenheiten (z. B. Urlaub, Krankmeldung etc.), aber auch für die Einteilung, bei welchem Mitgliedsbetrieb gearbeitet wird, zuständig ist.[35] Weiters sieht der Gesetzgeber vor, dass sich zu einem AGZ als Gesellschaft bürgerlichen Rechts höchstens fünf Unternehmen zusammenschließen können. Auch örtlich ist der AGZ bei der Beschäftigung von Arbeitnehmer*innen beschränkt. So können nur dann Arbeitnehmer*innen in einem Mitgliedsbetrieb des AGZ als Gesellschaft bürgerlichen Rechts beschäftigt werden, wenn dieser Mitgliedsbetrieb aus derselben politischen Gemeinde oder einer angrenzenden Gemeinde des Sitzes des AGZ stammt. Wird eine andere Gesellschaftsform gewählt, dann ist zwar die Zahl der Mitgliedsunternehmen des AGZ nicht beschränkt, jedoch dürfen Arbeitnehmer*innen nur in Mitgliedsbetrieben beschäftigt werden, deren Sitz sich entweder im selben politischen Bezirk oder in einem angrenzenden Bezirk des Sitzes des AGZ befindet.

Spezielle Regelungen finden sich auch hinsichtlich des anzuwendenden Kollektivvertrages und des daraus resultierenden der Arbeitskraft zustehenden Entgelts. Wurde kein eigener Kollektivvertrag für den AGZ abgeschlossen, so findet auf die Arbeitsverhältnisse des AGZ der Kollektivvertrag der Mitgliedsbetriebe Anwendung. Gilt daher in allen Mitgliedsbetrieben derselbe Kollektivvertrag, kommt dieser auch für die Arbeitnehmer*innen des AGZ zur Anwendung.[36] Wenn jedoch die beteiligten Betriebe des AGZ verschiedenen Kollektivverträgen oder einzelne Betriebe keinem Kollektivvertrag unterliegen, kommt für sämtliche Arbeitsverhältnisse zum AGZ jener Kollektivvertrag zur Anwendung, der hinsichtlich des Entgelts für die Arbeitnehmer*innen am günstigsten ist.

ENDNOTEN

[1] Grundlage des Beitrags ist die Dissertation des Autors „Arbeitsrechtliche Aspekte von Mitarbeitersharing (Arbeitgeberzusammenschlüsse)".
[2] Firlei, Flucht aus dem Arbeitsrecht, DRdA 1987, 271.
[3] Tomandl, Machen wir unser Arbeitsrecht zukunftsfähig, Lösungen für die Arbeitswelt von morgen (2019), 1.
[4] Eichhorst/Buhlmann, Die Zukunft der Arbeit und der Wandel der Arbeitswelt (2015) 2 ff.
[5] Hamidian/Kraijo in Keuper/Hamidian/Verwaayen/Kalinowski/Kraijo, Digitalisierung und Innovation (2013), 3.
[6] Rürup/Jung in Hildebrandt/Landhäußer, CSR und Digitalisierung (2017), 12.
[7] Haberfellner/Sturm, Digitalisierung der Arbeitswelt: Positive Beschäftigungseffekte oder exzessive Jobvernichtung? (2016); http://www.forschungsnetzwerk.at/downloadpub/FokusInfo_116.pdf (abgefragt am 27. 1. 2023).
[8] Frey/Osborne, The Future of Employment: How susceptible are jobs to Computerisation? (2013).
[9] Wegfall von über 700 Berufen.
[10] Bonin/Gregory/Zierahn, Übertragung der Studie von Frey/Osborne (2013) auf Deutschland (2015) i.
[11] Arntz/Gregory/Zierahn, The Risk of Automation for Jobs in OECD Countries (2016).
[12] Nedelkoska/Quintin, Automation, skills use and training (2018), 7.

[13] BMAS, Weißbuch 4.0. (2016) 25.

[14] Eichhorst/Buhlmann, Die Zukunft der Arbeit und der Wandel der Arbeitswelt (2015), 2 ff.

[15] WKÖ, Demografische Entwicklung in Österreich (12. 1. 2017); https://news.wko.at/news/oesterreich/ Demografische_Entwicklung_in_Oesterreich.html (abgefragt am 18. 3. 2019).

[16] Risak, Arbeitsrecht 4.0. JAS 2017, 12 (15).

[17] 2021 arbeiteten 49,6 Prozent der Frauen im Jahresdurchschnitt in Teilzeit wobei der Anteil der erwerbstätigen Männer, die eine Teilzeitbeschäftigung ausüben, nur bei 11,6 Prozent lag (Statistik Austria); https://www.statistik.at/ statistiken/arbeitsmarkt/arbeitszeit/teilzeitarbeit-teilzeitquote (abgefragt am 27. 1. 2023).

[18] Eurofound, Neue Beschäftigungsformen. Zusammenfassung (2015); https://www.ams-forschungsnetzwerk.at/ downloadpub/ef1461de1.pdf (abgefragt am 27. 1. 2023).

[19] Eurofound, New forms of employment (2015); https://www.eurofound.europa.eu/sites/default/files/ef_publication/ field_ef_document/ef1461en.pdf (abgefragt am 27. 1. 2023).

[20] Risak, New forms of employment, ZAS 2014/40, 241.

[21] Mandl, Neue Beschäftigungsformen in Europa, Wirtschaft und Gesellschaft 2015, Bd. 41, Nr. 4, 521.

[22] Mandl, Die Nutzung neuer Beschäftigungsformen für das Unternehmenswachstum, Wirtschaftspolitische Blätter 2015, Nr. 3, 592.

[23] Mandl, Neue Beschäftigungsformen in Europa, Wirtschaft und Gesellschaft 2015, Bd. 41, Nr. 4, 521.

[24] Hartmann/Wölfing, Arbeitgeberzusammenschlüsse in Deutschland (2012), 7.

[25] Wölfing/Hartmann, Arbeitsgeberzusammenschlüsse in Frankreich (2011), 5.

[26] Eurofound, Overview of new forms of employment 2018 update (2018), 4.

[27] Hartmann/Wölfing, Arbeitgeberzusammenschlüsse in Deutschland (2012), 6.

[28] Eurofound, New forms of employment: Developing the potential of strategic employee sharing (2015), 21 ff.

[29] tamen, Betriebliche Kooperationen in der Landwirtschaft zur Sicherung zukünftigen Fachkräftebedarfs (2003), 17.

[30] tamen, Betriebliche Kooperationen in der Landwirtschaft zur Sicherung zukünftigen Fachkräftebedarfs (2003), 17.

[31] Eurofound, New forms of employment 11; Eurofound, New forms of employment: 2020 update (2020), 33.

[32] Eurofound, New forms of employment 11; Eurofound, New forms of employment: 2020 update (2020), 33.

[33] Eurofound, New forms of employment: 2020 update (2020), 20.

[34] Eurofound, New forms of employment: 2020 update (2020), 33 f.

[35] ErläutRV 687 BlgNR, 27. GP, 10.

[36] ErläutRV 687 BlgNR, 27. GP, 10.

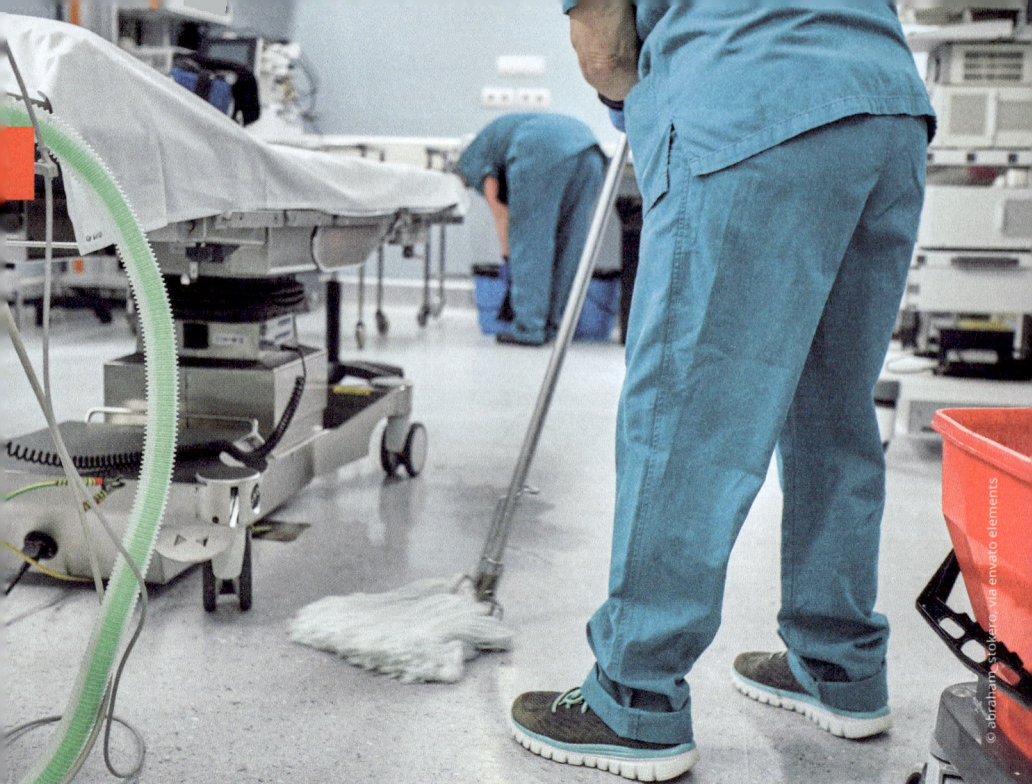

WIE ARBEIT BEWERTEN?

Überlegungen zur „leistungsgerechten" Entlohnung von Arbeit

Carina Altreiter und Vera Glassner

Die COVID-Pandemie und die damit verbundenen Schließungen von Geschäften und Einschränkungen im Kontakt mit anderen Personen haben die Bedeutung unterschiedlicher Tätigkeiten und Berufe für die Aufrechterhaltung der Gesellschaft in den Blick der Öffentlichkeit gerückt. Das mediale Scheinwerferlicht wurde auf die sogenannten „Systemerhalter*innen" gerichtet, die dafür sorgen, dass unsere Gesellschaft am Laufen gehalten wird, und die deshalb von unschätzbarem Wert für uns alle sind. Umso widersprüchlicher erscheint es, dass viele dieser systemrelevanten Jobs, wie zum Beispiel in der Alten- und Krankenpflege, finanziell nur sehr gering honoriert werden und durchwegs niedrige Einkommen aufweisen. Die gesellschaftliche Bedeutung dieser Tätigkeiten steht also in einem Missverhältnis zu ihrer Entlohnung. Das bringt uns zur grundlegenden Frage, wie Arbeit in unserer Gesellschaft bewertet wird, also welchen Wert eine Arbeit hat und wie dieser bemessen wird.

Die Frage, wie Arbeit zu bewerten, wie Leistung zu messen sei, ist keineswegs neu. In den letzten Jahrzehnten haben sich auch vor dem Hintergrund technologischer Veränderungen und wissenschaftlicher Erkenntnisse sehr ausdifferenzierte Methoden entwickelt, um Arbeitsanforderungen und -bedingungen zu vermessen und diese wiederum in eine Rangordnung – z. B. in Form von Lohngruppen – zu bringen. Intuitiv scheint es plausibel zu sein, dass sich der Wert der Arbeit an der Leistung misst. Leistung gilt in der Verteilung von Anerkennung und Einkommen als anerkanntes Prinzip, das allgemein als gerecht erfahren wird (Baarck et al. 2022; Döring et al. 1994; Dubet 2009). Ergebnisse des European Social Survey von 2018/2019 zeigen, dass im Durchschnitt 80 Prozent der EU-Bürger*innen diesem Prinzip zustimmen – in Österreich liegt dieser Wert sogar bei über 90 Prozent.[1] Nicht Merkmale wie etwa die Herkunft, soziale Beziehungen, das Geschlecht oder die Hautfarbe sollen gesellschaftlichen Status und Verdienst bestimmen, sondern Fähigkeiten und Leistungen (Leistungsgerechtigkeit). Angewandt auf Fragen der Arbeitsbewertung bedeutet das, dass das Einkommen dem entspricht, was durch Einsatz, Kompetenzen, Fähigkeiten usw. in der Arbeit durch eigene Leistungen erarbeitet worden ist. Ungleichheiten im Einkommen oder im Ansehen erscheinen dann als Folge von individuellem (schlechterem) Leistungsverhalten und damit als legitim (Neckel 2012). Aber leistet eine Friseurin, die 40 Stunden arbeitet, weniger als ein Elektriker (Monatsnetto-Einkommen rund 1.700 Euro)[2], sodass ein Gehalt gerechtfertigt ist, das an der Armutsgefährdungsschwelle liegt (rund 1.300 Euro netto)[3]? Leistet ein Profi-Fußballer so viel mehr als eine Reinigungskraft, dass dessen vielfaches Gehalt plausibel erscheint?[4] Es ließen sich noch viele derartige Beispiele finden. Sie machen deutlich, dass das Leistungsprinzip zwar normativ anerkannt ist, die Realität diesem aber oftmals zuwiderläuft. Diese Widersprüche gründen darin, dass entgegen den normativen Ansprüchen von Leistungsgerechtigkeit unterschiedliche ungleichheitsgenerierende Faktoren Einfluss auf die gesellschaftliche Ordnung nehmen. Soziale Herkunft, das Geschlecht oder der Migrationshintergrund – um nur einige zu nennen – spielen nach wie vor eine entscheidende Rolle bei der Verteilung von Ressourcen in unserer Gesellschaft (Neckel 2012; Dlabaja et al. 2022). Die Widersprüche ergeben sich aber auch daraus, dass „Leistung" nicht abschließend definiert, sondern Gegenstand von sozialen, (tarif)politischen und betrieblichen Auseinandersetzungen ist. Dennoch bietet das Leistungsprinzip eine „normative Richtschnur" (Neckel 2012, 66), die auch dazu verwendet werden kann, Kritik daran zu üben, dass eigene Leistungen zu wenig oder nicht anerkannt werden.

Wir wollen in unserem Beitrag daher zunächst mit drei normativen Grundannahmen des Leistungsprinzips beginnen und diese genauer betrachten. Erstens: Alle können gleichermaßen Leistungen erbringen, es gibt einen freien Wettbewerb von Fähigkeiten und Talenten (Dubet 2009). Zweitens: Einer über den Arbeitsmarkt vermittelten Leistung soll eine äquivalente Gegenleistung gegenüberstehen. Und drittens: Gleichen bzw. gleichwertigen Leistungen müssen gleiche bzw. gleichwertige Gegenleistungen entsprechen. Auf der Grundlage dieser drei Annahmen wollen wir im Hauptteil des Beitrags exemplarisch zeigen, wo und wie das Leistungsprinzip im Zusammenhang mit der Bewertung von Arbeit mit sozialer Ungleichheit kollidiert, und fokussieren uns dabei insbesondere auf Geschlechterungleichheiten. Darauf aufbauend schließen wir den Beitrag mit einigen Überlegungen zu möglichen Veränderungen in der Bewertung von Arbeit.

1. Alle haben die gleichen Chancen, Leistung zu erbringen

François Dubet verweist in seiner Studie über Ungerechtigkeiten in der Arbeitswelt darauf, dass dem Leistungsprinzip die Vorstellung von freien und gleichberechtigten Individuen innewohnt, die im Wettbewerb um Positionen ringen (vgl. Dubet 2009, 8). Allerdings ist zu bezweifeln, dass alle Arbeitskräfte die gleichen Möglichkeiten vorfinden, eine „marktgängige" und möglichst einträgliche Leistung zu erbringen. Das Bildungssystem als zentrales Bindeglied in der Vermittlung von Beschäftigten und Arbeitsplätzen fungiert beispielsweise als Platzanweiser, der Kindern aus privilegierten und bildungsnahen Haushalten auch besser bewertete Positionen in der gesellschaftlichen Arbeitsteilung zuweist. Chancengleichheit erweist sich bei näherem Hinsehen als Illusion, da die Schule kaum in der Lage ist, den Startvorteil, den manche Kinder aufgrund ihrer Herkunft haben, auszugleichen (Bourdieu/Passeron 1971). Die Wahrscheinlichkeit, einen Universitätsabschluss zu erlangen, liegt in Österreich bei 5 Prozent, wenn die eigenen Eltern über keinen über die Pflichtschule hinausgehenden Abschluss verfügen, bzw. bei 6 Prozent, wenn die Eltern einen Lehrabschluss haben (Knittler 2011). Darüber hinaus gibt es innerhalb der Berufe gravierende Unterschiede, wie sehr man die eigenen Fähigkeiten einbringen kann. Viele Menschen arbeiten unter hoch standardisierten Arbeitsbedingungen, welche die Handlungsspielräume von Arbeitskräften deutlich einschränken und Fähigkeiten verkümmern lassen. Vor allem Beschäftigte, die in der betrieblichen Hierarchie weiter unten stehen, und insbesondere Frauen, etwa weil sie häufig in Teilzeit arbeiten, haben es beispielsweise schwerer, Weiterbildungsmöglichkeiten zu bekommen,[5] die ihnen „Leistungsfähigkeit" attestieren und beruflichen Aufstieg ermöglichen würden. Und darüber hinaus sind es gerade Frauen, die aufgrund fehlender Kinderbetreuungsmöglichkeiten oder Pflegeeinrichtungen nur in einem begrenzten Ausmaß einer Erwerbstätigkeit nachgehen können, weil die Gesellschaft ihnen die Verantwortung für diese Tätigkeiten zuschreibt.

2. Marktliche Leistung erfordert eine äquivalente Gegen-leistung

Die normative Grundlage des Leistungsprinzips, wonach jede Leistung eine äquivalente Gegenleistung erfordert, ist in unserer Gesellschaft auf einer grundlegenden Ebene nicht eingelöst. Zunächst bekommen Beschäftigte in einer kapitalistisch organisierten Wirtschaft nicht den Gegenwert ihres in der Arbeit geschaffenen Wertes als Lohn ausbezahlt. Darüber hinaus spielt in der Bewertung von Leistung und Gegenleistung die gesellschaftliche Bedeutung einer Tätigkeit kaum eine Rolle, was zu der paradoxen Situation führt, dass viele der sogenannten „systemrelevanten" Jobs nur schlecht entlohnt sind.

Für die Sicherung der eigenen Existenz ist es notwendig, einer bezahlten Arbeit nachzugehen – sofern man/frau nicht in der glücklichen Lage ist, über ein ausreichendes Erbe den Lebensunterhalt bestreiten zu können. Der Tausch-wert der Ware Arbeitskraft, der in Form des Gehalts zum Ausdruck kommt, entspricht dabei den (historisch) notwendigen Kosten zur Aufrechterhaltung (Reproduktion) der Arbeitskraft (vgl. Harvey 2006, 22) und nicht dem, was ein*e Arbeitnehmer*in an Wert erschaffen kann – diese Differenz behält der*die Arbeitgeber*in als Profit ein. In der Bewertung dieses Tauschwerts der Arbeits-kraft sind aber bereits gravierende Geschlechterungleichheiten eingewoben. Deutlich zeigt sich das u. a. im Haupternährer-Modell, das sowohl von der Arbeitgeber- als auch der Arbeitnehmerseite lange Zeit forciert wurde und in den Nachkriegsjahrzehnten zur dominanten Haushaltsform aufstieg. Im Männerlohn ist die unbezahlte Haushaltsarbeit der (Ehe-)Frau bereits „einge-preist", Frauenerwerbstätigkeit ist – wenn überhaupt – nur auf die Rolle eines „Zuverdienstes" reduziert. Dies fand lange Zeit auch in den Tarifsystemen Aus-druck (in deutlich schlechter eingestuften „Frauen-" oder „Leichtlohngruppen") (dazu z. B. Ranftl 2016). Darüber hinaus kommt „Wert" im monetarisierten Wirtschaftssystem nur der Lohnarbeit zu, während reproduktive Arbeit (Care-Arbeit im weitesten Sinn) unproduktiv, unberücksichtigt und somit wertlos (und unsichtbar) ist (Aulenbacher 2009). Darauf werden wir in Punkt vier noch einmal zurückkommen.

Neben dieser Einschränkung der Gegenleistung auf den Tauschwert der Ware Arbeitskraft ist ein weiteres Kennzeichen unserer Gesellschaft, dass für die Bewertung von Leistung und Gegenleistung in erster Linie die individuelle Leistungserbringung relevant ist, weniger aber die Bedeutung einer Arbeit für die Gemeinschaft und das Funktionieren einer Gesellschaft. Das führt zu der paradoxen Situation, dass oftmals gerade jene Berufe, die für die Aufrechterhaltung der (sozialen) Infrastruktur einer Gesellschaft von zentraler Bedeutung sind (und seit der COVID-19-Pandemie zumindest im Ansehen stark an Wert gewonnen haben), durch niedrige Löhne charakterisiert sind (Mayer-Ahuja/Nachtwey 2021), wie z. B. der Gesundheitsbereich, das Bildungswesen, die Daseinsvorsorge oder der Logistikbereich. Gleichzeitig handelt es sich dabei oft um Berufsgruppen, in denen der Frauenanteil überproportional hoch ist (in der Kinderbetreuung, im Einzelhandel, in der Reinigung und in der Pflege liegt er deutlich über 80 Prozent). Für Österreich zeigt eine Studie (Schönherr/Zandonella 2020), dass in fünf der elf systemrelevanten Berufsgruppen die Einkommen deutlich unter dem österreichischen Durchschnitt liegen (Reinigungskräfte, Kassier*innen und Regalbetreuung, Einzelhandel, Altenpflege und Behindertenbetreuung, Kindergartenpädagoginnen*pädagogen, medizinische Assistent*innen).[6] Unter den Reinigungskräften, medizinischen Assistent*innen, Pfleger*innen und Beschäftigten im Einzelhandel gab 2020 rund ein Drittel der Befragten an, dass sie von ihrem*ihrer Partner*in finanziell unterstützt werden müssen, um über die Runden zu kommen (vgl. ebenda, 9). Dieser Widerspruch von Bedeutung und Anerkennung hat in jüngster Zeit auch immer wieder Proteste beispielsweise unter den Elementarpädagoginnen*pädagogen oder Pflegekräften hervorgerufen (vgl. Abbildung 1).

3. Gleiche/gleichwertige Tätigkeiten müssen gleichen/ gleichwertigen Gegenleistungen entsprechen

Der dritte normative Grundsatz des Leistungsprinzips ist der Anspruch, dass gleiche bzw. vergleichbare Leistungen auch eine gleiche bzw. gleichwertige Gegenleistung erfordern. Hier gelangen wir an zentrale Problemstellen des Leistungsprinzips insbesondere für die Arbeitsbewertung, da es vor allem Ausdruck von Herrschaftsverhältnissen ist, was in unserer Gesellschaft als Leistung zählt und was nicht und wie diese Leistungen entlohnt werden. Wir wollen das am Beispiel von Geschlechterunterschieden deutlich machen.

Frauen verdienen in Österreich, basierend auf den Bruttostundenverdiensten, im Durchschnitt um 19 Prozent (2020) weniger als Männer (Statistik Austria 2022). Im EU-Vergleich ist der österreichische Gender-Pay-Gap einer der größten und liegt deutlich über dem EU-Schnitt von 13 Prozent. Die Lohndifferenz zwischen Männern und Frauen wird in spezifischen statistischen Analysen in

Demonstration der Pflegeberufe 2017.

einen „erklärten" und einen „unerklärten" Teil gegliedert, wobei der Einfluss einzelner Merkmale, wie Branche, Beruf, Unternehmensgröße, Vollzeit/Teilzeit, Dauer der Betriebszugehörigkeit, auf die Gesamthöhe der Lohndifferenz ermittelt werden kann. Unter Berücksichtigung von neun unabhängigen Variablen (Branche, Berufsgruppe, höchster Bildungsabschluss, Alter, Dauer der Unternehmenszugehörigkeit, Vollzeit/Teilzeit, Arbeitsvertrag, Unternehmensgröße, Region) bleiben gut zwei Drittel des Bruttostunden-Gaps (von 20,4 Prozent 2018) unerklärt (14 Prozentpunkte oder 68,4 Prozent), und nur 6,4 Prozentpunkte (31,6 Prozent) werden durch die berücksichtigen Faktoren erklärt (Geisberger/Glaser 2021). Dabei wird allerdings ignoriert, dass diese Faktoren ja selbst nicht frei von Diskriminierung sind. Außerdem bleibt unberücksichtigt, wie bestimmte Merkmalausstattungen (z. B. Ausbildung, Qualifikationen) in Arbeitsplatzbeschreibungen und Entgeltsysteme einbezogen sind und wie diese bewertet und entlohnt werden. Diese „Ausstattungsfaktoren" sind bereits Ausdruck tiefer liegender Diskriminierungsfaktoren, die in der Analyse nicht benannt werden. Außerdem erfassen die Statistiken nicht alle für die Lohnlücke relevanten Faktoren, wie beispielsweise Arbeitsbewertungsverfahren. Dem

Ansatz, mittels statistischer Analysen den Gender-Pay-Gap „wegzuerklären", stehen (feministisch orientierte) Wissenschafter*innen kritisch gegenüber.

Der Befund, dass frauendominierte Branchen, Berufe und Tätigkeiten tendenziell geringer entlohnt sind (dazu etwa Blau/Kahn 2017; für Deutschland: Busch 2013; Schäfer/Gottschall 2015; für Österreich: Böheim et al. 2017), verweist auf die unterschiedliche Bewertung der Arbeit von Frauen und Männern. Entscheidungen über die Bewertung und Entlohnung von „Frauenarbeit" und „Männerarbeit" können von (unbewussten) Geschlechterstereotypen geprägt sein und Benachteiligungen von Frauen bewirken. Die scheinbar „angeborene" Eignung für Tätigkeiten wie Pflege, Erziehung, Reinigungsarbeiten, aber auch für Feinmotorik oder Tätigkeiten, die besondere Genauigkeit erfordern, wird eher Frauen als Männern zugeschrieben. Diese „weiblich" konnotierten Tätigkeiten sind durchwegs geringer entlohnt als „männlich" konnotierte Tätigkeiten in Technik, IT, der Industrieproduktion oder dem Finanzwesen. Die historische Unterbewertung von frauendominierten Tätigkeiten wie Pflege und Betreuungsarbeit setzt sich in diskriminierungsanfälligen Entlohnungssystemen fort (Ranftl 2015). Aber auch die ungleiche Verteilung von bezahlter und unbezahlter (Haushalts-, Pflege- und Erziehungs-)Arbeit zwischen den Geschlechtern trägt zur Reproduktion von geschlechtsspezifischer Entgeltungleichheit und ungleichen Zeitbudgets für Frauen und Männer bei. Dass Frauen deutlich häufiger in Teilzeit arbeiten als Männer, steht in direktem Zusammenhang mit Familienarbeitspflichten, die in überwiegendem Ausmaß von Frauen erledigt werden.

Doch nicht nur die Erwerbsarbeit von Männern und Frauen ist unterschiedlich bewertet und entlohnt. Manche Formen der Arbeit sind gar nicht entlohnt, wie etwa die Betreuung und Versorgung von Kindern oder älteren Angehörigen. Dabei sind diese in den privaten Haushalten überwiegend von Frauen geleisteten Tätigkeiten von unschätzbarem Wert für die Gesellschaft. Diese Leistungen werden oft als selbstverständlich angenommen und sind so größtenteils unsichtbar. Die Unsichtbarkeit hat zunächst mit der Aufspaltung von Erwerbsarbeit und Bereichen der Nichterwerbsarbeit zu tun. Diese Trennung entstand mit der Durchsetzung des Kapitalismus, der die feudalen Hausgemeinschaften auflöste und die Lohnarbeit in die Fabriken verlagerte (Federici 2014; Beer 2008). Sämtliche Arbeit innerhalb des privaten Heims wurde Frauen zugeschrieben und auferlegt. In einer männlich dominierten Wirtschaft und Wissenschaft wurden diese Tätigkeiten als „nichtproduktiv" angesehen, weshalb sie aus der Gesamtbetrachtung der Wirtschaft herausfallen. Aber es ist genau diese Arbeit, die notwendig ist, damit Arbeitskräfte überhaupt erst zur Verfügung stehen. Arbeitskräfte müssen geboren werden, sie müssen betreut, versorgt und zu funktionierenden Gesellschaftsmitgliedern gemacht werden. Sie müssen als erwachsene Arbeitskräfte ernährt und auch emotional unterstützt werden, wenn es im Job (und sonst) nicht gut läuft. Das kapitalistische Wirtschaftssystem

beruht also nicht nur auf der Aneignung fremder Arbeit im Produktionsprozess, sondern auch auf der Aneignung der unbezahlten Arbeit, die im „Privaten" geleistet wird.

All diese vorgelagerten Arbeiten übernehmen überwiegend Frauen – und das unbezahlt. Deren Aufwand lässt sich über die Zeitverwendungserhebung auch konkret beziffern. Der letzten Erhebung zufolge, die 2008/2009 stattfand,[7] wenden Frauen rund doppelt so viel Zeit für Kinderbetreuung und Haushaltsführung auf wie Männer: Männer verbringen fast zwei Drittel (63 Prozent) ihrer wöchentlichen Arbeitszeit in bezahlter Arbeit, ein gutes Drittel (37 Prozent) mit unbezahlter Arbeit. Bei Frauen zeigt sich das umgekehrte Bild: Sie verbringen rund zwei Drittel ihrer Zeit mit unbezahlter Sorgearbeit, während sie für die Erwerbsarbeit ungefähr ein Drittel ihrer Zeit aufwenden. Rechnet man die Arbeitszeit auf ein Jahr hoch, wurden 2008/2009 in Österreich rund neun Milliarden Stunden an Haushalts- und Betreuungsarbeit geleistet. Würde man die zwei Drittel der unbezahlten Arbeit, die Frauen verrichten, auf der Grundlage der Arbeitsmarktlöhne in verwandten Branchen wie Erziehung und Pflege honorieren, würden sie pro Jahr 100 bis 105 Milliarden Euro verdienen, rech-

net die Ökonomin Katharina Mader vor. Vorsichtig geschätzt wären das 27 bis 35 Prozent des BIP (Der Standard v. 9. 3. 2019).

4. Ausblick: Aufwertung und Neubewertung

Die Ausführungen haben gezeigt, dass das Leistungsprinzip in der Bewertung von Arbeit zahlreiche Paradoxien enthält. Hintergrund dafür bilden nach wie vor bestehende Ungleichheiten in unserer Gesellschaft, die dazu beitragen, dass Menschen in unterschiedlichem Ausmaß an der Gesellschaft partizipieren können, aber auch, dass ihre Leistungen sehr unterschiedlich bewertet, entlohnt und anerkannt werden. Aktuelle Ungleichheitsverhältnisse, wie wir sie am Beispiel des Geschlechts gezeigt haben, schreiben sich also in den monetären (Bezahlung, Einkommen), aber auch den symbolischen Wert (Ansehen, Anerkennung, Wertschätzung) von Arbeit ein. Aus den diskutierten Problemstellungen lassen sich entsprechende Ableitungen für Veränderungen in der Arbeitsbewertung treffen. Bleiben wir zunächst noch in der Logik des Leistungsprinzips. Dann zielen Forderungen nach mehr Gerechtigkeit einerseits auf die Erhöhung von Gleichberechtigung in der Teilhabe am Arbeitsmarkt. Andererseits geht es um eine andere Bestimmung dessen, was Leistung ist, die insbesondere der Arbeits- und Lebensrealität von Frauen gerecht wird und bestehende Ungleichheiten zwischen den Geschlechtern ausgleicht.

Im Hinblick auf das erste normative Prinzip der gleichen Leistungsmöglichkeiten gibt es eine breite Palette an Ansatzpunkten, die mehr Chancengleichheit in der Teilhabe am Marktgeschehen eröffnen sollen; dazu gehören u. a.: gleiche Chancen im Bildungssystem zu schaffen, Benachteiligungen und Diskriminierungen im Zugang zum Arbeitsmarkt zu beseitigen, gleiche Möglichkeiten für Qualifizierung für alle Beschäftigtengruppen zu schaffen sowie eine flächendeckende und qualitätsvolle Kinderbetreuung anzubieten. In der feministischen Forschung wird die Idee, Gerechtigkeit zwischen den Geschlechtern über das Leistungsprinzip zu erreichen, durchaus kritisch gesehen (z. B. Fraser 1994). Frauen die gleichen Zugangsmöglichkeiten zum Arbeitsmarkt zu ermöglichen wie Männern würde zwar möglicherweise zur Herstellung von mehr Einkommensgleichheit beitragen. Es würden damit aber grundlegende geschlechtsspezifische Differenzen bei der Bewertung von Arbeit hinsichtlich Entlohnung und gesellschaftlicher Anerkennung bestehen bleiben.

Im Hinblick auf den zweiten Aspekt, also dass einer Leistung eine (wert)entsprechende Gegenleistung gegenüberstehen soll, liegt ein Lösungsansatz in der Erhöhung der Tariflöhne (v. a. der Mindestlöhne), von der insbesondere auch Frauen profitieren würden, die tendenziell in den niedrigeren Lohngruppen zu finden sind. Es geht aber abseits von Einkommen auch um Aspekte von Arbeitsgestaltung, Arbeitsbedingungen, Ausbildungs- und Karrieremöglichkeiten, die letztendlich ebenfalls eine Wertschätzung gegenüber Beschäftigten ausdrücken. Der Ruf nach einer Abbildung der gesellschaftlichen Bedeutung einer Tätigkeit in ihrer (materiellen) Bewertung ist gerade aus der Sicht der in systemrelevanten Berufen Beschäftigten durchaus legitim. Allerdings wirft dieser Zugang die Schwierigkeit auf, wie und vor allem von wem zu definieren ist, was eine gesellschaftlich relevante Tätigkeit ausmacht. Die Etikettierung als „systemrelevant" ist eine soziale Konstruktion. Was jeweils als „systemrelevant" gilt, unterliegt den (räumlich und zeitlich jeweils vorherrschenden) Macht- und Kräfteverhältnissen. War es während der globalen Finanz- und Wirtschaftskrise ab 2007/2008 der Finanz- und Bankensektor, der durch öffentliche Gelder als „systemrelevant" gestützt werden musste, sind es seit der COVID-19-Pandemie Berufe des Gesundheitswesens, die als gesellschaftlich besonders bedeutend gelten. Allerdings wurden viele für die Gesellschaft notwendige Tätigkeitsbereiche – vor allem wenn es um unregulierte, „unsichtbare" Arbeitsbereiche geht (Arbeiten in Privathaushalten; informelle Ökonomie etc.) – gar nicht darunter gefasst (vgl. Dowling 2021, 15).

Im Hinblick auf den dritten Aspekt der gleichwertigen Vergütung von gleichwertigen Leistungen gibt es seit vielen Jahren Auseinandersetzungen darüber, wie Arbeitsbewertungssysteme diskriminierungsfrei gestaltet werden können. Ein Forschungsansatz, in dessen Zentrum die Ungleichbewertung gleichwertiger, aber äußerlich unterschiedlicher Arbeit steht, ist der „Comparable Worth"-Ansatz. Er entstand in den 1970er-Jahren in den USA (zu den Begründer*innen zählen Paula England, Ronny Steinberg und Joan Acker). Ein wesentlicher Befund dieses Ansatzes ist, dass geschlechtsneutral formulierte Kriterien, Instrumente und Verfahren oftmals ungleiche Auswirkungen auf Männer und Frauen haben und zu einer Unterbewertung frauendominierter Arbeit gegenüber männerdominierter Arbeit führen. Auf dieser Grundlage wurde von deutschen Forscherinnen der sogenannte „Comparable Worth"(CW)-Index entwickelt, der eine (möglichst) geschlechtsneutrale statistische Erfassung von Arbeitsanforderungen und -belastungen ermöglicht (Klammer et al. 2018). Der CW-Index erfasst erstmals die Arbeitsbewertung als Analysefaktor zur Erklärung von Lohndifferenzen zwischen den Geschlechtern. Arbeitsbelastungen und -anforderungen werden vom CW-Index in vier Dimensionen erfasst: Wissen und Können, psychosoziale Aspekte, physische Aspekte sowie Verantwortung. Übliche Arbeitsbewertungsverfahren berücksichtigen vor allem formale Qualifikationen, physische Belastungen und Verantwortung v. a. im Sinne von Personalverantwortung und Leitungsfunktion, während psychosoziale Belastungen (z. B. Zeitdruck, Schlichten von Konflikten, Motivieren von Menschen usw.) und die Verantwortung für das physische und psychische Wohlergehen von Menschen weitgehend unberücksichtigt bleiben. Der Index zeigt den „Wert" der jeweiligen Beschäftigung an. So zeigt sich, dass eine Fachkraft im IT-Bereich durchschnittlich 21,23 Euro pro Stunden verdient, während Betreuer*innen im Gesundheitswesen im Schnitt 11,97 Euro erhalten.[8] Beide Berufe weisen den gleichen CW-Indexwert und somit vergleichbare Arbeitsanforderungen und -belastungen auf (vgl. Klammer et al. 2018, 43). Wenig überraschend liegt der Männeranteil im IT-Beruf bei 77 Prozent, während im Gesundheitsberuf der Frauenanteil bei 89 Prozent liegt. In ihrer weiterführenden Analyse (2022) berechnen Ute Klammer und ihr Team erstmalig den Effekt evaluativer Diskriminierung („Bewertungseffekt") an der Gesamtheit des Gender-Pay-Gaps in Deutschland. Die Befunde bestätigen die Devaluationshypothese: Nur 3,28 Prozentpunkte (des Gender-Pay-Gaps von 18,72 Prozent) lassen sich durch Unterschiede von Männern und Frauen in der Ausstattung mit einkommensrelevanten Merkmalen wie Berufserfahrung, Arbeitszeit, Unternehmensgröße, Branche usw. erklären. Der überwiegende Teil der Lohnlücke, nämlich 13,65 Prozentpunkte, lässt sich auf den Bewertungseffekt zurückführen: Gleich hohe berufliche Anforderungen gehen mit einer geringeren Bewertung der Arbeit von Frauen einher.

Mehr Gerechtigkeit in der Bewertung von Arbeit macht es aber auch notwendig, über das enge Korsett des Leistungsprinzips hinauszudenken und stärker

Aspekte von Gleichheit und Gleichwertigkeit in den Vordergrund zu rücken; das bedeutet, bei der Bewertung von Arbeit ein breiteres Spektrum an Bewertungskriterien heranzuziehen als bisher üblich. Die von der Europäischen Kommission vorgeschlagenen Kriterien für eine diskriminierungsfreie und geschlechtsneutrale Bewertung von Arbeitsplätzen (Qualifikation und Kenntnisse; Verantwortung für Menschen, Güter, Informationen und finanzielle Ressourcen; psychosoziale, geistige und körperliche Belastungen; Arbeitsbedingungen wie psychische, emotionale Aspekte, Arbeitszeit usw.)[9] können dabei hilfreich sein. Darüber hinaus müssen Maßnahmen getroffen werden, die das Ungleichgewicht in der Verteilung von bezahlter und unbezahlter Arbeit zwischen den Geschlechtern verändern. Hier bedarf es unter anderem einer Anerkennung der Bedeutung von Care-Arbeit für das Funktionieren einer Gesellschaft und eines Abbaus jener Mechanismen, die dazu beitragen, dass Frauen, die den Großteil der unbezahlten, aber gesellschaftlich essenziellen Arbeit leisten, dadurch gravierende Nachteile erfahren. Eine mögliche Veränderung könnte über die Verteilung der Zeitressourcen, etwa über eine allgemeine Verkürzung der Erwerbsarbeitszeit, angegangen werden. Nancy Fraser (1994) schlägt vor, darüber nachzudenken, die Lebensrealität von Frauen – mit mehr Verantwortung für Sorgearbeit und geringerer Einbindung in die Erwerbsarbeit – zur Norm zu machen. Dazu braucht es institutionelle Veränderungen, u. a. in den erwerbszentrierten sozialstaatlichen Sicherungssystemen, um parallel dazu die Benachteiligungen und Schwierigkeiten, die mit der frauenspezifischen Doppelbelastung aktuell verbunden sind, aufzulösen (vgl. Fraser 1994, 611). Solch ein Modell hätte das Potenzial, den aktuellen Gegensatz von „breadwinning" und „caregiving" zu überwinden und zu einer Integration von Lebensbereichen beizutragen, die bis heute stark voneinander getrennt sind. Dadurch könnte es auch gelingen, die grundsätzlichen Schwierigkeiten bei der Vereinbarung von Beruf, Sorgearbeit und Freizeit zu reduzieren und damit deutliche Verbesserungen im Hinblick auf Gleichstellung der Geschlechter zu erzielen.

LITERATUR

• Aulenbacher, Brigitte (2009): Arbeit, Geschlecht und soziale Ungleichheiten. Perspektiven auf die Krise der Reproduktion und den Wandel von Herrschaft in der postfordistischen Arbeitsgesellschaft. In: Arbeits- und Industriesoziologische Studien 2 (2), 61–78.
• Baarck, Julia/Dolls, Mathias/Unzicker, Kai/Windsteiger, Lisa (2022): Gerechtigkeitsempfinden in Deutschland. Bertelsmann Stiftung, Gütersloh; https://doi.org/10.11586/2022129.
• Beer, Ursula (2008): Sekundärpatriarchalismus: Patriarchat in Industriegesellschaften. In: Becker, Ruth/Kortendiek, Beate (Hg.): Handbuch Frauen- und Geschlechterforschung. Theorie, Methoden, Empirie. VS Verlag für Sozialwissenschaften, Wiesbaden, 59–64.
• Blau, Francine/Kahn, Lawrence (2017): The Gender Wage Gap. Extent, Trends and Explanations. In: Journal of Economic Literature (3), 789–865.
• Böheim, Réné/Fink, Marian/Rocha-Akis, Silvia/Zulehner, Christine (2017): Die Entwicklung geschlechtsspezifischer Lohnunterschiede in Österreich. In: WIFO-Monatsberichte 90 (9), 713–735.

- Bourdieu, Pierre/Passeron, Jean-Claude (1971): Die Illusion der Chancengleichheit. Untersuchungen zur Soziologie des Bildungswesens am Beispiel Frankreichs. Ernst-Klett, Stuttgart.
- Busch, Anne (2013): Die berufliche Geschlechtersegregation in Deutschland. Ursachen, Reproduktion, Folgen. Springer VS, Wiesbaden.
- Der Standard (9. 3. 2019): Ökonomin: „Auf Verhandlungsmacht im Haushalt kommt es an", Interview von Marietta Adenberger.
- Dlabaja, Cornelia/Fernandez, Karina/Hofmann, Julia (Hg.) (2022): Handbuch Soziale Ungleichheiten: Von der Analyse zu ihrer Überwindung. Beltz Juventa, Weinheim.
- Döring, Diether/Nullmeier, Frank/Pioch, Roswitha/Vobruba, Georg (1994): Gerechtigkeit im Wohlfahrtsstaat. Schüren Presseverlag, Marburg.
- Dowling, Emma (2021): Caring in Times of a Global Pandemic. Introduction. In: Historical Social Research 46 (4), 7–30.
- Dubet, Fançois (2009): Injustice at work. Unter Mitarbeit von Valérie Caillet. Routledge, London/New York.
- Eurofound (2020): Gender equality at work. European Working Conditions Survey 2015 series. Publications Office of the European Union: Luxembourg; https://www.eurofound.europa.eu/sites/default/files/ef_publication/field_ef_document/ef19003en.pdf (abgerufen am 11. 1. 2022).
- Federici, Siliva (2014): Caliban and the witch. 2. Aufl. Autonomedia, New York, NY.
- Fraser, Nancy (1994): After the Family Wage: Gender Equity and the Welfare State. In: Political Theory 22 (4), 591–618.
- Geisberger, Tamara/Glaser, Thomas (2021): Gender Pay Gap. Analysen zum geschlechtsspezifischen Lohnunterschied. In: Statistische Nachrichten 6/2021, 434–447.
- Harvey, David (2006): The limits to capital. New and fully updated ed. London, New York.
- Klammer, Ute/Klenner, Christina/Lillemeier Sarah (2018): „Comparable Worth". Arbeitsbewertung als blinder Fleck in der Ursachenanalyse des Gender Pay Gaps? (= WSI Study Nr. 014/Juni 2018.) Hans-Böckler-Stiftung, Düsseldorf.
- Klammer, Ute/Klenner, Christina/Lillemeier, Sarah/Heilmann, Tom (2022): „Evaluative Diskriminierung" als blinder Fleck in der Analyse des Gender Pay Gaps. In: Kölner Zeitschrift für Soziologie und Sozialpsychologie (74), 233–258.
- Knittler, Käthe (2011): Intergenerationale Bildungsmobilität. Bildungsstruktur junger Erwachsener im Alter von 15 bis 34 Jahren im Vergleich mit jener ihrer Eltern. In: Statistische Nachrichten (4), 252–266.
- Mayer-Ahuja, Nicole/Nachtwey, Oliver (Hg.) (2021): Verkannte Leistungsträger. Berichte aus der Klassengesellschaft. Suhrkamp, Berlin.
- Neckel, Sighard (2012): Die Wirklichkeit des Leistungsprinzips. Ansprüche, Krisen, Kritik. In: Kurswechsel (3), 64–70.
- Ranftl, Edeltraud (2015): Arbeitsbewertung als Schlüssel zur Lohngleichheit. Über Gendergleichheit und Gleichheitsfassaden in der Bewertung von Arbeit. In: WISO (3), 29–44.
- Ranftl, Edeltraud (2016): Entgeltpolitik aus einer Gender Perspektive. In: Wiechmann, Elke (Hg.): Genderpolitik. Konzepte, Analysen und Befunde aus Wirtschaft und Politik. Nomos, Baden-Baden, 97–105.
- Schäfer, Andrea/Gottschall, Karin (2015): From wage regulation to wage gap: how wage-setting institutions and structures shape the gender wage gap across three industries in 24 European countries and Germany. In: Journal of Economics (2), 467–496.
- Schönherr, Daniel/Zandonella, Martin (2020): Arbeitsbedingungen und Berufsprestige von Beschäftigten in systemrelevanten Berufen in Österreich. Kammer für Arbeiter und Angestellte für Wien. Wien.
- Statistik Austria (2022): Internationaler Frauentag 2022: Der Lohnunterschied zwischen Frauen und Männern geht zurück, bleibt mit 18,9% aber auf hohem Niveau. Pressemitteilung v. 3. März 2022; https://www.statistik.at/fileadmin/announcement/2022/05/20220303InternationalerFrauentag2022.pdf (abgerufen am 3. 1. 2023).
- Statistik Austria (2018): Betriebliche Weiterbildung. Wien; https://www.statistik.at/fileadmin/publications/Betriebliche_Weiterbildung_2015.pdf (abgerufen am 10. 1. 2023).

ENDNOTEN

[1] Abgefragt wurde die Zustimmung zur Aussage „Eine Gesellschaft ist gerecht, wenn hart arbeitende Menschen mehr verdienen als andere"; vgl. https://www.bpb.de/kurz-knapp/zahlen-und-fakten/datenreport-2021/sozialstruktur-und-soziale-lagen/330024/unterschiedliche-bewertungsmassstaebe-fuer-eine-gerechte-einkommensverteilung/ (abgerufen am 12. 12. 2022).

[2] Siehe dazu den Kollektivvertrag Eisen- und Metallverarbeitendes Gewerbe, gültig ab 1. 1. 2022: Facharbeiterbrutto-lohn auf Basis von 38,5 Stunden/Woche 2.372,19 Euro.

[3] Siehe den Kollektivvertrag der Friseur*innen, gültig ab 1. 4. 2022: Bruttolohn auf Basis einer 40-Stunden-Woche im ersten Berufsjahr für Fachkräfte 1.605 Euro.

[4] Das Jahreseinkommen des Fußballstars Cristiano Ronaldo beträgt grob gerechnet das 4.680fache des Jahres-einkommens einer Reinigungskraft (108 Millionen Euro vs. 23.240 Euro Bruttojahresgehalt); https://www.forbes.com/profile/cristiano-ronaldo/?sh=7f9b4802565d sowie https://www.berufslexikon.at/berufe/3376-ReinigungstechnikerIn/.

[5] Im europäischen Vergleich nehmen Frauen in Österreich beispielsweise deutlich weniger häufig als Männer an be-trieblichen und außerbetrieblichen Weiterbildungsmaßnahmen teil (Statistik Austria 2018, Eurofound 2020).

[6] Zu den systemrelevanten Berufen mit hohen Einkommen zählen die höher qualifizierten Berufe wie Ärztinnen*Ärzte und Apotheker*innen, Lehrer*innen und Bankangestellte, aber auch Berufe, in denen der Frauenanteil deutlich niedriger ist (z. B. Polizei, Feuerwehr).

[7] Aktuell findet in Österreich – durchgeführt von der Statistik Austria – die vierte Zeitverwendungserhebung statt.

[8] Grundlage ist die Verdienststrukturerhebung 2014.

[9] Richtlinie 2006/54/EG zur Chancengleichheit und Gleichbehandlung von Männern und Frauen in Arbeits- und Be-schäftigungsfragen.

ENTGRENZTE ARBEIT

Emanzipation oder Ausbeutung?[1]

Martin Gruber-Risak

1. Entgrenzung als weitere Abkehr vom Normalarbeitsverhältnis

Durch die Digitalisierung kommt es zu einer grundlegenden Veränderung des Arbeitsvollzuges hinsichtlich aller Dimensionen der Leistungserbringung, also betreffend das Wann, Wo und Wie der Arbeitsleistung. Auf den ersten Blick wird somit vermehrt Arbeit jenseits von Ort, Zeit und persönlichen Weisungen erbracht – es findet somit eine Entgrenzung des Arbeitsverhältnisses hinsichtlich der typischen Elemente des Arbeitsvertrages statt.[2]

Was nun die **Entgrenzung der Arbeitszeit und des Arbeitsortes** betrifft, so geht das traditionelle Arbeitsrecht von einer klaren Bipolarität der Arbeitszeit, nämlich selbstbestimmter Freizeit (in der Diktion des Arbeitszeitgesetzes [AZG] „Ruhezeit") und fremdbestimmter Arbeitszeit, ebenso aus wie von einer klaren Trennung der physischen Räume, nämlich des Betriebs und des außerbetrieblichen Bereichs. Diese Trennung erodiert zusehends, wofür vor allem die Digitalisierung verantwortlich ist. Eine dritte Dimension stellt die **Entgrenzung des Arbeitsvertrages** dar, nämlich die Verschiebung von der Inputkontrolle, die wesentlich über die zeitbezogene Arbeitsleistung und Weisungen, wie diese Zeit zu verwenden ist, erfolgt, hin zu einer Outputkontrolle, d. h. hin zum Arbeitsergebnis selbst.

Diese Veränderungen treten freilich nicht plötzlich auf, sondern sind Ausformungen eines seit Längerem bemerkbaren Megatrends, nämlich der **Abkehr vom sogenannten Normalarbeitsverhältnis.** Auf diesem fußen die derzeit bestehenden Institutionen des Arbeitslebens ebenso wie das Arbeitsrecht selbst. Sie sind Antworten auf die Industrialisierung und das sich dabei herausbildende sogenannte Normal- oder Standardarbeitsverhältnis: ein unbefristetes Vollzeitarbeitsverhältnis zwischen zwei Personen, das mit einer gewissen Sicherheit verbunden ist und ein ausreichendes (Familien-)Einkommen sichert. Durch die starke Regulierung dieses Normalarbeitsverhältnisses in Gesetz und Kollektivvertrag sollte vor allem dem Machtungleichgewicht beim Aushandeln der individuellen Arbeitsverträge begegnet werden.[3] Dieser Schutz für die Arbeitnehmer*innen ist freilich auch mit Kosten für die Arbeitgeber*innen verbunden. Besonders infolge der Globalisierung der Wirtschaft und des verstärkten internationalen Wettbewerbes wurden daher Forderungen nach Senkung der Arbeitskosten und Flexibilisierung von Beschäftigungsbedingungen laut.

Vor allem seit den 1980er-Jahren haben als Folge globalisierter Märkte, des verstärkten Wettbewerbsdrucks sowie der Finanzialisierung der Wirtschaft und der dabei erwarteten schnellen Renditen die sogenannten **atypischen Arbeitsverhältnisse** stark zugenommen. Atypisch sind diese deshalb, weil sie von dem soeben beschriebenen Normalarbeitsverhältnis abweichen: Teilzeitarbeit, befristete Arbeitsverhältnisse und Arbeitskräfteüberlassung (Leiharbeit) sind die am weitesten verbreiteten Formen.[4] Bisweilen wird auch überhaupt der Schutzbereich des Arbeitsrechts verlassen, wie insbesondere bei den freien Dienstverträgen oder anderen Formen selbstständiger Leistungserbringung. Arbeitgeber*innen wählen diese Formen der Beschäftigung vor allem wegen der damit verbundenen stärkeren Flexibilität und der dadurch erwarteten Senkung der Arbeitskosten. Sie ermöglichen nämlich eine teilweise Überwälzung von Risiken[5] und Kosten, die beim Standardarbeitsverhältnis die Arbeitgeber*innen treffen: Vor allem geht es darum, das Risiko, auch in unproduktiven Zeiten Entgelt bezahlen zu müssen, ebenso gering zu halten wie die aus dem Kündigungsschutz resultierenden Kosten. Arbeitnehmer*innen werden diese atypischen Arbeitsverhältnisse mit dem Versprechen schmackhaft gemacht, dass deren flexible Gestaltung die bessere Vereinbarkeit von Erwerbsarbeit mit anderen Aktivitäten (Kinderbetreuung, Haushaltsarbeit, Ausbildung und selbstständiger Tätigkeit) ermögliche. Häufig wird das auch mit dem Narrativ verbunden, dass für eine solche stärkere Flexibilität für Arbeitende zumindest auch ein Teil des Schutzes aufgegeben werden müsse.[6]

Die Entwicklung ist freilich noch lange nicht abgeschlossen, der Durst nach mehr Flexibilität, insbesondere gepaart mit den Möglichkeiten durch die Digitalisierung, führt im Rahmen der grundsätzlich gegebenen Vertragsfreiheit zu zahlreichen neuen Phänomenen in der Arbeitswelt. Seit einiger Zeit bilden sich sehr unterschiedliche **neue Formen der Arbeitserbringung („new forms of employment")** heraus, die von den bisher geläufigen abweichen.[7] Die neuen Arbeitsformen unterscheiden sich vom Normalarbeitsverhältnis sowie der „traditionellen" atypischen Beschäftigung in mehrfacher Weise: Einige von ihnen verändern die Qualität der Beziehung zwischen Arbeitgeber*innen und Arbeitnehmer*innen, andere die Arbeitsorganisation – und einige tun beides. Auch wenn diese neuen Formen der Arbeitserbringung im Detail sehr unterschiedlich sind, haben sie einen gemeinsamen Nenner: das Ziel, zusätzliche Flexibilität für Arbeitgeber*innen und/oder Arbeitnehmer*innen zu schaffen. Während einige Formen potenziell für beide Vertragsparteien nutzbringend sein können, bieten andere Grund zur Sorge hinsichtlich ihres negativen Einflusses sowohl auf die Arbeitsbedingungen als auch auf den Arbeitsmarkt.

Diese neuen Formen der Arbeitserbringung sind konkrete Ausformungen der Entgrenzung des Arbeitsverhältnisses in seinen unterschiedlichen Dimensionen; sie entwickeln sich häufig im Graubereich und oft im Neuland zwischen Arbeitsverträgen und freier Mitarbeit („freelancing").[8] Eine eindeutige Einordnung als Arbeitsvertrag ist daher nicht immer einfach möglich, andererseits entsprechen die derart Arbeitenden aber auch nicht dem typischen Verständnis von Selbstständigen, die ihre Leistung in eigener unternehmerischer Struktur auf dem Markt einer größeren und zumeist auch wechselnden Anzahl von Kundinnen*Kunden anbieten. Wie sich insbesondere im Zusammenhang mit der Plattformarbeit zeigt (dazu Punkt 4.2), stellt dies eine Herausforderung für die derzeitige binäre Einordnung als entweder Arbeitsvertrag und damit schutzbedürftig oder selbstständige Leistungserbringung, die keines besonderen Schutzes bedarf, dar.

2. Zeitliche Entgrenzung

2.1 (Vermeintliche) Arbeitszeitautonomie

Ausgangspunkt der Überlegungen zur zeitlichen Entgrenzung soll hier das in Österreich mittlerweile weit verbreitete Arbeitszeitmodell sein, das auf der Autonomie der Arbeitnehmer*innen aufbaut, nämlich die Gleitzeit nach § 4b AZG. Wurde Gleitzeit ursprünglich vor allem dort eingeführt, wo es nicht auf eine Präsenz am Arbeitsplatz zu einem bestimmten Zeitpunkt ankommt, wird diese nunmehr in Form einer sogenannte **„Funktions- oder Besetzungszeit"** auch dort vereinbart, wo die Anwesenheit vor Ort eigentlich wichtig ist. Nach derartigen Vereinbarungen sollen Arbeitnehmer*innen durch entsprechende Absprachen sicherstellen, dass immer eine vorgegebene Mindestbelegschafts-stärke gewährleistet ist.[9] Damit kommt die Gleitzeit einem Job-Sharing-Modell immer näher, was Arbeitgeber*innen zusätzliche Vorteile bringen kann: Es kann nämlich so einerseits zuschlagsfrei bis zu zehn oder gar zwölf Stunden pro Tag gearbeitet werden, und es sind auch keine Vorankündigungsfristen für die Änderung der Einteilung der Normalarbeitszeit (§ 19c Abs. 2 Z 2 AZG) einzu-

halten.[10] Andererseits wird der Konflikt um die konkrete Verteilung der Arbeitszeit weg von den Arbeitgeber*innen bzw. Vorgesetzten hin zu den Arbeitnehmer*innen verlagert – ein gutes Beispiel dafür, wie sich „die Manager von der
Last des Managens befreien"[11].

Praktikabel ist die Gleitzeit in vielen Bereichen ohnedies nur dann, wenn nicht
nur im Interesse der Arbeitnehmer*innen geglitten wird, sondern auch betriebliche Interessen zumindest mitberücksichtigt werden. In aller Regel besteht
nämlich ein Rechtfertigungsdruck für Arbeitnehmer*innen, warum sie gerade
in Zeiten geringeren Arbeitsbedarfes Zeitguthaben erwerben bzw. warum sie
diese abbauen, wenn sie doch benötigt werden.[12] Gleitzeit ist somit nicht nur
ein emanzipatorisches Arbeitszeitmodell, sondern kann auch eine Risikover-
schiebung hin zu den Arbeitnehmer*innen bewirken. Nicht mehr die Arbeitgeber*innen sind dann dafür verantwortlich, ausreichend Arbeit während
der vereinbarten Arbeitszeit zur Verfügung zu haben, sondern die Arbeitnehmer*innen sollen ihre Arbeit autonom so einteilen, dass möglichst wenig Lehr-
läufe anfallen.[13] Es ist somit wesentlich, insbesondere bei der Ausarbeitung von
Gleitzeit-Betriebsvereinbarungen sicherzustellen, dass die durch die Gleitzeit eingeräumte Autonomie auch tatsächlich – so wie von der Gesetzgebung
eigentlich intendiert – im Interesse der Arbeitenden genutzt wird und nicht zur
Vermeidung von Überstundenzuschlägen.

2.2 Dauererreichbarkeit

Ein zweites Phänomen der Entgrenzung der Arbeitszeit betrifft die durch die
weite Verbreitung insbesondere von Smartphones eröffnete Möglichkeit,
Arbeitnehmer*innen auch außerhalb der vereinbarten Arbeitszeiten unkom-
pliziert zu erreichen bzw. ihnen auf diese Weise auch E-Mails oder sonstige
textliche Nachrichten zu übersenden.[14] Sie sind damit zumindest theoretisch
dauernd erreichbar und stehen rund um die Uhr auf Abruf bereit.

Bei derartigen Dauererreichbarkeiten ergeben sich komplexe Fragen im Zusammenhang mit der arbeitszeitrechtlichen Einordnung dieser Erreichbar-
keitszeiten.[15] Das AZG kennt zwar die Kategorie der **Rufbereitschaft** in § 20a
AZG,[16] die im binären System des AZG nicht als Arbeitszeit, sondern als Ruhezeit einzuordnen ist. Da aber deren Verwendung in einem gewissen Maße
eingeschränkt ist, sind gesetzlich Häufigkeitsgrenzen vorgesehen.[17] Diesen
liegt jedoch m. E. das gesetzgeberische Verständnis zugrunde, dass im Fall
eines „Rufs" eine substanzielle Arbeitsleistung zu erbringen ist; die Arbeitnehmer*innen haben sich dann – dies geht aus der einschlägigen Rechtsprechung
hervor –[18] in der Regel in den Betrieb zu begeben und dort „volle" Arbeit zu leisten. Werden im Rahmen der Rufbereitschaft hingegen nur punktuelle und sehr

kurze Leistungen in geringer Frequenz abgerufen, wie dies bei „Smartphone-Dauererreichbarkeit" in der Praxis wohl häufig der Fall sein wird, so rechtfertigt dies nach meinem Verständnis de lege lata eine Vereinbarung über die gesetzlichen Häufigkeitsgrenzen hinaus, da die Bestimmung teleologisch zu reduzieren ist. Dann werden nämlich auch im Fall des Abrufs von Arbeitsleistungen die täglichen und wöchentlichen Ruhezeiten nicht in der Intensität beeinträchtigt, dass eine derartige Einschränkung der Vertragsfreiheit zu rechtfertigen ist.[19] Anders ist dies von der Zwecksetzung her hinsichtlich der gesetzlich vorgesehenen ununterbrochenen Mindestruhezeit von acht Stunden (§ 20a Abs. 2 lit. b AZG letzter Satz), die jedenfalls eingehalten werden muss.[20] Hier gibt es somit auch schon nach derzeitiger Rechtslage ein **„Recht auf Nichterreichbarkeit"**. Freilich werden diese Ergebnisse auf rein interpretativem Wege erzielt, und es fehlt auch an einschlägiger Rechtsprechung. Zudem gibt es keine eindeutigen Regelungen, wie dieses „Recht auf Nichterreichbarkeit" in der Praxis konkret sicherzustellen ist. Hier würde eine eindeutige gesetzliche Regelung klare Verhältnisse schaffen, was vor allem den Arbeitenden zugutekommen würde.[21]

3. Örtliche Entgrenzung

Auch die örtliche Entgrenzung in Form von Homeoffice oder dem ortsungebundenen mobilen Arbeiten, die ebenfalls durch die Digitalisierung zunehmend möglich werden, wirft zahlreiche Rechtsfragen auf, die trotz des Homeoffice-Pakets 2021 (BGBl. I 61/2021) weiterhin nur ungenügend geregelt sind.[22]

Das betrifft einerseits den sachlichen Anwendungsbereich des Homeoffice-Pakets, das **nur die Arbeit in der Wohnung** regelt, womit – auch wenn von einem weiten Begriffsverständnis ausgegangen wird – das mobile Arbeiten klar nicht darunterfällt. Die Gesetzgebung hielt trotz diesbezüglicher Kritik im Begutachtungsverfahren am relativ engen Anwendungsbereich fest und verlangt zusätzlich noch eine „Regelmäßigkeit" (§ 2h Abs. 1 AVRAG).

Inhaltlich wurde abseits des Kostenersatzes für „digitale Betriebsmittel" in § 2h Abs. 3 AVRAG, der im Detail alles andere als klar ist,[23] aber ohnehin nicht viel geregelt. So fehlen sowohl ein **Recht auf Homeoffice** als auch arbeitnehmer*innenschutzrechtliche Bestimmungen. Die Gesetzgebung weist in den Materialien[24] darauf hin, dass das Arbeitnehmer*innenschutzrecht und das Arbeitszeitrecht ohnehin schon ausreichend geregelt seien. Das trifft jedoch nur bedingt zu, da diesbezüglich zahlreiche Anwendungsfragen umstritten sind.

Das betrifft insbesondere die Frage der **Verantwortung der Arbeitgeber*innen für die ergonomische Ausstattung des Homeoffice**. Während diese hin-

sichtlich der Büromöbel nur dann besteht, wenn sie von den Arbeitgeber*innen beigestellt werden (§ 67 Abs. 2 i. V. m. 6 ASchG), so ist dies betreffend die Bildschirmendgeräte alles andere als eindeutig. Bei einer richtigen Interpretation der nicht ganz klaren Bestimmungen zur Bildschirmarbeit im ASchG waren diese auch schon vor dem Homeoffice-Paket 2021 von den Arbeitgeber*innen bereitzustellen. Das ergibt sich aus der Verweisung in § 67 Abs. 6 ASchG, die den letzten Satz des Abs. 2 leg. cit. ausnimmt, der eine Pflicht zur Zurverfügungstellung geeigneter Arbeitstische bzw. Arbeitsflächen und Sitzgelegenheiten vorsieht. Im Gegenschluss sind daher die digitalen Arbeitsgeräte zur Verfügung zu stellen bzw. können sich Arbeitgeber*innen bei abweichenden Vereinbarungen nicht der Verpflichtung zur ergonomischen Ausgestaltung der Bildschirmgeräte und der Datenerfassungsvorrichtungen entledigen. Das wird durch die diesbezügliche nunmehr ausdrückliche Bereitstellungsverpflichtung für digitale Arbeitsmittel in § 2h Abs. 3 AVRAG bestätigt. Arbeitgeber*innen sind daher m. E. nicht nur im Zuge der Evaluierung, sondern auch schon direkt aufgrund von § 67 ASchG für die ergonomische Gestaltung des Bildschirmarbeitsplatzes verantwortlich, was gem. § 130 Abs. 1 Z 25 ASchG direkt strafbewehrt ist. Sie haben somit auch bei einer Bereitstellung der digitalen Arbeitsmittel durch die

Arbeitnehmer*innen dafür Sorge zu tragen, dass diese dem Stand der Technik und den ergonomischen Anforderungen entsprechen. Wegen des zwingenden Charakters des ASchG ist eine dem entgegenstehende Vereinbarung nichtig und führt dazu, dass Arbeitgeber*innen dann weiterhin eine diesbezügliche Bereitstellungspflicht trifft.[25] Das hätte zumindest in den Materialien klargestellt werden sollen.[26]

Selbiges betrifft auch Fragen der **Arbeitszeitaufzeichnungen**. Sind Arbeitnehmer*innen überwiegend in ihrer Wohnung tätig, so sind gem. § 26 Abs. 3 AZG Aufzeichnungen lediglich über die Dauer der Tagesarbeitszeit, nicht jedoch über deren Beginn und Ende zu führen (sogenannte Saldenaufzeichnungen). Dabei kommt es lediglich auf die Arbeit in eigener Wohnung an, die jedoch nicht unbedingt regelmäßig sein muss. Dies ist damit zu begründen, dass die Gesetzgebung offensichtlich trotz mangelnder Zeitautonomie der Arbeitnehmer*innen davon ausgeht, dass sich diese entweder nicht an die vereinbarten Regelungen halten oder eine Kontrolle von deren Einhaltung realistischerweise nicht tunlich ist.[27] Daraus ergibt sich auch, dass bei der Frage, ob die Arbeit überwiegend in der Wohnung erbracht wird, auf den einzelnen Tag abzustellen ist. Die Lockerung der Aufzeichnungspflicht kann nämlich damit begründet werden, dass es den Arbeitgeber*innen im Homeoffice nur schwer möglich ist, Beginn und Ende der Arbeitszeit und die Unterbrechungen derselben zu kontrollieren. Damit ist der Beobachtungszeitraum der einzelne Tag: Saldoaufzeichnungen reichen daher an jenen Tagen aus, an denen überwiegend in der Wohnung gearbeitet wird. An den Tagen, an denen das nicht der Fall ist, sind hingegen volle Aufzeichnungen im Sinne des § 26 Abs. 1 AZG zu führen.[28]

Probleme gibt es bei Saldoaufzeichnungen hinsichtlich der Dokumentation der Einhaltung der Ruhezeiten im Hinblick auf die Entscheidung des EuGH in der Rechtssage CCOO/Deutsche Bank[29], dass sich daraus mangels der Dokumentation des Beginns und des Endes der täglichen Arbeitszeit die Einhaltung der täglichen Ruhezeiten nicht kontrollieren lässt. Daher ist m. E. jedenfalls der Zeitpunkt des Beginns und des Endes der Tagesarbeitszeit zu dokumentieren, und zwar auch dann, wenn nur die Dauer der Arbeitszeit in Form von Saldoaufzeichnungen aufgezeichnet wird.[30] Man hätte sich erwartet, dass diese Problematik auf gesetzlicher Ebene im Rahmen des Homeoffice-Pakets 2021 behandelt wird, was aber nicht erfolgt ist. So bleibt das AZG weiterhin in dieser Hinsicht EU-rechtswidrig.[31]

© ADDICTIVE_STOCK, via envato elements

4. Arbeitsvertragliche Entgrenzung

4.1 Verlagerung von inputgesteuerter Zeitkontrolle zu output-orientierter Ergebniskontrolle

Inhalt des Arbeitsvertrages war und ist bekanntlich die Arbeit für andere nach Zeiteinheiten, d. h. die Aufgabe der persönlichen Bestimmungsfreiheit über einen bestimmten Zeitraum. Den Arbeitgeber*innen wird durch Vertrag das Recht eingeräumt, über die Arbeitenden zu verfügen, d. h., ihnen einseitig anordnen zu können, wie sie ihre Zeit zu verwenden haben. Der Arbeitsvertrag ist somit der Verkauf von Lebenszeit, die damit zur fremdbestimmten Arbeitszeit wird.[32] Vertragsinhalt ist dabei aber nicht das Ergebnis oder gar der Erfolg der Arbeitsleistung, sondern lediglich ein „Bemühen". Nach der Rechtsprechung kann nicht einmal eine Mindestarbeitsleistung Bestandteil eines Arbeitsvertrages sein – dies würde seinem Wesen widersprechen.[33] Damit ist auch der mangelnde Erfolg keine Vertragsverletzung.

Entgegen dieser grundsätzlichen Konzeption lässt sich aber nach und nach auch eine Veränderung des Vollzuges des Arbeitsvertrages beobachten. Es findet eine **Verlagerung von inputgesteuerter Zeitkontrolle hin zu outputorientierter Ergebniskontrolle** statt. Diese ist eigentlich nicht mit dem Wesen des Arbeitsvertrages vereinbar, da eine große Freiheit bei der Leistungserbringung betreffend das Was, Wie und Wann der Arbeitsleistung eigentlich einen Arbeitsvertrag ausschließt.

Es ist aber ohnehin zu fragen, ob bei vertraglicher Einräumung derartiger Freiheiten diese auch tatsächlich vorliegen oder sie nicht durch ein anderes Element der Fremdbestimmung kompensiert werden. Es scheint nämlich vielmehr, dass der Gewinn an Freiheit mit einer Zunahme an Kontrollintensität einhergeht, die auf die Informatisierung der Arbeit zurückzuführen ist.[34] Damit wird ein Prozess der Erzeugung und Nutzung von Informationen bezeichnet, um weitere Informationen zu erzeugen. Konkret geht es darum, dass Arbeitnehmer*innen bei der Arbeit eine durchgängige „Datenspur" hinterlassen, die eine Organisation der Arbeit in einem „System permanenter Bewährung"[35] ermöglicht. Auf Basis derartiger Informations- und Steuerungssysteme wird eine neue Transparenz in den Unternehmen gewonnen, in der die Leistung immer mehr sogar bis auf die individuelle Ebene adressierbar wird. Dies ermöglicht einen permanenten Leistungsvergleich zwischen Abteilungen, Teams, aber auch einzelnen Beschäftigten. Damit wird es in der Praxis zur entscheidenden Frage, nicht wer wann und wo wie lange arbeitet, sondern wer die vorgegebenen Ziele erreicht oder auch nicht. Es geht somit weniger um die freiwillige Hinwendung der Einzelnen zum Unternehmen und die Verinnerlichung der ökonomischen Ziele, sondern eben um die Etablierung eines rigiden „Systems permanenter Bewährung". Der Zwang, sich immer wieder neu beweisen zu müssen, und die damit verbundenen Unsicherheiten ermöglichen auch eine neue Form der Kontrolle des Arbeitsprozesses, der auf offensichtliche Formen des „Command & Control", detaillierte Anordnung und Kontrolle, verzichten kann, aber am Ende eine **ähnliche Intensität an Fremdbestimmtheit** erreicht. Durch die Kontrollintensität der „Systeme permanenter Bewährung" sind derartig gesteuerte Personen auch nach herkömmlichem Verständnis weiterhin Arbeitnehmer*innen und unterliegen insbesondere weiterhin dem Arbeitszeitregime des AZG.

4.2 Plattformarbeit

Wie so häufig im Zusammenhang mit der Digitalisierung der Arbeitswelt ist die Plattformwirtschaft das beste Beispiel für viele sich stellende Probleme, so auch für das „Statusproblem", d. h. die Frage, ob Plattformbeschäftigte Arbeitnehmer*innen oder Selbstständige sind. Die Diversität der Gerichtsentscheidungen in einzelnen Staaten ebenso wie auf europäischer Eben zeigt sehr gut, wie herausfordernd es ist, hier eine adäquate Lösung zu finden und den Arbeitnehmer*innenbegriff an die durch die Digitalisierung veränderten neuen Rahmenbedingungen anzupassen. Während z. B. der EuGH in der Rechtssache Yodel Delivery[36] noch sehr stark im Formalen verhaftet ist, hat das deutsche BAG in der sogenannten Roamler-Entscheidung[37] hier einen anderen, m. E. den Zwecken des Arbeitsrechts überaus entsprechenden Weg gefunden. Es geht nämlich davon aus, dass die für den Arbeitsvertrag konstitutive Dienstleistungsverpflichtung auch durch Anreizsysteme gegeben sein kann.

Eine Problematik der digitalen Gestaltung von Arbeitsprozessen ist aber auch, dass die Leistungsverpflichtung ebenso wie die persönliche Abhängigkeit oft nur schwer zu beweisen ist. Das gilt besonders, aber nicht nur, für die Plattformökonomie, die derzeit als Kristallisationspunkt der Digitalisierung der Arbeitswelt erscheint. Die dort Arbeitenden sind mit einer App konfrontiert, die die Arbeit organisiert – wie und unter welchen Kriterien die über diese erfolgten Angebote und Anweisungen zustande kommen, das wissen sie freilich nicht. Sie stehen einer digitalen Blackbox gegenüber, was zu einem Beweisnotstand führt und es ihnen fast unmöglich macht, das Vorliegen persönlicher Abhängigkeit zu beweisen. Das ist eine unbefriedigende Situation, da die so nur schwer aufzudeckende Scheinselbstständigkeit einen starken Anreiz dafür schafft, Plattformbeschäftigte falsch einzuordnen und damit das Arbeitsrecht zu vermeiden. Und tatsächlich werden in der Praxis bei zahlreichen Plattformen die dort Beschäftigten als Selbstständige angesehen. Es verwundert daher nicht, dass ein wesentlicher Teil der Plattform-Initiative der Europäischen Kommission der Erleichterung der Durchsetzung des Arbeitnehmer*innenstatus gewidmet ist und dann dabei insbesondere vorgeschlagen wird, mit der widerleglichen Vermutung eines Arbeitsvertrages zu operieren.[38] Für österreichische Arbeitsrechtler*innen mag dieser Zugang neu erscheinen, aber zahlreiche europäische Arbeitsrechtsordnungen, wie z. B. jene von Kroatien, Estland, Griechenland, Malta, den Niederlanden, Portugal, Slowenien, Frankreich und Belgien, kennen solche im Detail freilich sehr unterschiedliche Strategien insbesondere zur Bekämpfung der Scheinselbstständigkeit abseits der Plattformwirtschaft schon länger.[39] In Spanien wurde erst vor Kurzem eine solche Vermutung für die Essenszustellung in Form des sogenannten „Riders Law" eingeführt.[40]

Aber auch bei aller zeitgemäßen Interpretation des Arbeitnehmer*innenbegriffs und der Erleichterung des Nachweises des Arbeitnehmer*innenstatus werden wir jedoch auch an eine Grenze stoßen. Es wird auch bei Ausschöpfung aller methodischen Möglichkeiten eine Gruppe von Personen verbleiben, die trotz mangelnder Arbeitnehmer*innen-Eigenschaft schutzbedürftig sind in dem Sinne, dass sie mangels Alternativen in Arbeits- und Entgeltbedingungen

einwilligen müssen, die schlechter sind als solche für Personen in einem Arbeitsverhältnis. Auch hier hat man es offensichtlich mit zwei Vertragsparteien
zu tun, die unterschiedliches Gewicht in die Verhandlungen einbringen und wo
die Gefahr eines nicht sozialverträglichen individuellen Vertragsabschlusses besteht. Wer das nun ist, wie sich diese Gruppe praktikabel eingrenzen lässt und
welche Rechte man dieser zuerkennt, ist nicht erst seit der Digitalisierung ein
„Dauerbrenner" der sozialpolitischen Diskussionen.

ENDNOTEN

[1] Dieser Beitrag baut wesentlich auf früheren einschlägigen Beiträgen des Autors auf; siehe insb. Risak, Arbeitsrecht,
    4.0, JAS 2017, 12; Risak, Digitalisierung der Arbeitswelt. Rechtliche Aspekte neuer Formen der Arbeitsorganisation,
    DRdA 2017, 331; Gruber-Risak, Where do we go from here?, DRdA 2021, 106, jeweils m. w. N.
[2] Dazu eingehend Risak, JAS 2017, 12.
[3] Siehe dazu Gruber-Risak/Obrecht, Arbeiten im Jahr 2030 – „Highway to Hell" oder „Stairway to Heaven"?, in Kaiser/
    Schober, Digitale Wohlfahrtsgesellschaft (2022), 120–130.
[4] Siehe dazu Europäisches Parlament, Working Paper – Atypical Work in the European Union (2000); Schulze
    Buschoff, Atypische Beschäftigung in Europa, WSI Study 1/2016 (2016).
[5] Dazu insb. Beck, Schöne neue Arbeitswelt (2007), 28.
[6] Dazu kritisch Gruber-Risak, DRdA 2022, 107.
[7] Eurofound, New forms of employment (2015); Waas, New Forms of Employment in Europe (2016); OECD, New
    forms of work in the digital economy (2016).
[8] Eurofound, New Forms of Employment (2015), 107.
[9] Gruber-Risak/Jöst/Patka, Praxishandbuch Gleitzeit3 (2021), 106.
[10] Nach § 19c Abs. 2 Z 2 AZG ist eine einseitige Veränderung der Lage der Normalarbeitszeit durch die Arbeitgeber*in-
    nen jedenfalls zwei Wochen im Vorhinein mitzuteilen (zu den weiteren Voraussetzungen siehe § 19c Abs. 2 AZG).
[11] Baumann, in Bauman/Lyon, Daten, Drohne, Disziplin (2013), 93.
[12] Dazu Risak, DRdA 2017, 332.
[13] Dazu Risak, Entgrenzte Arbeitszeit: Wunsch, Alptraum oder arbeitsrechtliche Realität?, DRdA 2015, 9 (14); Ders.,
    JAS 2017, 21; Risak, Überstunden bei Gleitzeit durch Ad-hoc-Eingriffe in die Zeitautonomie, Liber Amicorum für
    Mazal (2019), 141.
[14] Zu anderen Konstellationen der Arbeit außerhalb der vereinbarten Arbeitszeit Resch, Diffusion der Leistungspflicht
    in zeitlicher Hinsicht, in Brodil, Entgrenzte Arbeit (2016), 1 (11).
[15] Dazu ausführlich Risak, Arbeiten in der Grauzone zwischen Arbeitszeit und Freizeit – dargestellt am Beispiel der
    „Dauererreichbarkeit" am Smartphone, ZAS 2013, 296; Ders., JAS 2017, 22.
[16] Dazu Resch, in Brodil, Entgrenzte Arbeit, 6.
[17] Demnach ist Rufbereitschaft nur an zehn Tagen pro Monat oder – wenn das der Kollektivvertrag zulässt – an
    30 Tagen innerhalb von drei Monaten zulässig. Während der wöchentlichen Ruhezeit ist Rufbereitschaft außerdem
    nur zweimal pro Monat erlaubt (§ 6a ARG).
[18] Dazu m. w. N. Risak, ZAS 2013, 298.
[19] Risak, ZAS 2013, 299.
[20] Risak, ZAS 2013, 299.
[21] Risak, JAS 2017, 23.
[22] Siehe dazu insb. Gruber-Risak/Gruber, Homeoffice-Paket 2021 (2021).
[23] Dazu Gruber-Risak, in Gruber-Risak/Gruber, Homeoffice-Paket 2021, 32.
[24] ErlME 94/ME XXVII. GP 2; IA 1301/A XXVII. GP.
[25] So Gruber-Risak, in Gruber-Risak/Gruber, Homeoffice-Paket 2021, 19; a. A. Holzer, in Felten/Trost, Homeoffice,
    Rz. 11.52.
[26] So Gruber-Risak, in Gruber-Risak/Gruber, Homeoffice-Paket 2021, 19.
[27] Heilegger, in Heilegger/Klein, AZG5 § 26 Rz. 12; Risak, JAS 2017, 27.

[28] Risak, JAS 2017, 27; a. A. Schrank, ZAS 2015, 170; Ders., Arbeitszeitgesetze[5] § 26 Rz. 11d; Busch, Home-Office und Arbeitszeit, 44.

[29] EuGH 14.5.2019, Rs. C-55/18, CCOO/Deutsche Bank, DRdA 2020, 236 (Niksova) = JAS 2019, 389 (Niederfriniger) = ZAS 2020/6 (Peschek/Herrmann-Riedler); krit. insb. Niksova, DRdA 2020, 236; Niederfriniger, JAS 2019, 406; a. A. Burger-Ehrnhofer/Glowacka, EuGH zur Arbeitszeiterfassung – Folgen der Entscheidung für Österreich, ASoK 2019, 242 (245); wohl auch Felten, DRdA 2020, 519.

[30] Gruber-Risak, in Gruber-Risak/Jöst/Patka, Praxishandbuch Gleitzeit[3], 138.

[31] Zu Lösungsversuchen durch unmittelbare Anwendbarkeit des EU-Rechts siehe Mathy, Homeoffice und Arbeitszeit, in Felten/Trost, Homeoffice, Rz. 10.53 ff.

[32] Negt, Lebendige Arbeit, enteignete Zeit (1985), 21.

[33] OGH 10.1.1984, 4 Ob 164/83; 19.6.1991, 9 Ob A 77/91.

[34] Dazu Boes /Kämpf /Langes /Lühr, Informatisierung und neue Entwicklungstendenzen von Arbeit, Arbeits- und Industriesoziologische Studien (AIS) 2014, 5, worauf auch die folgenden Ausführungen aufbauen.

[35] Boes et al., AIS 2014, 18.

[36] EuGH 22.4.2020, Rs. Yodel Delivery Network Ltd, ECLI:EU:C:2020:288, DRdA 2021/10 (krit. Warter) = AuR 2020, 524 (krit. Risak).

[37] BAG 1.12.2020, 9 AZR 102/20, AuR 2021/12 (zust. Gruber-Risak/Warter).

[38] C(2021) 4230 final.

[39] Waas/van Voss, Restatement of Labour Law in Europe, Volume I: The Concept of Employee (2017).

[40] Pérez del Prado, The Legal Framework of Platform Work in Spain: The New Spanish "Riders' Law", CLLPJ 2021, Dispatch No. 36.

DIE ZIEGELARBEITER*INNEN DES 21. JAHRHUNDERTS

Prekarisierung durch atypische und neue
Beschäftigungsformen

Sascha Obrecht

Das Schicksal von Don Lane macht betroffen. Der 53-jährige Brite starb am
4. Jänner 2018 an den Folgen seines Diabetes. Nicht, weil er die Krankheit nicht

ernst nahm, sondern weil er sich keinen Tag für seine Behandlungen freinehmen konnte.[1]

Don Lane war Paketzusteller für den Zustelldienst DPD. Er war tagtäglich im Einsatz, musste sich an persönliche Weisungen halten und arbeitete nur für DPD – als Selbstständiger; das war auch der Grund, warum er keinen Anspruch auf Entgeltfortzahlung im Krankheitsfall hatte und ihm eine Strafe in Höhe von 150 Pfund drohte, sollte er keine Vertretung für seinen krankheitsbedingten Ausfall namhaft machen können. Eine Strafe, die seiner Witwe zufolge auch schon einmal ausgesprochen wurde – obwohl er den abwesenheitsverursachenden Arzttermin Monate zuvor angekündigt hatte und bereits dreimal im Dienst kollabiert war. DPD wies diese Vorwürfe zurück, reagierte jedoch mit der Ankündigung eines Modells, in dem Beschäftigte selbst wählen können sollten, ob sie Arbeitnehmer*innen oder Selbstständige sind.[2]

Wir springen dreieinhalb Jahre weiter in der Zeit, in den Herbst 2022: Der 49-jährige DPD-Kurier Warren Norton wird tot in einem Paketwagen aufgefunden.[3] Er hatte im Vorfeld des Black-Friday-Wochenendes wiederholt 14-Stunden-Dienste verrichtet – als Selbstständiger. Auch hier stehen Anschuldigungen im Raum, wonach die Kurier*innen im Unternehmen während der besonders stressigen Tage mehr arbeiten müssen. DPD weist auch diese Vorwürfe zurück.

1. Die Wienerberger Ziegelarbeiter

Das weckt historische Erinnerungen. Im Jahr 1888 schlich sich Victor Adler in die Wienerberger Ziegelfabrik ein. Er wollte über die Arbeitsbedingungen aus erster Hand berichten. Ein Ziegelarbeiter musste ihn dafür in das streng abgeriegelte Werkgelände einschleusen. Aus seinen Eindrücken entstand seine wohl bekannteste Klageschrift – eine Sozialreportage mit dem harmlos anmutenden Titel *Die Lage der Ziegelarbeiter*. Seine Schilderungen waren jedoch alles andere als harmlos: Während auf der einen Seite die Aktionäre fette Gewinne einstreiften, schufteten auf der anderen Seite die Arbeiter*innen unter menschenunwürdigen Bedingungen.

Oder mit seinen Worten:

> *Die Wienerberger Ziegelfabrik- und Baugesellschaft zahlt ihren Aktionären recht fette Dividenden. Ihre Aktien, die mit 120 Gulden eingezahlt sind, haben im letzten Jahre nicht weniger als 14 Gulden, das sind 11,7 Prozent, getragen. Bei 35 000 Aktien macht das die hübsche Summe von 490 000 Gulden, welche da ins Verdienen gebracht wurde. [...] Hören wir nun, wie der andere Teil, wie die Arbeiter dieser reichen glänzenden Aktiengesellschaft leben. Nun*

denn, diese armen Ziegelarbeiter sind die ärmsten Sklaven, welche die Sonne bescheint. Die blutige Ausbeutung dieser elendsten aller Proletarier wird durch das verbrecherische, vom Gesetz ausdrücklich verbotene Trucksystem, die Blechwirtschaft, in unbedingte Abhängigkeit verwandelt. Der Hunger und das Elend, zu dem sie verdammt sind, wird noch entsetzlicher durch die Wohnungen, in welche sie von der Fabrik oder ihren Beamten zwangsweise eingepfercht werden.[4]

Verhältnisse wie diese waren ein Katalysator für das Entstehen der Arbeiter*innenbewegung.[5] Rechte wurden erkämpft, Schutzvorschriften hart erstritten und für lange Zeit ein zuvor nicht dagewesener Wohlstand für breite Massen insbesondere über die Absicherung durch starke öffentliche Strukturen geschaffen. Um nur einige Errungenschaften zu nennen: nahezu lückenlose Abdeckung mit kollektivvertraglichen Mindestlöhnen (98 Prozent aller Arbeitsverhältnisse sind abgedeckt),[6] eine umfassende Sozialversicherung zur Absicherung der großen Lebensrisiken[7] und sozialer Wohnbau, mit dem leistbares Wohnen für große Teile der Bevölkerung ermöglicht wurde.[8]

2. Das neue Prekariat

2.1 Die Zersetzung des Normalarbeitsverhältnisses

In den letzten Jahrzehnten erleben wir jedoch eine gegenläufige Bewegung. Und nur so sind Schicksale wie die der beiden eingangs geschilderten DPD-Fahrer begreiflich. Bereits 1987 beschrieb Klaus Firlei die Entwicklungen unter dem Titel der versuchten *Flucht aus dem Arbeitsrecht.*[9] Ging es damals noch um die gezielte Umgehung des arbeitsrechtlichen Schutzes durch Wahl eines anderen Vertragstypus, dem sogenannten freien Dienstvertrag oder gar Werkvertrag, so zeichnet sich diese Flucht heute durch eine weitergehende Zersetzung des auf Dauer angelegten Normalarbeitsverhältnisses aus. Diese Zersetzung durch eine Zunahme an Befristungen und atypischen Beschäftigungsformen stellt das Arbeits- und Sozialrecht vor einige Probleme. Die derzeitigen Regelungen gehen nämlich nach wie vor implizit von einer Art prototypischen Beschäftigungsform aus: einer Vollzeitbeschäftlgung zwischen zwei Vertragsparteien, die auf Dauer und unbefristet ausgeübt wird. Gewerkschaftliche Organisation in und über den Betrieb hinaus, sozialversicherungsrechtliche Absicherung[10] und AN-Ansprüche werden bei davon abweichenden Vertragsgestaltungen immer wieder getestet und mitunter an ihre Grenzen gebracht.

2.2 Atypische Beschäftigungsverhältnisse[11]

Mit dieser Einführung lassen sich die Formen atypischer Arbeit bereits erahnen: zunehmende Teilzeitarbeit, befristet abgeschlossene Arbeitsverhältnisse und Aufbrechung des zweipersonalen Verhältnisses insbesondere durch Formen der Leiharbeit. Diese Diagnose traf das Europäische Parlament bereits im Jahr 2000.[12]

Derartige Konstruktionen bieten vor allem den „negativen" Anreiz für Arbeitgeber*innen, das Risiko der Entlohnung unproduktiver Zeiten auf Arbeitnehmer*innen überwälzen und aus dem Kündigungsschutz potenziell resultierende Kosten umgehen zu können. Den Arbeitnehmer*innen wurde gleichzeitig die bessere Vereinbarkeit von Erwerbstätigkeit und privaten Tätigkeiten versprochen – ein Versprechen, dem natürlich auch ohne Atypizität der Beschäftigung bereits entsprochen werden hätte können.[13]

Damit aber nicht genug.

2.3 Neue Beschäftigungsformen

Der Einsatz moderner Technologie verändert die Arbeitswelt noch zusätzlich: die Beziehung zwischen Arbeitnehmer*innen und Arbeitgeber*innen, die Arbeitsorganisation und zunehmend sogar beides zugleich. Dies wird oftmals durch Zuhilfenahme technischer Betriebsmittel ermöglicht, weshalb viele dieser Erscheinungen unter dem Titel „neue Beschäftigungsformen"[14] zusammengefasst werden. Ob Arbeitnehmer*innen-Sharing, Jobsharing, Interim-Management, Gelegenheitsarbeit, IKT(Informations- und Kommunikationstechnologie)-gestützte mobile Arbeit, Arbeit auf der Grundlage von Gutscheinen, kombinierte Teilzeitbeschäftigung, Crowdwork und kollaborative Arbeitsformen: Sie alle dienen dabei dem Zweck, mehr Flexibilität in das Arbeitsverhältnis zu bringen.[15]

Genau diese Flexibilität, obgleich theoretisch geeignet, nutzbringend für beide Vertragsparteien zu sein, begründet jedoch vermehrt Sorge hinsichtlich der damit einhergehenden Arbeitsbedingungen, da damit gleichzeitig oftmals auch die Qualifikation des jeweiligen Vertragsverhältnisses als Arbeitsverhältnis bestritten wird. Durch Arbeiten(lassen) im Graubereich ist nämlich eine eindeutige Zuordnung zum Arbeitsvertrag oft nicht mehr auf den ersten Blick möglich, gleichzeitig arbeiten die Beschäftigten aber auch nur in den seltensten Fällen mit eigener unternehmerischer Struktur und Freiheit sowie tatsächlich wechselnden Geschäftspartner*innen. Von echter Selbstständigkeit kann daher auch keinesfalls geredet werden. Dies mag im ersten Moment trivial klingen, für die beschäftigten Personen hat diese Differenzierung jedoch weitreichende Auswirkungen.

So haben beispielsweise Auftraggeber*innen keine Sozialversicherungsbeiträge für ihre selbstständigen Auftragnehmer*innen zu entrichten (die Auftragnehmer*innen müssen sie vielmehr selbst tragen), Arbeitgeber*innen für ihre Arbeitnehmer*innen anteilig jedoch schon. Auftraggeber*innen müssen nicht auf die Einhaltung von AN-Schutzvorschriften achten und Arbeitszeitbeschränkungen einhalten, sie können Kündigungsbedingungen ohne gesetzliche Kündigungsfristen und -termine frei vereinbaren. Für Arbeitnehmer*innen ist eine fälschliche Qualifizierung fernab des Arbeitsverhältnisses daher mit einigen Nachteilen verbunden. Aber auch auf Arbeitgeber*innenseite hat diese Entwicklung negative Auswirkungen. So führt eine falsche Einordnung fernab eines Arbeitsvertrags unweigerlich auch zu einem (gesetzwidrigen) Wettbewerbsvorteil gegenüber jenen Arbeitgeber*innen, die sich an die gesetzlichen Vorschriften halten.

Dies lässt sich mit Nuancierungen für ganz Europa statuieren und zeigt auf, dass die beiden geschilderten tragischen Fälle aus dem britischen Transportsektor nur exemplarisch für Verschlechterungen der Arbeitsbedingungen in vielen Staaten stehen. Zu einem ähnlichen Befund gelangt man nämlich auch in bestimmten Branchen in Österreich, wie der 24-Stunden-Pflege, bei den gesetzlich von der türkis-blauen Regierung – völlig systemwidrig – sozialversicherungsrechtlich zu Selbstständigen gemachten Zeitungsbotinnen und -boten[16], in der Transportbranche[17] oder bei Essenszusteller*innen.

2.4 Zwischenergebnis

Wir erleben vermehrt eine „The winner takes it all"-Logik, in der Personen mit Arbeitsverträgen in den Genuss des vollen arbeitsrechtlichen Schutzes gelangen, Personen ohne Arbeitsverträge – mit teils sehr vergleichbaren Aufgaben und Arbeitsbedingungen – jedoch nur sehr eingeschränkten Schutz genießen und sich vielfach nur mehr mit der Grenze der Sittenwidrigkeit (als tiefstmöglicher Grenze nach unten) „absichern" können.

Dadurch entsteht eine Gruppe von Beschäftigten, die nahezu jeglichen arbeitsrechtlichen Schutzes beraubt ist, die keine Kollektivverträge abschließen kann und die aufgrund ihrer Zwischenrolle als im Kern unselbstständig tätige Selbstständige nur zaghaft von den gesetzlichen und freiwilligen Interessenvertretungen der Arbeitgeber*innen und Arbeitnehmer*innen vertreten werden. Erste Initiativen des ÖGB sind hierbei positiv hervorzuheben.[18]

Eine der größeren Herausforderungen der nächsten Jahre wird daher die Frage sein, wie man eben jene Personen absichern kann, die zwar formal richtig oder gar nur zum Schein als Selbstständige arbeiten, dabei jedoch dieselbe wirtschaftliche Abhängigkeit (im Sinne einer Abhängigkeit vom Entgelt) erleben, die historisch zur Entwicklung des Arbeitsrechts geführt hat.

3. Quo vadis?

3.1 Atypische Beschäftigung

Zur Bekämpfung der Risiken im Zusammenhang mit atypischer Beschäftigung sind bereits einige Schritte gesetzt worden und liegen vielfach weitere Lösungsansätze auf dem Tisch.

1. **Teilzeitbeschäftigte:** Insbesondere Initiativen auf europäischer Ebene ist es zu verdanken, dass der Schutz von Teilzeitbeschäftigten verbessert wurde. So enthält die Teilzeit-Richtlinie 97/81/EG ein umfassendes Diskriminierungsverbot Teilzeitbeschäftigter.[19] Außerdem wird die Förderung des Wechsels

von Teilzeit zu Vollzeit und vice versa explizit erwähnt – insbesondere weil die Herabsetzung des Stundenausmaßes und damit einhergehend des Entgelts oftmals die prekäre Situation der Arbeitnehmer*innen begründet. Die RL unterlässt es jedoch, Ansprüche auf Erhöhung oder Reduktion der Arbeitszeit zu etablieren. Eine Maßnahme, mit der die Situation Teilzeitbeschäftigter schlagartig verbessert werden würde, wäre die Etablierung eines Rechtsanspruchs auf Erhöhung der Stundenanzahl, wenn im Betrieb einschlägige Stellen besetzt werden sollen.

2. **Befristete Beschäftigung:** Auch befristete Arbeitsverhältnisse bringen Arbeitnehmer*innen immer wieder in prekäre Situationen, da sie mit potenzieller Aussicht auf ein unbefristetes Vertragsverhältnis geneigt sind, ihre Ansprüche wesentlich vorsichtiger geltend zu machen. Außerdem liegt es in der Natur der Sache, dass eine Befristung ausläuft und dann eine neue Stelle gesucht werden muss, was die wirtschaftliche Situation zusätzlich ungesichert lässt. Insbesondere die Problematik der Kettenbefristungen hat die österreichische Judikatur in diesem Zusammenhang beschäftigt, also wie mit der Aneinanderreihung mehrerer befristeter Arbeitsverträge umzugehen ist. Dabei wurde durch die Rechtsprechung etabliert, dass eine Aneinanderreihung von befristeten Arbeitsverträgen ohne sachliche Rechtfertigung als Umgehung jener gesetzlichen Vorschriften zu werten ist, die Ansprüche erst nach einer gewissen Zeit der Dienstzugehörigkeit entstehen lassen. Bereits die erste Verlängerung bedarf deshalb einer sachlichen Rechtfertigung.[20] Da der österreichische Gesetzgeber dafür jedoch keinerlei gesetzliche Regelung etabliert hat und sich dabei vollständig auf die Judikatur verlässt, kann durchaus infrage gestellt werden, ob die Republik Österreich die Befristungsrichtlinie 99/70/EG der EU ordnungsgemäß umgesetzt hat.[21]

3. **Arbeitskräfteüberlassung:** Das Aufkommen der Arbeitskräfteüberlassung (auch: Leiharbeit, Zeitarbeit) hat ganz eigene Handlungsfelder mit sich gebracht. Es handelt sich dabei um ein Geschäftsmodell, bei dem Arbeitgeber*innen für kurzfristige Arbeitsspitzen Fremdpersonal von einem Dritten (dem Arbeitskräfteüberlassungsunternehmen) gegen Entgelt zur Verfügung gestellt bekommt. Diese Arbeitnehmer*innen stehen in keinem Vertragsverhältnis zu dem*der neuen Arbeitgeber*in, sondern haben ihren Arbeitsvertrag mit dem Überlassungsunternehmen. Mit dem Arbeitskräfteüberlassungsgesetz[22] wurden durchaus erfolgreich einige der Problemfelder gesetzgeberisch einer Lösung zugeführt: So darf ein Überlasser die überlassenen Arbeitnehmer*innen nach Ende des Vertragsverhältnis nicht durch Vertragsstrafen daran hindern, vom aufnehmenden Betrieb übernommen zu werden. Außerdem muss bei der Entlohnung sowohl der Kollektivvertrag für Arbeitskräfteüberlasser als auch der Kollektivvertrag der jeweiligen Beschäftiger beachtet werden, wobei sich die Entlohnung – vereinfacht gesagt – nach

dem besseren Kollektivvertrag richtet. De lege ferenda würde ein Anspruch der überlassenen Arbeitskraft auf Übernahme in den Beschäftigerbetrieb nach einer gewissen Wartefrist die Situation der Arbeitnehmer*innen weiter verbessern.

3.2 Neue Beschäftigungsformen

Wie bereits eingangs angedeutet, verschärft die Digitalisierung nicht nur einige Handlungsfelder, sondern schafft auch gänzlich neue. Einige davon liegen in der Natur der Sache: Bei Dislozierung des Arbeitsplatzes wird betriebliche Organisation und Mitbestimmung schwieriger, da die Betriebsverfassung von einem physischen Betrieb und analoger Kommunikation im Betrieb ausgeht.[23] Auch das zunehmende Auslagern unternehmerischer Entscheidungen auf datenbasierte Computerprogramme fällt in diese Kategorie, wobei die daran anknüpfenden Fragestellungen deutlich komplexer sind. Hier wird der Gesetzgeber in Zukunft dafür Vorsorge zu treffen haben, dass solche Entscheidungen für Betroffene und Belegschaftsvertretung überprüfbar bleiben.[24] Das Problem der zunehmenden Kontrolle am Arbeitsplatz ist im Arbeitsrecht schon länger Thema, wird aber mit der Zunahme technischer Hilfsmittel nicht kleiner.[25] Einigermaßen neu ist jedoch das Phänomen, dass durch Zwischenschalten von Online-Plattformen Tätigkeiten, die in der Vergangenheit in Form eines unbefristeten Dienstverhältnisses geleistet wurden, nunmehr in Einzelaufgaben aufgespalten und in Auftragspaketen an einen Pool zumindest formal selbstständiger Auftragsnehmer*innen verteilt werden (vulgo Crowdwork). Für die beschäftigte Person kann es dabei durchaus so sein, dass sich an der konkreten Tätigkeit nicht viel verändert hat, jedoch durch die Vertragsgestaltung der gänzliche arbeitsrechtliche Schutz wegfällt. Hier wird es darauf ankommen gesetzlich sicherzustellen, dass es sich bei den Tätigkeiten auch wirklich um selbstständige Tätigkeiten handelt. Bei einigen dieser Plattformarbeits-Modelle darf nämlich mit Recht bezweifelt werden, dass die Plattform zur Erfüllung ihrer Leistung tatsächlich mit Selbstständigen kontrahiert. So gibt es international bereits mehrere Entscheidungen[26], die vor allem bei Personenbeförderungsfahrer*innen[27] und Essenszusteller*innen[28] zum Ergebnis gelangten, dass eigentlich ein Arbeitsverhältnis zur Plattform vorliegt.[29]

Besonderes Augenmerk verdient in diesem Zusammenhang der Richtlinien-Vorschlag der Europäischen Kommission zur Verbesserung der Arbeitsbedingungen in der Plattformarbeit[30] vom Dezember 2021. Herzstück dieses Vorschlags ist die gesetzliche Vermutung eines Arbeitsverhältnisses, wenn zumindest zwei von fünf – leichter feststellbaren – Merkmalen bei der Arbeitsorganisation vorliegen. Dabei handelt es sich zum Beispiel um die Frage, ob Plattformbeschäftigte selbst ihre Vergütung bestimmen können oder dies durch die Plattform vorgegeben wird oder ob die Plattform bestimmte Vorgaben zum Erscheinungsbild macht (z. B. Kleidungsvorschriften) oder die Arbeitserbringung organisiert. Sollte die gesetzliche Vermutung für ein Arbeitsverhältnis getriggert werden, haben die Arbeitgeber*innen immer noch die Möglichkeit, diese Vermutung zu widerlegen. Der Vorteil für die Arbeitnehmer*innen ist jedoch der Wegfall der Beweislast, was eine deutliche Verbesserung für die Betroffenen darstellt.

Dieser Vorschlag verdient besonders auch deswegen Beachtung, weil das Konzept der gesetzlichen Vermutung in Österreich auch dafür genützt werden könnte, um andere Formen prekärer Beschäftigung „einzufangen".

4. Zusammenfassung

Im Schatten des arbeitsrechtlichen Schutzes tut sich eine größer werdende Gruppe hervor, die zwar in völliger wirtschaftlicher Abhängigkeit tätig ist, jedoch mangels Arbeitsvertrags nicht dem Arbeitsrecht unterliegt. Es muss daher auch der Blick auf jene Personen geworfen werden, die seinem Schutz-bereich entzogen sind. Die selbstständige Paketlieferantin mit 14-Stunden-Tag, die 24-Stunden-Pflegekraft, der selbstständige Zeitungszusteller mit täglichem Dienstbeginn um 3 Uhr in der Früh oder die zum Hungerlohn durch den Schnee fahrende Fahrradessenszustellerin: Sie alle verdienen soziale Absicherung im breitesten Sinne; auch dann, wenn eine rechtliche Prüfung ergeben sollte, dass es sich tatsächlich um eine selbstständige Tätigkeit handelt. Hierzu gilt es das gesetzliche Instrumentarium zu erweitern, um weiteren negativen Entwicklun-gen vorzubeugen.

Zusätzlich bleibt es notwendig, die arbeitsrechtlichen Schutzstandards zu erhö-hen. Ein paar Vorschläge dafür finden sich in diesem Beitrag.[31] Damit Schicksale wie die von Don Lane und Warren Norton nicht österreichische Realität werden.

ENDNOTEN

[1] The Guardian (2018): DPD courier who was fined for day off to see doctor dies from diabetes; https://www.theguardian.com/business/2018/feb/05/courier-who-was-fined-for-day-off-to-see-doctor-dies-from-diabetes (abgerufen am 4. 12. 2022).

[2] The Guardian (2018): DPD to offer couriers sick pay and abolish fines after driver's death; https://www.theguardian.com/business/2018/mar/26/dpd-to-offer-couriers-sick-pay-and-abolish-fines-don-lane-death (abgerufen am 4. 12. 2022).

[3] Leicester Mercury (2002): Delivery driver found dead in van after '14 hour-long shifts'; https://www.leicestermercury.co.uk/news/uk-world-news/delivery-driver-found-dead-van-7863556 (abgerufen am 4. 12. 2022); Daily Mail (2022): DPD courier, 49, who was working seven-day weeks and up to 14 hours at a time ahead of Black Friday is found dead behind the wheel of his van; https://www.dailymail.co.uk/news/article-11464075/A-courier-died-working-seven-days-week-run-Black-Friday.html (abgerufen am 4. 12. 2022).

[4] Adler, Victor (1888): Die Lage der Ziegelarbeiter. In: Gleichheit 51, 11.

[5] Abendroth, Wolfgang (1997): Einführung in die Geschichte der Arbeiterbewegung, 17.

[6] Mendel, Marliese (2022): Von Katzenmusik und Kollektivverträgen; https://www.oegb.at/themen/arbeitsrecht/kollektivvertrag/von-katzenmusik-und-kollektivvertraegen (abgerufen am 3. 12. 22).

[7] Brodil, Wolfgang/Windisch-Graetz, Michaela (2021): Sozialrecht in Grundzügen[9, 17.]

[8] Weihsmann, Helmut (2002): Das Rote Wien, 96 ff.

[9] Firlei, Klaus (1987): Die Flucht aus dem Arbeitsrecht. In: Das Recht der Arbeit, 271.

[10] Schulze Buschoff, Karin (2004): Neue Selbstständigkeit und wachsender Grenzbereich zwischen selbstständiger und abhängiger Erwerbsarbeit – Europäische Trends vor dem Hintergrund sozialpolitischer und arbeitsrechtlicher Ent-wicklungen. WZB, 4 f.; Resch, Reinhard (2020): Sozialrecht[8, 12 f.]

[11] Die Ausführungen dieses und des folgenden Unterkapitels fußen auf den Vorarbeiten von Gruber-Risak, Martin (2019): Atypische und prekäre Beschäftigungsverhältnisse im EU: Problemlagen und Handlungsoptionen für arbeits- und sozialrechtlichen Schutz. In: Soukup (Hg.): Neoliberale Union oder soziales Europa? Ansätze und Hindernisse für eine soziale Neuausrichtung der EU (= Sozialpolitik in Diskussion Bd. 20), 72–85.

[12] Europäisches Parlament (2000): Atypical Work in the EU, SOCI 106 EN, 9, 30 f.

[13] Gruber-Risak, Martin/Obrecht, Sascha (2022): Arbeiten im Jahr 2030 – „Highway to Hell" oder „Stairway to Heaven"? In: Kaiser, Elisabeth/Schober, Marcus (Hg.): Digitale Wohlfahrtsgesellschaft (= Wiener Perspektiven Band 2), 123.

[14] Europäische Kommission (2017): Vorschlag für eine Richtlinie des Europäischen Parlaments und des Rates über transparente und verlässliche Arbeitsbedingungen in der Europäischen Union, COM(2017) 797 final, 1.

[15] Eurofound (2015): New forms of employment, 107.

16 Mit BGBl. I 2019/8 wurden Zusteller*innen von Zeitungen und sonstigen Druckwerken im § 5 Abs. 1 Z 17 ASVG ex lege aus der Vollversicherung nach dem ASVG ausgeschlossen.

17 Mit weiteren Schicksalen basierend auf zehn Gesprächen mit Betroffenen in unterschiedlichen Branchen: Bohrn-Mena, Veronika (2019): Die neue ArbeiterInnenklasse.

18 An dieser Stelle kann jedoch auf die Initiative der Gewerkschaft vida für Einzelpersonenunternehmen unter dem Namen vidaflex hingewiesen werden: https://www.vidaflex.at/ (abgerufen am 4. 12. 2022).

19 § 4 RL 97/81/EG ABl. L 1998/14, 9.

20 OGH 9 ObA 2220/96b infas 1997 A 25.

21 § 5 RL 99/70/EG ABl. L 1999/43.

22 BGBl. 1988/196.

23 Gruber-Risak, Martin/Obrecht, Sascha (2022): Arbeiten im Jahr 2030 – „Highway to Hell" oder „Stairway to Heaven"? In: Kaiser, Elisabeth/Schober, Marcus (Hg.): Digitale Wohlfahrtsgesellschaft (= Wiener Perspektiven Band 2), 126.

24 In diese Richtung gehen auch einzelne Bestimmungen eines Verordnungsvorschlags für gewerbliche (!) Platt-formnutzer*innen der EU-Kommission in: Europäische Kommission (2018): Vorschlag für eine Verordnung des europäischen Parlaments und des Rates zur Förderung von Fairness und Transparenz für gewerbliche Nutzer von Online-Vermittlungsdiensten, COM(2018) 238 final.

25 Vgl. §§ 96 Abs. 1 Z 3, 96a Abs. 1, 97 Abs. 1 Z 1 ArbVG.

26 Deutsches BAG 1. 12. 2020, 9 AZR 102/20.

27 Britischer Supreme Court 12. 2. 2021 (Uber BV v. Aslam), UKSC 5.

28 Spanisches Tribunal Supremo 25. 9. 2020, STS 2924/2020.

29 Hießl, Christina (2022): Case Law on the Classification of Platform Workers: Cross-European Comparative Analysis and Tentative Conclusions. In: Comparative Labour Law & Policy Journal 2022 (im Erscheinen – vorab online verfügbar unter https://papers.ssrn.com/sol3/papers.cfm?abstract_id=3839603).

30 Europäische Kommission (2021): Vorschlag für eine Richtlinie des Europäischen Parlaments und des Rates zur Ver-besserung der Arbeitsbedingungen in der Plattformarbeit, COM(2021) 762 final.

31 Weitere Vorschläge in: Gruber-Risak, Martin/Obrecht, Sascha (2022): Arbeiten im Jahr 2030 – „Highway to Hell" oder „Stairway to Heaven"? In: Kaiser, Elisabeth/Schober, Marcus (Hg.): Digitale Wohlfahrtsgesellschaft (= Wiener Perspektiven Band 2), 123.

RECHTSPHILOSOPHISCHE PERSPEKTIVEN AUF ARBEIT

Erwerbsarbeit zwischen Freiwilligkeit und Fremd-bestimmung

Maria Sagmeister

Eine gute Rechtsordnung soll die Autonomie und Gleichheit der Menschen fördern. Das Recht soll dabei ausgleichend auf bestehende Ungleichheiten reagieren, helfen, diese abzubauen, und Menschen in ihrer möglichst autonomen Lebensgestaltung unterstützen sowie sie vor Schäden und Ausbeutung schützen. Das sind freilich Idealanforderungen an das Recht, die es bei Weitem nicht immer erfüllt.

Als Rahmen für die gesellschaftliche Organisation und Verteilung von Arbeit hat das Recht zwar das Potenzial, darauf hinzuwirken, dass diese Verteilung gerecht ist; es kann aber auch in die andere Richtung ausschlagen. Rechtsnormen können bestehende Ungleichheiten und Abhängigkeiten verfestigen oder gar neue Differenzlinien erzeugen. Nicht immer kann der rechtlich versprochene Schutz für alle gleich wirksam werden, und der tatsächliche Zugang zum Recht hängt ganz maßgeblich von außerrechtlichen Umständen ab. Die Gestaltung des Rechts ist zwar nicht alleine dafür ausschlaggebend, ob und wie Menschen sich mehr oder weniger frei entfalten können, es spielt aber doch eine ganz wesentliche Rolle dabei. In einer Welt, in der die meisten Menschen ein Einkommen aus Erwerbsarbeit erwirtschaften müssen, um sich und gegebenenfalls auch andere zu erhalten, ist gerade die rechtliche Regulierung der Arbeitswelt für ihre Lebensgestaltung wesentlich. Denn die meisten Menschen sind darauf angewiesen, ihr Leben mit den Anforderungen des Erwerbs vereinbar zu machen. Für Frauen – die zusätzlich in einem überproportionalen Ausmaß die Last der unbezahlten Arbeit im Privaten tragen – ist dies umso schwieriger.[1] Im Arbeitsrecht stellen sich daher ganz grundsätzliche Fragen von Gleichheit und Autonomie.

So lässt sich etwa schon trefflich darüber streiten, ob man denn überhaupt von einer autonomen Entscheidung zur Lohnarbeit sprechen kann, wo doch

den meisten der ökonomische Zwang im Nacken sitzt. Im Unterschied zu unfreien Arbeitsverhältnissen, zu deren Erfüllung Menschen mit rechtlichem Zwang genötigt werden können, bildet heute der Arbeitsvertrag die Basis freier Arbeitsverhältnisse.[2] Das Eingehen eines solchen Vertrags wird als freiwillig angenommen, auch wenn die Marx'sche Kritik diese Annahme bereits zutreffend relativiert hat. Da ist zwar einerseits die persönliche Freiheit im Gegensatz zur ständischen Gebundenheit, andererseits aber auch die Freiheit von Produktivmitteln, das heißt Besitzlosigkeit, welche die freien Lohnarbeiter*innen dazu zwingt, ihre Arbeitskraft zu Markte zu tragen; sie sind „frei in diesem Doppelsinn" (Marx 2008, 183). Sie mögen sich frei entscheiden, an wen sie ihre Arbeitskraft verkaufen, ob sie arbeiten gehen müssen, steht ihnen allerdings nicht frei. Das Vertragsdenken dient seit der Neuzeit als rechtsphilosophische Legitimationserzählung staatlicher Souveränität und setzt vernunftbegabte Subjekte voraus, die sich auf bestimmte Vertragsinhalte einigen – insbesondere auf einen Gesellschaftsvertrag, der das gesamte Staatswesen ordnet.[3] Neben der feministischen (Pateman 1988) und antirassistischen Kritik (Mills 1997), die dem Gesellschaftsvertragsdenken vorhalten, nur weiße männliche Subjekte vor Augen zu haben, liegt ein Grundproblem des Vertragsdenkens auch in der

Annahme formeller Gleichheit unter Ausblendung ökonomischer Unterschiede. Beim Arbeitsvertrag wird dies im immensen Machtungleichgewicht zwischen individuellem*individueller Arbeiter*in und Arbeitgeber*in offensichtlich, denn rechtlich zwar gleichgestellt, sind diese doch typischerweise mit unterschiedlichem individuellem Verhandlungsgewicht ausgestattet (Kahn-Freund 1979, 69–70). Dem tritt das Arbeitsrecht entgegen, indem es Schutzbestimmung vorschreibt und kollektive Rechte für Arbeiter*innen einräumt (Collins/Lester/Mantouvalou 2018, 2). Das Arbeitsrecht erscheint paradigmatisch für die doppelte Negation des Zwangs, mit der Kant (1797) das Verhältnis von Recht und Autonomie beschreibt.[4] Demzufolge darf Freiheit dort rechtlich beschränkt werden, wo diese Freiheit ausgenutzt wird, um jemandes anderen Freiheit zu beschränken. Entsprechend beschränkt das Arbeitsrecht die Vertragsfreiheit in Bezug auf Arbeitsverhältnisse dahin gehend, dass bestimmte Regelungen zum Schutz der typischerweise schwächeren Vertragspartei zwingend vorgeschrieben werden.

1. Was heißt autonom entscheiden?

Wenn wir die Grundsatzfrage, ob man trotz ökonomischer Notwendigkeit von einer freien Entscheidung zur Lohnarbeit sprechen kann, beiseiteschieben und uns sozusagen damit abfinden, so bleibt auszuloten, inwiefern es Menschen möglich ist, sich innerhalb des Felds der Lohnarbeit frei zu bewegen – etwa den Beruf ihrer Wahl zu ergreifen oder die Erwerbsarbeit mit dem Familienleben und ihrer Freizeit vereinbar zu machen. Denn auch Ziele und Projekte, die man sich innerhalb eines beschränkten Raums von Möglichkeiten vornimmt, können mehr oder weniger autonom gesetzt sein. Zunächst muss dafür der Begriff der Autonomie geklärt werden. In diesem Beitrag wird einem Autonomieverständnis gefolgt, das diese als von inneren und äußeren Bedingungen abhängig versteht und das Recht als eine dieser Bedingungen ansieht.[5]

Autonomie beschreibt sowohl die eigenen Fähigkeiten als auch die äußeren Befähigungen zur selbstbestimmten Lebensführung. Das heißt, Autonomie ist von sozialen Umständen abhängig, die rechtsphilosophisch von verschiedenen Denker*innen in etwa so gefasst werden: Zuallererst müssen überhaupt adäquate Wahlmöglichkeiten zur Verfügung stehen, zweitens müssen Menschen die emotionalen und intellektuellen Fähigkeiten haben, um diese Möglichkeiten wahrnehmen, reflektieren und sich dafür oder dagegen entscheiden zu können, und drittens bedarf es der relativen Abwesenheit von Zwang (Holzleithner 2011, 374; Raz 1986, 372; Wapler 2018, 193). Daher ist Autonomie sowohl von äußeren Umständen wie auch von persönlichen Fähigkeiten abhängig. Was heißt das nun in Bezug auf die Arbeitswelt?

2. Äußere Autonomiebedingungen und das Recht

Joseph Raz zufolge müssen sowohl in wichtigen wie auch in scheinbar trivia-
len Lebensbereichen verschiedene Optionen verfügbar sein, zwischen denen
Menschen sich entscheiden können. Bietet sich Menschen dagegen nur eine
Möglichkeit, so kann nicht von einer autonomen Lebensgestaltung gesprochen werden. Als Beispiel für eine Entscheidung über wesentliche Aspekte des
Lebens nennt er unter anderem die Berufswahl (Raz 1986, 374). Als ähnlich
wichtig können Entscheidungen über die persönlichen Beziehungen gelten,
insbesondere darüber, ob und mit wem man Kinder bekommen möchte. Das
heißt also, sowohl bei der Berufswahl als auch bei der Familienplanung müssen
sich Menschen sinnvolle Gestaltungsmöglichkeiten bieten. Es ist daher jedenfalls nicht adäquat, sich zwischen Beruf und Familie entscheiden zu müssen.
Vielmehr muss es möglich sein, in beiden Bereichen Optionen zu ergreifen –
was wiederum auch umfasst, sich auf einen dieser Bereiche zu konzentrieren,
soweit dies eben nicht die einzig verfügbare und damit nicht adäquate Option
ist (vgl. Sagmeister 2021, 199). Dass Frauen sich eher zwischen Familie und Karriere entscheiden müssen, Männer hingegen eher beides vereinbaren können,

ist für Joan Williams eine der drastischsten Illustrationen der unterschiedlichen Wahlfreiheiten, die Männer und Frauen haben (vgl. Williams 1991, 1598). Die Vereinbarkeitsfrage wird gerade für Frauen oft zum ausschlaggebenden Argument für oder gegen Kinder.[6] Solange Frauen überproportional mit unbezahlter Sorgearbeit belastet sind, sind ihre Lebensgestaltungsmöglichkeiten dadurch eingeschränkt.

Vice versa sind männliche Rollenbilder stark auf den Bereich des Erwerbs fokussiert, was ebenfalls als Beschränkung von Entscheidungsräumen angesehen werden kann: „[...] while male privilege gives men the right to perform as ideal workers, it also creates a duty for them to perform as ideal workers" (McGinley 2011, 32). Allerdings kann – ohne damit eine Wertung vorzunehmen – nicht von der Hand gewiesen werden, dass Erwerbsarbeit im Gegensatz zu familiärer Sorgearbeit den Vorteil der Entlohnung mit sich bringt. Und über ein eigenes Einkommen verfügen zu können ist wesentlich für die Verfügbarkeit von Lebensgestaltungsmöglichkeiten. Nicht zuletzt aus diesem Grund wurden in feministischen Kontexten immer wieder Forderungen nach einem Lohn für Hausarbeit laut (vgl. Dalla Costa/James 1973). Zugleich wirft dies wieder die Einstiegsfrage auf; zwar mag es für unterschiedliche Arbeiten unterschiedlichste Motivationen geben, die „am häufigsten anzutreffende Motivation ist ganz einfach: Personen müssen arbeiten wegen des Geldes" (Rössler 2012, 518).

Nach Raz sollte keine Entscheidung vom Bedürfnis getragen sein, das eigene Leben zu erhalten (Raz 1986, 376). Gerade im Kontext Arbeit scheint es geboten zu fragen, wie sich diese Anforderung zu der Tatsache verhält, dass die meisten Menschen auf ein Einkommen aus Arbeit angewiesen sind, um das eigene Leben zu erhalten. Beate Rössler wirft hier kritisch ein, dass es alles andere als einfach wäre zu behaupten, „entfremdete Arbeit sei mit der Autonomie und praktischen Identität von Subjekten in einer gerechten und freien Gesellschaft problemlos vereinbar" (Rössler 2012, 525). Sie hält es daher für wesentlich, sich über die Gestaltung von und den Zugang zu Erwerbsarbeit Gedanken zu machen, wenn es um die Förderung von Autonomie geht. Problematisch ist für sie insbesondere entfremdete, fremdbestimmte Arbeit, was im Grunde allerdings jeder Arbeit entspricht, die allein des Geldes wegen verrichtet wird. Entfremdung als philosophisch-soziologischer Begriff meint im Kontext von Arbeit, „daß die Tätigkeit des einzelnen im Produktionsprozeß, seine Arbeit und die Ergebnisse seiner Arbeit sich verselbstständigt und Herrschaft über den Menschen gewonnen haben" (Israel 1972, 17). Als psychologischer Begriff meint Entfremdung die individuelle Erfahrung von Machtlosigkeit, Sinnlosigkeit oder Isolation. In der Verwobenheit dieser Dimensionen liegt die „doppelte Bedeutung des Begriffs Entfremdung" (ebd., 18), unter der Menschen im Kontext von Erwerbsarbeit leiden.

Rössler stellt dem den Begriff der sinnvollen Arbeit gegenüber. Dieser kann allerdings nur innerhalb bestimmter Grenzen als Maßstab dienen; soweit der Zwang zu Arbeit besteht, hat diese einem Mindeststandard zu genügen: „Wenn die Menschen arbeiten müssen, dann muss sinnvolle Arbeit verfügbar sein" (Rössler 2012, 532). Als sinnvoll gelten ihr solche Tätigkeiten, bei denen ein Minimum an Selbstbestimmung, Komplexität und Fähigkeiten eingesetzt werden kann und muss. Daraus ergeben sich bestimmte Anforderungen an die Gestaltungen und Qualität von Arbeit. Weiters lässt sich dadurch auf die Notwendigkeit der Vereinbarkeit von familiären Verpflichtungen mit Arbeit schließen, da die Verfügbarkeit solcher Arbeiten gewährleistet sein muss (vgl. Sagmeister 2021, 201 ff.). Rössler argumentiert, dass der gleiche Zugang zu sinnvoller Arbeit ein Recht darauf verlangt, und nimmt somit den Staat in die Verantwortung (Rössler 2012, 532–533). Es reicht zudem nicht, ein Recht auf Arbeit zu postulieren, es muss ein Recht auf gute Arbeit sein. Dabei darf weder der enorme gesellschaftliche Wert unbezahlter Arbeit vernachlässigt werden, noch dürfen bestimmte Gruppen vom Zugang zu Arbeit ausgeschlossen werden, etwa aufgrund des Aufenthaltsstatus oder der Staatsangehörigkeit, oder beim Zugang diskriminiert werden, etwa aufgrund ihres Geschlechts oder ihrer Religion. Das kann auch heißen, dass den strukturellen Ungleichheiten, von denen die Gesellschaft durchzogen ist und welche die Lebenschancen der Angehörigen verschiedener Gruppen in signifikanter Weise verschlechtern, entsprechend entgegengewirkt werden muss. Gleichbehandlungsrechtliche Maßnahmen wie Quotenregelungen sind insofern „rückgebunden an die Freiheitssicherung" (Pauer-Studer 2003, 267). Erst wenn eine Option allen offensteht und es ihnen tatsächlich möglich ist, danach zu handeln, kann von einer autonomen Entscheidung dafür oder dagegen gesprochen werden.

3. Personale Autonomie und die (relative) Abwesenheit von Zwang

Selbst wenn adäquate Möglichkeiten bereitstehen, ergehen Entscheidungen nicht automatisch autonom – in der Person und in ihrer Umwelt gelegene Gründe können das Ergreifen bestimmter Möglichkeiten fördern, aber auch hindern oder gar verunmöglichen. Hier greifen individuelle und strukturelle Bedingungen ineinander, denn „Wünsche, Ziele und Präferenzen, die eine Person im Laufe ihres Lebens entwickelt, sind in hohem Maße von den Bedingungen abhängig, unter denen diese Person lebt" (Wapler 2018, 200). Voraussetzung für das Greifen von Quotenregelungen in der Berufswelt ist etwa, dass Ausschreibungen Angehörige der unterrepräsentierten Gruppen überhaupt erreichen und sich diese daraufhin auch bewerben.

Hier geht es um Fragen personaler Autonomie, die individuelleren
Voraussetzungen für autonome
Entscheidungen.[7] Diese werden in
der Rechtsphilosophie als intellek-
tuelle Einsichtsfähigkeit, emotionale
Steuerungsfähigkeit und (relative)
Abwesenheit von Zwang und Manipulation verhandelt (vgl. Raz 1986,
372; Holzleithner 2011, 374). Intellek-
tuelle Einsichtsfähigkeit heißt, dass
ein Individuum kognitiv dazu in der
Lage sein muss, Entscheidungen und
Handlungen zu reflektieren. Es muss
unterschiedliche Sachverhalte und
Optionen unterscheiden und abwä-
gen können. Weiters muss emotionale Steuerungsfähigkeit vorliegen, das
heißt, man muss in der Lage sein,
entsprechend einer Entscheidung zu
handeln. Der gebildete Wille muss
auch in die Tat umgesetzt werden
können, was allerdings nicht heißt,
dass es nicht auch Momente von Schwäche geben kann.

Wesentlich ist, dass eine Entscheidung nicht Ergebnis von Zwängen oder
Manipulationen ist. Dieser Teilaspekt der personalen Autonomie macht sie zu
einem explizit relationalen Konzept und überschreitet somit ein Stück weit die
Beschreibung als etwas in der Person Gelegenes. Ein Zusammenhang zwischen
inneren und äußeren Bedingungen von Autonomie ist bei sämtlichen der
genannten Aspekte personaler Autonomie zu berücksichtigen, auch die Ausbildung emotionaler und intellektueller Fähigkeiten ist von gesellschaftlichen
Faktoren und Institutionen abhängig; etwa vom Zugang zu Bildungseinrichtungen, oder noch basaler zu ausreichender Nahrung, um das Hirn voll ausbilden
zu können. Besonders deutlich wird die Verwobenheit Innerer und äußerer
Autonomiebedingungen aber beim Erfordernis der (relativen) Unabhängigkeit
von Entscheidungen.

Bei Raz erscheint die Unabhängigkeit von Zwang und Manipulation als Idealzustand, der mit Blick auf strukturelle Ungleichheiten innerhalb der bestehenden
Gesellschaft wohl kaum je zu erreichen sein wird (vgl. Raz 1986, 373). Der Grad
der Annäherung an dieses Ideal ist zudem abhängig von der Positionierung
einer Person innerhalb der Gesellschaft und für manche schwerer zu errei-

chen als für diejenigen, die geringere Abhängigkeiten in ihrem Leben aushalten müssen. Elisabeth Holzleithner grenzt diese Voraussetzung daher ein, indem sie von der relativen Unabhängigkeit spricht: „Das Leben in Gesellschaft ist immer schon von normativen Erwartungen durchzogen, die mehr oder weniger subtil Druck ausüben" (Holzleithner 2009, 353). Folglich stellt sich die Frage, wo der illegitime Zwang beginnt oder, anders gefragt, bis wohin eine Entscheidung als autonom gelten kann. Etwa können Geschlechternormen als symbolischer Zwang angesehen werden, aber es wäre falsch, jede Entscheidung von Menschen, die mit den gesellschaftlichen Erwartungen an ihr zugeschriebenes Geschlecht einhergeht, als unfrei abzutun. Dennoch darf die soziale Bedingtheit von Bedürfnissen nicht vernachlässigt werden.

Wenn Raz schreibt, dass stets solche Optionen verfügbar sein müssen, die dem gewählten Lebensprojekt einer Person angemessen sind (vgl. Raz 1986, 376), kann ihm entgegengehalten werden, dass individuelle Präferenzen immer sozial mitgestaltet sind. Umfeld, Familie, Beziehungen, Herkunft und viele Faktoren mehr beeinflussen unsere Wünsche und Ziele. Das führt zu dem Dilemma, eine Entscheidung, mit der eine Person sich identifiziert, entweder entgegen deren Selbstverständnis nicht als autonom anzuerkennen oder aber Autonomie zuzuerkennen, wo die Identifikation aus unfreien Verhältnissen resultiert. Für Onora O'Neill ist der Fokus auf Präferenzen gar ein wesentlicher Ansatzpunkt für ihre Kritik an liberalen Vorstellungen von Autonomie: „[O]nce preferences are taken as the basis for action, and their satisfaction [...] as just, it will be hard to criticize the range of social phenomena we call patriarchy. For the victims of patriarchy have preferences that are highly adapted to their circumstances: yet on ordinary, pretheoretical views such adaptation seems to many to exacerbate rather than obliterate or mitigate injustice" (O'Neill 1995, 143). Ob eine „stark von außen induzierte Präferenz" noch als autonom gelten kann, wird kontrovers diskutiert (Wapler 2012, 200). Gerade in feministischen Kontexten ergibt sich diese Kontroverse daraus, dass in vielen Gesellschaften die Entscheidungsmöglichkeiten von Frauen stärker begrenzt erscheinen als die von Männern. So nennt Rössler Geschlechternormen als Beispiel dafür, dass „nicht nur verzerrende individuelle, sondern auch gesellschaftliche Strukturen" die Wahrnehmung von Optionen beeinflussen (Rössler 2017, 42). Die freiwillige Übernahme des Großteils der unbezahlten Sorge- und Haushaltsarbeit durch Frauen kann dafür als Beispiel dienen. Die stereotype Verteilung von verschiedenen Arbeiten hat auch materielle Folgen. So wirken sich Stereotype auf geschlechtsspezifische Einkommensunterschiede nach der Geburt eines Kindes ebenso wesentlich aus wie die Gestaltung von Elternzeitregelungen (vgl. Kleven et al. 2019, 5–6). Auch das Konzept der „statistischen Diskriminierung" erklärt den Gender-Pay-Gap mit der „Zuweisung von Frauen auf weniger produktive und geringer entlohnte Arbeitsplätze" aufgrund stereotyper Vorstellungen (Achatz 2008, 269). Häufig sind dabei Eigenschaften wie Ehrgeiz und Unabhängigkeit, die mit Leistungsfähigkeit assoziiert werden, männlich konnotiert, während Sensibilität und Fürsorglichkeit als weiblich gelten (Achatz 2008, 270). Auch das Veränderungspotenzial durch Bildung stößt dabei an Grenzen. Stefanie Wöhl beschreibt eine „Dominanz von Geschlecht über Qualifikation auf verschiedenen Ebenen der berufsförmig organisierten Arbeit", die verhindert, dass die tatsächliche Eignung einer Person zum ausschlaggebenden Faktor für die Verteilung beruflicher Chancen wird (Wöhl 2019, 81).

Geschlechternormen führen auch dazu, dass überwiegend Frauen in Teilzeit arbeiten, da ihnen die Hauptverantwortung für die unbezahlte Arbeit zuge-sprochen wird und diese anders kaum mit dem Erwerb vereinbar ist. Wer es sich leisten kann, lagert Reproduktionsarbeit an andere Frauen aus, häufig unter schlechten Arbeitsbedingungen (vgl. z. B. Lutz 2011). Dies verweist auf eine weitere Problematik in Bezug auf Stereotype, nämlich ihre Bedeutung bei der geschlechtsspezifischen (sowie ethnisierten) Segregation des Arbeits-markts. Frauen sind häufig in Berufen tätig, in denen sie schlechter verdienen als Männer. Der beliebteste Lehrberuf unter Mädchen ist im Einzelhandel, bei Buben sind es Metall- und Elektrotechnik; der Unterschied zwischen den durch-schnittlichen Einstiegsgehältern liegt bei ca. 500 Euro.[8] In frauendominierten Branchen ist zudem der Gender-Pay-Gap besonders groß; weibliche Beschäf-tigte im Bereich „sonstige Dienstleistungen", in dem sich beispielsweise Friseur- und Kosmetiksalons finden, verdienen gut ein Drittel weniger als Männer; der Frauenanteil liegt dort bei 68 Prozent.[9]

Es gibt verschiedene Erklärungsansätze für die ungleiche Verteilung von Män-nern und Frauen auf dem Arbeitsmarkt. Die meisten dieser Ansätze sehen einen Zusammenhang zur traditionellen Arbeitsteilung, „die es für Frauen rational erscheinen lässt, Berufe mit spezifischen Lohnstrukturen zu bevorzu-gen" (Achatz 2008, 264). Dies gilt sowohl für Arbeitsselektionstheorien, denen zufolge Männer und Frauen ihre Prioritäten entsprechend stereotypen Vor-stellungen unterschiedlich ordnen, als auch für Sozialisationstheorien. Erstere meinen, Frauen würden Tätigkeiten bevorzugen, die mit Care-Arbeit kompatib-ler ist. Dies führe sowohl zur Spaltung in männer- und frauendominierte Bran-chen als auch zu einem durchschnittlich geringeren Lohnniveau von Frauen. Solche Überlegungen zur „beruflichen Selbstselektion" blenden allerdings die „Herkunft der Präferenzen" aus (ebd., 266), vielmehr sind die unterschiedlichen Berufsentscheidungen auch Ergebnisse von vergeschlechtlichten Sozialisa-tionsprozessen· Hinzu kommen soziale Schließungen – etwa männerbündische Strukturen in bestimmten Berufsgruppen wie der Polizei (vgl. Reiter 2022) – und geschlechtsspezifische Fremdselektion, die Frauen den Zutritt zu bestimmten Branchen und darin in bestimmte Positionen erschwert (vgl. Buchmann/Kriesi 2012, 257).

Aufgrund dieser ungleichen Ausgangslage auf dem Arbeitsmarkt kann es in einer heterosexuellen Paarbeziehung rational erscheinen, dass eher die Frau ihre Erwerbstätigkeit unterbricht, da auf das Gehalt des Mannes schlechter verzichtet werden kann. Wiewohl Väter und Mütter im Bereich Karenz weitestgehend gleichgestellt sind und eigene Regelungen der Motivation von Vätern dienen sollen, ihre Ansprüche in diesem Bereich vermehrt geltend zu machen, zeigt sich empirisch, dass die Elternkarenz völlig überproportional von Frauen beansprucht wird.[10] Dass Frauen häufiger zugunsten der Kinder pausieren oder nur Teilzeit arbeiten, wirkt sich wiederum nicht nur auf das aktuelle Einkommen aus, sie erwerben durchschnittlich geringere Pensionsansprüche als Männer und sind stärker von Altersarmut betroffen.[11] Es kann an dieser Stelle freilich nicht darum gehen, die Entscheidungen individueller Frauen und Männer zu bewerten, sondern sichtbar zu machen, dass gesellschaftliche Strukturen die Autonomie einzelner Personen beeinflussen.

4. Schluss

Die Arbeitswelt – und das beinhaltet auch die Organisation unbezahlter Arbeit im Privaten – ist von vielfältigen rechtsphilosophischen Fragen rund um den Begriff der Autonomie durchzogen. Zuallererst ist da das Problem des ökonomischen Zwangs, angesichts dessen die freie Entscheidung über das Ergreifen eines Brotberufs gänzlich in Zweifel gezogen werden kann. Doch nehmen wir dieses Dilemma hin und fragen, wie sich der Zugang zu Arbeit trotz dieses grundsätzlichen Zwanges möglichst autonom gestalten lässt, so zeigt sich, dass das Recht in vielfacher Weise dafür mitverantwortlich ist, wie selbstbestimmt Menschen ihr Leben auch mit Blick auf die Arbeitswelt gestalten können. Ganz wesentlich ist dabei die Verfügbarkeit adäquater Optionen, dass gute Arbeitsplätze zur Verfügung stehen und nicht manchen Gruppen der Zugang dazu erschwert wird. So können etwa unzureichende Optionen bei der Vereinbarkeit von Beruf und Familie dem gleichen Zugang entgegenwirken. Ebenso wichtig ist es, Menschen individuell zu ermächtigen, bestehende Optionen auch tatsächlich ergreifen zu können.

LITERATUR

- Achatz, Juliane (2008): Geschlechtersegregation im Arbeitsmarkt. In: Abraham, Martin/Hinz Thomas (Hg.): Arbeitsmarktsoziologie. Probleme, Theorien, empirische Befunde. Wiesbaden, 263–301.
- Buchmann, Marlis/Kriesi, Irene (2012): Geschlechtstypische Berufswahl: Begabungszuschreibungen, Aspirationen und Institutionen. In: Kölner Zeitschrift für Soziologie und Sozialpsychologie 52, 256–280.
- Collins, Hugh/Lester, Gillian/Mantouvalou, Virginia (2018): Introduction: Does Labour Law Need Philosophical Foundations? In: Collins, Hugh/Lester, Gillian/Mantouvalou, Virginia (Hg.): Philosophical Foundations of Labour Law. Oxford.
- Dalla Costa, Mariarosa/James, Selma (1973): The Power of Women and the Subversion of the Community, Bristol.
- Holzleithner, Elisabeth (2008): Emanzipation durch Recht? In: Kritische Justiz 3, 250–256.
- Holzleithner, Elisabeth (2009): Der Kopftuchstreit zwischen Feminismus und Multikulturalismus. In: Berghahn, Sabine/Rostock, Petra (Hg.): Der Stoff, aus dem Konflikte sind, Bielefeld, 341–360.
- Holzleithner, Elisabeth (2011): Dimensionen gleicher Freiheit. Recht und Politik zwischen Toleranz und Multikulturalismus. Unveröff. Habilitationsschrift, Wien.
- Israel, Joachim (1972): Der Begriff der Entfremdung. Makrosoziologische Untersuchung von Marx bis zur Soziologie der Gegenwart. Hamburg.
- Kahn-Freund, Otto (1979): Labour Relations. Heritage and Adjustment. Thank-Offering to Britain Fund Lectures 27, 30 November, 4 December 1978, Oxford.
- Kant, Immanuel (1797): Metaphysik der Sitten. Erster Teil. Metaphysische Anfangsgründe der Rechtslehre. Königsberg; https://bit.ly/2SM0M4L (abgerufen am 20. 11. 2022).
- Keiser, Thorsten (2013): Vertragszwang und Vertragsfreiheit im Recht der Arbeit von der Frühen Neuzeit bis in die Moderne. Frankfurt am Main.
- Kleven, Henrik/Landais, Camille/Posch, Johanna/Zweimüller, Josef (2019): Child Penalties Across Countries: Evidence and Explanations. Princeton; www.henrikkleven.com/uploads/3/7/3/1/37310663/klevenetal_aea-pp_2019.pdf (abgerufen am 20. 2. 2023).
- Lutz, Helma (2011): The New Maids: Transnational Women and the Care Economy. London.
- Marx, Karl (2008): Das Kapital. Kritik der politischen Ökonomie. Erster Band. Buch I: Der Produktionsprozeß des Kapitals. MEW 23. Berlin.
- McGinley, Ann (2011): Work, Caregiving and Masculinities. In: Seattle University Law Review 34, 703–723.
- Mills, Charles (1997): The Racial Contract. Ithaca.
- O'Neill, Onora (1995): Justice, Capabilities, and Vulnerabilities. In: Nussbaum, Martha/Glover, Jonathan (Hg.): Women, Culture, and Development: A Study of Human Capabilities. Oxford, 140–152.
- Pateman, Carol (1988): The Sexual Contract. Oxford.
- Pauer-Studer, Herlinde (2003): Freiheit und Gleichheit: Zwei Grundwerte und ihre Bedeutungen. In: Pauer-Studer, Herlinde/Nagl-Docekal, Herta (Hg.): Freiheit, Gleichheit und Autonomie. Wien, 234–274.
- Putz, Sabine/Stockhammer, Hilde/Sturm, René (2015): Geschlecht, Berufswahl und Arbeitsmarkt: Eine aktuelle Projektschau der Abt. Arbeitsmarktforschung und Berufsinformation und der Abt. Arbeitsmarktpolitik für Frauen des AMS Österreich. AMS, Wien.
- Raz, Joseph (1986): Morality of Freedom. Oxford.
- Reiter, Hannah (2022): Women in Policing. Between Assimilation and Opposition. Baden-Baden.
- Rössler, Beate (2003): Bedingungen und Grenzen von Autonomie. In: Pauer-Studer, Herlinde/Nagl-Docekal, Herta (Hg.): Freiheit, Gleichheit und Autonomie. Wien, 327–357.
- Rössler, Beate (2012): Sinnvolle Arbeit und Autonomie. In: Deutsche Zeitschrift Für Philosophie 60 (4), 513–534.
- Rössler, Beate (2017): Autonomie. Ein Versuch über das gelungene Leben. Berlin.
- Sagmeister, Maria (2021): Geschlechtergerechte Arbeitsteilung. Der arbeitsrechtliche Schutz von Eltern zwischen Zwang und Autonomie. Wien.
- Wapler, Friederike (2015): Kinderrechte und Kindeswohl. Tübingen.
- Wapler, Friederike (2018): Reproduktive Autonomie: rechtliche und rechtsethische Überlegungen. In: Baer, Susanne/Sacksofsky, Ute (Hg.): Autonomie im Recht – Geschlechtertheoretisch vermessen. Baden-Baden, 185–215.
- Williams, Joan (1991): Gender War: Selfless Women in the Republic of Choice. In: NYU Law Review 66, 1559–1634.
- Wipperman, Carsten (2016): Was junge Frauen wollen. Friedrich-Ebert-Stiftung, Berlin; https://library.fes.de/pdf-files/dialog/12633.pdf (abgerufen am 15. 11. 2022).

- Wöhl, Stefanie (2019): Klasse–Geschlecht: kapitalistische Entwicklung und geschlechtsspezifische Arbeitsteilung. In: Kortendiek, Beate/Riegraf, Birgit/Sabisch, Katja, (Hg.): Handbuch Interdisziplinäre Geschlechterforschung. Wiesbaden, 77–86.

ENDNOTEN

[1] Der Anteil der männlichen Kinderbetreuungsgeldbezieher lag laut Statistik Austria zwischen 2008 und 2017 konstant unter 5 Prozent; vgl. Statistik Austria: Kinderbetreuungsgeldbezieherinnen und -bezieher nach Geschlecht 2008 bis 2017; www.statistik.at/web_de/statistiken/menschen_und_gesellschaft/soziales/sozialleistungen_auf_bundesebene/familienleistungen/index.html (abgerufen am 2. 5. 2019).

[2] Vgl. zur Entwicklung und Unterscheidung freier Dienstverhältnisse Keiser (2013): Vertragszwang und Vertragsfreiheit im Recht der Arbeit von der Frühen Neuzeit bis in die Moderne. Frankfurt am Main.

[3] Die wichtigsten Vertreter der Vertragstheorien sind Thomas Hobbes, John Locke und Jean-Jacques Rousseau.

[4] „[W]enn ein gewisser Gebrauch der Freiheit selbst ein Hinderniß der Freiheit nach allgemeinen Gesetzen (d. i. unrecht) ist, so ist der Zwang, der diesem entgegengesetzt wird, als Verhinderung eines Hindernisses der Freiheit mit der Freiheit nach allgemeinen Gesetzen zusammen stimmend, d. i. recht" (Kant 1797, XXXV).

[5] Ausführlicher zum Autonomiebegriff vgl. Holzleither 2011; Raz 1986; Rössler 2017; Sagmeister 2021; Wapler 2015.

[6] Wipperman (2016): Was junge Frauen wollen; https://library.fes.de/pdf-files/dialog/12633.pdf (abgerufen am 15. 11. 2022).

[7] Vertiefend zur personalen Autonomie: Wapler in Baer/Sacksofsy (2018), 194–195, ausführlicher Wapler (2015): Kinderrechte und Kindeswohl, 348–349.

[8] Putz/Stockhammer/Sturm, René (2015): Geschlecht, Berufswahl und Arbeitsmarkt, 12: Lehrberufe: Mädchen: 25,5 Prozent Einzelhandel; Burschen: 13,7 Prozent Metalltechnik, 10,7 Prozent Elektrotechnik; Einstiegsgehälter laut Gehaltskompass des AMS: Einzelhandel: 1.640–1.740 Euro; Metalltechnik: 2.130–2.170 Euro; Elektrotechnik: 2.130–2.480 Euro; www.gehaltskompass.at/suche/ (abgerufen am 1. 6. 2019).

[9] derstandard.at v 26. 2. 2019: In welchen Branchen Frauen besonders diskriminiert werden; https://www.derstandard.at/2000098575773/In-welchen-Branchen-Frauen-besonders-diskriminiert-werden (abgerufen am 21. 3. 2019).

[10] So lag der Anteil der männlichen Kinderbetreuungsgeldbezieher laut Statistik Austria zwischen 2008 und 2018 konstant unter 5 Prozent; vgl. Statistik Austria: Kinderbetreuungsgeldbezieherinnen und -bezieher nach Geschlecht 2008 bis 2018; https://bit.ly/2VcBboj (abgerufen am 22. 3. 2020).

[11] Zu Verteilung und Gründen von Teilzeitarbeit in Österreich vgl. Statistik Austria; www.statistik.at/web_de/statistiken/menschen_und_gesellschaft/soziales/gender-statistik/erwerbstaetigkeit/index.html (abgerufen am 12. 3. 2019); Eurostat: Quote der von Armut bedrohten Personen nach Armutsgefährdungsgrenze, Alter und Geschlecht – EU-SILC-Erhebung; https://bit.ly/2rVYrrM (abgerufen am 14. 3. 2019).

WENN DAS BÜRO INS WOHNZIMMER KOMMT

Homeoffice ist in die Haushalte eingezogen. Welche
Fragen sind dabei geklärt und welche nach wie vor offen?

Michael Gogola und Martin Müller

1. Die Ausgangslage: Arbeiten im Homeoffice vor und während der COVID-19-Pandemie

Arbeit außerhalb der Betriebsräumlichkeiten ist kein völlig neues Phänomen. Selbst wenn wir von der – sondergesetzlich geregelten – Heimarbeit absehen, gab es schon lange vor der flächendeckenden Verbreitung von Computer und Internet Menschen, die einen Teil ihrer beruflichen Tätigkeit in der eigenen Wohnung verrichteten, zum Beispiel Handelsvertreter*innen, die am Ende des Arbeitstages nicht noch einmal ins Büro fuhren, sondern die Abschlussarbeiten zu Hause erledigten.

Lange Zeit war die Zahl der Beschäftigten in Österreich, die regelmäßig von ihrer Wohnung aus arbeiteten, sehr niedrig, und auch das Phänomen Homeoffice betraf bloß eine kleine Minderheit der österreichischen Arbeitnehmer*innen. Diese waren zumeist in höherer beruflicher Stellung und zu einem hohen Prozentsatz männlich. Einen Wendepunkt stellten die erste Welle der COVID-19-Pandemie im Frühjahr 2020 und die damit einhergehenden weitreichenden Lockdowns und Kontaktbeschränkungsmaßnahmen dar. Während Geschäfte geschlossen waren und das öffentliche Leben weitgehend zum Erliegen kam, sprach die Bundesregierung gegenüber den Arbeitgeber*innen wiederholt die Empfehlung aus, in möglichst vielen Bereichen Homeoffice zu ermöglichen (vgl. BMKOES 2020). Sogar in einen Verordnungstext fanden die Homeoffice-Empfehlungen Eingang. So wurde in § 6 der 4. COVID-19-Schutzmaßnahmenverordnung (BGBl. II 2021/139) festgelegt, „dass die berufliche Tätigkeit vorzugsweise außerhalb der Arbeitsstätte erfolgen soll, sofern dies möglich ist und Arbeitgeber und Arbeitnehmer über die Arbeitsverrichtung außerhalb der Arbeitsstätte ein Einvernehmen finden". Eine Rechtspflicht zur Ermöglichung von

Homeoffice war aus einer solchen Formulierung freilich nie abzuleiten. Auch während der besonderen Situation der COVID-19-Pandemie bedurfte es in Österreich zur Arbeit im Homeoffice somit einer Vereinbarung zwischen Arbeitgeber*in und Arbeitnehmer*in.

Wohl infolge der umfangreichen Empfehlungen stieg der Anteil der im Homeoffice arbeitenden Arbeitnehmer*innen im Jahr 2020 markant an. Eine von OGM im Auftrag des Bundesministeriums für Arbeit durchgeführte Studie (BMA 2021) kommt zum Ergebnis, dass zwischen März und November des Jahres 2020 39 Prozent aller unselbstständig Erwerbstätigen in Österreich, also 1,5 Mio. Arbeitnehmer*innen, für zumindest vier Wochen in der eigenen Wohnung arbeiteten.

2. Die neuen Regelungen zur Arbeit im Homeoffice

Wohl auch aufgrund der vor der COVID-19-Pandemie verhältnismäßig geringen Verbreitung von Homeoffice in der Arbeitswelt existierten lange Zeit keine speziellen gesetzlichen Regelungen zu Homeoffice, die allgemeinen – und dem Grunde nach für den betrieblichen Arbeitsort konzipierten – arbeitsrechtlichen Bestimmungen kamen jedoch, wie auch die bürgerlich-rechtlichen Regeln der Geschäftsbesorgung, auch bei der Arbeitserbringung außerhalb des Betriebes in der Wohnung der Beschäftigten zur Anwendung.

Dennoch erkannten insbesondere die Sozialpartnerorganisationen sehr früh die besondere Regelungsbedürftigkeit bestimmter Aspekte der Arbeitserbringung im Homeoffice und einigten sich bereits im Jahr 2002 – somit weit vor einer umfassenden Verbreitung von Homeoffice als Form der Arbeitsorganisation – auf eine Rahmenvereinbarung über „Telearbeit".[1] Diese enthält im Wesentlichen – rechtlich unverbindliche – Eckpunkte, die in nationale kollektivrechtliche Regelungen (Kollektivvertrag bzw. Betriebsvereinbarung) Eingang finden sollten. Inhaltlich wird in der Rahmenvereinbarung insbesondere das Prinzip der (beidseitigen) Freiwilligkeit von Telearbeit betont, jedoch auch hervorgestrichen, dass Telearbeiter*innen dieselben kollektiven und individuellen Rechte wie sämtlichen anderen Arbeitnehmer*innen zukommen müssen. Darüber hinaus sollen Arbeitgeber*innen grundsätzlich zur Beistellung der notwendigen Ausstattung, zur Achtung der Privatsphäre der Beschäftigten und datenschutzrechtlicher Bestimmungen sowie zur Einhaltung von gesundheitsschutzrechtlichen Regelungen und zur angemessenen Schulung der Telearbeiter*innen verpflichtet werden. Auch Zugang zu Aus- und Weiterbildungsmaßnahmen muss Telearbeiter*innen im selben Ausmaß wie allen anderen Arbeitnehmer*innen gewährt werden. Einige österreichische Kollektivverträge – etwa jene für die Angestellten in der IT-Branche, die Angestellten im Metallgewerbe oder bei den Sparkassen – enthalten daher bereits seit einiger Zeit Bestimmungen, die sich inhaltlich mit der Arbeit im Homeoffice befassen und insbesondere Fragen wie den Zugang zu Homeoffice, die Bereitstellung von Arbeitsmitteln oder einen möglichen Kostenersatz adressieren.

Vor dem Hintergrund der massiven Zunahme von Homeoffice während der COVID-19-Pandemie wurden jedoch Rufe nach gesetzlichen und für alle Arbeitnehmer*innen zur Anwendung kommenden Spezialregelungen zum Thema laut. Auch der ÖGB forderte vehement eine bessere rechtliche Absicherung von Beschäftigten im Homeoffice ein (vgl. ÖGB 2020). Sodann stellte die Bundesregierung, wohl auch getrieben von entsprechenden Bestimmungen in Deutschland, neue gesetzliche Regelungen für die Arbeit im Homeoffice in Aussicht, bis zu deren Umsetzung es jedoch bis zur ersten Jahreshälfte 2021 dauern sollte. Die zentrale Grundlage für die Neuregelung stellt eine Sozialpartnereinigung über die wesentlichen Inhalte dar. Erwähnenswert ist in diesem Zusammenhang, dass sich die deutschen Regelungen auf rein steuerliche Maßnahmen beschränken, während sich die österreichischen Sozialpartner auch auf arbeits- und sozialrechtliche Bestimmungen einigen konnten. Das Inkrafttreten der steuerlichen (BGBl. I 2021/52) sowie arbeits- und sozialrechtlichen Regelungen (BGBl. I 2021/61) erfolgte schließlich mit 1. 1. 2021 bzw. 1. 4. 2021.

2.1 Arbeitsrechtliche Regelungen

Im Zentrum der arbeitsrechtlichen Neuregelung steht der neu geschaffene § 2h Arbeitsvertragsrechts-Anpassungsgesetz (AVRAG i. d. F. BGBl. I 2021/61), der erstmals eine Legaldefinition des Begriffes „Homeoffice", der zuvor nicht im Gesetz erwähnt war, enthält. So liegt Arbeit im Homeoffice vor, „wenn eine Arbeitnehmerin oder ein Arbeitnehmer regelmäßig Arbeitsleistungen in der Wohnung erbringt". Während der Begriff der „Wohnung" weit auszulegen ist und neben der eigenen Wohnung des*der Arbeitnehmers*Arbeitnehmerin auch die Wohnungen naher Angehöriger oder Lebensgefährtinnen*gefährten darunter fallen – nicht jedoch das Kaffeehaus oder der Co-Working-Space – (vgl. IA 1301/A 27. GP, 4), sind auch an die geforderte „regelmäßige" Erbringung von Arbeitsleistungen keine allzu hohen Anforderungen zu stellen, und es braucht nicht etwa eine bestimmte Mindestanzahl von Homeoffice-Tagen pro Arbeitsjahr (vgl. Gogola 2021, 342). Daneben wird gesetzlich festgelegt, dass Vereinbarungen zwischen Arbeitnehmer*in und Arbeitgeber*in über die Arbeit im Homeoffice aus Beweisgründen schriftlich zu treffen sind, wobei keine Unterschriftlichkeit gefordert und etwa auch eine Zustimmung auf elektronischem Wege ausreichend ist (vgl. IA 1301/A 27. GP, 4). Auch wenn die Vereinbarung bloß mündlich getroffen und somit das Schriftformgebot des § 2h AVRAG nicht eingehalten wird, handelt es sich jedoch um Homeoffice im Sinne des Gesetzes, soweit regelmäßig in der Wohnung gearbeitet wird. Somit treten auch die entsprechenden Rechtsfolgen – also etwa der Anspruch auf Kostenersatz – ein.

Den Kern der Regelung des § 2h AVRAG bilden zweifellos die Bestimmungen über die Arbeitsmittelbereitstellung. So besteht eine grundsätzliche Pflicht des*der Arbeitgebers*Arbeitgeberin zur Beistellung aller notwendigen digitalen Betriebsmittel – dies sind den Erläuterungen zufolge insbesondere Laptop, (Dienst-)Handy und Internetverbindung, wobei je nach konkreter Tätigkeit des*der Arbeitnehmers*Arbeitnehmerin wohl auch wesentlich mehr unter jene Betriebsmittel zu fassen ist, die der*die Arbeitgeber*in bereitzustellen hat. Darunter können in bestimmten Fällen zum Beispiel auch ein externer Bildschirm, Tastatur und Maus, eine Dockingstation oder auch ein Drucker nebst Verbrauchsmaterialien fallen. Von einer taxativen Aufzählung jener Geräte und sonstiger Dinge, die von diesem Anspruch umfasst sind, wurde bewusst abgesehen.

Vom Grundsatz der Arbeitsmittelbereitstellung durch den*die Arbeitgeber*in kann jedoch durch Vereinbarung in einem solchen Sinne abgewichen werden, dass bestimmte Arbeitsmittel von den Beschäftigten zur Verfügung gestellt werden. In einem solchen Fall ist der*die Arbeitgeber*in jedoch verpflichtet, einen Kostenersatz in erforderlicher Höhe zu leisten und die Nutzung der arbeitnehmer*inneneigenen Betriebsmittel angemessen abzugelten. Auf den in § 2h AVRAG geregelten Kostenersatzanspruch (bei Bereitstellung der Betriebsmittel durch den*die Arbeitnehmer*in) kann auch nicht wirksam verzichtet werden. Dies unterscheidet den Ersatzanspruch gemäß § 2h AVRAG auch wesentlich vom – daneben grundsätzlich ebenfalls bestehenden – Anspruch auf Ersatz aller weiteren Kosten im Zusammenhang mit Aufwendungen der Arbeitnehmer*innen für ihre berufliche Tätigkeit, insbesondere solche für Strom, Heizung oder weiteres Büromaterial. Ein solcher Anspruch besteht auf der Grundlage von § 1014 Allgemeines Bürgerliches Gesetzbuch (ABGB i. d. F. BGBl. I 2022/145), jedoch kann seine Anwendung durch vertragliche Vereinbarung – zumindest innerhalb bestimmter Grenzen – ausgeschlossen werden (vgl. OGH 4. 9. 1996, 9 ObA 2136/96z). Aufgrund des so bestehenden Risikos der Kostenverlagerung von dem*der Arbeitgeber*in auf die Arbeitnehmer*innen stellt die neu geschaffene Bestimmung des § 2h über den Kostenersatz zumindest hinsichtlich der notwendigen digitalen Arbeitsmittel eine signifikante Verbesserung für Arbeitnehmer*innen dar.

Darüber hinaus legt § 2h AVRAG fest, dass aus wichtigem Grund sowohl Arbeitgeber*in, als auch Arbeitnehmer*in die getroffene Homeoffice-Vereinbarung unter Einhaltung einer Ankündigungsfrist von einem Monat zum Letzten des Kalendermonats einseitig beenden können. Einen wichtigen Grund kann etwa eine geänderte Wohnsituation aufseiten des*der Arbeitnehmers*Arbeitnehmerin bilden.

Eine Frage, die mit den zur Verfügung gestellten Geräten in Zusammenhang steht, war auch, wer in welcher Höhe für eventuelle Schäden daran zu haften hat. Grundsätzlich gelten die Haftungserleichterungen des Dienstnehmerhaftungsgesetzes (DHG, BGBl. I 2021/61) für alle Schäden, die dem*der Arbeitgeber*in durch den*die Arbeitnehmer*in im Zusammenhang mit dem Dienstverhältnis erwachsen – gleichgültig, ob diese innerhalb oder außerhalb der Betriebsräumlichkeiten entstehen. So war auch immer klar, dass diese Regelungen greifen, wenn der Hund am Stromkabel hängen bleibt und den Laptop vom Tisch reißt oder auch wenn die kleine Tochter den Frühstückskakao über das Gerät kippt. Die Neuregelung dehnte den Anwendungsbereich nun auch auf alle anderen haushaltsangehörigen Personen aus, sodass nun nicht mehr zwischen dem Kakao der Tochter und dem Kaffee des Ehemanns unterschieden wird.

Es herrschte lange Zeit Unsicherheit hinsichtlich der Frage, ob Tätigkeiten im Homeoffice in vollem Umfang von der Arbeitsunfallversicherung des ASVG umfasst sind. Daher wurde auch bei Ausbruch der Pandemie eine Klarstellung

durch eine entsprechende Ergänzung im § 175 ASVG vorgenommen (zur Kritik daran siehe insbesondere Müller 2020). Diese Regelung sollte jedoch mit März 2021 auslaufen, womit erst recht Unklarheiten darüber entstanden wären, was der Gesetzgeber damit ausdrücken wollte. Zur Vermeidung von Rechtsunsicherheit ab März 2021 bestand nun die Notwendigkeit einer unbefristeten Nachfolgeregelung. Nun ist in Abs. 1a klargestellt, dass Arbeitsunfälle auch Unfälle sind, die sich im zeitlichen und ursächlichen Zusammenhang mit der die Versicherung begründenden Beschäftigung in der Wohnung (Homeoffice) ereignen. Außerdem wurde in Abs. 1b klargestellt, dass nun auch einige Unfälle, die sich auf dem Weg vom und ins Homeoffice ereignen können, vom Versicherungsschutz mit umfasst sind. Immerhin stellt diese Bestimmung gegenüber der Rechtslage vor dem März 2020 eine rechtliche Klarstellung und punktuell sogar eine Erweiterung der Ansprüche dar.

2.2 Steuerrechtliche Aspekte

Neben den dargestellten arbeitsrechtlichen Materien wurden im Zuge des Homeoffice-Gesetzespakets auch steuerliche Anpassungen vorgenommen. So waren vor 2021 Kosten im Zusammenhang mit der Arbeitserbringung in der Wohnung nur sehr eingeschränkt steuerlich absetzbar. Zwar konnte der berufliche Nutzungsanteil von Arbeitsmitteln wie Laptop oder Datenverbindung geltend gemacht werden, sonstige Kosten – insbesondere für Büromobiliar – waren jedoch nur dann absetzbar, wenn der*die Arbeitnehmer*in über keinen Arbeitsplatz im Betrieb verfügte und der Arbeitsplatz zu Hause den Mittelpunkt der beruflichen Tätigkeit bildete (dies bezeichnet man als „Arbeitszimmer-Regelung"). Mit dem Homeoffice-Gesetzespaket kam es diesbezüglich nun zu deutlichen Verbesserungen, die jedoch (vorerst?) bis 2023 befristet sind.

So wurde nun festgelegt, dass Aufwandersätze, die Arbeitgeber*innen im Zusammenhang mit Homeoffice leisten – also insbesondere für nicht bereitgestellte digitale Arbeitsmittel wie die Internetverbindung, aber auch für Strom- und Heizkosten – bis zu einer Höhe von 3 Euro pro Homeoffice-Tag, maximal jedoch im Ausmaß von bis zu 300 Euro pro Jahr, steuer- und sozialversicherungsfrei ausgezahlt werden können. Dies wird als „Homeoffice-Pauschale" bezeichnet und stellt insofern eine deutliche steuerliche Verbesserung dar, als derartige Zahlungen bislang in voller Höhe versteuert wurden. Zahlt der*die Arbeitgeber*in weniger als 3 Euro pro Homeoffice-Tag – etwa weil er lediglich einen niedrigeren Kostenersatz schuldet –, so kann die Differenz zwischen der ausgezahlten Summe und den 3 Euro als Werbungskosten in der Arbeitnehmer*innenveranlagung geltend gemacht werden – diese Art der Werbungskosten wird daher als „Differenzwerbungskosten" bezeichnet.

Daneben können Arbeitnehmer*innen weiters bis zu 300 Euro pro Jahr für ergonomisches Mobiliar, also insbesondere Schreibtische, Drehstühle, aber auch Beleuchtungskörper, steuerlich geltend machen. Wesentliche Voraussetzung hierfür ist allerdings, dass innerhalb eines Jahres für zumindest 26 volle Tage (somit an diesen Tagen ausschließlich) im Homeoffice gearbeitet wurde. Der*die Arbeitgeber*in hat zu erfassen, an welchen – und an wie vielen – Tagen ein*e Arbeitnehmer*in im Homeoffice gearbeitet hat, und dies im Lohnkonto und auf dem Jahreslohnzettel anzuführen.

3. Was Homeoffice im Betrieb bedeutet

3.1 Auswirkungen auf die Arbeitnehmer*innen

Homeoffice ist bei vielen Arbeitnehmer*innen durchaus beliebt. Schon alleine, sich den täglichen Weg in die Arbeit ersparen zu können, scheint für viele verlockend. Die Möglichkeiten, sich den Arbeitstag selbst gestalten zu können, vermittelt vielen ein Gefühl von Autonomie. Es wundert daher nicht, dass mittlerweile sogar Unternehmen bei Stellenausschreibungen die Möglichkeit des Homeoffice ausdrücklich erwähnen.

Es gibt jedoch leider auch eine Kehrseite der vermeintlichen Autonomie. Während in der Regel im Büro die Arbeit mit dem Betreten beginnt und mit dem Verlassen endet, fehlen derartige Rituale im Homeoffice. Oft läuft der Computer bereits vor dem Beginn der eigentlichen Arbeitszeit und läuft auch oft danach weiter. Vor allem dann, wenn privat wie beruflich dasselbe Gerät verwendet wird, werden die Grenzen oft fließend. Da poppt dann während der Streaming-Serie ein berufliches Mail auf – das dann vielleicht auch prompt bearbeitet wird. Die Entgrenzung der Arbeitszeit findet also schleichend statt und wird oft nicht gleich als solche wahrgenommen. Die Autonomie wird dann damit erkauft, latent immer auch ein wenig in der Arbeit zu sein. Die Abgrenzung zwischen Arbeitszeit und Freizeit fällt daher besonders schwer.

Oft wird Homeoffice auch damit beworben, es erleichtere – vor allem für Frauen – die Vereinbarkeit von Erwerbsarbeit und Care-Arbeit. Oft sieht man dann Bilder von Frauen vor dem Laptop mit dem Kind auf dem Schoß. Abgesehen davon, dass es wohl kaum möglich sein wird, ein Kind zu betreuen und gleichzeitig konzentriert am Computer zu arbeiten, ist auch das damit vermittelte Bild ein trügerisches. Die Probleme der Vereinbarkeit liegen in erster Linie an fehlenden ganztägigen Kinderbetreuungseinrichtungen und ungerechter Aufteilung der Care-Arbeit zwischen den Geschlechtern. Keines dieser Probleme wird durch Homeoffice gelöst. Im Gegenteil, es kann sogar dazu beitragen, die Probleme zu verschleiern. Homeoffice mag daher in einzelnen Fällen für eine kurze Zeit helfen, wenn es darum geht, Zeiten zu überbrücken, bis die Kinderbetreuung oder die Pflege Angehöriger organisiert ist. Als Dauerlösung verstärkt ein solches Arbeiten allerdings bloß die prekäre Situation vieler Frauen.

Auch die Frage, wer den Aufwand trägt, der mit der Arbeit im Homeoffice verbunden ist, erscheint zentral. So ist, wie oben beschrieben, der Aufwand für die digitalen Arbeitsmittel jedenfalls von dem*der Arbeitgeber*in zu tragen. Es war ein wichtiger Schritt, hier einen unabdingbaren arbeitsrechtlichen Anspruch zu schaffen. Für alle weiteren Aufwendungen gelten weiterhin die bürgerlich-rechtlichen Bestimmungen der Geschäftsbesorgung (§ 1014 ABGB). Der Haken hierbei: Diese Ansprüche sind abdingbar, man kann also darauf verzichten. Und das muss nicht einmal ausdrücklich, sondern kann auch schlüssig erfolgen. Wird also bezüglich des nicht zwingend geregelten Aufwands nichts vereinbart und auch nichts eingefordert, dann wird davon ausgegangen werden, dass der*die Arbeitnehmer*in auf den Ersatz verzichtet hat. Würde er hingegen eingefordert, dann stellt sich die Frage der Bemessung des Aufwands. Schließlich kann dann ja nur der durch die Tätigkeit entstandene Mehraufwand geltend gemacht werden. Wie hoch wäre aber der Strom- und Heizungsverbrauch gewesen, wenn ich im Büro gewesen wäre? Da es nicht sehr praxisgerecht ist, sich derartige Abgeltungen im Einzelfall selbst auszurechnen, empfiehlt es sich, betriebliche Regelungen zu treffen, die im Idealfall zumindest die Höhe der oben genannten steuerfreien Beträge erreichen.

Ob das Homeoffice wirklich einen Vorteil darstellt, kann man letztlich nur für sich selbst beurteilen. Daher ist es auch wichtig, dass es freiwillig bleibt.

3.2 Die Rolle des Betriebsrates

Da die gesetzlichen Bestimmungen nur einen groben Rahmen vorgeben, spielt die konkrete Ausgestaltung im Betrieb eine zentrale Rolle. Auch unterscheiden sich die jeweiligen betrieblichen Gegebenheiten oft sehr voneinander, weshalb es schwierig ist, Regelungen zu finden, die auf alle Betriebe gleichermaßen anwendbar sind.

In Betrieben mit Betriebsrat können etliche Regelungen mittels Betriebsvereinbarung getroffen werden – manche Dinge brauchen sogar zwingend eine Betriebsvereinbarung. Sollen etwa Tools eingesetzt werden, die die Arbeitnehmer*innen im Homeoffice im weitesten Sinne überwachen oder ihre Leistung überprüfen – hierbei kommt es lediglich auf die objektive Eignung eines Systems zur Überwachung an, nicht jedoch darauf, dass tatsächlich eine Überwachung stattfindet –, so sind Tatbestände erfüllt, die eine zwingende Mitbestimmung des Betriebsrats gem. §§ 96 und 96a ArbVG vorsehen. In Betrieben ohne Betriebsrat muss in solchen Fällen jeder*jede einzelne Arbeitnehmer*in zustimmen (§ 10 AVRAG i. d. F. BGBl. I 2022/162).

Andere Regelungen, wie etwa Vorschriften bezüglich des Umgangs mit den zur Verfügung gestellten Geräten oder besondere Regelungen zur Arbeitszeit, sind Tatbestände, bei denen der Betriebsrat seine Mitwirkung durchsetzen kann. Auch Regelungen zum Aufwandersatz sind mögliche Inhalte einer Betriebsvereinbarung. Jedoch sind diese nicht einseitig durchsetzbar. Nichtsdestoweniger ist es sinnvoll, derartige Regelungen für alle Beschäftigten normativ zu treffen und nicht im Einzelfall zu verhandeln.

Auch empfiehlt es sich, die allgemeinen Rahmenbedingungen, unter denen das Homeoffice im Betrieb stattfindet, in einer Betriebsvereinbarung festzulegen. Darin können etwa Dinge wie der Umfang, in dem Homeoffice vereinbart werden kann, und eventuell auch das Ausmaß, in dem darauf auch Anspruch besteht, enthalten sein. Außerdem ist es sinnvoll, Regelungen zu treffen, mit denen Ungleichbehandlungen vermieden werden können. Wenn bei gleicher

Tätigkeit in einer Abteilung Homeoffice in großem Ausmaß möglich ist und in der anderen Abteilung vielleicht gar nicht, entsteht sehr schnell böses Blut in der Belegschaft.

Im Auge zu behalten ist auch, dass es innerhalb der Belegschaft in den meisten Fällen viele Beschäftigte gibt, deren Tätigkeit Homeoffice gar nicht zulässt. Beschäftigte in der Produktion oder Reinigungspersonal können ihre Tätigkeit genauso wenig von zu Hause aus erledigen, wie Wachdienste oder Beschäftigte, die direkten Kontakt mit Kundinnen*Kunden haben. Bei der betrieblichen Regelung von Homeoffice ist daher zu empfehlen, darauf zu achten, dass Homeoffice vom anderen Teil der Belegschaft nicht als „Privileg der Bessergestellten" betrachtet wird.

3.3 Betriebliche Arbeitsorganisation

Nicht nur Beschäftigte und Betriebsrat stellt die stärkere Verbreitung von Homeoffice vor neue Herausforderungen, auch in der betrieblichen Arbeitsorganisation treten Veränderungsprozesse auf. So lassen sich etwa gemeinsam mit Kolleginnen*Kollegen verbrachte Pausenzeiten oder informelle Gespräche „an der Kaffeemaschine" in umfangreicheren Homeoffice-Modellen kaum umsetzen, was einerseits zur erhöhten Gefahr sozialer Isolation von Arbeitnehmer*innen führen und andererseits den Betrieb als Ort des sozialen Austauschs unter Druck bringen könnte. Ausschließlich im Homeoffice tätig zu sein erscheint daher nicht sinnvoll, und es sollte auf ein ausgewogenes Verhältnis zwischen der Arbeitserbringung im Betrieb und jener im Homeoffice geachtet werden. Offenbar wird das auch von der großen Mehrheit der Arbeitnehmer*innen so gesehen: Mehr als zwei Drittel geben an, künftig (nur) ein bis zwei Tage pro Woche im Homeoffice, abseits davon allerdings im Betrieb arbeiten zu wollen (vgl. BMA 2021).

Ob eine derartige Aufteilung zwischen Homeoffice und Büro auch langfristig überall möglich sein wird, ist noch offen. Eine Reihe von Unternehmen reagiert auf die Wünsche ihrer Belegschaften nach verstärkter Möglichkeit der Arbeitserbringung im Homeoffice mit der Einsparung von Büroflächen und der Zusammenlegung von Arbeitsplätzen: Infolge der Umstellung der Arbeitsorganisation auf Homeoffice führen Unternehmen vielfach Desksharing-Modelle ein, bei denen mehrere Arbeitnehmer*innen einen Arbeitsplatz teilen oder der Arbeitsplatz überhaupt jeden Tag von Neuem gewählt werden muss.

Nicht zuletzt kann die Möglichkeit der Arbeitsleistung im Homeoffice auch zu – mitunter gravierenden – kulturellen Änderungen im Betrieb führen. Einerseits verlangt die dislozierte Arbeitserbringung Führungskräften oftmals ein nicht zu

unterschätzendes Vertrauen in die Beschäftigten ab, da eine bei Anwesenheit im Büro ansonsten übliche laufende Kontrolle der Arbeitstätigkeit während der Tätigkeit im Homeoffice nicht mehr in gleicher Weise möglich ist. Umgekehrt bringt Homeoffice gerade für Neueintretende die Herausforderung, dass es schwieriger möglich ist, Kolleginnen*Kollegen kennenzulernen und Identifikation mit dem Unternehmen und der eigenen Aufgabe zu entwickeln.

4. Zusammenfassung und Ausblick

Homeoffice verschafft den Arbeitnehmer*innen einige Vorteile, bringt jedoch auch eine Reihe neuer Herausforderungen mit sich. Die gesetzlichen Regelungen schufen vor diesem Hintergrund Klarstellungen, die viele der offenen Rechtsfragen geklärt haben. Es ist nun ausdrücklich gesetzlich geregelt, dass der*die Arbeitgeber*in die Betriebsmittel wie Laptop und Internetverbindung zur Verfügung stellen oder stattdessen eine angemessene Abgeltung leisten muss. Auch ist klargestellt, dass Homeoffice von keiner Seite einseitig durchgesetzt oder angewiesen werden kann. Haftungsfragen wurden genauso geklärt wie auch offene Fragen der Unfallversicherung. Begleitend wurden auch steuerliche Regelungen getroffen.

Einige Fragen wurden jedoch offengelassen – wohl auch, weil sie nur schwer generell zu regeln sind. Umso wichtiger ist daher die betriebliche Ebene. Die Aushandlungen dort sind in Betrieben mit Betriebsrat durch Betriebsvereinbarung regelbar. Leider fehlt die Möglichkeit, dieses Mitbestimmungsrecht auch durchzusetzen. Diese Materie einer Klärung durch die Schlichtungsstelle zu öffnen – also eine Betriebsvereinbarung auch erzwingen zu können –, wäre daher ein wesentlicher Fortschritt.

Es wurde mit dem Gesetzespaket 2021 auch ausdrücklich nur „Homeoffice" geregelt und nicht jede Form des mobilen Arbeitens. Wenn auch gewisse Wertungen des Gesetzgebers, wie etwa, dass der*die Arbeitgeber*in für die Betriebsmittel zu sorgen hat, auch auf andere Formen der mobilen Arbeit übertragbar sind, fällt das Fehlen ausdrücklicher Bestimmungen umso mehr auf. Befindet sich ein*e Arbeitnehmer*in in der Wohnung, hat der*die Arbeitgeber*in Ersatz für die Verwendung des eigenen Computers zu leisten, wird mit dem Laptop im Park vor dem Haus gearbeitet, ist die Lage wieder so unklar, wie sie vor dem Homeoffice-Gesetzespaket war. Diese Situation ist unbefriedigend – ein Tätigwerden des Gesetzgebers in diesem Bereich in Abstimmung mit den Sozialpartnern erscheint daher wünschenswert.

LITERATUR

- BMA – Bundesministerium für Arbeit (2021): Homeoffice: Verbreitung, Gestaltung, Meinungsbild und Zukunft; https://www.bmafj.gv.at/dam/jcr:bc612283-14a0-42a0-8f58-e932ebffcec2/Homeoffice-Studie%20zur%20Verbreitung,%20Gestaltung,%20Meinungsbild%20und%20Zukunft%20von%20Homeoffice.pdf.
- BMKOES – Bundesministerium für Kunst, Kultur, öffentlichen Dienst und Sport (2020): Kogler: Home-Office und Telearbeit weiter notwendig zur Eindämmung der Corona-Krise. APA-OTS v. 6. 4. 2020; https://www.ots.at/presseaussendung/OTS_20200406_OTS0166/kogler-home-office-und-telearbeit-weiter-notwendig-zur-eindaemmung-der-corona-krise.
- Gogola, M. (2021): Die neue Rechtslage zur Arbeit im Homeoffice. In: DRdA infas 2021/4, 341–344.
- Initiativantrag IA 1301/A 27, GP 4; https://www.parlament.gv.at/PAKT/VHG/XXVII/A/A_01301/index.shtml.
- Müller, R. (2020): Der Arbeitsunfall im Homeoffice. In: DRdA 2020/4, 310–316.
- ÖGB – Österreichischer Gewerkschaftsbund (2020): ÖGB-Reischl: „Ja zum Home Office, aber Rahmenbedingungen klären". APA-OTS v. 10. 3. 2020; https://www.ots.at/presseaussendung/OTS_20200310_OTS0138/oegb-reischl-ja-zum-home-office-aber-rahmenbedingungen-klaeren.

ENDNOTEN

[1] Siehe http://erc-online.eu/wp-content/uploads/2014/04/2007-01080-EN.pdf.

DIE STILLE REVOLUTION DER ARBEIT

Arbeitskultur auf Augenhöhe in der Praxis

Lena Marie Glaser

1. Einleitung

Seit der COVID-19-Pandemie denken viele Menschen bewusster über ihre Arbeit nach: Will ich so wirklich arbeiten? Die Antwort ist offenbar Nein. „Ein Viertel der Beschäftigten will den Job wechseln", titelte die Arbeitsklima-Index-Studie der Arbeiterkammer im Februar 2022. Das trifft besonders auf junge weibliche Beschäftigte zu. Sie fordern eine Arbeitskultur auf Augenhöhe: Sie wollen Respekt und im Einklang mit ihren Bedürfnissen arbeiten. Sie wollen gehört und ernst genommen werden. Sie wollen mitgestalten und in die Entscheidungen eingebunden werden, die sie betreffen. Ihre Augen beginnen zu strahlen, wenn sie von „New Work" sprechen.

Danach suchen sie sich ihre Arbeitgeber*innen bewusst aus. Sie fordern aktiv im Bewerbungsgespräch ein, was sie wollen. Bekommen sie nicht, was sie sich erwarten, kündigen sie. So treffen sie auf Arbeitgeber*innen, die immer mehr unter Druck geraten. Vor dem Hintergrund des demografischen Wandels suchen die Betriebe heute verzweifelt Beschäftigte. Die zunehmende Digitalisierung und der demografische Wandel verändern den Arbeitsmarkt grundlegend. Ein Machtwechsel zeichnet sich ab.

So entstehen Handlungsspielräume für eine nachhaltige und faire Gestaltung der Arbeitswelt, die bisher undenkbar waren. In ihrer Beratungspraxis beobachtet die Autorin, dass in den Führungsetagen darüber gesprochen wird, wie man als attraktiver*attraktive Arbeitgeber*in einen Wettbewerbsvorteil auf dem Arbeitsmarkt hat. So besteht die Hoffnung, dass der „Personalmangel" als Katalysator für ein breites Umdenken wirkt. Denn hohe Fluktuation und Personalsuche kosten die Unternehmen viel Geld. Die Reflexion, das Experimentieren und Entwickeln innovativer Lösungen und Strategien sind gefragt.

Seit 2017 erforscht die Autorin mit ihrem Zukunftslabor „Basically Innovative", wie sich die Arbeitswelt verändert, Beschäftigte ihre Arbeitswelt erleben und was sie sich von Arbeitgeber*innen wünschen. Sie entwickelt daraus konkrete Handlungsvorschläge für Wirtschaft und Politik. Mit ihren Publikationen, Vorträgen und Workshops setzt sie sich für eine breite gesellschaftliche Diskussion ein. Im Zentrum steht die Gestaltung einer Arbeit auf Augenhöhe. In diesem Beitrag werden die Forschungserkenntnisse und praktischen Beispiele aus Projekten der Jahre 2017 bis 2022, intensiver Literaturrecherche und Medienanalyse, Beobachtungen, Interviews und autoethnografischen Feldforschungen in Österreich, Deutschland und Dänemark zusammengefasst. Aus der Perspektive junger weiblicher Beschäftigter werden so konkrete Handlungsfelder für die Gestaltung einer fairen und nachhaltigen Arbeit der Zukunft aufgezeigt.

2. Die Revolution der Arbeitswelt hat begonnen

Die zunehmende Digitalisierung und der demografische Wandel verändern den Arbeitsmarkt grundlegend. Ein Machtwechsel zeichnet sich ab: Arbeitgeber*innen bewerben sich künftig bei den Arbeitnehmer*innen und nicht umgekehrt. Letztere wählen dann sehr genau aus, für wen sie arbeiten wollen. Das ist eine andere Situation als gewohnt. Personalverantwortliche aus Betrieben berichten schon heute, dass die Anforderungen der Bewerber*innen im Bewerbungs- gespräch steigen. Die jungen Beschäftigten treten selbstbewusster auf als ihre Eltern. Sie sind anspruchsvoller geworden und stellen konkrete Forderungen. Sie wollen nur dort arbeiten, wo sie respektiert werden. In den Gesprächen mit Studierenden und jungen Beschäftigten zeichnet sich der Wunsch nach einer Arbeit auf Augenhöhe klar ab.

Da schlummert ein großes Potenzial für Arbeitgeber*innen. Doch die Mehrheit hat das trotz Krisen und erfolgloser Personalsuche noch nicht wirklich ver- standen. Alte Paradigmen, Ängste vor Veränderungen und überholte Muster erschweren es, umzudenken und neue Wege zu gehen. So löst das fordernde Auftreten der jungen Beschäftigten auf dem Arbeitsmarkt bei Arbeitgeber*in- nen großes Unverständnis oder gar Empörung aus. Viel wird über „die Jungen" gesprochen, die „so faul" seien. In den Medien, in den Betrieben und an den Stammtischen ist das zu hören. „Die sind so verwöhnt." „Sollen sie doch erst einmal etwas leisten." „Wir mussten da auch durch." Doch die persönlichen Gespräche mit jungen Menschen zeigen, dass das nicht stimmt. Es fehlt das Verständnis für die heutige Überforderung junger Menschen – und es fehlt die Solidarität mit ihnen.

Denn ein Grund, warum die Jugend anders arbeiten will, liegt darin, dass sie sehr früh an mentalen und körperlichen Belastungen leiden. Der steigende Erwartungs- und Leistungsdruck, die Angst vor der Zukunft, die massive Be- schleunigung und die ständige Erreichbarkeit über soziale Medien führen dazu, dass sie sich nicht mit 50, sondern mit Mitte 20 am Rande eines Burn-outs finden. Immer mehr junge Menschen macht ihre Arbeit krank, besonders unter 30-Jährige sind von Burn-out betroffen, wie eine Studie im Auftrag des BMASK, des Bundesministeriums für Arbeit, Soziales und Konsumentenschutz, aufzeigt (vgl. Scheibenbogen/Andorfer/Kuderer/Musalek 2017). So ist es nur nachvoll- ziehbar, dass sie sich Arbeit und Jobs suchen, die sich mit ihren Werten und Bedürfnissen vereinbaren lassen. Sie achten bewusster auf ihr Wohlbefinden.

Doch anstatt auf Solidarität oder Empathie setzen die großen Unternehmen auf große Werbebudgets für bunte Videos und blumige Jobinserate, um Personal zu gewinnen. Im sogenannten „War for Talents" wird um die Aufmerksamkeit der besten Nachwuchskräfte geworben. Dafür entwickeln die Betriebe neue Marketingstrategien, um sich als gute Arbeitgeber*innen zu positionieren, „Employer Branding" ist das Ding der Stunde. Neue Abteilungen werden einge- richtet, digitale Arbeitgeber*innen-Bewertungsplattformen boomen.

Dort wird den Bewerber*innen viel versprochen. Doch gerade die jungen Menschen verfügen über einen „Bullshit-Sensor" und kündigen schnell, wenn das Versprochene nicht eingelöst wird. Das investierte Geld für diese Werbung und die Einschulung ist schnell verpufft. Ein Begriff taucht in diesem Zusammenhang sehr oft auf: „New Work". Damit soll die Jugend angesprochen werden. Oft werden darunter moderne Büros, flache Hierarchien, Homeoffice oder flexible Arbeitszeiten verstanden. Aber auch der Tischtennistisch oder der Obstkorb zählen als Benefits, um die Motivation zu steigern.

„New Work" hat seinen Ursprung in den 1980er-Jahren, und der Philosoph Frithjof Bergmann war der Begründer der New-Work-Bewegung. Er wird noch heute oft zitiert. „Damals haben wir darunter folgende Aufteilung verstanden: ein Drittel normale Erwerbstätigkeit, ein Drittel Eigenproduktion beziehungsweise Selbstversorgung und ein Drittel selbstgewählte Arbeit, also das, was man wirklich, wirklich will", wie er in einer österreichischen Tageszeitung bekräftigte (Der Standard v. 2. 6. 2018). Heute sei das Konzept mehr denn je aktuell und sei die Antwort auf den Verlust vieler Jobs durch die zunehmende Automatisierung und Robotisierung, so Bergmann (vgl. ebenda).

Die Autorin hat ein eigenes New-Work-Konzept entwickelt, das sie in ihrem Buch *Arbeit auf Augenhöhe* (2022) vorstellt. Es besteht aus drei Prinzipien, deren Berücksichtigung die Transformation zu einer Arbeit auf Augenhöhe unterstützt: Fürsorge, Partizipation und Kreativität. In einem Arbeitsumfeld auf Augenhöhe wird kooperativ zusammengearbeitet, Mitgestaltung ermöglicht, Respekt und Fairness gelebt, Wissen geteilt und Offenheit für neue Wege zugelassen, „[...] und zwar über alle Hierarchieebenen hinweg: von den Führungsetagen bis zu jeder einzelnen Mitarbeiterin und jedem einzelnen Mitarbeiter. Es gilt genauso für Selbstständige und Gründer*innen wie für Arbeitsuchende und Bewerber*innen. New Work ist für mich daher keine neue Organisationsform, es ist eine Haltung" (Glaser 2022, 82).

3. Junge Frauen wollen anders arbeiten

Mit ihrem Zukunftslabor untersucht die Autorin, wie Beschäftigte arbeiten wollen, und legt den Fokus auf Frauen der Generation Z und Generation Y. In ihren Projekten spricht die Autorin mit dieser Gruppe (zu der sie selbst zählt) über deren Erfahrungen, Bedürfnisse und Gestaltungsideen, wie Arbeit nachhaltiger und fairer wird. Diese Erfahrungsberichte aus dem Zukunftslabor zeigen, wie diese Frauen Arbeit erleben (Namen und Details wurden geändert):

> *Julia hat Wirtschaft studiert und ist vielseitig interessiert. Mit ihrem Partner und drei Kindern lebt sie in Wien und ist seit kurzem aus ihrer Elternkarenz*

zurück im Job. Eigentlich arbeitet sie gern. Sie freute sich schon auf das Büro, um endlich einmal Zeit für sich zu haben, konzentriert ihren Job zu erledigen und so eine Auszeit von der alleinigen Betreuung ihrer Kinder zu haben. Vor ihrer Abwesenheit schätzte sie die Arbeit im Team, auf das sie immer bauen konnte. Gemeinsam fanden sie Lösungen auch für die komplexesten Aufgaben. Früher hatte sie auch eine Chefin, die hinter ihr stand, sie unterstützte, wie eine Mentorin für sie war. Doch heute ist alles anders. Das Team ist weg, die Chefin auch, und keiner fühlt sich für sie verantwortlich. Ihr bleiben die Unsicherheit und das Unbehagen, eigentlich nicht gebraucht zu werden. Der soziale Aspekt der Arbeit, der Rückhalt fehlt ihr. Sie fragt sich, ob sie in Zukunft so arbeiten will.

Sabine, Juristin im öffentlichen Dienst, hat nach ihrem Studienabschluss ihren Job mit viel Vorfreude und Engagement begonnen. Sprühte sie anfangs vor neuen Ideen, wollte alles lernen und immer besser werden, hat sich nun eine bleierne Schwere eingeschlichen. In den langen Meetings würde sie am liebsten aufschreien: Was tut ihr hier eigentlich??! Sie ist frustriert, dass ihr Engagement nicht gefördert, sondern eher als lästig empfunden wird. Es fühlt sich für sie an, als würde sie gegen Betonwände rennen. „Das haben wir schon immer so gemacht", hört sie fast tagtäglich. Auf ihre eigene Initiative hin wurde ihr die Weiterbildung als zukünftige Führungskraft genehmigt. Sie hofft, die Chance zu bekommen, das vermittelte Wissen in der Praxis umsetzen zu dürfen.

Tina ist AHS-Lehrerin und möchte mit neuen Lernkonzepten den Alltag in der Schule für ihre Schüler*innen lebendiger gestalten. Doch im Lehrerzimmer erntet sie von ihren Kolleg*innen nur Kopfschütteln. Sie spürt keinen Rückhalt. Sie ist zerrissen zwischen ihrem Anspruch, eine gute Lehrerin für ihre Schüler*innen zu sein, und dieser fehlenden Unterstützung, die an ihrer Motivation nagt. Daher überlegt sie jeden Tag, ihren Beruf, den sie eigentlich liebt, an den Nagel zu hängen.

Johanna ist ausgebildete Friseurin. Sie hat ihre Lehre erst nach der Matura und einem abgebrochenen Studium begonnen. Obwohl der Job körperlich und psychisch fordernd ist, schätzt sie die Kreativität und den Freiraum, selbstständig zu arbeiten. Sie liebt ihren Beruf, obwohl sie oft kritisch gefragt wird, warum sie das macht – denn sie hat ja Matura. Sie wünscht sich nur ein Gehalt, das ihre Leistung anerkennt.

Tatjana ist Zahnarzthelferin in Ausbildung. Sie erzählt strahlend von ihrem Job, in dem sie Menschen helfen kann. Früher in Bewerbungsgesprächen hatte sie oft das Gefühl, nicht ernst genommen zu werden. Sie war traurig, dass ihr niemand eine Chance gab. Denn mit einer angeborenen Sehschwäche und Deutsch nicht als Muttersprache haben sie viele Betriebe abgelehnt. Doch jetzt hat sie einen Lehrbetrieb und ein Team gefunden, die sie fördern, aber auch fordern. Es ist eine Ausbildung, in der sie ständig Neues lernt und immer besser werden kann. Sie mag ihren Beruf und ist bereit, hart zu arbeiten. Sie hofft, dass das so bleibt.

(Glaser 2022, 27–30)

Im Dezember 2019 erarbeitete die Autorin in dem „New Work Lab" mit 16- bis 17-jährigen Jugendlichen der 7. Klasse eines Wiener Gymnasiums, wie sie sich ihre Arbeit der Zukunft vorstellen und was sie sich von ihrer Arbeit wünschen. Insbesondere die Schülerinnen formulierten ihre Bedürfnisse sehr klar. Sie wollen einen sicheren Arbeitsplatz, der ihnen eine gute Lebensqualität ermöglicht: „Schönes Leben anstatt Reichtum." „... nicht nur auf den Urlaub hinarbeiten. Das Wohlfühlen im Job ist wichtig, genug Zeit für Hobbys, auch andere Dinge tun als Beruf." „Was Gutes tun und Sicherheit haben." „Finanzielle Absicherung ist wichtig, aber was bringt mir Geld, wenn man keine Zeit hat es auszugeben. Kombination aus Geld und Freizeit ist es." (Glaser 2020, 136)

In ihrem Interview-Projekt „Wir und die Zukunft der Arbeit" befragte die Autorin weibliche Beschäftigte im Alter zwischen 30 und 40 Jahre, wie sie gerne arbeiten möchten: *„Flexibilität und Selbstbestimmung sind für mich extrem wichtig und wertvoll. Ich mag die Abwechslung und die Entscheidung, wann und wo ich mich welchen Inhalten widmen mag." „Meine Arbeit sollte möglichst flexibel organisiert sein. Ich will, dass Arbeit und Familie kompatibel sind. Andererseits wünsche ich mir klare Arbeitsbereiche und -zeiten." „Arbeit bedeutet für mich eine Form der Weiterentwicklung meines Selbst, eine Art der eigenen Entfaltung sowie des Lernens und umgeben zu sein von neuen Herausforderungen." „Aber auch für Menschen ohne Betreuungspflichten erscheint es mir wichtig, dass Arbeitsverhältnisse so gestaltet sind, dass sie uns ausreichend Energie für andere Dinge im Leben lassen." „Für mich ist es unglaublich bereichernd, dass ich mich täglich mit Menschen austauschen kann, die vor den gleichen Herausforderungen stehen und von denen ich lernen kann. Sehr wertvoll erlebe ich eine möglichst große Diversität in Teams und die Fähigkeit unterschiedliche Sichtweisen und Problemlösungszugänge wertschätzen zu können."* (Glaser 2022, 101)

In ihrer Forschung und Beratung erkennt die Autorin in dieser Gruppe der jungen weiblichen Beschäftigten die treibenden Akteur*innen für die aktive Gestaltung der Transformation auf Augenhöhe. Denn sie erleben nicht nur den Arbeitsalltag als unfair und nicht auf Augenhöhe, sondern sie erkennen und benennen klar, wo es Verbesserungspotenziale gibt und wie diese genutzt werden können. Dabei stoßen sie aber auf ein großes Hindernis: „Sie wollen mitgestalten und dass ihre Vorschläge gehört werden. Sind sie zu Beginn ihrer Tätigkeit noch sehr engagiert, wandelt sich das oft in Gleichgültigkeit und Erschöpfung. Nach einigen Jahren in der Berufswelt erkennen sie, dass sie weder in Organisationen noch in der Öffentlichkeit eine Stimme haben" (Glaser 2020, 137). Die Historikerin Mary Beard sagt dazu: „Selbst die Stimme einer Expertin findet kein Gehör, jedenfalls nicht außerhalb der traditionellen Bereiche weiblicher Partikularinteressen" (Beard 2018, 37). Da sie diese Ohnmacht spüren, bauen sie sich eigene Räume und Netzwerke. Sie schließen sich zusammen, gründen Vereine und digitale Communitys, vernetzen und organisieren sich.

4. Die nordische Arbeitskultur

Wie kann eine Arbeitswelt auf Augenhöhe in der Praxis aussehen? Der Blick über den Tellerrand ermöglicht eine neue Perspektive. Auf der dreiwöchigen Feldforschung „Lernen von der nordischen Arbeitskultur" in Kopenhagen untersuchte die Autorin, wie in Dänemark gearbeitet wird und was man davon lernen kann. In Interviews und Gruppendiskussionen mit Österreicher*innen, die in Kopenhagen leben und arbeiten, zeigte sich, dass es in Dänemark traditionell

eine Arbeitswelt auf Augenhöhe gibt. Die Zusammenarbeit ist geprägt von einer Vertrauens-, Fehler- und Leadership-Kultur.

Eine junge Österreicherin, die für ein dänisches Start-up arbeitet, fasst es so zusammen: *„In Dänemark wird nicht kontrolliert, sondern Vertrauen geschenkt. Es gibt eine Offenheit für Neues. Die Menschen haben keine Angst Fehler zu machen, denn sie werden allgemein als Chance für die Weiterentwicklung gesehen."* Es gibt ein Grundvertrauen, das in allen gesellschaftlichen Bereichen sichtbar wird. Ein befragter dänischer Geschäftsführer sagte: *„Ich hole mir Menschen ins Team, die in ihrem Bereich besser sind als ich."* In einem internationalen Technologiekonzern holt sich der Personalvorstand von Beginn an bei den Mitarbeiter*innen Feedback, und Berufseinsteiger*innen wird ein Buddy zugeteilt, der ihnen hilft sich gut einzugewöhnen. Eine andere (männliche) Führungskraft erklärte, dass es seine Rolle ist, den Mitarbeiter*innen zu ermöglichen, bestmöglich zu arbeiten. Er fragt sein Team daher regelmäßig: Wie kann ich mithelfen? Für ihn ist es wichtig, zu inspirieren und zu unterstützen. Außerdem ist er ein Entertainer der für gute Laune und Wohlbefinden sorgt. *„Wir können nur Erfolg haben, wenn wir es zusammen machen!"*, meint er. Regelmäßige Teamevents sind fixer Bestandteil der Zusammenarbeit. Außerdem legen die Menschen in Dänemark großen Wert auf ihr Privatleben. „Dänemark gilt zum Beispiel als Land der Work-Life-Balance." (Glaser 2022, 132–134)

5. Plädoyer für mehr Solidarität

„Ob die Zukunft der Arbeit eine Dystopie sein muss oder ob wir der Utopie einer freien, gerechten und demokratischen Arbeitswelt näherkommen, liegt in unser aller Hand" (Herzog 2019, 23).

Niemand weiß, wie wir in Zukunft arbeiten werden. Die Herausforderungen sind groß, und neue Wege gefragt. Doch wie kann die Transformation der Arbeitswelt gesamtgesellschaftlich und in den Betrieben fairer und nachhaltiger gestalten werden? Es gilt bestehende Paradigmen zu hinterfragen und eingefahrene Muster aufzubrechen. Ein grundsätzliches Umdenken ist dafür notwendig. „So haben wir das immer schon gemacht" ist kein Argument in einer Zeit, in der sich alles immer schneller verändert. Die zentrale Frage ist: Wie wollen wir in Zukunft arbeiten? Wie können wir Arbeit solidarischer gestalten?

Eine umfassende Strategie ist zu entwickeln, um das Wohlbefinden der Beschäftigten zu verbessern. Die UN Sustainable Development Goals (SDGs) geben den Rahmen vor und verpflichten Politik und Wirtschaft, menschenwürdige Arbeit anzustreben. Somit steigt auch von internationaler Seite der Druck, ins Tun zu kommen. Die drei von der Autorin identifizierten New-Work-Grundprinzipien Fürsorge, Partizipation und Kreativität sind wichtige Hebel für eine nachhaltige Transformation hin zu einer Arbeitswelt auf Augenhöhe.

Dafür ist der Dialog auf Augenhöhe zwischen Führungsetagen und Mitarbeiter*innen, zwischen Alt und Jung, zwischen den Geschlechtern, Branchen und Berufsfeldern erforderlich. Sichere Räume sind zu schaffen, die diesen Diskurs und das Lernen voneinander ermöglichen. So kann Wissen geteilt und können gemeinsam Lösungen entwickelt werden. Die Autorin hat dafür eine Toolbox entwickelt, die sie in ihrem Buch *Arbeit auf Augenhöhe* beschreibt. Ein Beispiel für ein solches Werkzeug ist das „New Work Lab" für neue Ideen. Im sicheren Rahmen können die Teilnehmenden über Hierarchien hinweg ihre Erfahrungen teilen und neue Ideen und Lösungsansätze entwickeln.

LITERATUR

- *Arbeiterkammer Oberösterreich (2022): Der Österreichische Arbeitsklima Index zeigt: Ein Viertel der Beschäftigten will den Job wechseln; https://ooe.arbeiterkammer.at/beratung/arbeitundgesundheit/arbeitsklima/ arbeitsklima_index/Arbeitsklima_Index-_Immer_mehr_wollen_Job_wechseln.html (abgerufen am 15. 12. 2022).*
- *Beard, M. (2018): Frauen und Macht. Frankfurt am Main: Fischer.*
- *Der Standard v. 2. 6. 2018: New Work: Tun, was man „wirklich, wirklich will"; https://www.derstandard.at/ story/2000080542640/new-worktun-was-man-wirklich-wirklich-will (abgerufen am 15. 12. 2022).*
- *Glaser, L. M. (2020): Arbeit neu denken, auf Augenhöhe treffen. Praktische Perspektiven auf den digitalen Wandel der Arbeitswelt. In: Fritz, J./Tomaschek, N. (Hg.): Digitaler Humanismus. Menschliche Werte in der virtuellen Welt. Münster: Waxmann, 131–142.*
- *Glaser, L. M. (2022): Arbeit auf Augenhöhe. Die New Work Revolution. Wien: Kremayr&Scheriau.*
- *Herzog, L. (2019): Die Rettung der Arbeit. Ein politischer Aufruf. München: Hanser Berlin.*
- *Scheibenbogen, O./Andorfer, U./Kuderer, M./Musalek, M. (2017): Zusammenfassung der Studie: Prävalenz des Burnout-Syndroms in Österreich. Ein Forschungsprojekt im Auftrag des Bundesministeriums für Arbeit, Soziales und Konsumentenschutz (BMASK).*

Autor*innen

Dr.ⁱⁿ Carina **Altreiter** ist Soziologin, seit 2022 Referentin in der Abteilung Frauen und Familie in der Arbeiterkammer Wien und nebenbei auch Projektleiterin im vom FWF geförderten Zukunftskolleg „Spatial Competition" an der Wirtschaftsuniversität Wien. Ihre Arbeits- und Forschungsschwerpunkte umfassen die Themen Arbeit und sozialer Wandel, soziale Ungleichheit und Klassenfragen sowie Solidarität und sozialer Zusammenhalt.

Mag. Dr. phil. Alessandro **Barberi** ist Chefredakteur der Fachzeitschriften ZUKUNFT (www.diezukunft.at) und MEDIENIMPULSE (www.medienimpulse.at). Er ist Historiker, Bildungswissenschaftler, Medienpädagoge und Privatdozent. Barberi lebt und arbeitet in Magdeburg, Wien und St. Pölten. Politisch ist er im Umfeld der SPÖ Bildung aktiv. Weitere Infos und Texte online unter https://lpm.medienbildung.ovgu.de/team/barberi/.

Veronika **Bohrn Mena** ist Gründerin und Vorsitzende der Gemeinwohlstiftung COMÚN. Die gebürtige Salzburgerin ist gelernte Fotografin und studierte Kultur- und Sozialanthropologie in Wien. Während ihrer Studienzeit war sie im Referat für Sozialpolitik der Österreichischen Hochschüler*innenschaft und als Sprecherin der Plattform Generation Praktikum tätig. Sie ist Expertin für Arbeitswelten mit einem Fokus auf prekärer Beschäftigung. Sie war beruflich zuletzt rund zehn Jahre im Österreichischen Gewerkschaftsbund in der Interessenvertretung für atypisch Beschäftigte tätig. Aktuell ist sie Leiterin der COMÚN Media Betriebsgesellschaft m.b.H. Veronika Bohrn Mena ist Autorin mehrerer Bücher. Im Jahr 2018 erschien ihr Buch *Die neue ArbeiterInnenklasse. Menschen in prekären Verhältnissen*, im Jahr 2020 folgte dann *Leistungsklasse. Wie uns Frauen unerkannt und unbedankt durch alle Krisen tragen*. Im Herbst 2021 erschien ihr drittes Buch, der Bestseller *Konzerne an die Kette! So stoppen wir die Ausbeutung von Umwelt und Menschen.*

Mag.^a Anna **Daimler**, BA, wurde 1980 in Salzburg geboren und lebt in Wien. Sie ist ausgebildete Sozialarbeiterin und Betriebswirtin und seit 2019 Generalsekretärin der Verkehrs- und Dienstleistungsgewerkschaft vida. Zuvor war sie im Bundesministerium für Verkehr, Innovation und Technologie (BMVIT) unter Bundesminister Jörg Leichtfried tätig. Zwischen 2007 und 2016 war Anna Daimler in verschiedenen Führungsfunktionen in der Verkehrs- und Dienstleistungsgewerkschaft vida aktiv.

Univ.-Prof. Dr. Jörg **Flecker** war von 1991 bis 2013 wissenschaftlicher Leiter der Forschungs- und Beratungsstelle Arbeitswelt (FORBA) und ist seit 2013 Professor für Allgemeine Soziologie an der Universität Wien.

Mag.ª Lena Marie **Glaser**, MA, geboren 1984, lebt und arbeitet in Wien. Sie absolvierte das Diplomstudium der Rechtswissenschaften an der Universität Wien und das Masterstudium „Contemporary European Studies" an der University of Sussex. Früher war sie Referentin für Verwaltungsreformen, Internationales & Genderfragen im österreichischen Finanzministerium, seit 2017 erforscht sie mit ihrem Zukunftslabor „Basically Innovative" die neue Arbeitswelt aus der Perspektive junger weiblicher Beschäftigter. Lena Marie Glaser betreibt Feldforschungen u. a. in Wien und Kopenhagen und berät Arbeitgeber*innen dabei, neue Wege zu gehen. Sie ist die Autorin von *Arbeit auf Augenhöhe. Die New Work Revolution* (2022, Kremayr & Scheriau).

Dr.ⁱⁿ Vera **Glassner** ist Soziologin und seit 2019 Referentin in der Abteilung Frauen und Familie in der Arbeiterkammer Wien. Ihre Arbeits- und Forschungsschwerpunkte sind Geschlechterungleichheiten in der Arbeitswelt und vergleichende Arbeitsbeziehungen.

Dr. Michael **Gogola**, Jahrgang 1991: Nach Matura und Präsenzdienst folgten das Diplomstudium der Rechtswissenschaften und die Gerichtspraxis im Sprengel des OLG Wien. Im Anschluss absolvierte sie das Doktoratsstudium der Rechtswissenschaften an der Universität Wien. Seit 2018 ist sie als Jurist in der Grundlagenabteilung sowie der Abteilung Arbeit & Technik der Gewerkschaft GPA tätig und unter anderem mit den Themen Arbeitszeit, Digitalisierung und Datenschutz sowie mit Rechtsfragen der modernen Arbeitswelt befasst.

Dr. Martin **Gruber-Risak** ist seit 2007 ao. Universitätsprofessor am Institut für Arbeits- und Sozialrecht der Universität Wien und berät unter anderem Interessenvertretungen, die Internationale Arbeitsorganisation (ILO) und die Europäische Kommission bei arbeitsrechtlichen Fragestellungen insbesondere im Zusammenhang mit der Digitalisierung; siehe auch https://arbeitsrecht.univie.ac.at/team/gruber-risak-martin/.

Marina **Hanke**, BA, ist seit 2015 Mitglied des Wiener Landtags und Gemeinderats und Jugendsprecherin der SPÖ. 2019 wurde sie zur Vorsitzenden der Wiener SPÖ Frauen gewählt, seit 2020 ist sie auch als Frauensprecherin der SPÖ im Wiener Rathaus tätig. Hankes Schwerpunkte liegen in den Bereichen Beteiligung und Partizipation, Frauenrechte und Gender-Mainstreaming sowie in der europäischen Zusammenarbeit in Städtenetzwerken.

KommR Peter **Hanke** wurde am 28. März 1964 in Wien geboren. Er studierte an der Wirtschaftsuniversität Wien, bevor er 1993 bei der Wien Holding anheuerte. Dort war er für eine Reihe von Bereichen zuständig, beginnend als betriebswirtschaftlicher Referent mit Schwerpunkt Beteiligungscontrolling in den

Bereichen, Kultur, Veranstaltungen, Telekommunikation und Wohnbau, später auch als Leiter des Rechnungswesens. Zwischen 1996 und 2002 war er auch Vorsitzender des Betriebsrates der Wien Holding. 2002 wurde Peter Hanke als einer von zwei Geschäftsführern der Wien Holding bestellt, verantwortlich für die Geschäftsfelder Kultur- und Veranstaltungsmanagement sowie Logistik und Mobilität. Im Mai 2018 wurde Peter Hanke zum amtsführenden Stadtrat ernannt, seit November 2020 für Finanzen, Wirtschaft, Arbeit, Internationales und Wiener Stadtwerke. In dieser Funktion wurde er auch als Präsident der Wirtschaftsagentur Wien sowie des Tourismusverbandes Wien gewählt.

Mag. Sven **Hergovich** ist designierter Landesparteivorsitzender der SPÖ Niederösterreich. Zuvor war der Ökonom Chef des AMS Niederösterreich und als solcher Initiator des Modellprojektes Arbeitsplatzgarantie Marienthal und des europaweit ersten Klimaschutz-Ausbildungszentrums, das gerade im Auftrag des AMS Niederösterreich im Waldviertel errichtet wird.

Mag.ª Elisabeth **Kaiser**, MA, hat das Diplomstudium Vergleichende Literaturwissenschaft an der Universität Wien sowie den Masterlehrgang „Führung, Politik und Management" am FH Campus Wien abgeschlossen. Aktuell absolviert sie das Psychotherapeutische Propädeutikum an der Universität Wien. Von 2008 bis 2016 hat sie in der Funktion der Geschäftsführerin den Verein ega:frauen im zentrum geleitet. Seit Mitte 2016 ist sie als stellvertretende Direktorin der Wiener Bildungsakademie tätig. Elisabeth Kaiser ist im Zuge dieser Funktion Mitherausgeberin der Buchreihe *Wiener Perspektiven*. Politisch ist Elisabeth Kaiser im 18. Wiener Gemeindebezirk Währing aktiv, wo sie stellvertretende Bezirksparteivorsitzende sowie Frauenvorsitzende der SPÖ Währing ist und sich darüber hinaus als gewählte Bezirksrätin politisch einbringt. Sie ist Mutter von zwei Söhnen.

Maximilian **Kasy** (https://maxkasy.github.io/home/) ist Professor für Wirtschaftswissenschaften an der Universität Oxford. Er hat sein Doktorat an der UC Berkeley absolviert (2011) und hatte danach Professuren an der University of California, Los Angeles (2011–2012) und der Harvard University (2012–2019) inne. Seine gegenwärtigen Forschungsschwerpunkte liegen im Schnittbereich von künstlicher Intelligenz, Statistik und Volkswirtschaftslehre sowie in den Themenbereichen Ungleichheit, Arbeitsplatzgarantieprogramme und Grundeinkommen.

Wolfgang **Katzian** ist Präsident des Österreichischen Gewerkschaftsbundes. Sein gewerkschaftlicher Werdegang begann nach seiner Lehre in einer Bank als Jugendsekretär in der Gewerkschaft GPA. Nach vielen weiteren Funktionen innerhalb der Gewerkschaft wurde er 2005 zum Vorsitzenden der GPA gewählt.

Parallel zu seiner gewerkschaftlichen Arbeit war Wolfgang Katzian über zehn Jahre lang Abgeordneter zum Nationalrat. Seine Schwerpunkte waren Arbeit und Soziales, Wirtschaft, Industrie und Digitalisierung sowie Energie. 2018 wurde er zum Präsidenten des ÖGB gewählt und übernahm zeitgleich Aufgaben im europäischen wie im internationalen Gewerkschaftsbund.

Lukas **Lehner** ist Ökonom an der Universität Oxford. Sein Forschungsschwerpunkt liegt auf Arbeitsmarktpolitik und deren Auswirkungen auf Arbeitslosigkeit und Löhne. Während der COVID-19-Pandemie gründete er den „Oxford Supertracker: The Global Directory of COVID Policy Trackers and Surveys" (https://supertracker.spi.ox.ac.uk/). Über seine Forschung wurde in der *Financial* Times, CNN, *Forbes* und *Nature* berichtet. Zuvor arbeitete Lukas Lehner als Ökonom bei der OECD in Paris und der Internationalen Arbeitsorganisation (ILO) in Genf. Weitere Informationen zu seiner Forschung sind online verfügbar unter https://lukaslehner.github.io/.

Mag.ᵃ Daniela **Mantarliewa** wurde am 23. März 1982 in Freiberg in der ehemaligen DDR geboren. Im Alter von sechs Jahren zog sie gemeinsam mit ihrer Mutter nach Österreich, besuchte die Volksschule in Lanzendorf, dann das Bundesgymnasium in Schwechat. Nach ihrem Schulabschluss im Jahr 2000 studierte sie Internationale Betriebswirtschaft an der Universität Wien und absolvierte im Rahmen ihres Studiums den Fachhochschullehrgang „International Management" am Institut Européen d'Etudes Commerciales Supérieures (IECS) in Straßburg. Sie war Presseleiterin des Sozialdemokratischen Wirtschaftsverbands Wien und ging nach dem Wirtschaftskammerwahlkampf 2015 in den SPÖ-Rathausklub. 2017 bis 2018 arbeitete sie als Mediensprecherin für Kultur und Wissenschaft und wechselte Ende 2018 zurück in den SPÖ-Rathausklub, wo sie bis heute die Medien- und Kommunikationsagenden des Klubvorsitzenden betreut.

Mag. Martin **Müller**, Jahrgang 1970, absolvierte eine Lehre zum Spengler und leistete Zivildienst beim Samariterbund, von 1992 bis 2013 war er beim Verein Wiener Jugendzentren, unter anderem im Jugendzentrum Alt Erlaa, und der mobilen Jugendarbeit Simmering beschäftigt, ab 2003 war er Betriebsratsvorsitzender. Von 2009 bis 2013 absolvierte er berufsbegleitend das Studium der Rechtswissenschaften und 2014 das Gerichtspraktikum. Seit November 2014 ist er im Österreichischen Gewerkschaftsbund im Bereich Sozialpolitik als Referatsleiter für Rechts- und Kollektivvertragspolitik tätig und war in dieser Funktion eng eingebunden in die Sozialpartnerverhandlungen zum Homeoffice-Paket.

Dr.in Johanna **Neuhauser** ist wissenschaftliche Mitarbeiterin am Institut für Soziologie der Universität Wien und lehrt und forscht zu prekärer Arbeit und Migration, Gender und sozialer Ungleichheit.

Mag. Sascha **Obrecht** ist Universitätsassistent am Institut für Arbeits- und Sozialrecht der Universität Wien und Mitglied des Bundesrates. Zuvor war er als Rechtsanwaltsanwärter, als Mitarbeiter für Arbeitsrecht und Arbeitnehmerschutz im Bundesministerium und als Geschäftsführer der SPÖ Favoriten tätig. Er veröffentlicht regelmäßig Publikationen auf dem Gebiet des Arbeitsrechts und ist als Vortragender aktiv; siehe auch https://arbeitsrecht. univie.ac.at/team/assistentinnen/obrecht-sascha/.

Dr. Johannes **Peyrl** ist Mitarbeiter der Arbeiterkammer Wien und Experte für österreichisches und europäisches Migrationsrecht. Er hat zahlreiche Publikationen zum Migrations- und Arbeitsmarktrecht verfasst (u. a. Kommentar Niederlassungs- und Aufenthaltsgesetz, Kommentar Staatsbürgerschaftsrecht). Johannes Peyrl ist Mitglied in diversen Gremien bzw. Ausschüssen zu migrationsrechtlichen Themen auf nationaler und EU-Ebene und leitet Seminare zu migrationsrechtlichen Fragestellungen. Er ist auch Lehrbeauftragter der Universität Wien, der FH Vorarlberg, der FH Oberösterreich sowie Vortragender der Donau-Universität Krems.

DI Walter **Ruck** ist seit 2014 Präsident der Wirtschaftskammer Wien. Seine Karriere als Interessenvertreter der Wiener Unternehmen startete er in der Landesinnung Bau Wien im Jahr 2004. Von 2005 bis 2011 war er Landesinnungsmeister Bau, von 2010 bis 2015 Spartenobmann Gewerbe und Handwerk in der Wirtschaftskammer Wien. Im Jahr 1991 übernahm der in Wien geborene Ruck das familieneigene Bauunternehmen als Geschäftsführer. Walter Ruck schloss 1987 an der TU Wien das Studium des Bauingenieurswesens als Diplomingenieur ab und absolvierte 1989 erfolgreich die Prüfung zum Baumeister.

Dr.in MMag.a Maria **Sagmeister** studierte in Wien Rechtswissenschaften und Kunstgeschichte. Sie arbeitet als Universitätsassistentin (Post Doc) bei der interdisziplinären Forschungsplattform „GAIN – Gender: Ambivalent In_Visibilities" an der Universität Wien. Zuvor war sie am Institut für Rechtsphilosophie an der Universität Wien tätig, wo sie 2020 ihre Dissertation zu arbeitsrechtlichen sowie rechtsphilosophischen Fragen der Verteilung unbezahlter Arbeit abgeschlossen hat.

Mag.a Magdalena Martha Maria **Schneider**, 1985 geboren, wuchs in Südtirol auf. Sie absolvierte das Studium der Vergleichenden Literaturwissenschaft sowie den Universitätslehrgang „Library and Information Studies" und ist Bibliothekarin in Leitungsfunktion. Politisch engagiert sich Magdalena Martha Maria Schneider im 15. Wiener Gemeindebezirk Rudolfsheim-Fünfhaus, wo sie sich als gewählte Bezirksrätin einbringt. Sie ist Mutter von drei Kindern im Alter von fünf, dreieinhalb und eineinhalb Jahren.

Korinna **Schumann** ist ÖGB-Vizepräsidentin, ÖGB-Bundesfrauenvorsitzende, Fraktionsvorsitzende im Bundesrat und FSG Wien Frauenvorsitzende. Sie war mehr als 30 Jahre lang im Sozialministerium tätig und ist seit Beginn ihrer Berufslaufbahn in der Personalvertretung und in der gewerkschaftlichen Arbeit engagiert.

Mag.ª Asiye **Sel** studierte in Wien Soziologie, seit 1991 arbeitet sie im Bereich Migration und Integration (Integrationsarbeit an Schulen und in AMS-Kursen). Sie ist im Beratungszentrum für Migranten und Migrantinnen in der arbeitsmarktpolitischen Beratung tätig und leitet diverse EU-Projekte zu Gleichbehandlung und Antidiskriminierung sowie zur Anerkennung von Qualifikationen. Seit 2008 ist sie Referentin in der Frauenabteilung der AK Wien mit den Schwerpunkten Arbeitsmarktpolitik für Frauen, Gleichbehandlung, Antidiskriminierung, Migrations-, Integrations- und Diversitätspolitik und Gender und zeichnet für diverse Publikationen zu diesen Themen verantwortlich.

Friederike **Spiecker** ist Diplom-Volkswirtin und absolvierte ihr Studium der Volkswirtschaftslehre an der Universität Konstanz. Sie arbeitete in der Konjunkturabteilung des Deutschen Instituts für Wirtschaftsforschung in Berlin. Heute forscht sie zu nationalen wie internationalen Fragen der Makroökonomie. Sie publiziert unter https://www.fspiecker.de/ zu aktuellen Wirtschaftsthemen, berät Parteien, Gewerkschaften und Verbände, ist in der Weiterbildung von Lehrkräften tätig und lehrt an der Hochschule für Gestaltung in Schwäbisch Gmünd das Fach Ökonomie. Im November 2022 hat sie zusammen mit Heiner Flassbeck und Constantin Heidegger den *Atlas der Weltwirtschaft 2022/23* veröffentlicht.

Mag. Josef **Taucher** wurde am 11. März 1967 in Graz geboren. Er besuchte die Volksschule in Flöcking, danach das Bundesrealgymnasium in Gleisdorf. 1986 verließ der Steirer seine Heimat und ging nach Wien, um Psychologie an der Universität Wien zu studieren. 1995 absolvierte er den Universitätslehrgang zum klinischen Psychologen und Gesundheitspsychologen an der Universität Wien. Als solcher widmete er sich der Jugend- und Nachbarschaftsarbeit, initiierte und leitete unter anderem ein neues Nachbarschaftszentrum des Wiener Hilfswerks und engagierte sich im Verein Jugendzentren der Stadt Wien. In dieser Zeit entwickelte sich auch sein politisches Interesse und Engagement immer weiter. 2001 wurde er Bezirksrat im 22. Bezirk, seit 2014 ist er Abgeordneter zum Wiener Landtag und Gemeinderat. Vier Jahre später wurde Taucher Vorsitzender des SPÖ-Klubs im Wiener Rathaus. Seit 2021 ist er zudem Vorsitzender der SPÖ Donaustadt. Sein politisches Herz schlägt für die Themen nachhaltige Entwicklung, Umwelt, Klima, Energie und Soziales.

Barbara **Teiber**, MA, ist Vorsitzende der Gewerkschaft GPA, der mit etwa 280.000 Mitgliedern größten Gewerkschaft im ÖGB. Sie hat ein Studium in Political Management abgeschlossen und war von November 2013 bis Juni 2018 Mitglied des Wiener Gemeinderats sowie Landtagsabgeordnete. Seit 2018 ist sie Vizepräsidentin der Arbeiterkammer Wien.

Mag. Dr. Michael **Trinko** studierte Rechtswissenschaften in Salzburg und Wien. Er ist seit 2009 im Österreichischen Gewerkschaftsbund tätig. Im Anschluss an seine Beschäftigung als Bundessekretär der Österreichischen Gewerkschaftsjugend wechselte er 2015 in das Referat für Rechts- und Kollektivvertragspolitik im ÖGB, wo er als Jurist mit dem Schwerpunkt Arbeitsrecht tätig ist.

Ernst **Woller** wurde 1954 in Wien geboren und schloss 1979 das Diplomstudium der Datentechnik an der TU Wien ab. Von 1979 bis 1983 studierte er Politikwissenschaft und Pädagogik an der Universität Wien, er hat im Dissertationsstadium abgebrochen. Woller war von 1979 bis 1993 Landesstellenleiter der Landesstelle Wien des Dr.-Karl-Renner-Instituts und von 1993 bis 2018 Angestellter der Wiener Städtischen Versicherung AG. In der Zeit von 1988 bis 1991 war er Abgeordneter zum Wiener Landtag und Gemeinderat, von 1991 bis 1993 Mitglied des Bundesrates. Seit 1993 ist Ernst Woller Wiener Landtagsabgeordneter und Gemeinderat. Er ist Vorsitzender des Wiener Bildungsausschusses der SPÖ und stellvertretender Bezirksparteivorsitzender der SPÖ Landstraße. Seit 2018 ist Ernst Woller Erster Präsident des Wiener Landtages.

Bisher erschienen in dieser Reihe

Band 1: Eine Metropole macht Klima
Gedanken zu Gegenwart und Zukunft
Elisabeth Kaiser, Marcus Schober, Peter Filipczak (Hg.)
Wien, November 2021, 172 Seiten, EUR 24,00,
ISBN: 978-3-99046-599-8

Wie schafft es Wien, zu einer Klimamusterstadt zu werden?
Der Klimawandel stellt Gesellschaft und Politik vor große
Herausforderungen und fordert schnelles und effizientes
Handeln. Welche Schritte sind zu setzen, wie lassen sich
Nachhaltigkeit und soziale Gerechtigkeit kombinieren, und ist ein ökologischer
Lebensstil für alle möglich? Expert*innen und Politiker*innen stellen Über-
legungen an, wie eine Neuausrichtung in der Klimafrage gelingen kann.

Band 2: Digitale Wohlfahrtsgesellschaft
Der Weg in eine digitalisierte Zukunft
Elisabeth Kaiser, Marcus Schober (Hg.)
Wien, Mai 2022, 192 Seiten, EUR 24,00,
ISBN: 978-3-99046-621-6

Wie schafft es Wien, künftig zu einer Digitalisierungshauptstadt zu werden, und was kann man unter „digitalem
Humanismus" verstehen? Eine moderne Gesellschaft ist
ohne digitales Angebot nicht denkbar, aber wie lässt sich
Digitalisierung aktiv zur Steigerung der Lebensqualität aller Menschen gestalten, und wo liegen Risiken? Expertinnen*Experten thematisieren Stärken sowie
Gefahren des digitalen Portals auf dem Weg in die Zukunft.

Band 3: Krisenmanagement
Der Wiener Weg durch die Corona-Pandemie
Elisabeth Kaiser, Marcus Schober (Hg.)
Wien, September 2022, 320 Seiten, EUR 27,00,
ISBN: 978-3-99046-629-2

Die Pandemie stellt eine unmittelbare Gefahr dar. Wien war und ist sich dessen bewusst – und ist einen eigenen Weg durch diese Bedrohung gegangen. Wie hat Wien auf COVID-19 reagiert? Welche Maßnahmen wurden zum Schutz der Menschen sowie zur Aufrechterhaltung systemrelevanter gesellschaftlicher Strukturen gesetzt? Wie hat sich der Wiener Weg durch die Pandemie gestaltet, und was kann aus dem Krisenmanagement für die Zukunft mitgenommen werden? Politiker*innen sowie Expertinnen*Experten beleuchten die Maßnahmen der Millionenstadt.